Authentisch leben?

Eva-Maria Parthe, Dr. phil., promovierte an der Universität Münster und arbeitet gegenwärtig als Gymnasiallehrerin in Bochum.

Eva-Maria Parthe

Authentisch leben?

Erfahrung und soziale Pathologien in der Gegenwart

Campus Verlag
Frankfurt/New York

Bibliografische Information der Deutschen Nationalbibliothek:
Die Deutsche Nationalbibliothek verzeichnet diese Publikation in der Deutschen Nationalbibliografie.
Detaillierte bibliografische Daten sind im Internet unter http://dnb.d-nb.de abrufbar.
ISBN 978-3-593-39416-9

Besuchen Sie uns im Internet: www.campus.de

Inhalt

Vorwort

Aus einer viele Jahre zurückliegenden Begrüßung der »Erstsemester« im Philosophischen Seminar der Universität Münster ist mir ein Moment sehr präsent geblieben: Ein Professor, der uns »Neulingen« das Studium der Philosophie vorstellte, sagte sinngemäß, in der Philosophie könne man lernen, eine Sache klar durchzudenken. Dies sei eine Fähigkeit, die auch im Leben nützlich sei.

Den Zusammenhang der Philosophie zum »Leben« und zur alltäglichen Erfahrung habe ich, so kann ich rückblickend sagen, immer gesucht, seien die Diskurse, in denen man sich in der Philosophie bewegt, noch so abstrakt. Und auch jetzt, da ich selbst das Fach Philosophie unterrichte, geht es mir immer wieder um diesen Zusammenhang. Für mein Buch habe ich ein »lebensnahes« Thema gewählt. Ich hoffe, dass es mir trotz der abstrakten Diktion und des Bemühens um die begriffliche Schärfe einer wissenschaftlichen Arbeit zumindest streckenweise gelungen ist, eine solche »Nähe« zum »Leben« und zur alltäglichen Erfahrung zu erreichen.

Dass ich später einmal eine Dissertationsschrift verfassen würde und dass der Professor aus der «Erstsemesterbegrüßung«, Josef Früchtl, mein Doktorvater werden würde, hätte ich damals nicht gedacht. Der Förderung und Unterstützung durch Josef Früchtl und Ludwig Siep habe ich es zu verdanken, dass ich diese Arbeit schreiben konnte. Sie haben mich nicht nur neugierig auf das Wagnis einer größeren philosophischen Arbeit gemacht, sondern mich ganz entscheidend dazu ermutigt, es einzugehen. In allen Phasen haben mich beide im Rahmen von Kolloquien des Philosophischen Seminars in Münster sowie in zahlreichen Einzelgesprächen intensiv betreut. Diese Arbeit lag im Sommer 2009 der Philosophischen Fakultät der *Westfälischen Wilhelms-Universität* in Münster vor und wurde als Dissertation angenommen.

Die *Studienstiftung des deutschen Volkes* gewährte mir in den Jahren 2005– 2008 eine sowohl materielle als auch ideelle Förderung. Das Promotionsstipendium ermöglichte mir seit Herbst 2005 wiederholte Forschungsaufenthalte in Amsterdam, wo ich Gelegenheit hatte, an einzelnen Veranstaltungen des Doktorandenprogramms der *Amsterdam School for Cultural Analysis* (*ASCA, University of Amsterdam*) teilzunehmen. Den Diskussionen nicht nur in der ASCA, sondern auch in einem kleinen, informellen Arbeitskreis mit meinem zwischenzeitlich nach Amsterdam gewechselten Doktorvater Josef Früchtl sowie mit Beate Rössler, Ruth Sonderegger und Johan Hartle verdanke ich zahlreiche Anregungen für meine Arbeit.

Mein großer Dank geht an meine Familie, an Maria, Bernhard, Teresa und Jörg Parthe, an Lisa Böcker und Bernd Waldera, sowie an meine Freundinnen Lydia Aytogmus und Uta Heinsch. Sie haben mich in ihrer je eigenen Art und Weise durch die zuweilen schwierigen letzten Jahre begleitet.

Bochum, im Februar 2011
Eva-Maria Parthe

1. Einleitung: Authentizität und Öffentlichkeit als Diagnose- und Kritikkonzepte

»Allmählich zieht sich alles zusammen. Mit der Arbeitsstelle habe ich den Kontakt zu den Kollegen verloren. Meine alten Kollegen schimpfen gemeinsam über den Chef. Sie haben schlaflose Nächte wegen des neuen Projektantrags, wegen der Erweiterung ihres Verantwortungsbereichs. Ich schlafe nicht mehr, seitdem Tag und Nacht in der immer gleichen, trägen Öde ineinander verschwimmen, und manchmal schlafe ich nicht wegen der mich plötzlich überwältigenden Angst vor dem totalen Absturz. Über was soll ich mit denen noch reden?

Nach dem Umzug in die kleinere, günstigere Wohnung fielen auch die netten Plaudereien im Hausflur weg. Nicht dass ich diesen Zufallsbegegnungen früher so viel Wert beigemessen hätte, jetzt aber fehlen sie mir. Zum Sport mag ich nicht mehr gehen. In der Umkleide wird dann über die letzten Urlaubserlebnisse erzählt, und über die Verhandlungen mit dem Autohändler. Das ist für mich alles ganz weit weg. Mein Auto hat den letzten TÜV nicht geschafft. Das war 's dann.

Allmählich zieht sich alles zusammen. Die ersten Monate habe ich die freie Zeit noch genossen. Endlich mal wieder in Ruhe ein gutes Buch lesen! Jetzt ist mir die Zeit zu frei. Und überhaupt: Was hat man von freier Zeit, wenn alle anderen nie Zeit für einen haben? Und wenn sich die anderen am Wochenende beim schicken Italiener zum Essen treffen, schaue ich in die Glotze.

Allmählich zieht sich alles zusammen. Meine Welt ist klein geworden, irgendwie eng.«

Langzeitarbeitslosigkeit birgt nicht bloß das Risiko der ökonomischen Armut. Der Verlust der Arbeitsstelle kann den Eintritt in eine Abwärtsspirale bedeuten, die den Betroffenen zunehmend in Isolation und Einsamkeit führt, eine Spirale, die, von der Frustration bis hin zur Resignation, von Ängsten bis zur Selbstaufgabe, zahlreiche psychische Risiken birgt. Die Stabilität eines aktiven, in vielerlei Sozialbezüge integrierten Lebens schwindet dahin. Öffentlicher Druck durch Stigmatisierung und Demütigung befördert den eigenen Rückzug. Was sich hier zusammenzieht, was »klein« und »eng« wird, ist der Erfahrungshorizont eines Menschen: Gleichsam klein und eng wird die erfahrbare Welt, wenn ein Mensch an immer weniger gesellschaftlichen Kontexten partizipieren kann. Klein, eng und in sich zusammengezogen kann der Erfahrungshorizont eines Menschen werden, wenn die Fähigkeit, Erfahrungen machen zu können und offen für Erfahrungen zu sein, Schaden nimmt. Psychische Belastungen durch Isolation und Stigmatisierung sowie fortschreitende Resignation können die Erfahrungsfähigkeit des Subjekts beschädigen.

Dieser hier angedeutete Phänomenkomplex kann philosophisch mit dem Begriff der sozialen Pathologie thematisiert werden. Wenn von solchen Pathologien die Rede ist, ist ein im weiten Sinne psychisches oder »seelisches« Leiden des Individuums unter – mit Axel Honneth gesprochen – gesellschaftlichen Fehlentwicklungen wie beispielsweise der Massenarbeitslosigkeit gemeint. Es geht also um ein Leiden, das seine Gründe wesentlich in sozialen, gesellschaftlichen Prozessen findet und überindividuell erkennbar ist. Die philosophische Thematisierung solcher Leidensphänomene wird Sozial- oder auch Zeitdiagnose genannt. In der Tradition der Kritischen Theorie ist eine solche Diagnose stets eingebunden in den umfassenderen Kontext einer kritischen Gesellschaftstheorie. So ist die unter der Metapher der »Kolonialisierung der Lebenswelt« bekannt gewordene Pathologiendiagnose bei Jürgen Habermas eingerahmt durch eine Gesellschaftstheorie, in der die Ausdehnung der Systeme Wirtschaft und staatlich-bürokratische Macht zu Lasten lebensweltlicher, verständigungsorientierter Handlungskontexte analysiert und problematisiert wird. Auch bei Honneth, der den Begriff der Pathologie wieder verstärkt in die gegenwärtige Sozialphilosophie eingebracht hat, ist die Diagnose nur im Rahmen einer kritischen Gesellschaftstheorie verstehbar, deren Normativität in einer moralphilosophischen Anerkennungstheorie ausgewiesen wird.

Damit ist die Theorietradition benannt, in der die vorliegende Arbeit steht. Auf den folgenden Seiten möchte ich einen Beitrag zur philosophischen Sozialdiagnose und Gesellschaftskritik leisten. Diesen Beitrag verstehe ich als Ergänzung des Honnethschen Diagnoseansatzes, wobei der Habermassche Ansatz beinahe durchgängig eine zentrale Folie bildet, auf der ich die Auseinandersetzung mit Honneths Arbeiten führe. Die Zentralbegriffe meiner Arbeit lauten »Authentizität« und »Öffentlichkeit«. Das Ziel meiner Arbeit ist es, diese beiden Begriffe zu Diagnose- und Kritikkonzepten auszuarbeiten.

In den letzten beiden Jahrzehnten wurde der Begriff der Authentizität im Kontext der sogenannten Ethik des guten, gelingenden Lebens besonders durch Arbeiten des kanadischen Philosophen Charles Taylor in das philosophische Fachinteresse gerückt. Für Reflexionen über soziale Pathologien erweisen sich Taylors Überlegungen insofern als besonders anschlussfähig, als er den Begriff der Authentizität unter anderem im Zusammenhang des Freiheitsbegriffs, nämlich im Sinne einer verwirklichten inneren Freiheit diskutiert. Wenn die Rede von Pathologien wie zum Beispiel die einer Beschädigung der Erfahrungsfähigkeit und von mit diesen einhergehenden Leidensphänomenen möglich sein soll, muss zumindest im Modus von Deutungsversuchen gewagt werden, über unbeschädigte, gleichsam gesunde Verfassungen von Menschen zu sprechen (Honneth 2000b, S. 56–57). Als ein solcher Versuch können Taylors Ausführungen über Authentizität als innere Freiheit durchaus gelesen werden, wenngleich sie sprachlich weitgehend negativ formuliert sind. Taylor sieht diese verwirklichte innere Freiheit zum Beispiel in der Freiheit von inneren Zwängen oder von verzerrter Selbstwahrnehmung.

Diese von Taylor formulierte Idee, Authentizität als innere Freiheit zu begreifen, reformuliere ich in meiner Arbeit über den Begriff der Erfahrung, wobei ich mich auf zentrale Aspekte des Freiheitsbegriffs stütze, den John Dewey in *Kunst als Erfahrung* (1988) entwickelt. Deweys im Kontext der philosophischen Ästhetik entwickelter Erfahrungsbegriff erweist sich als kompatibel mit den Taylorschen Ausführungen, da sich auch bei Taylor vertiefte Überlegungen finden, Authentizität im Sinne einer ästhetischen Selbstverwirklichung über die Expressionen und Artikulationen des Selbst zu deuten. Ideengeschichtlich stellt sich Taylor damit in die romantische Tradition, in der das ästhetische Ideal des Originalgenies im Hintergrund steht.

Aus Deweys Erfahrungsbegriffs lassen sich insbesondere drei als ästhetisch zu qualifizierende formale Momente von alltagspraktischen Erfahrungen nennen, die für den Gedanken einer Verwirklichung der inneren Freiheit über Erfahrungen herangezogen werden können. Folgende drei formale Momente werde ich hierbei herausstellen: die Intrinsität von Erfahrungen – Erfahrungen machen wir auch um ihrer selbst willen –, die Ganzheitlichkeit von Erfahrungen – Erfahrungen integrieren intellektuell-kognitive, praktisch-volitionale und emotionale Komponenten der Psyche – sowie die erfahrungsöffnende Qualität von Erfahrungen – Erfahrungen öffnen das Subjekt für weitere, neue Erfahrungen. Ließe sich der von Taylor vorgelegte Gedanke der Selbstverwirklichung als Verwirklichung innerer Freiheit über diese drei ästhetischen Momente von alltagspraktischen Erfahrungen erläutern, so könnte die gleichsam gesunde Verfassung von Menschen als Selbstverwirklichung im Sinne eines Hineinwachsen in die

Welt, im Sinne eines Erblühens, einer Selbstentfaltung des Individuums über Erfahrungen verstanden werden. Wird die Fähigkeit des Subjekts, Erfahrungen mit diesen drei ästhetischen Elementen zu machen, durch soziale Entwicklungen beschädigt oder erhält ein Individuum erst gar keinen oder kaum Zugang zu gesellschaftlichen Kontexten, in denen solche Erfahrungen wahrscheinlich sind, kann dies möglicherweise zu einem Leiden führen, das nach dem Begriffsverständnis von »sozialer Pathologie« als ein Leiden unter gesellschaftlichen Fehlentwicklungen thematisierbar wird.

Auch der Honnethsche Diagnoseansatz, den ich mit meinen Ausführungen über die Selbstverwirklichung in Erfahrungen ergänzen möchte, setzt bei den Erfahrungen des Subjekts an. Honneths Sozialdiagnose muss im Zusammenhang seiner umfassenden, in moralphilosophischer Hinsicht paradigmenbildenden Anerkennungstheorie gesehen werden. Die Diagnose des Leidens unter gesellschaftlichen Fehlentwicklungen richtet nach Honneth zuallererst den Blick auf die moralisch-ethischen Leidenserfahrungen des missachteten, gedemütigten oder aber der Vorenthaltung von Anerkennung ausgesetzten Individuums. Honneth konzentriert sich damit, wie ich zugegebenermaßen leicht schief formulieren möchte, auf den *Inhalt* von Erfahrungen, nämlich auf die schmerzhaft empfundene Verletzung oder Beschädigung der Integrität und des positiven praktischen Selbstverhältnisses von Individuen im Kontext von Anerkennungsverhältnissen. Enthalten in diesem Ansatz ist eine hypothetische, formale und schwache teleologische These, dass nämlich Individuen der Erfahrungen von Anerkennung (und zwar hinsichtlich verschiedener Anerkennungsformen) bedürfen, um ein gelingendes, ein positives praktisches Selbstverhältnis ausbilden zu können, und dass auch das Gelingen von individueller Selbstbestimmung nicht unwesentlich durch solche Erfahrungen bedingt ist.

Mit diesem anerkennungstheoretischen Ansatz der Sozialdiagnose ist nun ein durchaus als fundamental zu bezeichnender Geltungsanspruch verbunden, jedenfalls ein deutlich tiefer ansetzender Anspruch, als ich ihn mit meiner Ergänzung erheben möchte. Honneth behauptet für seine Hypothesen über das Gelingen eines positiven Selbstverhältnisses eine universalistische, also überkulturelle Geltung: Dass Menschen verschiedener Formen von Anerkennung bedürfen, lässt sich überkulturell behaupten. Sache gesellschaftlicher, kultureller Prozesse und damit Gegenstand der historischen Rekonstruktion und Analyse ist die konkrete Ausprägung einer gesellschaftlichen Anerkennungsordnung. Mit diesem universalistischen und die Historizität von sozialen Anerkennungszusammenhängen gleichwohl einbeziehenden Ansatz geht bei Honneth eine terminologische Entscheidung einher. Für die Konzeptionalisierung eines positiven praktischen Selbstverhältnisses des Individuums bezieht er sich auf die Begriffe der Integrität, der Selbstverwirklichung und der individualisierten Autonomie, also der Bestimmung zu einem eigenen Leben, nicht aber auf den Begriff der Authentizität. Letzterer steht für ihn zu sehr in der romantischen und damit in einer kulturspezifischen Tradition (Honneth 2004, S. 112). Genau auf diese romantische Tradition werde ich im Anschluss an Taylor rekurrieren. In ihr sehe ich die Möglichkeit einer begrifflichen Verbindung zu den ästhetischen Elementen der Erfahrung nach Dewey. Ein solches Vorgehen bedingt nun aber, dass meine *hypothetischen*, *formalen* und *schwach* teleologischen Annahmen über die Selbstverwirklichung des Individuums nur als eine *kulturrelative Deutung* gelesen werden können.

Meine These ist, dass Menschen hinreichend gelingende Erfahrungen, das heißt mit den drei als ästhetisch zu bezeichnenden Elementen ausgestattete Erfahrungen, machen können müssen, damit sie sich selbstverwirklichen und authentisch leben können. Verhindern bestimmte soziale beziehungsweise gesellschaftliche Bedingungen und Entwicklungen dies, können möglicherweise soziale Pathologien die Folge sein, die sich als ein Leiden an innerer Unfreiheit bemerkbar machen. Dies ist im Kern der Punkt, der meines Erachtens die Rede von »Authentizität« als einem Diagnosekonzept rechtfertigt.

Stellt in dem Honnethschen Diagnoseansatz der Begriff der Anerkennung das Bindeglied zwischen »individueller Selbstverwirklichung« und »Öffentlichkeit« her, so wird diese Verbindung in meinem Ergänzungsvorschlag durch den der Erfahrung gegeben. Mit dieser Reflexion des Verhältnisses von »Authentizität« und »Öffentlichkeit« wird deutlich, inwiefern es sich bei beiden Begriffen um Diagnose-, aber auch um Kritikkonzepte handelt. Die Dimension der Diagnose deutet sich in Bezug auf den Öffentlichkeitsbegriff in den Antwortversuchen auf die Frage an, wie öffentliche Räume beschaffen sein müssen, damit sie die Selbstverwirklichung und die individuelle, ethische Autonomie oder Authentizität des Individuums nicht beschädigen beziehungsweise (in nicht legitimierbarer Weise) beeinträchtigen und damit sie hinreichend Möglichkeiten für Erfahrungen bereitstellen, die für die Selbstverwirklichung des Individuums förderlich sind. Die Kritikdimension beider Begriffe wird transparent, sofern plausibel dafür argumentiert werden kann, dass das begriffliche Bindeglied zwi-

schen »Selbstverwirklichung« und »Öffentlichkeit« als Diagnosekriterium
gelten kann, in dem ein normativer Begriff der Öffentlichkeit konzeptuell
angelegt ist.

Genau dies ist bei Honneths Ansatz der Fall: In dem Diagnosekriterium der Anerkennung, dem begrifflichen Bindeglied zwischen »Selbstverwirklichung« und »Öffentlichkeit«, kann insofern ein normativer Begriff
der Öffentlichkeit angelegt gesehen werden, als der Eintritt in reziproke
Anerkennungsverhältnisse das Individuum zumindest prima facie auf die
Inklusivität von sozialen Anerkennungszusammenhängen beziehungsweise
-räumen verpflichtet. Dafür, dass auch in dem Diagnosekriterium der Erfahrung ein normativer Begriff der inklusiven Öffentlichkeit als Erfahrungsraum angelegt ist – wenn auch in einem gegenüber dem fundamentaleren Ansatz Honneths abgeschwächten Sinne –, werde ich argumentieren.
Die Inklusivität von für die Selbstverwirklichung und Authentizität von
Individuen förderlichen Erfahrungsräumen lässt sich meines Erachtens als
eine Forderung der Teilhabegerechtigkeit aufstellen und begründen.

Die vorliegende Arbeit gliedert sich in drei gößere Kapitel. Im Kapitel 2.
(»Ethische Autonomie und Authentizität«) stelle ich vor allem Überlegungen an, wie die Begriffe »Authentizität« und »Selbstverwirklichung« im
Kontext der neueren, insbesondere in der analytischen Philosophie geführten Debatte zur »individuellen«, »personalen« oder »ethischen Autonomie«
verortet werden können – wenngleich ich diesbezüglich nicht den Anspruch erhebe, die gesamte Debatte abgebildet zu haben. Bevor ich den
Begriff der Authentizität mit Rekurs auf Taylor und Dewey in Kapitel 3.
über den Begriff der Erfahrung zu einem Diagnose- und Kritikkonzept
entfalte, muss vorbereitend der Begriff der Authentizität im Zusammenhang dieser Debatte zur individuellen Autonomie ausgeschärft werden.
Treten im Verlauf der gesamten Arbeit zunehmend die sozialen und insbesondere von Öffentlichkeiten zu erfüllenden Bedingungen der Authentizität in den Vordergrund, so konzentriert sich das Kapitel 2. zunächst
insgesamt noch eher auf die vom Subjekt zu erfüllenden Bedingungen. Das
Kapitel schließt mit einem terminologischen Vorschlag zur begrifflichen
Verhältnisbestimmung von »ethischer Autonomie«, »Authentizität« und
»Selbstverwirklichung«.

Dieser Vorschlag enthält die im Anschluss an aktuelle Forschungsposi-
tionen vertretene These, dass die Begriffe »ethische Autonomie« und »Authentizität« weitgehend äquivalent sind, wenngleich man den Begriff der

ethischen Autonomie unter bestimmten begrifflichen Voraussetzungen als etwas weiter als den der Authentizität ansehen mag. Der Begriff der Selbstverwirklichung ist mit den beiden anderen erwähnten Begriffen eng assoziiert, aber gleichwohl nicht deckungsgleich, da er nach meinem Verständnis auf die tiefer ansetzende hypothetische, formale und schwach teleologische kulturrelative Deutung der Entfaltung, des Wachsens, der Verwirklichung des Menschen in die Welt abhebt, von der ethische Autonomie und Authentizität spezifischere Ausprägungen bilden.

In Kapitel 3. (»Authentizität und (ästhetische) Erfahrungen«) wird im Zusammenhang der Erläuterungen dieser Annahmen über die Selbstverwirklichung des Individuums der Begriff der Authentizität zu einem Diagnose- und Kritikkonzept entfaltet.

Das nachfolgende Kapitel 4. (»Ethische Autonomie, Authentizität und Öffentlichkeit«) widmet sich größtenteils der Entfaltung des Begriffs der Öffentlichkeit als Diagnose- und Kritikkonzept, woraufhin gegen Ende des Kapitels einige Beispiele für soziale Pathologien angeführt werden. Die Entfaltung zu einem Diagnose- und Kritikkonzept hängt vor allem mit der bereits erwähnten Problematik zusammen, die Normativität des Öffentlichkeitsbegriffs mit dem Begriff der Erfahrung konzeptuell zu verknüpfen. Dies kann allerdings nur im Zusammenspiel mit dem normativen Öffentlichkeitsbegriffs bei Habermas und über die Rekonstruktion eines normativen Öffentlichkeitsbegriffs in der Honnethschen Anerkennungstheorie geleistet werden. Der öffentliche Raum wird daher philosophisch in drei Dimensionen beleuchtet: Mit Habermas werden Öffentlichkeiten als »Diskursräume« und mit Honneth als »Anerkennungsräume« thematisierbar. Auf diese beiden Philosophen sowie wesentlich auf Dewey rekurrierend möchte ich Öffentlichkeiten ergänzend als »Erfahrungsräume« begreifen. Am Ende wird deutlich, dass alle drei Dimensionen für das Gelingen von Selbstverwirklichung und Authentizität von Bedeutung sind.

2. Ethische Autonomie und Authentizität

2.1 Moralische Autonomie und ästhetische Authentizität

Bei einer Reflexion des Verhältnisses der Konzepte »Autonomie« und »Authentizität« hat man es zunächst mit terminologischen Schwierigkeiten zu tun. Diese Schwierigkeiten hängen vor allem mit der Problematik zusammen, dass unter »Autonomie« zum einen »moralische Autonomie« verstanden werden kann, wie wir sie als »moralische Selbstbestimmung« in der praktischen Philosophie Immanuel Kants finden. Zum anderen können wir »Autonomie« auch im Sinne einer »individualisierten Selbstbestimmung« verstehen. In Bezug auf dieses individualisierte Verständnis von Selbstbestimmung ist in der Forschungsliteratur von »personaler« oder »ethischer Autonomie« die Rede. Unter diesen Begriffen der personalen oder ethischen Autonomie wird erörtert, was genau es bedeutet, ein *eigenes* Leben zu führen, und welche Fähigkeiten eine Person hierfür braucht.[1] Von der moralischen Autonomie unterscheidet sich diese individualisierte Autonomie darin, dass es bei ihr um das individuell Gute geht, wohingegen die moralische Autonomie in der Selbstbestimmung mit Blick auf das für alle, also allgemein Gute besteht. Personale beziehungsweise ethische Autonomie einerseits und moralische Autonomie andererseits müssen sich nicht ausschließen, da es ein Individuum als sein individuell Gutes ansehen kann, sein Leben im Sinne des allgemein Guten zu führen, es also individuell und allgemein Gutes identifizieren kann. Es ist aber ebenso denkbar, dass das individuell Gute in Konflikt mit dem allgemein Guten gerät. Nicht nur, weil dieser Konflikt in modernen liberalen Gesellschaften sogar wahrscheinlich ist, sondern weil eben diese individuelle Freiheit zu einem selbstbestimmten Leben ermöglicht werden soll, unterscheiden einige Philosophen wie Rawls und Habermas nicht zwischen dem individuell und all-

---

1 Siehe auch Anderson und Honneth über »autonomy as an acquired set of capacities to lead one's own life« (2005a, S. 127).

gemein Guten, sondern zwischen individuellen und kollektiven Vorstellungen vom Guten einerseits und dem Rechten beziehungsweise Gerechten andererseits. Sowohl bei Rawls als auch bei Habermas lassen sich Konzeptionen der Autonomie finden, nach denen diese in Kantischer Tradition in der Selbstbestimmung gemäß den Forderungen der Gerechtigkeit bestehe. Habermas (besonders 1991b) knüpft an diese Unterscheidung von Gutem und Gerechtem eine weitere Unterscheidung, die der Begriffe »Ethik« und »Moral«. Bei der Moral handelt es sich um die unparteiliche Lösung von intersubjektiven Konflikten, bei der Ethik um die Beantwortung der Fragen bezüglich der eigenen, individuellen Lebensweise oder der kollektiven, geteilten Lebensform.[2] Im Zweifelsfall, nämlich dann, wenn individuelle oder kollektive Vorstellungen vom ethisch guten Leben untereinander in Konflikt geraten, hat die universelle Geltung moralischer Urteile Vorrang. Im Konfliktfall hat also, so heißt es bei Habermas, die moralische Selbstbestimmung Vorrang vor der ethischen Selbstverwirklichung. Dieser Habermasschen Terminologie folgend sprechen einige Theoretiker (Anderson 1994; Forst 2005) von »ethischer« anstatt von »personaler Autonomie«.[3]

Weil die spezifische Gegenüberstellung von Moral und Ethik oder vom Rechten und Guten nicht unproblematisch ist und formale, prozedurale Moral- und Gerechtigkeitstheorien zunehmend in Frage gestellt werden, erfordert die begriffliche Differenzierung zwischen »moralischer Autonomie« einerseits und »ethischer Autonomie« andererseits einigen argumentativen Aufwand. Wie Jeremy Waldron (2005) kürzlich gezeigt hat, entlässt uns die auf den ersten Blick plausible Unterscheidung von moralischer und ethischer/personaler Autonomie gar in ein Dilemma. Ziehen wir die Trennlinie zu scharf, dann können wir nicht mehr verständlich machen, wie die ethische/personale Autonomie der moralischen untergeordnet ist: Wenn es sich um zwei völlig verschiedene reflexive Fähigkeiten handelt, wird nicht klar, warum ein Individuum sein Streben nach dem Guten zu Gunsten des Verfolgens des Rechten zurückstellen sollte. Wenn wir die Differenz aber zu sehr aufweichen, dann sehen wir uns, Waldron

---

2 Habermas unterscheidet innerhalb des ethischen Gebrauchs der praktischen Vernunft zwischen dem ethisch-existentiellen Gebrauch, bei dem es um die Authentizität des Individuums geht, und dem ethisch-politischen, mit dem eine kollektive Identität artikuliert wird (1991b).

3 Siehe zur Unterscheidung einer »ethischen« oder auch »ästhetischen« Authentizität von Kantischer »Autonomie« auch Honneth (1994b).

zufolge, schnell der Problematik gegenüber, so viele Konzeptionen des Rechten annehmen zu müssen, wie es Konzeptionen des Guten gibt. Das wäre aber mit der Maßgabe der unparteilichen Lösung von Konflikten (Habermas) oder der unparteiischen Einrichtung einer gerechten Grundordnung der Gesellschaft (Rawls) nicht mehr vereinbar.

Eine zufrieden stellende Diskussion dieser Probleme kann hier nicht geleistet werden. Offensichtlich ist es aber prinzipiell sinnvoll, eine Selbstbestimmung, die sich auf das allgemein Gute, auf die Gerechtigkeit oder die Lösung von intersubjektiven Konflikten richtet, von einer Selbstbestimmung zu unterscheiden, bei der es um die Frage geht, wie ich leben will und wer ich eigentlich bin. Die Bestimmung des *Eigenen* kann sich mit den objektiven beziehungsweise intersubjektiv legitimierten Forderungen der Moral decken, muss dies aber nicht. Bis zum Ende dieses Kapitels soll deutlich werden, dass die Begründungsstrategien für eine rationale Bestimmung des Eigenen jedenfalls nicht hinreichend für die Begründung moralischer Normen sind. Wie ich in Abschnitt 2.6 ausführen werde, habe ich mich terminologisch bezüglich der individualisierten Autonomie für den Begriff »ethische Autonomie« entschieden. Hierfür werde ich an Joel Andersons diskurstheoretische Reflexionen zur ethischen Autonomie (Anderson 1994) anschließen. Damit gehe ich von einem formalen Ansatz zur Ausweisung der Rationalität der individuellen Selbstvergewisserung über das Eigene aus. In diesem formalen Ansatz wird die ethische Autonomie wesentlich an die interne Übereinstimmung des Subjekts gebunden. Über die diskursive Vermittlung der Selbstvergewisserung bleibt dieser Ansatz aber nicht bei einer rein intrasubjektiven Analyse der Autonomie stehen und kann so die evaluative Dimension der individualisierten Autonomie berücksichtigen. Allerdings werde ich Überlegungen zur »ethischen Autonomie« anstellen, die deutlich machen sollen, dass die Bestimmung des Eigenen weitere, von rationalen Diskursen allein nicht zu erfüllende Gelingensbedingungen hat. Eine der grundlegenden Thesen der vorliegenden Arbeit ist, dass Individuen für die Bestimmung des Eigenen hinreichend Erfahrungen mit einer bestimmten formalen Qualität machen können müssen. Da ich diese Qualität als *ästhetische* bestimmen und erläutern werde, möchte ich im Folgenden sowohl in ideengeschichtlicher als auch in systematischer Hinsicht erste Fäden von der Konzeptionalisierung ethischer Autonomie zur Ästhetik knüpfen. Hierzu können Charles Taylors Arbeiten zum Authentizitätsbegriff herangezogen werden, da Taylor Authentizität ideengeschichtlich sowie systematisch ästhetisch konzeptionalisiert. An Komplexität gewinnt dieser Rekurs auf Taylors Arbeiten dadurch, dass der kanadische Philosoph die im Weiteren vorausgesetzte begriffliche Differenz zwischen »moralischer« und »ethischer Autonomie« nicht teilt, was im Vergleich mit der Habermasschen Terminologie deutlich werden wird.

Die Bedeutung der Ästhetik für die Autonomie-Debatte wird mit Rekurs auf Taylor und Habermas hinsichtlich des begrifflichen Verhältnisses von »Autonomie« und »Authentizität« offensichtlich. So lässt sich bei Habermas ein in seinem Konzept der moralischen Autonomie begründetes Verständnis dieses Verhältnisses herausstellen, demzufolge Authentizität der Autonomie klar entgegenzusetzen sei. Gegenüber der auf das allgemeine, universale Gesetz verpflichteten moralischen Selbstbestimmung steht die Idee der Authentizität für individuelle Selbstverwirklichung. So versteht Habermas Selbstverwirklichung zunächst als »ästhetische Selbstverwirklichung« und ordnet sie dem ästhetisch-expressiven Rationalitätstypus zu (1995, Bd. 2, S. 585), wohingegen er Authentizität später als »ethische Selbstverwirklichung« begreift und – im Zusammenhang mit seiner Unterscheidung von Moral und Ethik – den ethischen Gebrauch der Vernunft als eine dem moralischen Gebrauch untergeordnete Form des praktischen Rationalitätstyps ansieht (1991b; siehe auch Früchtl 2001b, S. 56–62). In die Nähe zur Kunst und als eine Reflexionsform der Ästhetik kann das Konzept der Authentizität gerückt beziehungsweise angesehen werden, weil es philosophie- und kulturgeschichtlich vor allem die Kunst war, die das Besondere zum Ausdruck oder zur Erscheinung bringen konnte. Die Mittel der theoretischen und der moralisch-praktischen Vernunft erfassen die natürliche und soziale Welt in ihren Gesetzen, die diskursive Sprache bringt die Dinge und Sachverhalte auf den Begriff. Die in der ästhetischen Wahrnehmung oder Erfahrung enthaltene Reflexivität richtet sich demgegenüber auf das, was nicht unter die Allgemeinheit des Gesetzes subsumierbar ist, was sich der angestrebten Eindeutigkeit des Begriffs entzieht. Diese spezifische Kompetenz für das Individuelle, für Phantasie und Expressivität sowie die Affinität für das Somatisch-Sinnliche und Emotionale machen die ästhetische Reflexion besonders geeignet für Überlegungen, »wer ich authentisch bin«, »wie ich eigentlich sein und leben will«.

Unter dem Begriff der Individualität hat in den vergangenen Jahren Richard Rorty (1992) für dieses ästhetisch-praktische Selbstverhältnis des Menschen geworben. Als »fleischgewordene Vokabulare« (ebd., S. 151) müssen wir unser Selbst als kontingentes sprachliches Gewebe betrachten, das mehr oder weniger offen für Neubeschreibungen ist. Zu einem im emphatischen Sinne unverwechselbaren Individuum können wir werden – tatsächlich allerdings nur wenige von uns –, wenn wir uns auf innovative, einzigartige Weise neu beschreiben. Innovativität und Einzigartigkeit: zwei Kriterien anhand derer wir Kunst beurteilen. Rortys Ästhetisierung des praktischen Selbstverhältnisses ist in der Forschungsliteratur eingehend reflektiert und kritisiert worden (Früchtl 2001a; Shusterman 1994; Thomä 2001). Sofern man seine Ausführungen überhaupt als Arbeit über ein lebenspraktisches Ideal oder im Sinne einer Empfehlung für ein gutes Leben lesen kann, lässt es uns mit einem unlösbaren Problem zurück.[4] Bei der Rortyschen »Selbstverwirklichung« geht es um Individualität als Ziel (Löw-Beer 1994, S. 131–132, 135), ein Ziel, dessen Erreichen wir uns niemals sicher sein können, da wir alle mehr oder weniger zitieren und noch in der Neubeschreibung negativ an das (als!) anders Beschriebene gebunden sind. Als problematisch erweist sich an diesem Werben für Individualität aber, wie leicht das Individualitätsstreben eine ökonomisierte Form annehmen kann. So lässt sich der ewige innere Drang zur neuen Selbsterschaffung leicht als der des Konsumenten, der seine Identität in immer neuen Konsumgütern zum Ausdruck bringen muss, beschreiben (Shusterman 1994, S. 237–241). Und die innovative Selbsterfindung wird auch als Selbsttechnologie des sich am (Arbeits-)Markt behaupten müssenden Unternehmers der eigenen Arbeitskraft thematisierbar (Bröckling 2007).

Vielversprechender im Sinne eines lebenspraktischen Ideals ist Charles Taylors Konzeption der Authentizität, die auch bei ihm auf der Folie der Beschreibung des menschlichen Selbstverhältnisses als ein ästhetisches entfaltet wird. Taylors systematische Überlegungen sind stets durchflochten mit ideengeschichtlichen Rekonstruktionen. So beginnt er die Explizierung seines Konzepts der Authentizität aus einer ideengeschichtlichen Perspektive und stellt uns die Idee der Authentizität als ein »Kind der Romantik« (Taylor [3]1997a, S. 34) vor. Ihr entscheidendes Moment ist das Prinzip der Originalität, das sich über die heute als »Innerlichkeit« bezeich-

---

4 Ich denke, Rorty interessiert sich dafür, wie einige große Individuen herausragenden Einfluss auf unser Selbstverständnis, unsere Kultur und unsere gesellschaftlichen und politischen Verhältnisse nehmen, und nicht für eine philosophische Theorie darüber, was wir, über die Bedingungen eines rechtlichen Rahmens und der zwischenmenschlichen Solidarität hinaus, über die Gelingensbedingungen für ein gutes Leben des Individuums sagen können (siehe Rorty 2005, S. 131–134).

nete Aufwertung des Inneren gegenüber äußeren Autoritäten – der Idee des Guten, Gott – innerhalb der Moralphilosophie und über das im Sturm und Drang sowie in der Romantik formulierte ästhetische Ideal des schöpferischen Genies etabliert (siehe zum Prinzip der Originalität Taylor ³1997a, S. 34–39, 65-81; ³1999c, S. 639– 679).[5] Der wenn auch nicht erste, wohl aber »hervorragendste« (³1997a, S. 38) Denker, der das Prinzip der Originalität wirkmächtig in die intellektuelle Diskussion dieser Zeit eingebracht und damit den Kern des Ideals der Authentizität formuliert hat, ist für Taylor der Stürmer und Dränger Herder. Herder sehe das wahrhaftige innere Wesen eines Menschen in dessen individueller Gefühlsnatur: »Jeder Mensch hat ein eigenes Maß, gleichsam eine eigne Stimmung aller seiner sinnlichen Gefühle zu einander.« (Herder, *Ideen*, 7. Buch, I, zitiert nach Taylor ³1997a, S. 38, Fußn. 3) Jeder Mensch habe ein eigenes, originelles Selbst, das ihn von anderen Menschen unterscheide und dem er in seinem Leben gerecht werden solle. Authentisch sein heiße mit Herder der eigenen Originalität treu sein.

Im Sturm und Drang und in der Romantik wird Taylor zufolge diese Selbsttreue zum einen durch den aus der Gesellschaft kommenden Druck zu konformem Verhalten sowie zum anderen durch eine instrumentelle Einstellung zum eigenen Selbst gefährdet gesehen. Dabei werde das Prinzip der Originalität noch radikaler als in der bloßen Forderung, sich äußerem Druck nicht zu beugen, gedacht: »Nicht nur sollte ich mein Leben nicht nach den Forderungen äußerlicher Konformität ausrichten, sondern ich sei nicht einmal dazu imstande, das Vorbild, an das ich mich halten soll, außerhalb meiner selbst aufzuspüren.« (Taylor, ³1997a, S. 39) Wenn ich gemäß diesem Prinzip also prinzipiell nicht in der Lage bin, mich in Orientierung an äußeren Vorbildern zu verwirklichen, dann ist, wie ich betonen möchte, meine Selbstverwirklichung geradezu dadurch bestimmt, dass ich nach Individualität und Einzigartigkeit strebe. Mit diesem, dem Rortyschen ähnelnden Verständnis von Selbstverwirklichung hat Taylor allerdings Schwierigkeiten.

Diese Schwierigkeiten entstehen im Zusammenhang seines zeitdiagnostischen, sozialkritischen und durchaus auch kapitalismuskritischen (Taylor

---

5 Als wichtige, die »Innerlichkeit« einleitende Moralphilosophen nennt Taylor zwei englische Denker zur Zeit der Wende zum 18. Jahrhundert, Shaftesbury und Hutcheson, auf die die im 18. Jahrhundert aufkommende Vorstellung eines inneren moralischen Sinnes zurückgeht – einer Art Intuition, eines Gefühls für das Richtige und das Falsche, das dem Menschen eigen sei (³1997a, S. 34–35, Fußn. 1).

2002) Blicks auf moderne Gesellschaften. Herder verband mit dem auf private und öffentliche Lebenszusammenhänge bezogenen ästhetisch-praktischen Prinzip der Originalität umfassende ethische und soziale Ideale im Hinblick nicht nur auf ein wahrhaftiges Leben des Individuums, sondern auch auf die soziale Integration der Gemeinschaft. Gegenüber diesem Originalitätsverständnis erweist sich für Taylor das gegenwärtige Ideal der Authentizität als verflacht und sinnentleert, da es nur noch einseitig und dadurch verfälschend die Idee der Individualität zur Geltung bringe: Seiner Originalität treu sein bedeute jetzt nur allzu oft eine trivialisierte, sich in Konsum und Äußerlichkeiten erschöpfende (und deshalb nicht selten vermeintliche) Einzigartigkeit zu verwirklichen oder einem egoistischen Individualismus anzuhängen, der gleichgültig gegenüber sozialen Bindungen und gesellschaftlichen Verpflichtungen sei. Taylor stellt die ästhetische Authentizität explizit in einen moralphilosophischen Kontext: Wesentliches Anliegen seiner historisch-hermeneutischen Rekonstruktion des Ideals ist es, dieses von seinen Verflachungen und Trivialisierungen zu befreien. Indem er den eigentlichen moralischen Kern freilegt, sucht Taylor – in gewisser Weise sozialtherapeutisch – die motivierende Kraft des gehaltvollen Ideals der Authentizität für die pathologische Gegenwart zurückzugewinnen.

Teil dieser Freilegung ist seine Unterscheidung des Ideals der Authentizität von einem verwandten, mit dem der Authentizität verbundenen und gleichwohl eigenständigen Freiheitsideal, das er historisch durch Rousseau artikuliert sieht. Auch Rousseau, der als gedanklicher Vater des Begriffs der Entfremdung gilt, nimmt eine zeitdiagnostische, zivilisations- und kulturkritische Perspektive ein. Insbesondere die mit dem Bürgertum und der Arbeitsteilung entstehende Konkurrenzkultur des achtzehnten Jahrhunderts bringt Rousseau zu der Überzeugung, seine wahre Bestimmung finde man keinesfalls in der Gesellschaft, sondern nur in der Abwendung von dieser, nur in seinem eigenen Inneren. Innerhalb der Gesellschaft wird der Mensch wegen seiner Leidenschaften, seines Ehrgeizes und seiner Anerkennungssucht seinem wahren Selbst fremd. In dieser Vorstellung, sein wahres Selbst finde man in der Weigerung, sich in irgendeiner Form (von den »schlechten« gesellschaftlichen Praktiken) beeinflussen oder prägen zu lassen, erkennt Taylor das radikale, noch über die Forderungen der negativen Freiheit hinausgehende Ideal der Freiheit durch Selbstbestimmung. Beide Ideale, das der Authentizität sowie das der Selbstbestimmung, würden sich darin ähneln, dass es sich um Freiheitsideale handele. Beide würden den positiven Freiheitsaspekt beinhalten, demzufolge das Ideal von mir verlange, einen eigenen Entwurf für mein Leben zu artikulieren. Ebenso würden beide den negativen Aspekt teilen, demzufolge ich hierzu frei von äußeren Zwängen sein müsse. Taylor zufolge reizt das Rousseausche Ideal der Freiheit durch Selbstbestimmung diesen negativen Aspekt der Freiheit allerdings so weit aus, dass im Gegensatz zum Ideal der Authentizität die Anerkennung überhaupt keiner das Subjekt übersteigender Grenzen und Verbindlichkeiten mehr möglich sei.[6] In diesen Einstellungen, die für den »schlechten« modernen Individualismus stehen, sieht Taylor ideelle Spielarten eines radikalisierten Freiheitsideals, welches mit Blick auf die ideengeschichtlichen Grundlagen von dem Ideal der Authentizität unterschieden werden kann, obwohl und gerade weil eben diese individualistischen Einstellungen zur Trivialisierung des Ideal der Authentizität beigetragen haben ([3]1997a, S. 77–81).

So weit kann man Taylor folgen und gleichwohl wird nicht vollständig ersichtlich, wie das über das Prinzip der Originalität definierte moralische Ideal der Authentizität in der von ihm gewünschten Klarheit von dem der Freiheit durch Selbstbestimmung unterschieden werden soll. Das Prinzip der Originalität verlangt die Abwendung von äußeren Vorbildern und schließt ein Gelingen von Originalität durch Orientierung an Äußerem prinzipiell aus. Ist das Ideal der Authentizität daher nicht ebenfalls ein radikalisiertes Freiheitsideal? Inwieweit muss ein in diesem Sinne nach Originalität strebendes Individuum beispielsweise die mit sozialen Rollen verknüpften sozialen und moralischen Erwartungen als Zwang und Einschränkung seiner Freiheit empfinden? Rortys Antwort auf diese Frage besteht darin, das Selbst intern in einen privaten und einen öffentlichen Teil zu differenzieren: Der eine Teil ist gleichsam zuständig für die individuelle Selbstverwirklichung, der andere für die moralischen und sozialen Forderungen des gesellschaftlichen Zusammenlebens (Rorty 1992, S. 121, 127–161, 305–320). Doch mit Taylors Zeitdiagnose im Hintergrund müssten wir konzedieren, dass private Selbstverwirklichung und öffentliche So-

---

6 Taylor weiß freilich darum, dass Rousseau in seiner politischen Philosophie auch eine positive Formulierung für das Verhältnis des Individuums zur Gesellschaft findet. Aber nicht nur in dem radikalisierten Freiheitsideal, sondern auch in den Weiterentwicklungen des Rousseauschen Gesellschaftsvertrags durch Marx und Lenin sieht Taylor Formen anthropozentrischen Denkens, das sich mit Blick auf Marx und Lenin im Atheismus und in der ökologischen Aggressivität zeige ([3]1997a, S. 79).

lidarität viel zu oft in Konflikt miteinander geraten, als dass Rortys Antwort wirklich überzeugen könnte.

Sicherlich ist es ein wesentliches Kennzeichen der Romantik, dass sie untereinander spannungsreiche Momente aneinander zu binden weiß. Auf der einen Seite findet sich die starke Gewichtung der Originalität, die besonders in der romantischen Kunstauffassung mit ihrem Geniekonzept zum Ausdruck kommt, und auf der anderen die ebenfalls romantische Idee der Überwindung von Trennungen und Spaltungen – zwischen Subjekt und Natur, zwischen Vernunft und Sinnlichkeit, zwischen Individuum und Gemeinschaft. Und so zeigt sich Taylor bis in seine Sozialphilosophie hinein von der Romantik beeinflusst: Die eine Seite der Individuierung durch originelle Selbsterschaffung, durch Infragestellen von gesellschaftlichen Regeln und durch Abweichen von sozialen Konventionen müsse durch die andere Seite der sozialen Integration ergänzt werden. Selbsterschaffung sei nur vor dem Hintergrund eines gemeinsamen »Bedeutungshorizontes« und in den Ausdrucksmöglichkeiten einer geteilten Sprache möglich. Sie bleibe auf die ideellen Quellen gemeinsamer Werte und Güter sowie auf die Anerkennung in öffentlichen und privaten Sphären angewiesen (Taylor [3]1997a, S. 77–78). Der Romantik ist, wie Taylor aufzeigt, noch eine das Individuum, die soziale und natürliche Welt vereinende Naturmetaphysik eines alles durchströmenden Zwecks denkmöglich (Taylor [3]1999c, S. 661–662).[7] In der Gegenwart fehlt uns jedoch dieses integrierende, alles vereinende Moment. Parallel zu dem Entstehen dieser ideellen Leerstelle spitzen sich sozialgeschichtlich die Probleme des Individualismus und der sozialen Desintegration zu.

Vor dem Hintergrund sowohl seiner Sozialphilosophie als auch seiner Moralphilosophie fragt sich, ob Taylor wirklich einen so glücklichen Griff darin getan hat, der »Authentizität« nicht nur ideengeschichtlich, sondern auch philosophisch systematisch den Status eines moralischen Ideals zuzusprechen. Ein Rekurs auf die Semantik und Etymologie der im Raum stehenden Begriffe »Authentizität«, »Originalität« und »Individualität« kann hier im Hinblick auf ein differenzierteres Problembewusstsein orientieren: Das Nomen »Originalität« (von französisch »originalité«) hat, semantisch gesehen, zwei Bedeutungsmomente: Das eine Moment ist das der *Echtheit*

---

7 Taylor nimmt Bezug auf die englischen Autoren Blake und Wordsworth sowie auf Herder, Hölderlin, Schelling und Novalis. Für den Romantiker dürfe sich der Mensch als Teil einer umfassenden Naturordnung begreifen, die er durch die Expression seiner inneren Natur erschließen könne ([3]1999c, Kap. 21.1).

(zum Beispiel »die Originalität eines Dokuments«), das andere das der *Besonderheit*, »eine (auffällige) auf bestimmten, schöpferischen Einfällen, eigenständigen Gedanken o.ä. beruhende Besonderheit« (zum Beispiel »die Besonderheit ihres Stils«).[8] Beide Momente, das der *Echtheit* und das der *Besonderheit*, werden von Taylor in seinem Verweis auf Herder einbezogen. Nach Herder, so könnte man sagen, ist ein Mensch im Sinne seiner Originalität *echt*, wenn er sein »eigenes Maß«, seine *besondere*, ihn von anderen Menschen unterscheidende Natur verwirklicht (siehe S. 21). Eines der Bedeutungsmomente des Adjektivs »original« ist dementsprechend auch: »im Hinblick auf Beschaffenheit, Ursprung oder Herkunft echt und unverfälscht«.

Für den Begriff der Authentizität deutet die Semantik beziehungsweise die Etymologie auf dieses erste Moment der Originalität hin: Für das Adjektiv »authentisch« wird »echt« als Synonym angegeben. »Authentisch« leitet sich von dem spätlateinischen »authenticus« her, das »zuverlässig verbürgt, urschriftlich und (in Bezug auf Schriften) eigenhändig« bedeutet und seinerseits von dem griechischen »authentikós«, »zuverlässig verbürgt«, stammt. »Authentikós« gehört zu dem griechischen »authéntēs«, der »Urheber« oder der »Ausführer«. In Orientierung an der Etymologie könnte man »Authentizität« daher übersetzen mit: wahrhaftiger Urheber oder Autor seiner Handlungen und Wünsche sein. Was ist aber mit dem zweiten semantischen Moment der Originalität, der *Besonderheit*? Dieses verweist semantisch auf den Begriff der Individualität. »Individualität« leitet sich aus dem französischen »individualité« ab und bedeutet »persönliche Eigenart«; »individuell« aus französisch »individuel« bedeutet »dem Individuum eigentümlich«, »von betonter Eigenart«.

Nun scheint es auf den ersten Blick so zu sein, dass das erste semantische Moment der Originalität, nämlich *Echtheit*, keinerlei Schwierigkeiten hinsichtlich der Problematik der sozialen Integration eines Gemeinwesens bereitet, wohingegen das der *Besonderheit*, Einzigartigkeit oder eben Individualität schon. Eine Überlegung könnte nun sein, nur das erste der beiden Bedeutungsmomente der Originalität, nämlich das der Echtheit, nicht aber das der Besonderheit, philosophisch systematisch in das Konzept der Authentizität aufzunehmen. »Authentizität« und »Individualität« wären dann

---

8 Diese und die im Folgenden aufgeführten semantischen und etymologischen Erläuterungen sind entnommen aus Duden: *Das große Wörterbuch der deutschen Sprache in zehn Bänden*, Duden: Das *Bedeutungswörterbuch* sowie Duden: *Das Herkunftswörterbuch*, Mannheim/Leipzig/Wien/Zürich: Dudenverlag.

philosophisch systematisch zwei getrennte Konzepte. Dies ist aber nicht plausibel: Meine Echtheit – oder wie ich später in Bezug auf »Echtheit« sagen werde: meine »Selbstübereinstimmung« (siehe hierzu Abschnitt 2.6) – kann gerade davon abhängen, dass ich im Zweifelsfall auf meine Individualität bestehe. Einen konformistischen Menschen, jemanden, der »sein Fähnchen mit dem Wind dreht«, würden wir nicht als authentisch betrachten. Darüber hinaus wird auch in soziologischer oder sozialgeschichtlicher Perspektive deutlich, dass Individualität im Sinne einer qualitativ besonderen Identität nichts ist, dem man sich wahlweise entziehen könnte. Ich kann natürlich keinen besonderen Wert darauf legen, mich in irgendeiner Weise durch Einzigartigkeit hervorzutun, und es muss auch nicht, wie nach Rorty, mein erklärtes Ziel sein, anders als alle anderen Menschen zu sein. Gleichwohl kann als ein Differenzkriterium moderner gegenüber vormodernen, traditionalen Gesellschaften gelten, dass die personale Identität eines Individuums nicht mehr *hinreichend* durch äußere Ordnungen gesichert ist, weder durch eine irgendwie transzendente, göttliche Ordnung noch durch eine soziale beziehungsweise gesellschaftliche Ordnung im engeren Sinne. Bei der Authentizität handelt es sich um ein spezifisch modernes Ideal. Lässt man, hierin Hegel folgend, die Moderne im späten 18. Jahrhundert mit den grundlegenden gesellschaftlichen Veränderungen durch die französische Revolution beginnen, wird deutlich, dass »individuelle Identität« zu einem Thema wird, wenn die Gleichheit der Menschen als Bürger zum praktischen Selbstverständnis gehört (Früchtl 2004, S. 334–337; Habermas [6]1998a, S. 26–30).

In den Kontext seiner Moral- und Sozialphilosophie kann Taylor Individualität nur in einem gemäßigten Sinne integrieren. Individualität in einem gemäßigten Sinne bedeutet, dass Einzigartigkeit in der Abwägung meiner Zwecke und Ziele im Leben nicht an oberster oder besonders hochrangiger Stelle steht. Dieses Individualitätsideal kann man als schwach romantisch beschreiben. Es bleibt aber ein Individualitätsideal, da sich ein Mensch, der eine eher traditionelle oder angepasste Lebensführung wählt, für dieses Leben selbst entscheiden muss. Demgegenüber wird ein stark romantisches Ideal dadurch bestimmt sein, dass es dem Individuum in seiner Selbstverwirklichung vor allem um Einzigartigkeit geht, diese also als oberstes oder besonders hochrangiges Ziel aus der Abwägung seiner Ziele hervorgeht. In diesem Fall wird das Individuum sein Leben darauf ausrichten müssen, sich ganz im Rortyschen Sinne immer neu zu erschaffen, um sich durch Besonderheit gegenüber anderen auszuzeichnen. Für dieses stark romantische Individualitätsideal kann Taylor nicht argumentieren, wohl aber für ein schwach romantisches.[9]

Wenn wir uns nun an die erwähnte Unterscheidung von »Autonomie« und »Authentizität« von Habermas erinnern, so können wir im Folgenden das Taylorsche Verständnis des Verhältnisses von »Autonomie« und »Authentizität« im Abgleich mit jenem herausarbeiten. »Autonomie« versteht« Habermas in Kantischer Tradition als »moralische Selbstbestimmung«, »Authentizität« als zunächst »ästhetische« und später »ethische Selbstverwirklichung«: Das Konzept der Autonomie zielt auf das Allgemeine, auf die universale moralische Geltung. Bei dem der Authentizität geht es um das Besondere, das Individuelle; ethische Vorstellungen vom guten Leben können, bevor oder sofern nicht ihre Universalisierbarkeit aufgezeigt wurde, nur beschränkte Geltungsansprüche erheben (siehe S. 17). Taylors Verständnis des Verhältnisses von »Autonomie« und »Authentizität« geht nun insofern mit dem Habermasschen zusammen, als er Autonomie als wesentlich *rationales* praktisches Selbstverhältnis begreift. Anders als bei Habermas ist diese nähere Bestimmung der Autonomie bei Taylor allerdings durchaus kritisch gemeint: Die formale praktische Vernunft der Kantischen »Selbstbestimmung« bezeichnet er als besonders »extreme[es] Desengagement« (Taylor [3]1999c, S. 665), als Leistung einer »desengagierten« Rationalität, der gemäß *ausschließlich* Rationalität maßgeblich für die Selbsterkenntnis und für praktische Orientierungen sei. Ebenfalls dem Habermasschen Begriff ähnlich ist Taylors Verständnis der »Authentizität« insofern, als beide hier das Moment der Individualität als zentral ansehen und beide einen Zusammenhang zur Ästhetik herstellen. Besonders Taylor begreift Authentizität im Zusammenhang einer ästhetischen Reflexivität, wenn er Selbstverwirklichung als »Expression« und »Artikulation« einer »inneren Tiefe« vorstellt, die er mit Herder als Gefühlsnatur und in romantischer Metaphorik im Sinne einer »(inneren) Natur als Quelle« denkt (ebd., S. 639–679). Zwar müssen sich Expressionen und Artikulationen des Selbst nicht notwendigerweise in den Formen von Kunst – was auch immer Kunst genau sei – realisieren und sind daher in einem sehr engen Verständnis von Ästhetik auch nicht notwendigerweise ästhetisch. Die Analogisierung der Ideen des romantischen Künstlergenies und der Selbstverwirklichung im Sinne einer jedem Individuum offen stehenden Selbster-

---

9 Die terminologische Anregung, gemäßigte Individualität als »schwach romantisch« und Individualität um ihrer selbst willen als »stark romantisch« zu bezeichnen, erhielt ich von Josef Früchtl.

schaffung weitet das Verständnis von »Ästhetik« (von griech. »aisthesis«: »Wahrnehmung«, »Empfindung«) aber aus, so dass auch der Ausdruck und die Artikulation von eng mit Empfindungen verbundenen Gedanken, von Sehnsüchten und Wünschen, von Gefühlen und auch von moralischen Gefühlen als Formen einer ästhetischen Reflexion verstanden werden können. Mit der Wende zur romantischen Auffassung, die Natur als eine alles durchströmende Kraft erschließe sich uns durch den Ausdruck und die Artikulierung unserer inneren Natur, sieht Taylor die »Unterscheidung zwischen dem Ethischen und dem Ästhetischen« (ebd., S. 650) tendenziell in Auflösung begriffen. Mit der im achtzehnten Jahrhundert entstehenden Kategorie des Ästhetischen werde das Augenmerk vom Gegenstand auf die Wahrnehmung und Erfahrung und damit auf das Innere des Wahrnehmenden verlegt. In Form einer inneren Erfahrung erscheine die ästhetische Reflexion daher geradezu prädestiniert für die Artikulation moralischer Einstellungen und Empfindungen zu sein. Und eben mit der erwähnten Wende, die Taylor auch als Wende zur geistesgeschichtlichen Strömung des Expressivismus bezeichnet, entstehe im Anschluss unter anderem an die Theorie des inneren Moralsinns die Vorstellung, »Wohlwollen« und »Mitgefühl« (ebd., S. 649) seien natürliche innere Regungen, die es zu artikulieren gelte (ebd., S. 648–651). Im Kontext dieser engen Verbindung, die Taylor ideengeschichtlich zwischen Selbstverwirklichung, ästhetischer Reflexion und dem Moralischen sieht, wird deutlich, inwiefern sich Taylors und Habermas' Verständnis von »Authentizität« im Hinblick auf ein systematisch entfaltetes Konzept der Authentizität unterscheiden müssen.

Taylor teilt Habermas' Unterscheidung von Moral (universelle Moralgesetze) und Ethik (partikulare Vorstellungen vom guten Leben) und das mit dieser Gegenüberstellung verbundene Verständnis der moralisch-praktischen Vernunft als formale Rationalität nicht. Wo Habermas eine prozedurale Moralkonzeption vertritt, da steht Taylor für eine substantielle Güterethik. Bestimmte Güter, die gewissermaßen den moralischen Horizont der übrigen Güter abstecken, bezeichnet Taylor als »Hypergüter« (ebd., S. 124). Die Idee des Guten, Gott, die Natur als Quelle, das allgemeine Wohlwollen oder die universelle Gerechtigkeit seien Beispiele für diese besonderen Güter, die den »Standpunkt abgeben«, von dem aus andere Güter »abgewägt, begutachtet und beurteilt« werden können und sollen (ebd., S. 124). Diese obersten Güter seien wie die übrigen historisch: ein »Hypergut« könne von einem anderen verdrängt werden. Auch sei es möglich, dass mehrere Güter nebeneinander Bestand haben. Sie seien »eine Quelle des Konflikts« (ebd., S. 126) – eine Feststellung, die Taylor zeit-diagnostisch als Aussage über die Moderne generell verstanden wissen will: Die Moderne sei in sich konflikthaft, weil sich die Werte und Güter nicht mehr in ein homogenes Ganzes fügen würden. Gleiches gelte für die moderne Identität. Personale Identität sei in der Moderne prekär, denn Identität würden wir Taylor zufolge ausbilden, wenn wir unsere Biogra-phien narrativ zu Lebensgeschichten integrieren *und* wenn wir uns an Gü-tern beziehungsweise am Guten orientieren. Dabei würde den Hypergütern eine besondere Bedeutung für die Integrität einer Person zukommen, denn in Orientierung auf ein solches oberstes Gut gelinge es »am ehesten, die eigene Identität zu definieren« (ebd., S. 123). So gebe »mir die Sicherheit, daß ich mich auf dieses Gut zubewege, ein Gefühl der Ganzheit – der Erfüllung in meinem Person und Selbstsein« (ebd., S.123). Gleichwohl erweise sich diese Ganzheit, Integrität, für den Menschen der Moderne als problematisch angesichts der grundlegenden moralischen Konflikte seiner Zeit. Taylor stellt, wie ich im Folgenden ausführen werde, die Authentizität explizit in den Kontext einer erhofften Ganzheit. Wenn es sich bei dieser auch um eine überindividuelle Ganzheit im Sinne einer umfassenden mora-lischen Ordnung handelt, so wird aus dem bislang Erläuterten deutlich, dass die Ganzheit, die Integrität des Individuums, von dieser das Subjekt transzendierenden Ordnung abhängt: Das Individuum findet die Spannun-gen und Konflikte innerhalb des moralischen Horizontes der Güter in sei-ner personalen Identität widergespiegelt und muss sie gleichsam in sich ausbaden.

Verstehen wir Authentizität als »Selbstübereinstimmung«, dann scheint mir der Begriff der Integrität nahezuliegen, da, wie ich im Anschluss an Anderson in Abschnitt 2.6 ausführen will, eine gewisse innere Kohärenz oder eben Integriertheit zentral für die formale und interne Übereinstim-mung mit sich selbst ist. Die Integrität einer Person im Sinne dieser for-malen Selbstübereinstimmung hinsichtlich ihrer Wünsche, Ziele, Ideale und Werte ist aber nicht gleichzusetzen mit einer spezifisch moralischen Integrität, wenn nämlich zwischenmenschliche Pflichten oder die morali-schen Forderungen des objektiv Guten gemeint sind. Das landläufige Verständnis von »Integrität«, das wir zu Grunde legen, wenn wir eine Per-son als »moralisch integer« bezeichnen, findet sich auch bei Taylor. Taylors Begriff der Moral ist aber weit gefasst und berücksichtigt sowohl – mit Habermas gesprochen – moralische als auch ethische und ästhetische Fragen. Nach Taylor geht es in der Moral um das insgesamt gute, gelingende Leben. Die Sicht, dass man im Rekurs auf seine Arbeiten »Authentizität« als ein moralisches Ideal kennzeichnen könne, beinhaltet den Gedanken, wir könnten Integrität – Selbstübereinstimmung hinsichtlich unserer Wünsche, Ziele, Ideale und Werte – nur dann erlangen, wenn wir uns an objektiven moralischen Werten und Gütern orientierten.

Dass authentisch sein bedeutet Integrität zu haben und dass es bei der Selbstverwirklichung nicht notwendigerweise nur um das individualistisch oder egoistisch Gute gehen muss, sondern dass es ebenso um das von einem singulären oder geteilten Standpunkt aus für alle als gut Betrachtete gehen kann, so weit könnte Habermas Taylor sicherlich beipflichten. Auf dem Boden einer intersubjektivitätstheoretischen Geltungskonzeption stehend kann Habermas Taylor allerdings nicht mehr folgen, wenn dieser in der ästhetischen Selbstverwirklichung das Potential sieht, aus dem heraus die subjektive Perspektive über die intersubjektive hinausreichend auf eine Objektivität hin transzendiert werden kann. »Authentizität« ist für Taylor ein im umfassenden Sinne moralisches Ideal. Es von seinen Trivialisierungen und individualistischen Fehldeutungen zu befreien bedeutet für Taylor letztlich, Authentizität an die Orientierung auf objektive Güter zu binden. Da er aber deren moralisch motivierende Kraft, die sie eben aus dieser Objektivität heraus gewinnen, nicht argumentativ nachweisen kann, greift er auf die ästhetische Reflexion zurück: Diese motivierende Kraft erschließe sich uns nicht allein über die argumentativ-diskursive Sprache, sondern über eine Sprache »der persönlichen Resonanz«, die »Sprache der Dichter und Romanciers«, die uns in unserem Innersten berühre und in deren Worten wir uns aus unserer »Tiefe« heraus zum Ausdruck bringen und artikulieren könnten (ebd., S. 885; siehe Früchtl 2001b, S. 71). Die philosophische Rede erhalte diese erschließende Kraft, indem sie sich dieser Sprache annähere.

Als problematisch muss Habermas an der Taylorschen Position nicht ansehen, dass Taylor die Sprache der Philosophie an die der Literatur annähern will. In Taylors Büchern und Texten behalten Argumentation und Diskussion philosophischer Terme und Theoreme letztlich Oberhand über metaphorische Ausdrucksweisen. Ebenfalls nicht problematisch ist aus Habermasscher Perspektive die Sicht, dass die Kunst und insbesondere die Literatur besonders geeignet sein können, uns in unseren moralischen Fragen zu sensibilisieren und zu orientieren. Dahingegen ist, und zwar auch unabhängig von dieser Habermasschen intersubjektivitätstheoretischen Perspektive, Taylors Auffassung zu kritisieren, dass die Kunst uns nicht nur motiviere, sensibilisiere und uns neue Sichtweisen – insbesondere die des anderen – aufzeige, sondern dass sie darüber hinaus unsere subjektive Perspektive auf eine objektive Wirklichkeit hin öffnen würde und darüber die Kompetenz der Rechtfertigung erhalte. Taylor schreibt: »Das große epiphanische Werk kann uns mit den Quellen, die es anzapft, tatsächlich in Berührung bringen. Es kann die Berührung *Wirklichkeit* werden lassen.«[10] ([3]1999c, S. 884) Insofern als hier die Geltung moralischer Güter durch die Kunst eingelöst wird, lässt sich, wie Früchtl herausstellt, bei Taylor eine sehr fragliche »Wahrheitsästhetik« erkennen, nach der »in der Kunst, mit Hegel gesprochen, der Schein durch sich hindurch auf ein Geistiges, Subjektivität auf ein Objektives deutet« (Früchtl 2001b, S. 71).

Ganz im Sinne der romantischen Genieidee ist für Taylor der Künstler das Paradigma der Selbstverwirklichung: Artikulieren wir uns in der Sprache der Dichter und Romanciers, nähern wir uns einer vollen Authentizität, denn diese Sprache ist es, die uns mit den Gütern verbindet. Im Medium der ästhetischen, welterschließenden Sprache wird uns die moralisch motivierende Kraft der Güter gleichsam im Inneren bewegen und uns von innen heraus stärken. Taylors Konzept der Authentizität ist ein »Kind der Romantik« darin, dass es wie die Romantik die Entzweiungen, Spannungen und Konflikte der Moderne und der modernen Identität anerkennt. In letzter Konsequenz will sich Taylor die Aussicht auf Versöhnung aber nicht ganz verschließen. Auch darin folgt er der Romantik, denn wie die Romantiker die umfassende Naturordnung durch die Artikulierung der inneren Natur erschließen wollten, will sich Taylor die Hoffnung auf ein versöhntes Ganzes nicht nehmen lassen:

»Wenn Authentizität soviel heißt wie Treue zu sich selbst und Wiedergewinnung des eigenen ›Gefühls des Daseins‹, dann können wir sie zur Gänze vielleicht nur in dem Fall erreichen, in dem wir erkennen, daß wir durch dieses Gefühl mit einem umfassenderen Ganzen in Verbindung gebracht werden. Da war es womöglich kein Zufall, daß das Gefühl fürs Selbst und das Gefühl der Zugehörigkeit zur Natur zur Zeit der Romantik miteinander verknüpft waren. Vielleicht muß der

---

10 Für die Überlegenheit des Künstlers über den Philosophen findet Taylor folgendes treffliches Bild: »Der Philosoph oder der Literaturwissenschaftler probiert herum und formen Bilder, durch die es [das Anzapfen der Quellen] ihnen oder anderen eines Tages gelingen *kann*. Der Künstler ist wie der Rennfahrer, während wir den Mechanikern in der Box ähneln, außer insofern, als die Mechaniker in diesem Fall gewöhnlich zwei linke Hände und nur eine ganz verschwommene Vorstellung von dem Leitungsnetz haben, jedenfalls sehr viel weniger Ahnung als die Fahrer.« ([3]1999c, S. 884)

Verlust eines durch eine öffentlich definierte Ordnung vermittelten Empfindens der Zugehörigkeit durch ein stärkeres, in höherem Maße inneres Gefühl der Verbundenheit wettgemacht werden. Vielleicht ist es das, was ein großer Teil der modernen Lyrik zu artikulieren versucht. Mag sein, daß es nur wenige Dinge gibt, die wir heute dringender brauchen als solche Artikulierungen.« (Taylor [3]1997a, S. 104)

Das Taylorsche Konzept der Authentizität erweist sich in dieser Hinsicht als außerordentlich anspruchsvoll: So scheint die Hoffnung, über die ästhetische Selbstverwirklichung irgendwie die Integrität des Individuums und ein an kosmische Ordnungen und die romantische Naturauffassung erinnerndes versöhntes Ganzes zu erlangen, mehr eine ästhetische Utopie denn ein lebenspraktisches Ideal oder eine philosophische Konzeption der Authentizität menschlicher Individuen zu sein.

In Abgleich mit Habermas können wir Taylors Verständnis des Verhältnisses von »Autonomie« und »Authentizität« nun folgendermaßen zusammenfassen: Bei Habermas erhält die moralische Selbstbestimmung Vorrang vor der ästhetischen oder ethischen Selbstverwirklichung. Bei Taylor können wir nun einen relativen Vorrang der ästhetischen, erschließenden Selbstverwirklichung vor der rationalen Selbstbestimmung erkennen (siehe auch Früchtl 2001b, S. 71–72). Wenngleich Taylor den Rationalismus der Kantischen »Selbstbestimmung« als »Desengagement« kritisiert und nicht diese, sondern vielmehr die ästhetische Selbstverwirklichung in den Fokus seiner Moralphilosophie rückt, so sieht er doch beide Auffassungen des Selbstverhältnisses des Menschen – einmal als rationales und einmal als expressives – als ideelle »Quellen des Selbst« an. Hier stehen die aus der expressivistischen Strömung hervorgehenden Denker wie Hegel und Schiller Pate für seinen Gedanken (Taylor [3]1999c, S. 671). Obwohl Taylor im Gegensatz zu Hegel und Schiller auf die Konflikte zwischen beiden Quellen hinweist, anstatt philosophisch den Weg ihrer Vermittlung einzuschlagen, ist der Einfluss beider Denker deutlich wahrnehmbar. Bei Schiller fällt die Vermittlung der Quellen in den Bereich der Ästhetik. Eine »ästhetische Erziehung« wird den Menschen in einer »mittlere[n] Stimmung« bilden, »in welcher Sinnlichkeit und Vernunft zugleich thätig sind« (Schiller 2000, S. 81). Für den romantikkritischen Hegel ist nicht die Ästhetik das Medium, durch das sich der Mensch in seiner Ganzheit erkennen kann, doch auch bei Hegel bleibt die Idee des Ausdrucks und der Artikulation erhalten. Hegels Konzept der Selbstverwirklichung liegt quer zur Unterscheidung von »rationaler Selbstbestimmung« und »expressiver Selbstverwirklichung«. Dies wird anhand seiner Aufhebung der »Moralität«

in »Sittlichkeit« beziehungsweise der »Selbstbestimmung« in »Selbstverwirklichung« deutlich. Wie er in den *Grundlinien der Philosophie des Rechts* (Hegel ⁵1996) ausführt, bleibe die rationale Selbstbestimmung nach Kantischem Verständnis letztlich leer, denn wenn die formale Rationalität einer arationalen Welt unvermittelt gegenüberstehe, könnten sich ihre allgemeinen Bestimmungen allein auf sie selbst zurückwenden. Der Wille bleibe so im Modus der Möglichkeit einer Unterscheidungen treffenden, Bestimmungen setzenden Reflexion. Die Idee der Selbstverwirklichung sei hingegen, dass sich der Mensch in der natürlichen und kulturellen Welt Wirklichkeit gebe. Selbstbestimmung und Selbstverwirklichung werden von Hegel dadurch vereint, dass sich das Individuum in den normativen Praktiken, in denen es sich bereits verwirklicht, als vernünftiges Wesen erkennt und bestätigt. Der Inhalt der formalen Selbstbestimmung finde sich in der Wirklichkeit, im Besonderen erkenne sich der Wille als Allgemeinheit (ebd., §1–§33, §105–§114). Mit Blick auf die frühere Phänomenologie des Geistes pointiert Ludwig Siep, selbstbestimmte beziehungsweise »[a]utonome Selbstverwirklichung« bedeute für Hegel, dass sich das Individuum mit anderen »Individuen und Gemeinschaften in einer rechtlich-politischen sowie ästhetischen, religiösen und wissenschaftlichen Kultur« vereine und es bewusst an der Artikulation dieser Kultur mitwirke (Siep 2002, S. 46).

Diesem Hegelschen Begriff der Selbstverwirklichung ist der Taylorsche in gewissem Sinne sehr nahe. Wohl kann bei Taylor nicht wie bei Hegel von einer Aufhebung der »Selbstbestimmung« in »Selbstverwirklichung« innerhalb einer dialektischen Bewegung der Selbstaneignung der Vernunft die Rede sein. Er lässt die rationalistische Quelle und die expressivistische Quelle des Selbst als konfligierend nebeneinander stehen. Jedoch betont Taylor wie Hegel die Freiheit, die dem Subjekt in der Moderne besonders mit dem Kantischen Konzept der Autonomie zuteil wird; und wie für Hegel ist diese Freiheit für ihn nicht die ganze Freiheit. Die positiven Momente der Freiheit können bei Taylor unter anderem darin gesehen werden, dass Selbstverwirklichung für ihn immer auch Verwirklichung in einem bereits bestehenden sprachlich konstituierten Raum bedeutet. Es erinnert an Hegels Verständnis von Bildung, wenn man Taylors Auffassung von Selbstverwirklichung als Individuierung durch Hineinbildung in eine bestehende Kultur beschreibt, eine Kultur, die wohl unabhängig vom einzelnen Individuum Bestand hat, an deren Artikulation aber jedes Individuum auf seine mehr oder weniger individuelle Weise teilhat. Beleuchten wir das Taylorsche Konzept der Authentizität in seiner moralphilosophischen Dimension, mag man insofern eine Analogie zur Hegelschen »Sittlichkeit« sehen, als es philosophisch nicht darum geht, ein abstraktes Prinzip oder ein formales Verfahren anzugeben, aus dem die moralischen Normen abgeleitet werden könnten. Taylor verfolgt vielmehr eine rekonstruktive Strategie: Der Philosoph und das sich im Handeln orientierende Individuum müssen zunächst einmal verstehen, welche moralischen Traditionen sie inwiefern bereits prägen, um sich dann zu fragen, warum sie an ihnen festhalten und in welchen Modifikationen sie diese weiterführen sollten. Sobald aber Taylor Selbstverwirklichung als insbesondere ästhetische, expressive Verwirklichung versteht und auch die moralischen Orientierungen in nicht geringem Maße in den Bereich des Ästhetischen hineinzieht, unterscheidet sich sein Begriff der Selbstverwirklichung deutlich von dem Hegelschen, demgemäß Selbstverwirklichung letztlich Verwirklichung als Vernunftwesen bedeutet.

Da Habermas der Autonomie, der moralischen Selbstbestimmung, Vorrang vor der Authentizität, der ästhetischen oder ethischen Selbstverwirklichung, zuspricht, können wir sagen, dass Habermas mit dieser Auffassung in Kantische Fußstapfen tritt. Ob eine individuelle Vorstellung vom guten Leben auch als moralisch richtig gelten kann, ist eine Frage, die in einem formalen Verfahren, in einem moralischen Diskurs geklärt werden muss. Fällt die Antwort negativ aus, wird das Individuum im Konfliktfalle seine moralische Selbstbestimmung über seine Selbstverwirklichung stellen müssen. Indem Taylor der Authentizität, der ästhetischen, expressiven Selbstverwirklichung, relativen Vorrang vor der Autonomie, der rationalen Selbstbestimmung zuerkennt, folgt er Hegel darin, dass auch er moralische Orientierungen von kollektiven und gleichwohl individuellen Verwirklichungen her denkt und im Verbund mit diesem rekonstruktiven Ansatz eine substantielle Ethik[11] vertritt. Dagegen hat die Bedeutung, die Taylor der ästhetischen Reflexion für diese Verwirklichungen als Expres-

---

11 Dieser Bezug auf Hegel gerät allerdings insofern in eine leichte Schieflage, als die substantielle Sittlichkeit des späten Hegel der *Grundlinien der Philosophie des Rechts* nicht eigentlich eine Werteethik meint, sondern vielmehr die Verwirklichung von Recht und Moralität in den normativ gedachten Institutionen Familie, bürgerliche Gesellschaft und Staat. Als substantiell können aber Hegels und Taylors Positionen darin gelten, dass beide die Normen des Zusammenlebens in einem Gemeinwesen nicht aus einem abstrakten Prinzip oder einem formalen Verfahren ableiten, sondern von den »Objektivationen des Geistes« (Hegel) und den »Artikulierungen unserer objektiven, höchsten Güter« (Taylor) her denken.

sionen und Artikulationen zuweist, nicht eine Hegelsche, sondern vielmehr eine romantische Quelle.

2.2 Die Relationalität der Bestimmung des Eigenen

Der vorangegangene Abschnitt hat eine, wenn auch nicht annähernd hinreichend diskutierte, hier aber gleichwohl als sinnvoll vorausgesetzte begriffliche Differenzierung eingeführt: die zwischen »moralischer Autonomie« und »individualisierter Autonomie« – nennen wir diese individualisierte Autonomie nun »personale« oder, wie ich dies tun werde, »ethische Autonomie«. Geht es bei der moralischen Autonomie um die Selbstbestimmung hinsichtlich des allgemeinen Guten beziehungsweise des, mit Habermas gesprochen, moralisch Richtigen, so geht es bei der individualisierten Autonomie um die Selbstbestimmung hinsichtlich des *Eigenen*. Diese eigene Vorstellung vom Guten kann wohl mit moralischen Forderungen übereinstimmen – für viele Menschen ist die Orientierung an moralischen Werten und Gütern sogar maßgeblich für ihre persönliche Bestimmung des Eigenen –, allerdings muss sie dies nicht. Und wie im letzten Abschnitt dieses Kapitels deutlich werden wird, gehe ich im Anschluss an Joel Anderson davon aus, dass die Begründungsanforderungen und -pflichten in Fragen der Moral anspruchsvoller anzusetzen sind als in Fragen der Bestimmung des Eigenen. Um es ganz einfach zu sagen: Nur weil ich gute Gründe habe, mich mit einer bestimmten Lebensweise als meiner *eigenen* zu identifizieren, bestimmte Wünsche, Ziele, Ideale und Werte als meine *eigenen* zu begreifen, heißt dies nicht, dass ich auch gute Gründe hätte, diese Lebensweise, diese Wünsche, Ziele, Ideale und Werte als moralisch richtig begreifen zu dürfen.

In Bezug auf die Bestimmung des Eigenen gehe ich grundsätzlich davon aus, dass dieses Eigene Ausdruck der persönlichen Vorstellung von einem gelingenden Leben ist. Ich erachte also die »ethische Autonomie« als ein Konzept, das über die Orientierung am guten, gelingenden Leben verstehbar wird. Mit dieser begrifflichen Fassung wird nun der Fall ausgeschlossen, dass sich ein Mensch ausschließlich oder überwiegend selbstschädigend verhält. In einem solchen Fall von »ethischer Autonomie«, von der Identifizierung mit Wünschen, Zielen, Idealen und Werten zu sprechen, erscheint mir absurd, was nicht heißt, dass das Gelingen der Bestimmung des Eigenen durch einzelne selbstdestruktive Tendenzen notwendigerweise unmöglich werden muss.[12]

Über die begriffliche Differenzierung von »moralischer« und »ethischer Autonomie« hinaus steht eine weitere begriffliche Klärung an, nämlich die von »Authentizität«. Den Begriff der Authentizität kann man insofern sinnvoll auf den der moralischen Autonomie beziehen, als ein Mensch dann moralisch authentisch ist, wenn seine Orientierung an moralischen Werten und Gütern beziehungsweise wenn sein grundsätzliches Bestreben, gemäß objektiven moralischen Gütern oder intersubjektiv einsehbaren moralischen Normen zu handeln, Ausdruck seiner persönlichen Bestimmung des Eigenen ist. Im Kern erachte ich den Begriff der Authentizität als dem der ethischen Autonomie zugehörig: Die Bestimmung des Eigenen kann nur dann gelingen, wenn sie authentisch ist. In diesem Sinne betrachte ich die Ausdrücke »authentische Selbstbestimmung« und »ethische Autonomie« als begrifflich äquivalent. Auf diese hier zunächst also bloße Setzung eingeführte Begriffsbestimmung werde ich in Abschnitt 2.6 ausführlicher zu sprechen kommen.

Diese terminologische Entscheidung kann insofern an die ideengeschichtlichen Ausführungen aus dem vorangegangenen Abschnitt anknüpfen, als sich »Echtheit« und »Besonderheit«, also beide Momente der »Originalität«, mit Rekurs auf die Taylor den Begriff der Authentizität im Anschluss an Herder fasst, sinnvoll mit dem Begriff der ethischen Autonomie in Verbindung bringen lassen. So handelt es sich bei der ethischen Autonomie gerade um eine individuelle Selbstbestimmung. Und dass ich gleichsam echt – also authentisch – bin, dass meine Wünsche, meine Ziele, meine Ideale und Werte auch wirklich meine sind, ist Teil meiner ethischen Autonomie.

Im Rahmen der gegenwärtigen philosophischen Debatte zur »personalen« beziehungsweise »ethischen Autonomie« kann das Taylorsche Moment der Integrität in anderer Form wiedererkannt werden, so etwa im Zusammenhang mit hierarchischen Konzeptionen der »Autonomie«, wie sie Harry G. Frankfurt (siehe Abschnitt 2.4) und Gerald Dworkin (1989) vorgelegt haben. Dass Selbstübereinstimmung als Integration des Selbst verstanden werden kann, wird insbesondere an diesen hierarchischen Konzeptionen deutlich: In ihnen wird analysiert, wie eine relational tiefer lie-

---

12 Auch können bestimmte selbstdestruktive Handlungen wie in einigen Situationen der Suizid als Ausdruck einer am gelingenden Leben orientierten Selbstbestimmung angesehen werden.

gende Reflexionsebene innerhalb des Selbst mit einer dieser übergeordneten Reflexionsebene in einem zu spezifizierenden Reflexionsprozess in Übereinstimmung gebracht werden kann. So ungefähr lautet die Grundidee, der auch Taylors Vorstellung der Expression und Artikulation einer inneren »Tiefe« folgen kann. Auch die von Taylor aufgeführten Probleme der Entfremdung, des gesellschaftlichen Drucks und der sozialen Beeinflussung kommen in der Debatte insgesamt zur Sprache, etwa im Zusammenhang der Frage der Manipulation. Die von Taylor rekonstruierten ideengeschichtlichen Quellen der Authentizität, das Prinzip der Originalität aus dem Sturm und Drang und der Romantik sowie das Rousseausche Ideal eines nicht-entfremdeten Lebens, können demnach als historische Quellen für ein Konzept der ethischen beziehungsweise personalen Autonomie angesehen werden.

Im Kontext der Autonomiedebatte ist der Gedanke der Selbstbestimmung im Sinne der »ethischen« beziehungsweise »personalen« sowie der »moralischen Autonomie« aus vielerlei Richtungen in den Brennpunkt der Kritik geraten. So wird von kommunitaristischer Seite ein »Hyperindividualismus« kritisiert, gemäß dem das Individuum reduktionistisch als primär egoistischer Nutzenmaximierer vorgestellt wird, der sich nur aus Klugheitserwägungen auf öffentliche, politische Prozesse einlässt und an moralische und rechtliche Normen hält. Verwurzelt sei dieser Reduktionismus in einem unplausiblen Verständnis des Selbst, demzufolge dieses quasi solipsistisch mehr oder weniger unabhängig von geteilten Werten, von kultureller Identität und sozialen Bindungen rational-kalkulierend über sich und sein Leben bestimmen würde. Im Feminismus wird die Selbstbestimmung als eine typisch männliche Idee aufgefasst, da mit »Selbstbestimmung« die Vorstellung des rationalen und unabhängig von familiären und insbesondere emotionalen Bindungen »entscheidungsstarken« Mannes assoziiert werde. So ist es in der Tat ein philosophisches Problem, wenn die mit der Autonomie verknüpfte Freiheit voraussetzt, dass das Individuum sich auch anders bestimmen könnte, als es dies tatsächlich tut, es aber beispielsweise sorgenden und liebenden Eltern nicht ohne Weiteres möglich ist, ihre Kinder nicht mehr zu lieben und nicht mehr für sie zu sorgen. Elterliche Liebe müsste dann nämlich als Ausdruck eines nichtautonomen, unfreien Selbstverhältnisses angesehen werden. Dies ist aber unplausibel, da die elterliche Bindung auch als Verwirklichung und Konkretisierung einer autonomen Lebensführung thematisierbar wird. Im Kontext der so genannten Postmoderne wird darüber hinaus in Zweifel gezogen, dass ein Selbst überhaupt über eine stabile, integrierte Identität verfügen und die für Autonomie und Authentizität erforderliche Selbsttransparenz erlangen könne (siehe zu den Kritikpunkten Christman/Anderson 2005b, S. 3–4).

Honneth (2000a) zufolge können insbesondere zwei Denkbewegungen des 20. Jahrhunderts angeführt werden, die einer Dezentrierung der Autonomie Vorschub leisten. Die erste bringt eine »psychologische Kritik des Subjekts« (ebd., S. 237) hervor. Die Freudsche Psychoanalyse stellt mit ihrer Theorie über das Unbewusste das Bild des Menschen als wesentlich rationales, sich selbst durchsichtiges Lebewesen in Frage. Die zweite »leistet eine sprachphilosophische Kritik des Subjekts« (ebd., S. 237), die sich auf Saussure und den späten Wittgenstein stützt. Wenn die Sinnkonstituierung des Subjekts immer schon von einem es selbst übersteigenden Sprachsystem abhängt, dann wird auch die »Autonomie im Sinne der Autorschaft des Subjekts« (ebd., S. 237) problematisch.

Auch jenseits von so genannten postmodernistischen Positionen kann die Auffassung, dass Menschen in der Regel über eine bloß begrenzte Transparenz ihrer Präferenzen und Intentionen verfügen und dass dies ein zu berücksichtigender Aspekt der Analyse und Konzeptionalisierung personaler beziehungsweise ethischer Autonomie sein muss, als im Grunde allgemein anerkannt gelten. Weiterhin und zum Teil auch im Anschluss an die psychologische Dezentrierung des rationalen Subjekts ist nach der Leiblichkeit des Selbst zu fragen. So ließe sich die Leiblichkeit nicht allein als ein die Selbstbestimmung einschränkender oder gar untergrabender Faktor verstehen, den sie zweifellos darstellen kann. Ein solcher Faktor kann sie in Fällen von Krankheit und Behinderung sein, oder wenn die Selbstbestimmung etwa bei einer Vergewaltigung gewaltsam negiert wird. Möglicherweise wäre aber auch eine leibliche Selbstbestimmung (Meyers 2005, S. 33–34, 40) denkbar, beispielsweise in extremen Gefahrensituationen, in denen unser »self-as-embodied« (ebd., S. 33) gewissermaßen »übernimmt« und die im Nachhinein in eingehender Abwägung aller situationsrelevanten Faktoren als richtig beurteilte, möglicherweise lebensrettende Entscheidung trifft. Dass Leiblichkeit nicht nur eine einschränkende, sondern eine ermöglichende Rolle spielt, wird mit Blick auf unseren Selbstausdruck deutlich, den wir mit Taylor als Selbstverwirklichung verstehen können. So geben wir unseren Gefühlen wie Begeisterung, Trauer, Melancholie oder Zuneigung körperlichen Ausdruck. Wenngleich das Ausmaß dieses Ausdrucks von Mensch zu Mensch variieren mag, können wir ihn keineswegs als bloß hinzukommende Qualität unserer inneren Erfahrungen ansehen.

Das Selbst, das vor dem Hintergrund dieser kritischen Reflexionen und Anfragen gedacht werden könnte, müsste in jedem Falle seine solipsistischen Tendenzen ablegen. Eine Möglichkeit, ein solches von Grund auf relational gedachtes Selbst zu begreifen, findet sich im Rahmen des intersubjektivitätstheoretischen Ansatzes, den Habermas und Honneth auf je eigene Weise ausbustabieren. Um die grundlegende These, der Subjektivität gehe immer schon Intersubjektivität voraus, zu verdeutlichen, beziehen sich beide auf den Sozialpsychologen George H. Mead (siehe zu Habermas' Mead-Lektüre Habermas ²1988 sowie 1995, Bd. 2, Kap. V). Doch wo Habermas Intersubjektivität vor allem sprachphilosophisch in einer Kommunikationstheorie erläutert, arbeitet Honneth ausgehend vom Begriff der Anerkennung des frühen Hegel der *Jenaer Realphilosophie* in Verbindung mit dem Meadschen Interaktionismus eine Theorie der intersubjektiven Anerkennung aus. Dabei geht es zunächst um die Überwindung des bewusstseinsphilosophischen Subjektbegriffs als Voraussetzung für die Erörterung der Sozialität des Selbst.

Die Überwindung der Bewusstseinsphilosophie leitet Mead (1973) mit seiner Auffassung über die Sozialität des Bewusstseins ein, der zufolge dem Selbstbewusstsein immer ein Bewusstsein des anderen vorausgeht. Sprache beziehungsweise sprachliche Bedeutung ist das wesentliche Medium des Selbstverhältnisses als Selbstbewusstsein. Einer sprachlichen Äußerung von »ego« wird erst durch die Reaktion von »alter« Bedeutung gegeben, so dass dem Selbstbewusstsein von »ego« das Bewusstsein von »alter« vorausgeht. Nur sofern »ego« die Reaktion von »alter« in sich hineinnehmen, also in sich selbst die Reaktion von »alter« auslösen kann (»role taking«), kommt es zur Identität des Bewusstseins der Bedeutung der sprachlichen Äußerung bei »alter« und »ego« und damit zu signifikanten Symbolen, also zu sprachlicher Bedeutung. Selbstbewusstsein, Subjektivität, wird demnach durch die Verlagerung von Intersubjektivität in die Subjektivität erlangt. Der innere Dialog wird nach dem Modell des äußeren vorgestellt. Geist (»mind«) als Reflexivität, das heißt als ein sich Zurückwenden auf die eigene Erfahrung, wird durch das Bewusstsein der Bedeutung sprachlicher Ausdrücke möglich. In dieser Konzeption des Selbstbewusstseins als soziales Bewusstsein ist die Konzeption der Entwicklung einer Identität (»self«) im weiteren Sinne bereits angelegt und vorgezeichnet. Mit der Sprache holt das Individuum auch die verschiedenen sozialen Rollen, Verhaltensmuster und normativen Erwartungen in sich hinein und macht sich diese solchermaßen bewusst. Das »I« macht sich selbst als »me« zum Objekt und nimmt als »me« die Haltungen der anderen sich selbst gegenüber ein (»role taking«), die solchermaßen das ganze bewusste Verhalten des Individuums bestimmen. Zur vollen Entwicklung von Identität (»self«) muss das Individuum die Haltungen anderer gegenüber deren Selbst und gegenüber anderen in sich hineinnehmen und darüber hinaus auch die Haltungen anderer gegenüber den verschiedenen Phasen oder Aspekten der gesellschaftlichen Tätigkeiten oder Aufgaben innerhalb einer gesellschaftlichen Gruppe und letztlich der organisierten Gesellschaft. Das Individuum muss also die Gesellschaft in ihrer organisatorischen Ausdifferenzierung begreifen. Diese drei Momente zusammengenommen, die Haltungen der anderen gegenüber dem eigenen Selbst, die Haltungen der anderen gegenüber anderen und die Haltungen der anderen gegenüber der Organisation und Ausdifferenzierung einer Gruppe und letztlich der Gesellschaft bilden zusammen den »verallgemeinerten« beziehungsweise »generalisierten Anderen«. Sofern das Individuum die Haltung des verallgemeinerten Anderen in sich hineinnimmt, kann es eine organisierte Identität entwickeln (Mead 1973, S. 187–271; siehe zu dieser Zusammenfassung Meads Wenzel 1990, S. 47–87).

Honneth hebt aus diesen Meadschen Überlegungen die Bedeutung des verallgemeinerten Anderen für unser praktisches Selbstverhältnis heraus (Honneth 2003a, S. 114–147): In dem Maße, in dem das Individuum über den verallgemeinerten Anderen die normative Ordnung eines Gemeinwesens internalisiere, könne es auf die soziale Akzeptanz der anderen Gesellschaftsmitglieder hoffen. Wie der junge Hegel erläutere Mead diese Form der Sozialbeziehung mit dem Begriff der Anerkennung und ebenfalls wie Hegel entfalte er sie in Form der wechselseitigen Anerkennung als Rechtssubjekte. Sofern also Hegel und Mead diese wechselseitige rechtliche Anerkennung als Bedingung für ein gelingendes, positives praktisches Selbstverhältnis – für die Selbstachtung des Individuums als mit gleichen Rechten und Pflichten versehenen Mitglieds des Gemeinwesens – begreifen würden, könne bei Mead eine sozialpsychologische Ausformulierung des Hegelschen Anerkennungskonzeptes erkannt werden. Sowohl Hegel als auch Mead würden im Recht das Medium sehen, in dem historisch die Individualität durch die Erweiterung der Freiheitsspielräume zur Geltung komme. Honneth betrachtet Mead aber darin als über Hegel hinausgehend, dass Mead die wechselseitige Anerkennung der Individuen in ihrer Einzigartigkeit im Hinblick auf die zugrunde liegenden Motivationen einer Anerkennung zwischen Fremden erklären könne. Mead verstehe das »me« als das psychische Element, das die Haltungen, aus denen heraus das Individuum zu sich finde, in sich hineinnehme. Im »I« sehe er das spontane, progressive psychische Element, das als solches in Konflikt mit der im verallgemeinerten Anderen zusammengenommenen normativen Ordnung gerate. Da das »I« aber auch noch in seinen Abweichungen und Innovationen auf das identitätsstiftende Element »me« angewiesen bleibe, müsse das Individuum auf die »Zustimmung eines kontrafaktisch unterstellten Gemeinwesens« (ebd., S. 134) vorausgreifen. Die Hegelsche Idee des Kampfes um Anerkennung sieht Honneth bei Mead als Kampf um die Innovation dieser normativen Ordnung eines Gemeinwesens reformuliert. In den Idealisierungen dieser von den Gesellschaftsmitgliedern jeweils unterstellten Ordnung würden die Individuen die motivationale Grundlage einer wechselseitigen Anerkennung in ihrer Individualität finden. Im Anschluss an Hegel und Mead eröffnet Honneth den Ausblick auf einen ethischen Begriff des verallgemeinerten Anderen. Der Kampf um Anerkennung werde als einer um die in einem Gemeinwesen geteilten Werte verstehbar, im Lichte derer die wechselseitige Anerkennung von Individuen in ihrer individuellen Identität überhaupt möglich sei.[13]

Das Selbst, das in diesem intersubjektivitätstheoretischen Ansatz vorgestellt wird, ist ein von Grund auf relational gedachtes. Im spezifischen Kontext der Honnethschen Anerkennungstheorie, die Honneth im Hinblick auf die drei Anerkennungsformen Liebe, Recht und Solidarität ausarbeitet, wird ein nicht-reduktionistisches Konzept der Autonomie denkbar, demzufolge die Selbstbestimmung nicht selbstbezogen und kalkulatorisch an allen sozialen und normativen Bindungen vorbeisteuert, wann immer es geht. Glaubt man der Anerkennungstheorie, scheint die individualisierte Autonomie vielmehr zumindest prima facie nur innerhalb von Anerkennungsverhältnissen gelingen zu können. Starke zwischenmenschliche Bindungen, die wie die von Eltern zu ihren Kindern nicht einfach zu lösen sind, werden im Rahmen dieser Theorie nicht als autonomieabträglich,

---

13 Siehe zu Honneths Hegel-Lektüre kritisch Ludwig Siep (1998), der auslotet, inwiefern im Hegelschen Werk die Anerkennung des Individuums nicht allein als ein Gleiches, sondern auch in seiner Einzigartigkeit gedacht werden könne. Siep sieht die Anerkennung der *Phänomenologie des Geistes* und die substantielle Sittlichkeit der *Grundlegung der Philosophie des Rechts* nicht wie Honneth vollständig von dem Potential gereinigt, das in der Jenaer Schrift auf eine Auffassung von Sittlichkeit als solidarischer, wechselseitiger Anerkennung individueller Identität bestanden habe.

sondern vielmehr als gelebte Selbstbestimmung gesehen, als Bindungen, in denen ein Leben individuelle Wirklichkeit erlangt. Lässt man sich auf diese Überlegungen zu einem relationalen Selbst ein, so wird deutlich, dass man die Analyse von Autonomie und Authentizität nicht auf intrasubjektive Prozesse einschränken kann, da diese immer schon auf genauer zu erörternde Weise mit sozialen Prozessen verwoben sind.

»The key initial insight of social or relational accounts of autonomy is that full autonomy – the real and effective capacity to develop and pursue one's own conception of a worthwhile life – is achievable only under socially supportive conditions. It is an impressive accomplishment that, on the path from helpless infancy to mature autonomy, we come to be able to trust our own feelings and intuitions, to stand up for what we believe in, and to consider our projects and accomplishments worthwhile. We cannot travel this path alone, and we are vulnerable at each step of the way to autonomy-undermining injustices – not only to interference or material deprivation, but also to the disruptions in the social nexus that is necessary for autonomy.« (Anderson/Honneth 2005a, S. 130)

Ich gehe im Anschluss an Anderson zwar davon aus, dass maßgeblich die Selbstübereinstimmung des Individuums und damit ein trotz der diskursiven Vermittlung weitgehend intrasubjektives Kriterium zur Konzeptionalisierung von ethischer Autonomie beiträgt. Gleichwohl sehe ich die Notwendigkeit, die erläuterte Relationalität der Autonomie zu berücksichtigen. Dies ist auf verschiedene Weisen möglich.

Zunächst muss zwischen subjektiven und intersubjektiven beziehungsweise sozialen Gelingensbedingungen der ethischen Autonomie, also der authentischen Bestimmung des Eigenen, unterschieden werden. Unter subjektiven Bedingungen verstehe ich zunächst die Fähigkeit des Subjekts, sich vernünftig beziehungsweise diskursiv über solche eigenen Wünsche, Ziele, Ideale und Werte verständigen zu können. Was unter dieser vernünftigen Selbstverständigung genauer zu verstehen ist, soll in Abschnitt 2.6 thematisiert werden und wird ein durchgängiges Erkenntnisinteresse des zweiten Kapitels der vorliegenden Arbeit bleiben. Dieses zweite Kapitel wird sich vorrangig mit einem Aspekt der ethischen Autonomie befassen, der meines Erachtens in einem diskurstheoretischen Ansatz nicht zufrieden stellend berücksichtig werden kann: Meine These wird sein, dass die Fähigkeit des Subjekts, »echte« Erfahrungen machen zu können, was dies auch immer genau heißt, wesentlich für die authentische Selbstbestimmung ist.

Auch ein diskurstheoretischer Ansatz, demzufolge Individuen sich in innersubjektiv oder intersubjektiv geführten Diskursen über ihr *Eigenes* selbstverständigen, übergeht die Relationalität der Autonomie nicht. So hängt das Gelingen dieser Selbstverständigung in intersubjektiv geführten Diskursen maßgeblich vom kommunikativen Verhalten der Diskurspartner ab. Die Fähigkeit, sich vernünftig über sich selbst zu verständigen, die eine wesentliche subjektive Gelingensbedingung der ethischen Autonomie darstellt, hat also ihrerseits eine bestimmte, nämlich intersubjektive beziehungsweise soziale Gelingensbedingung, nämlich gewaltfreie Kommunikationsformen.

Mit den Mitteln der Honnethschen Anerkennungstheorie können intersubjektive beziehungsweise soziale Gelingensbedingungen auf Basis der Einsicht in die Relationalität der individualisierten Autonomie in weiter gefasster Perspektive in den Blick geraten. Das Gelingen der individualisierten Selbstbestimmung kann, so lässt sich im Kontext der Anerkennungstheorie sagen, auch von Erfahrungen sozialer Missachtung unterminiert werden. Wie ich in Abschnitt 4.2 ausführen werde, nimmt dieser erfahrungsorientierte Ansatz von Honneth Verletzlichkeiten des Menschen und Beschädigungen der Fähigkeit zur Bestimmung des Eigenen in den Blick, die in Erfahrungen von Missachtung und Demütigung unterhalb der Ebene diskursiver Rede begründet liegen.

Dass die subjektive Fähigkeit, sein Eigenes zu bestimmen, soziale Gelingensbedingungen hat, die diskurs- und anerkennungstheoretisch erläuterbar sind, möchte ich unterstreichen. Aufgreifen werde ich diese grundlegenden Einsichten in die ethische Autonomie auch im letzten großen Kapitel (4.), wenn ich im Rekurs auf Habermas und Honneth Öffentlichkeiten als Diskurs- und Anerkennungsräume und damit die explizit öffentlichen Gelingensbedingungen von individueller ethischer Autonomie thematisiere. Mein theoretisches Anliegen wird sein, eine weitere soziale und in einem weiteren Schritt als »öffentlich« zu bezeichnende Gelingensbedingung der subjektiven Fähigkeit zur authentischen Selbstbestimmung herauszustellen. Mein Vorschlag wird lauten, in der Möglichkeit, für die Selbstbestimmung und Selbstverwirklichung förderliche Erfahrungen machen zu können, eine weitere soziale Gelingensbedingung der ethischen Autonomie zu sehen. Erläutern möchte ich diese Erfahrungen über eine bestimmte Qualität, die ich im Anschluss an John Dewey als ästhetische deuten werde (siehe Kapitel 3.). Da meines Erachtens diese Möglichkeit zu förderlichen Erfahrungen in sozialer Kooperation geschaffen werden muss, sehe ich auch in diesem theoretischen Zugriff auf Erfahrungen die grundlegende Einsicht in die Relationalität der ethischen Autonomie berücksichtigt. In diesem Sinne werde ich neben Öffentlichkeiten als Diskurs- und Anerkennungsräumen eine weitere Dimension des öffentlichen Raumes beleuchten, wenn ich Öffentlichkeiten philosophisch als »Erfahrungsräume« reflektiere (siehe Abschnitt 4.3). Ziel der vorliegenden Arbeit ist es, die Begriffe »Authentizität« und »Öffentlichkeit« als Diagnose- und Kritikkonzepte zu entfalten. Für eine diagnostizierende Sozialphilosophie und für einen mit der Diagnose sozialer Pathologien beginnenden philosophischen Ansatz zur Kritik gesellschaftlicher Fehlentwicklungen sehe ich den Begriff der Erfahrung als besonders relevant an.

Die Bedeutung von Erfahrungen für die Bestimmung zum Eigenen wird auch in Honneths Anerkennungstheorie deutlich, wenn die Diagnose sozialen Leidens unter Anerkennungsdefiziten bei den moralisch-ethischen Erfahrungen der Individuen ansetzt. Dass wir leiden, wird uns im Modus der Erfahrung bewusst. Honneth fragt nicht konzeptionell nach der Qualität der Erfahrungen als solchen, sondern konzentriert sich gewissermaßen auf den Inhalt der Erfahrungen, und zwar insofern, als in ihnen normativ auf eine veränderte Anerkennungs- und mithin Werteordnung voraus gegriffen wird. Deshalb kann – und wie ich meine – sollte der Honnethsche Diagnoseansatz durch den Rekurs auf die formale, ästhetische Qualität von Erfahrungen ergänzt werden.

2.3 Zwischen intrasubjektiver Analyse und substantiellen Bedingungen

»Autonomie« ist einer der Zentralbegriffe der praktischen Philosophie überhaupt. Die philosophische Debatte zum Begriff der Autonomie ist dementsprechend alt, umfangreich und enthält mitunter hochgradig subtile Positionen. Ausgerichtet auf mein argumentatives Ziel, insbesondere im Anschluss an Charles Taylor den Begriff der Authentizität als Diagnose- und Kritikkonzept für eine kritische Theorie der Gesellschaft zu entfalten, kann es mir hier nicht darum gehen, die gesamte Debatte mit dem Anspruch der Vollständigkeit zu rekonstruieren. Besonders die neuere analytische Diskussion werde ich aber auch nicht ignorieren können, da sie wertvolle Einsichten für mein Erkenntnisinteresse bereithält. In dieser Debatte werden personale beziehungsweise ethische Autonomie und Authentizität in der Regel nicht als zwei völlig verschiedene und getrennt verstehbare Realisierungsmöglichkeiten des Menschen behandelt, vielmehr wird Authentizität in vielen Positionen als Bedingung von Autonomie angesehen. Während der Begriff der Autonomie in der Tradition liberalen Denkens besonders hinsichtlich der negativen Freiheiten von äußeren Zwängen wie beispielsweise staatlichen Eingriffen in private Lebensbereiche gedacht wird, stellt der Begriff der Authentizität explizit auf die subjektive Dimension der Autonomie der Person und ihrer Handlungen ab. Die positive Freiheit zu einem Leben gemäß dem wahrhaftigen Selbst, gemäß den *eigenen* Wünschen, Zielen, Idealen und Werten, erfordert nicht nur negative Freiheit von äußeren Zwängen, sondern auch Freiheit von inneren Zwängen, die sich unser – gleichsam von außen – »bemächtigen« und die wir wohl in uns spüren, in denen wir uns aber häufig als entfremdet erfahren. Beispiele sind Süchte (Drogensucht, Spielsucht, Kleptomanie usw.) oder starke Ängste, Phobien und Neurosen. Innere Barrieren der Freiheit können aber nicht nur unbewusste Zwänge sein, sondern auch illusionäre oder verzerrte Welt- und Selbstwahrnehmungen und Selbsttäuschungen (siehe zu »Selbsttäuschung« Löw-Beer 1990). Solche inneren Behinderungen der Freiheit können beispielsweise durch misslingende Erziehung oder durch Manipulationen entstehen.

Im Blick auf die gegenwärtige sprachanalytische Debatte unterscheidet Robert Noggle (2005) drei grundlegende Strategien, Authentizität zu definieren. »Authentizität« ist, so Noggle, ein Prädikat, das wir einem psychischen Element zusprechen: »Thus, to say that an impulse is not authentic is to say that it does not lie within that part of a person's psychology that must be in charge if she is to be genuinely autonomous (or that must be the source of her actions if they are to count as autonomous).« (ebd., S. 88) Die gegenwärtigen Definitionen von Authentizität im Rahmen der sprachanalytischen Philosophie führt Noggle auf drei Schemata zurück, wobei einige Positionen durchaus mehr als nur einem der folgenden Schemata zugeordnet werden können:

»Element (or set of elements) E1 of the psychology of a person S is authentic if …
[…]
Structural Condition Schema: E1 is related in the right way to E2, where E2 is some other element (or group of elements) of S's psychology.
Historical Condition Schema: E1 arose in the right way.
Substantive Condition Schema: E1 has the right content or causes S to believe, desire, intend, or do the right things.« (ebd., S. 88)

Dem ersten der aufgeführten Schemata zufolge müssen verschiedene psychische Elemente beziehungsweise Sets von Elementen in richtiger Weise zueinander in Beziehung stehen, um die strukturelle Bedingung zu erfüllen. Noggle führt als Beispiel unter anderem das hierarchische Modell von Harry Frankfurt an, das hier im folgenden Abschnitt genauer diskutiert werden wird. In dem frühen Aufsatz »Willensfreiheit und der Begriff der Person« (Frankfurt 2001g) entwickelt dieser die Idee, dass für Autonomie die Integration des Willens entscheidend ist. Diese wird erlangt, wenn der Wille auch von einer relativ zu ihm höherstufigen Volition zum Ausdruck gebracht wird – oder sehr allgemein gesprochen: wenn eine relational tieferliegende Reflexionsebene mit einer dieser übergeordneten Reflexionsebene in Übereinstimmung kommt.

Dem zweiten Schema lassen sich Positionen zuordnen, die sich als kritische Modifizierung des hierarchischen Modells lesen lassen. Wie ich ebenfalls im Weiteren nachzeichnen will, lässt sich Frankfurts Position, angefangen beim hierarchischen Modell bis zu dessen Weiterentwicklungen, dahingehend kritisieren, dass nicht dem Entstehen beziehungsweise der Geschichte der Wünsche und Willensäußerungen Rechnung getragen wird. Damit können mögliche Manipulationen eben dieser Wünsche nicht berücksichtigt werden. In der Forschungsliteratur ist die Historisierungsbedingung, unter deren Berücksichtigung Wünsche, Ziele, Ideale und Werte als authentisch betrachtet werden können, mit dem Namen John Christman (siehe Abschnitt 2.4) verknüpft.

Mit dem dritten Schema wird nach einem »more objective criterion for the authenticity of a mental element« (Noggle 2005, S.96) gesucht. Überantworten die beiden anderen Schemata die Autorisierung der eigenen Wünsche, Ziele, Ideale und Werte ausschließlich dem Subjekt, so werden die Bedingungen der Authentizität in diesem dritten Schema in der Weise substantiell verstanden, dass eben diese Autorität nicht ausschließlich beim Subjekt verbleibt. Als Beispiel möchte ich Taylors Reflexionen zur Authentizität, die sich im Rahmen seiner Werte- und Güterethik finden, diskutieren und kritisch problematisieren.

Noggle zufolge wird durch das Aufstellen von substantiellen Kriterien das Grundverständnis der Authentizität – Authentizität als eine psychologische Größe – modifiziert, und zwar auf problematische Weise:

»As I see it, this approach risks conflating authenticity/autonomy with some other notion – such as moral agency, rationality, or some sort of mental health. Such an approach changes the question, I think, from one about the person's relation to one of her own psychological elements to the question of whether the element, in itself, exemplifies some other property that has nothing to do with the person to whom it belongs. In so doing, a substantive condition abandons the idea of authenticity as involving being a part or product of the person's own self rather than a usurping psychological force. I believe that we should have very compelling reasons before adopting an analysis of a concept that changes the concept into something else.«[14] (ebd., S. 96)

Dass wir für eine Modifizierung des Verständnisses der Authentizität als ein rein intrasubjektiv zu analysierendes Selbstverhältnis gute, zwingende Gründe brauchen, ist eine Forderung, der klarerweise zuzustimmen ist. So scheint es doch eines, wenn nicht sogar das entscheidende Merkmal des Common Sense-Verständnisses von »Autonomie«/»Authentizität« zu sein, dass sich ein Individuum auch gegen ein intersubjektiv geteiltes oder objektiv Gutes wenden kann. Wie ich erörtern werde, bringen aber Ansätze, die Authentizität rein intrasubjektiv analysieren, gewichtige Probleme mit sich, auf die wir nur adäquat antworten können, wenn wir die rein intrasubjektive Perspektive zu einer intersubjektiven erweitern. Wenn die Entscheidungen eines Menschen über sein Leben anhaltend in keiner Weise intersubjektiv nachvollziehbar sind, wenn keinerlei Rationalität in ihnen erkennbar wird, steht auch seine Autonomiefähigkeit in Frage.

2.4 »Structural conditions and historical conditions«

Harry Frankfurt kann als Vertreter des »structural condition schema« herangezogen werden. Frankfurt hat eine rein intrasubjektive Analyse der Autonomie vorgelegt, die begrifflich durchschaubar macht, worin die Integrität des Willens besteht, nämlich darin, dass dieser sich selbst will und das Subjekt diesem Willen gemäß handelt. Bei den folgenden Erläuterungen zu Frankfurts Autonomieanalyse werde ich unter Umgehung der Attribute »ethisch« und »personal« ausschließlich von »Autonomie« sprechen. Mit Michael Quante gehe ich davon aus, dass die von Frankfurt unternommene Analyse der Autonomie »auf das Konzept personaler Identität im Sinne eines evaluativen, sich in der Biographie manifestierenden Selbstverständnisses einer Person, kurz: auf das Konzept der Persönlichkeit, verweist.« (Quante 2000, S. 117) In diesem Sinne sehe ich es als be-

---

14 Auch mit den ersten beiden Schemata setzt sich Noggle (2005) kritisch auseinander.

rechtigt an, Frankfurts Autonomieanalyse zur Erläuterung »ethischer Autonomie«, der Bestimmung des *Eigenen*, heranzuziehen.[15]

In »Willensfreiheit und der Begriff der Person« (2001g) arbeitet Frankfurt das hierarchische Modell der Wünsche erster und zweiter Stufe aus. Dabei lässt er sich von der grundsätzlichen Idee leiten, dass unser subjektives Selbstverhältnis uns ermöglicht, kritisch unsere Wünsche zu reflektieren und uns selbst zu fragen, ob wir uns wünschen, einen bestimmten Wunsch zu haben. Frankfurt geht von mindestens zwei Wunschstufen aus, wobei die zweite, höherliegende Stufe auf die erste gerichtet ist. Für die zweite Wunschstufe differenziert Frankfurt zwischen dem Wunsch und der Volition. Mit einem Wunsch zweiter Stufe wünsche das Subjekt, einen Wunsch erster Stufe zu haben. Mit einer Volition zweiter Stufe wünsche das Subjekt dagegen nicht nur einen Wunsch erster Stufe zu haben, sondern darüber hinaus auch, dass dieser Wunsch *handlungswirksam* werde. Um diese Differenz zwischen einem bloßen Wunsch erster Stufe und einem handlungswirksamen Wunsch erster Stufe begrifflich auf den Punkt zu bringen, unterscheidet Frankfurt für die erste Wunschstufe zwischen dem bloßen Wunsch und dem Willen. Der *faktisch handlungswirksame* Wunsch sei der Wille der Person (2001g, S. 67–72).

Für die Autonomie der Person ist es, Frankfurt zufolge, notwendig, dass diese sich mit ihren *eigentlichen* Wünschen identifiziert. Als eigentliche beziehungsweise authentische Wünsche können mit dem frühen Frankfurt die Wünsche erster Stufe angesehen werden, von denen wir wollen, dass sie auch handlungswirksam werden, die also mit Volitionen zweiter Stufe in Übereinstimmung sind. Auch wenn Frankfurt nicht-wirksame Volitionen zweiter Stufe in seinen Erläuterungen begrifflich nicht vorsieht, ist es denkbar, dass eine Volition zweiter Stufe nicht wirksam wird: Da ich mich mit einem bestimmten Wunsch als meinem eigentlichen identifiziere, will ich (Volition zweiter Stufe), dass dieser bestimmte Wunsch (erster Stufe) in die entsprechende Handlung mündet und damit zu meinem Willen wird. Tatsächlich beziehungsweise faktisch handlungswirksam und damit zu meinem Willen wird aber einer meiner anderen Wünsche, so dass mir mein eigener Wille (handlungswirksamer Wunsch erster Stufe) fremd wird, da er mich einen nicht-authentischen Wunsch realisieren lässt. Diese mangelnde Selbstübereinstimmung – oder eben dieser Mangel an Authentizität – behindert die Autonomie beziehungsweise die Freiheit der Person.

---

15 Auch Anderson (1994) diskutiert Frankfurts Analyse unter der Fragestellung, wie »ethische Autonomie« zu verstehen sei.

Frankfurt veranschaulicht dieses Problem der nichtwirksamen Volition am Beispiel des »Süchtigen wider Willen«. Der unfreiwillig Süchtige besitze konfligierende Wünsche erster Stufe, nämlich sowohl den, die Droge zu nehmen, als auch den, sie nicht zu nehmen. Von einem Triebhaften unterscheide sich der Süchtige wider Willen darin, dass er eine Volition zweiter Stufe ausbilde, in der er sich aktiv und explizit mit einem bestimmten seiner Wünsche erster Stufe, nämlich dem, von der Droge zu lassen, identifiziere.

»Er macht einen der Wünsche wirklich mehr zu seinem eigenen als den anderen, und indem er das tut, zieht er sich von dem anderen zurück. Diese Identifikation und zugleich der Rückzug durch Ausbildung einer entsprechenden Volition der zweiten Stufe sind es, die den Süchtigen wider Willen die analytisch irritierende Behauptung machen lassen, daß die Kraft, die ihn dazu bringt, die Droge zu nehmen, eine andere als seine eigene Kraft ist, und daß es nicht nach seinem eigenen freien Willen, sondern gegen seinen Willen geschieht, wenn diese Kraft ihn dazu bewegt, die Droge zu nehmen.«[16] (Frankfurt 2001g, S. 74)

Für die Autonomie der Person sei erforderlich, dass sie sich hinreichend häufig mit ihrem Willen, das heißt mit ihren faktisch handlungswirksamen Wünschen, identifizieren könne und ihre Volitionen zweiter Stufe wirksam seien. Hier nimmt Frankfurt das Problem in den Blick, dass es eine Asymmetrie zwischen unserem tatsächlichen Handeln beziehungsweise unserem sich faktisch durchsetzenden Willen und unseren eigentlichen, authentischen Wünschen geben kann. Wie es einem Individuum aber gelingen kann, dass sein authentischer Wunsch auch sein Wille ist beziehungsweise wird, dazu äußert sich Frankfurt nicht (Betzler 2001, S. 18, 23; Quante 2000, S. 118–119).[17]

---

16 Würde sich der Süchtige wider Willen gemäß Frankfurtscher Terminologie analytisch korrekt beschreiben, dann müsste er sagen, dass es wohl sein eigener Wille war, der ihn dazu bewegt habe, die Droge zu nehmen, dass dieser Wille aber nicht frei gewesen sei, da er gegen seinen eigentlichen beziehungsweise authentischen Wunsch beziehungsweise gegen seine Volition zweiter Stufe gestanden habe.

17 In der obigen Kurzzusammenfassung des frühen hierarchischen Modells von Frankfurt wurde nicht auf den Fall eingegangen, dass ein Individuum zwar keine Volitionen zweiter Stufe, wohl aber Wünsche zweiter Stufe hat. Obwohl dieser Fall logisch denkmöglich ist, betrachtet Frankfurt ihn als unwahrscheinlich. Er bringt aber das Beispiel eines Arztes, von dem wir annehmen, dass er Volitionen zweiter Stufe habe und eine Person sei. Dieser Arzt, der Süchtige psychotherapeutisch behandele, wünsche sich den Wunsch, eine Droge nehmen zu wollen. Dies ließe ihn sich besser in den Patienten hineinversetzen. Dieser Arzt habe wohl den Wunsch zweiter Stufe, den Wunsch erster Stufe zu haben, nicht aber auch die Volition zweiter Stufe, da er eben nicht wolle, dass

Mit diesem hier in Grundzügen vorgestellten frühen hierarchischen Modell der personalen Autonomie haben sich zahlreiche Kritiker auseinandergesetzt und schwerwiegende Einwände formuliert, die sich auf vier teilweise zusammenhängende Hauptprobleme zuspitzen lassen (siehe zur Bestimmung und Darstellung der Hauptprobleme Quante 2000, S. 120–123):

a) das Regress-Problem
b) das ab-initio-Problem
c) das Synchronismusproblem
d) das Internalismus- und Dezisionismusproblem

Zu (a): Das Regress-Problem stellt sich in zweierlei Hinsichten: In der ersten handelt es sich um ein Dilemma, in der zweiten um einen infiniten Regress. In beiden geht es um die Problematik des hierarchischen Modells, der zufolge nicht klar wird, warum über der höheren Wunschstufe nicht noch eine höhere und über dieser nicht wieder eine höhere angenommen werden sollte. Diese Problematik führt in das Dilemma, dass der immer weitere Rückgang auf höhere Reflexionsstufen schnell eine psychologische Überforderung darstellt und daher für eine Analyse der Autonomie nicht überzeugt; wenn man aber das Problem des Regresses dadurch entschärfen will, dass man die »höherstufigen mentalen Einstellungen« als bloß »logisch-semantische Phänomene reflexiver Einstellungen« begreift, dann verfehlt man die evaluative Dimension des praktischen Selbstverhältnisses (ebd., S. 120, siehe besonders Fußn. 2). Der infinite Regress hinsichtlich der Begründung des evaluativen Selbstverständnisses stellt sich ein, wenn die Autonomie der jeweiligen Wunschstufe durch die nächst höhere ohne eine inhaltliche Begründung autorisiert wird. Eben jene Autorisierung würde mangels Begründung für jede weitere Wunschstufe erforderlich, ohne dass der Rückgang ein nicht-willkürliches Ende finden könnte.

Zu (b): Von eben dieser Autorisierung handelt das ab-initio-Problem. Wenn die Wünsche erster Stufe ohne Begründung (ab initio) von solchen der zweiten Stufe als autonom ausgewiesen werden können, dann setzt dies die Autonomie der Wünsche zweiter Stufe voraus. Wenn aber die Wünsche der zweiten Stufe ohne Begründung als autonom betrachtet werden können, fragt sich, warum dies nicht schon für die Wünsche erster Stufe gelten sollte. Da Frankfurt aber die Autonomie der Wünsche, oder besser:

---

der gewünschte Wunsch, die Droge zu nehmen, auch tatsächlich handlungswirksam werde (Frankfurt 2001g, S. 69–79, 71–72).

der Volitionen zweiter Stufe, nicht aufzeigt, muss seine Analyse als unvollständig gelten.

Zu (c): Das Synchronismusproblem zielt auf die fehlende Berücksichtigung der Genese beziehungsweise Geschichte der Wünsche. Die synchrone Analyse Frankfurts richtet sich ausschließlich auf das Selbstverhältnis der Person hinsichtlich ihrer Wünsche *zu einem bestimmten Zeitpunkt.* Verstehen wir den Vorgang der Identifikation mit den eigenen Wünschen auf diese Weise, müssen dem Individuum mögliche Manipulationen seiner Wünsche sowohl der ersten als auch der zweiten Stufe unweigerlich verborgen bleiben. Deutlich wird in diesem Zusammenhang auch, dass Frankfurt seinen Begriff der Autonomie definiert, ohne in einer Weise auf die Relationalität des Selbst zu reflektieren, die für die Analyse des autonomen Willens Konsequenzen hätte.

Zu (d): An diese Überlegungen zur Relationalität schließen die folgenden zum Internalismus- und Dezisionismusproblem an. Der Internalismus der Frankfurtschen Analyse setzt sich eben wegen des systematischen Ausblendens der Sozialität des Selbst einem Individualismusvorwurf aus. Andere Individuen oder Gruppen erscheinen prima facie eher als einschränkend für Autonomie denn als ermöglichend. Darüber hinaus führt Frankfurts Ablehnung, bei der Analyse der Autonomie über die rein intrasubjektive Perspektive hinaus intersubjektive oder objektive Überzeugungen oder Werte einzubeziehen, zu einem Subjektivismus beziehungsweise Dezisionismus. Für ihn sind allein die subjektiven Wünsche des jeweiligen Individuums für die damit intrasubjektiv bleibende Analyse der Autonomie ausschlaggebend.

Dies sind gewichtige Einwände gegen Frankfurts Analyse der Autonomie beziehungsweise der Willensfreiheit. In seinen späteren Arbeiten geht er teilweise direkt auf sie ein. Dabei trägt er, wenn auch nicht explizit, dem Individualismusvorwurf Rechnung. In dem frühen hierarchischen Modell läuft Frankfurts Antwort auf die Frage nach den authentischen Wünschen darauf hinaus, dass wir einige unserer Wünsche aktiv als unsere authentischen Wünsche autorisieren, indem wir uns mit ihnen identifizieren. Diese Vorstellung behält er auch später in modifizierter Form bei, wobei nun ein anderer, bis in seine neuesten Überlegungen hinein wichtiger Gedanke entsteht. In den Worten der philosophischen Unterscheidung von »Selbstentdeckung« und »Selbsterschaffung« ausgedrückt, erhält das Moment des Entdeckens in seinen weiteren Arbeiten großes Gewicht. Können wir die

aktive Identifikation mit einem Wunsch eher als eine Form der Selbsterschaffung verstehen, so scheint die Selbstentdeckung eher ein passives
Moment unseres Selbstverhältnisses zu vollziehen. Auch wenn Frankfurt
dies selbst nicht herausstellt, können wir über dieses eher als passiv zu
bezeichnende Moment einbegreifen, dass unsere personale Identität in
vermutlich ausgesprochen großem Maße durch unser soziales Umfeld,
durch Erziehung und Sozialisation, geformt wird. Dieses eher passive
Moment der Selbstentdeckung gewinnt bei Frankfurt an Gewicht, wenn er
seine Reflexionen zur »wholeheartedness«, zum ungeteilten Willen, einerseits mit denen zur »self-satisfaction«, zur Selbstzufriedenheit, andererseits
verbindet (siehe zur Zurücknahme des aktiven Momentes auch Betzler
2001, besonders S. 19).

Zunächst zur »wholeheartedness«: Der Gedanke der Entscheidung aus
ganzem Herzen ist von Frankfurt als Antwort auf das Problem des infiniten Regresses gedacht. In »Willensfreiheit und der Begriff der Person«
hatte er bereits das Problem des Regresses bemerkt und angenommen, es
sei »möglich, eine solche Reihe abzuschließen, ohne sie willkürlich abzu-
schneiden.« Frankfurt folgt hier dem Gedanken: »Wenn sich eine Person
entschlossen mit einem ihrer Wünsche der ersten Stufe identifiziert, dann
›durchhält‹ diese Bindung den ganzen potentiell endlosen Raum höherer
Stufen.« (2001g, S. 78) Nun aber räumt er ein, dass Begriffe wie »Identifikation‹, ›endgültige Verpflichtung‹, ›Widerhall‹« (2001c, S. 126) nicht klar
seien. Gleichwohl hält er an der Möglichkeit eines nicht-willkürlichen Ab-
schlusses des Rückgangs auf höhere Stufen fest, die er durch den Gedanken des ungeteilten Willens ausweist.

Die Entzweiung beziehungsweise die Inkohärenz des Willens des ange-
führten Süchtigen wider Willen ist ein Problem der Kontrolle beziehungsweise der Willensschwäche. Hier findet die Inkohärenz zwischen einem
Wunsch erster Stufe und der Volition zweiter Stufe statt. Der unfreiwillige
Süchtige hat die Volition, die Droge nicht zu nehmen, faktisch wirksam
und damit zu seinem tatsächlichen Willen wird aber der Wunsch, die
Droge zu nehmen. Mit dem Gedanken der »wholeheartedness« stellt
Frankfurt auf ein anderes, weiteres Problem einer Inkohärenz des Willens
ab. Bei dieser Inkohärenz handelt es sich um eine Unstimmigkeit innerhalb
der zweiten Wunschstufe: Hinsichtlich der Volitionen zweiter Stufe eines
Individuums können sich nämlich Ambivalenzen, Inkohärenzen und Konflikte in Bezug auf Wünsche erster Stufe einstellen. Sieht sich ein Individuum einer solchen Ambivalenz oder eines solchen Konfliktes ausgesetzt,

so wird die Entscheidung, die es schließlich für die Identifikation mit einem Wunsch (oder einem Set von Wünschen) trifft, den Regress genau dann nichtwillkürlich abschließen, wenn es ihm gelingt, mit dieser Entscheidung die erforderliche Kohärenz in sich herzustellen. »Wholeheartedness« kann damit als Kohärenz der Wünsche und Volitionen zweiter Stufe verstanden werden (Quante, 2000, S. 124). »Eine Person, die sich entscheidet, sucht damit [...] einen Zustand innerer Entzweiung zu überwinden oder zu beseitigen und sich selbst zu einem integrierten Ganzen zu machen.« (Frankfurt, 2001c, S. 134)

Die reflexiven Leistungen, die eine Person erbringen muss, um in ihren Entscheidungen die nötige Kohärenz herzustellen, fasst Frankfurt unter den Begriff einer »volitionalen Reflexivität« (ebd., S. 136). Frankfurt geht es um ein evaluatives Selbstverhältnis von Personen: Personen sind urteilende und wertende Wesen (ebd., S. 133–137; 2001b, S. 163). Wie ich im Folgenden ausführen möchte, wird aber letztlich nicht hinreichend klar, wie eine solche evaluative Reflexivität genau zu verstehen ist.

Die Reflexivität, die Frankfurt dem Subjekt zuschreibt, ist einerseits keine Kantische Vernunft, die nach allgemeinen, universell gültigen Gründen für das Handeln fragt und so die Legitimität unserer Willensinhalte prüft. Andererseits ist sie aber auch zu unterscheiden von Gefühlen wie Enthusiasmus oder Gewissheit, die einen Willensentschluss begleiten können (2001c, S. 136). Über den bloß technischen oder instrumentellen Aspekt der Rationalität hinaus scheint Frankfurt eine Deliberation im Sinne zu haben, die, indem sie als formal-logische Rationalität die Kohärenz der Wünsche und Volitionen zweiter Stufe garantiert, Einfluss auf den Willen nimmt (ebd., S. 136–137). Die über ihren rein technischen Aspekt hinausgehende Rationalität dieser volitionalen Reflexivität könnte im Sinne der »minimalen Rationalität« nach John Christman verstanden werden, die eben eine solche intrasubjektive, in ihrem formal-logischen Aspekt universell gültige Rationalität darstellt. Diesen formal-logischen Aspekt stellt Christman explizit heraus:

»What this requirement for consistency entails, however, is that the autonomous agent does not act on the basis of mistaken inferences or violation of logical laws. If I believe that ›p‹ and I believe that ›if p then q,‹ but I desire something X which is based on the belief that ›not-q,‹ then the desire for X is not autonomous.« (1991, S. 15)

Allerdings stellt er später eine mildere Form des Kohärenzkriteriums auf:

»[…] the notion of ›minimal rationality‹ […] should be spelled out in this way: a person P is minimally rational at t when P experiences no manifest conflicts of desires or beliefs which significantly effect actions by P at or subsequent to t. In this way, mildly conflicted individuals remain autonomous […].«[18] (1993, S. 287)

Das in dem Gedanken der »wholeheartedness« enthaltene aktive Moment des Entscheidens durch die Identifikation mit einem Wunsch (oder einem Set von Wünschen) erster Stufe tritt im Weiteren, wenn Frankfurt die Kohärenz des Willens mit der »self-satisfaction« (1999, S. 102) verbindet, hinter ein passives Moment zurück. Konnte es eine Entscheidung bislang für Frankfurt mit sich bringen, dass eine Person aktiv, entschlossen Einfluss auf ihren Willen nimmt, um die Kohärenz des Willens herzustellen, so scheint der Entscheidung nun eher die passive Rolle zuzukommen, vorgefundene Wünsche als die eigenen zu akzeptieren (Betzler 2001, S. 29–32). Entscheiden aus ganzem, ungeteiltem Herzen versteht Frankfurt jetzt »eher als Wahrnehmung volitionaler Harmonie« (ebd., S. 30). Anstatt die Ganzheit des Willens entschieden zu verfolgen, findet die Person diese volitionale Kohärenz vielmehr in sich vor, womit sich bei der Person Zufriedenheit im Sinne einer Abwesenheit von Widerstand und Unruhe einstellt (Frankfurt 1999, S. 102–105).

Auch wenn sie letztlich nicht zu überzeugen vermag, so gibt Frankfurt mit dieser Verbindung der Kohärenz des Willens (»wholeheartedness«) mit der Selbstzufriedenheit eine Antwort auf das Problem des Regresses: Zufriedenheit erweist sich in Frankfurts Erläuterungen weder als epistemologisches oder kognitives noch als evaluatives, sondern als ein volitionales Kriterium (Anderson 1994, S. 102). Die Person hat schlicht und einfach keinen Grund, weitere Selbstreflexionen anzustellen, wenn sich die Struktur ihres Willens als kohärent erweist. Darin kann Frankfurt keinen willkürlichen Abbruch des Rückgangs auf höhere Wunschstufen erkennen: Wenn sich Zufriedenheit einfach einstellt und nicht das Ergebnis aktiver Identifikation und Bewertung im Hinblick auf andere Wünsche darstellt, dann besteht weder eine logische noch eine begründungstheoretische Notwendigkeit, die Perspektive weiterer, jeweils höher liegender Stufen

---

18 Siehe auch Quante, der herausstellt, dass Frankfurt bezüglich der »wholeheartedness« sinnvollerweise im Sinne von Christmans schwächerer Kohärenzbedingung gelesen werden sollte, nach der milde Konflikte kein Autonomiehindernis darstellen (Quante 2000, S. 124, Fußn. 2). Christman verbindet diese Forderung der internen Kohärenzsicherung mit einer Historisierungsbedingung, der zufolge es auch erforderlich ist, darauf zu reflektieren, ob wir möglicherweise in Konflikt zu der Art und Weise stehen, wie ein Wunsch in uns entstanden ist (Christman 1993, S. 282).

einzunehmen (Anderson 1994, S. 102; Quante 2000, S. 125). Im Vergleich mit dem Begriff der Entscheidung als aktiver Identifikation sind hier aber die Defizite offenkundig. So fragt es sich, was denn diejenigen machen sollen, die diese Harmonie nicht bereits in sich vorfinden. Haben die schlicht keine Chance auf Autonomie, Authentizität und Willensfreiheit? Darüber hinaus ist nicht ersichtlich, wie in einem so beschriebenen praktischen Selbstverhältnis eine kritische Selbstreflexion unter der Frage, ob die handlungswirksamen Wünsche auch wirklich die authentischen Wünsche sind, überhaupt vorgestellt werden soll, wenn bereits die Abwesenheit von Widerstand den Reflexionsprozess abschließt. »Self-satisfaction« überzeugt daher nicht als Kriterium für Autonomie. Allenfalls ließe sie sich als (zudem unzuverlässiger) Indikator betrachten, denn zugestandenermaßen ist es nicht von der Hand zu weisen, dass der Zustand innerer Kohärenz mit dem Gefühl der Zufriedenheit einhergehen kann (wenngleich nicht notwendigerweise muss).

Den Gedanken der Kohärenz (»wholeheartedness«) ergänzt Frankfurt durch den der Sorge (»caring«) sowie durch den der Liebe, die einen Spezialfall der Sorge darstellt. Wer wir wirklich sind, was unsere authentischen Wünsche, Ziele, Ideale und Werte sind, können wir daran erkennen, worum wir uns sorgen. Diese Sorge und mithin unsere authentische Identität ist aber keine Angelegenheit der subjektiven Wahl:

»Die Tatsache, daß jemand für eine bestimmte Sache Sorge trägt, gründet in einem Komplex kognitiver, affektiver und volitionaler Dispositionen und Zustände. Manchmal mag es einer Person, indem sie eine bestimmte Wahl oder Entscheidung trifft, tatsächlich möglich sein, sich einer bestimmten Sache anzunehmen oder für eine Sache mehr Sorge zu tragen als für eine andere. Aber das hängt von Bedingungen ab, die nicht immer ausschlaggebend sind. Sicherlich läßt sich nicht annehmen, daß das, worum eine Person sich sorgt, im allgemeinen ihrer unmittelbaren, unabhängigen Kontrolle untersteht.« (Frankfurt 2001d, S. 104)

Erläutert Frankfurt die Authentizität der Wünsche in den früheren Arbeiten über die aktive, willentliche Identifikation, so führt er in den späteren das passive Moment der Akzeptanz ein. Allerdings ist der Gedanke der Sorge hinsichtlich der Unterscheidung von »aktiv« und »passiv« nicht eindeutig zu charakterisieren. Wie sich in dem Ausdruck »Sorge« ankündigt, versteht Frankfurt unter Sorge keine rein kontemplative Selbstwahrnehmung, sondern ein aktives Sich-Kümmern um die eigenen Wünsche. Diese Aktivität, in der wir uns mit uns selbst identifizieren, ist für Frankfurt damit vereinbar, dass wir keine unmittelbare Kontrolle über unseren Willen haben, unsere authentischen Wünsche also nicht frei wählen können. Frankfurt verweist auf Martin Luthers Weigerung zu widerrufen, um ein Beispiel dafür zu geben, was es bedeutet, sich um etwas zu sorgen. Angesichts des drohenden Todes soll Luther ausgerufen haben: »Hier stehe ich! *Ich kann nicht anders*.« (ebd., S. 105) Diese subjektiv erfahrene willentliche Unmöglichkeit, gegen einen bestimmten Wunsch – oder in diesem Falle besser: gegen ein Ideal oder einen Wert – zu verstoßen, bezeichnet Frankfurt als »volitionale Nötigung‹ (›volitional necessity‹)« (ebd., S. 105). Eine Person, die sich um etwas sorgt, ist zu dieser Sorge genötigt: sie kann nicht anders. Diese Nötigung des Willens muss Frankfurt zufolge in ihrer paradoxen Struktur verstanden werden. Sie ist eine selbst auferlegte Nötigung, kein fremder Zwang, und gleichwohl ist sie nicht freiwillig. Die Person verhält sich in dieser selbst auferlegten, aber unfreiwilligen Nötigung zugleich aktiv und passiv. Sie trägt aktiv für etwas Sorge und autorisiert es dadurch als ihren authentischen Wunsch. Da sie aber den Inhalt ihres Willens gleichsam vorfindet, dieser nicht ihrer Kontrolle unterliegt und sie sich vielmehr als genötigt erfährt, nimmt sie den Willensinhalt ähnlich einem Zwang passiv hin (ebd., S. 104–108).

Später übersetzt Frankfurt den Gedanken der Sorge auch in die Formulierung: »Woran uns liegt« (2001f). Um zu veranschaulichen, dass einer Person wirklich an etwas liegt, führt er das Beispiel eines Musikliebhabers an, der einen Konzertbesuch versäumt, weil er einem Freund einen Gefallen tut. Dass diesem Musikliebhaber wirklich an dem Konzertbesuch liegt beziehungsweise dass er sich um den Wunsch, das entsprechende Konzert zu besuchen, sorgt, zeigt sich daran, dass er auch weiterhin den Wunsch verspürt, das Konzert zu besuchen, nachdem er den Konzertbesuch zurückgestellt hat, um seinem Freund zu helfen. Dementsprechend ist er »empfänglich für den Schmerz über die Frustration dieses Wunsches« (ebd., S. 207). Der Wunsch besteht weiterhin, obgleich mit geringerer Priorität als der, seinem Freund zu helfen. Diese Beharrlichkeit des Wunsches muss nun, so Frankfurt, durch eine Willensaktivität der Person und also nicht durch bloße Trägheit begründet sein. Auch darf sie nicht einfach aufgrund eines dem Wunsch irgendwie »innewohnenden Schwungs« (ebd., S. 207) bestehen. Wenn diese Willensaktivität der Person auch nicht vollständig bewusst sein muss, so muss der Schmerz »doch irgendwie mit einem *Tun* der Person verbunden sein« (ebd., S. 207). Die Beharrlichkeit des Wunsches muss darauf zurückzuführen sein, dass die Person ihn nicht aufzugeben gewillt ist (ebd., S. 207). In diesen Formulierungen Frankfurts wird deutlich, dass er das Sorgen vermutlich letztlich als aktiv versteht: Dass uns an einem Wunsch liegt, bedeutet, dass wir uns aktiv um ihn kümmern, auch wenn wir ihn zu einem gegebenen Zeitpunkt nicht realisieren.

Mit dem Gedanken der Sorge kann Frankfurt eine Teilantwort auf den Vorwurf der Unvollständigkeit seiner Analyse der Autonomie geben. Dieser Vorwurf besteht darin, dass Frankfurt nicht ausweise, was die Wünsche zweiter Stufe qualitativ von denen der ersten Stufe unterscheide, so dass jene die Autonomie beziehungsweise die Authentizität der Wünsche dieser ersten Stufe autorisieren könnten. In der Sorge nimmt die Person eine in die Zukunft gerichtete reflexive Perspektive ein. Will sie die Kohärenz ihres Willens herstellen, so muss sie sich auch fragen, welche ihrer Wünsche, Ziele, Ideale und Werte sie wirklich dauerhaft als ihre eigenen verstehen will. Sie muss sich fragen, wer sie eigentlich sein will beziehungsweise wer sie wirklich ist (siehe Quante 2000, S. 125–127).[19]

Zeichnet sich die zweite Wunschstufe gegenüber der ersten durch diese evaluative Dimension aus, so mag man Frankfurts Antwort auf den Unvollständigkeitsvorwurf akzeptieren. Doch gerade, wenn man in dem Verweis auf diese evaluative Dimension eine adäquate Antwort sieht, bleibt die Frage bestehen, wie die nötigen evaluativen Reflexionen zu verstehen sind. Das Kriterium der Zufriedenheit geht, wie ich meine, an der Frage der Begründung unserer Wertungen vorbei. Die im Sinne der »minimalen Rationalität« zu verstehende volitionale Reflexivität wird wohl als eine rein intrasubjektive Reflexivität im Sinne einer immanenten Kohärenz verstehbar. Allerdings fragt sich, ob eine solche ausschließlich intrasubjektiv begriffene Reflexivität einer (selbst)kritischen Urteilsfähigkeit gerecht werden kann, wenn keine Möglichkeit zur intersubjektiven oder objektiven Kritik an intrasubjektiven Reflexionen einbezogen wird. Dies wäre aber für eine überzeugende Antwort auf den Unvollständigkeitsvorwurf sowie auf den De-

---

19 Siehe auch Frankfurt in einer Arbeit jüngeren Datums: »Willing freely means that the self is at that time harmoniously integrated. There is, within it, a synchronic coherence. Caring about something implies a diachronic coherence, which integrates the self across time. Like free will, then, caring has an important structural bearing upon the character of our lives. By our caring, we maintain various thematic continuities in our volitions. We engage ourselves in guiding the course of desires.« (2006, S. 19)

zisionismusvorwurf nötig (Quante 2000, S. 129; Anderson 1994, S. 103–104).[20]

Bei der Sorge soll, so Frankfurt, die Willensaktivität »irgendwie« mit einem »*Tun* der Person« verknüpft sein. Wenn wir dieses »irgendwie« aber nicht im Sinne einer evaluativen, das heißt auf der Basis von Gründen stattfindenden Selbstreflexion verstehbar machen können, dann sind wir letztlich auf die Idee eines Subjekts festgelegt, das passiv das als authentisch akzeptieren muss, was sein Wille eben »irgendwie« tut. Nun fragt sich, ob ein Subjekt überhaupt in das Reich der Gründe eintritt, wenn es seine Reflexionen nicht einer diese intrasubjektive Perspektive übersteigenden Kritik aussetzt. Ob allerdings die subjektiven Wertungen einer intersubjektiven oder objektiven Rechtfertigung bedürfen und wie eine solche Rechtfertigung jeweils genau vorzustellen wäre, ist damit freilich noch nicht gesagt. Gleichwohl würde, sofern eine solche Transzendierung der ausschließlich intrasubjektiven Reflexivität gefordert würde, Frankfurts Analyse der Autonomie einen irrationalistischen Charakter (Quante 2000, S. 129; Betzler 2001, S. 17–22)[21] erhalten, womit er hinter seine eigene Ursprungsidee, die dem hierarchischen Modell in seiner ersten Fassung zugrunde liegt, zurückfiele: dass nämlich Subjekte in der Lage sind, kritisch, das heißt urteilend und wertend, über sich selbst nachzudenken und sich zu fragen, ob sie ihre Wünsche auch wirklich wollen.

Diese grundlegende Problematik bleibt auch bei Frankfurts Gedanken der Liebe bestehen. Liebe versteht Frankfurt als eine Spezialform der Sorge; Gegenstände der Liebe können andere Personen, ein Land oder eine Institution sein, aber auch Ideale wie soziale Gerechtigkeit oder wissenschaftliche Wahrheit (2001a, S. 167). Wie die spezifische Differenz zwischen Liebe und Sorge zu bestimmen ist, bleibt bei Frankfurt insgesamt eher unklar. Michael E. Bratman stellt den Gedanken in den Raum, Liebe als die Form der Sorge zu verstehen, die in dem von Frankfurt mit Rekurs auf Luthers Weigerung zu widerrufen verdeutlichten Sinne volitional notwendig ist (Bratman 2006, S. 77–79, 84–85). Frankfurt hat den Begriff der volitionalen Nötigung in »Über die Bedeutsamkeit des Sich-Sorgens« als Bestandteil der Sorge (»caring«) eingeführt. Dort unterscheidet er diese willentliche Notwendigkeit von logischer und kausaler Notwendigkeit: So

---

20 Anderson kritisiert die fehlende Einbeziehung der intersubjektiven Dimension von Kritik bei Frankfurt (1994, S. 103–104).

21 Quante sieht »ein gewisses irrationales Fundament« (2000, S. 129) für das Frankfurtsche Modell.

sei sich auch Luther bewusst gewesen, dass er in der Lage sein würde, genau das zu tun, was er als ihm unmöglich abwies (Frankfurt 2001d, S. 105). »Aber«, so Frankfurt, »er konnte *sich selbst* nicht dazu *durchringen*, diese Macht zu überwinden.« (ebd., S. 106) Da Frankfurt es ablehnt, diese von Luther zum Ausdruck gebrachte Notwendigkeit in einer auf Gründen basierenden Überzeugung zu verankern, da er die volitionale Notwendigkeit also von einer kognitiven Notwendigkeit abkoppelt, verwundert auch nicht, dass er mit Bezug auf Luthers Willen von einer »Macht« spricht. So ist es letztlich dem Umstand, dass Frankfurt Wille und Verstand zu weit auseinanderrückt (Betzler 2001, S. 32–46), geschuldet, dass er zugestehen muss: »Vielleicht gibt es einen Sinn, in welchem Luther, auch wenn seine Bekundung wahrhaftig erfolgte, stark genug hätte sein können, die Macht zu überwinden, die sein Streben nach einer anderen Handlungsweise als der, die er verfolgte, verhinderte.« (Frankfurt 2001d, S. 106)

Eine spezifische Differenz zwischen »Sorge« und »Liebe« kann eigentlich nur dann angenommen werden, wenn man Sorge als wertendes und urteilendes praktisches Selbstverhältnis begreift. Von der Sorge könnte man dann im Anschluss an Bratmans Überlegungen Liebe als volitionale Notwendigkeit insofern unterscheiden, als sich die Liebe dem Subjekt als eine aus unbewusstem Streben hervorgehende faktische Unmöglichkeit darstellt. Aber im Blick auf diese faktische Unmöglichkeit scheint mir große Skepsis angebracht zu sein, ob sie mit der gebotenen philosophischen Trennschärfe überhaupt begrifflich zu fassen ist. Ähnlich sieht es Bratman: »That I quite sensibly *would* not change does not mean that I *could* not change.« (2006, S. 85) Wenn sich, wie Frankfurt behauptet, in unseren volitionalen Nötigungen zeigt, was unsere authentischen Wünsche sind, diese Notwendigkeiten aber irgendwie auf eine innere Macht und auf unbewusstes Streben zurückgehen, dann scheinen wir wirklich das als authentisch akzeptieren zu müssen, was unser Wille »irgendwie« tut. Dementsprechend betrachtet Bratman die Rolle der volitionalen Nötigung für die personale Autonomie ausgesprochen kritisch: Für unsere Fragen, wie wir leben wollen, bildeten die Frankfurtschen volitionalen Notwendigkeiten wohl eine Art Bindungen – »background constraints« (ebd., S. 86) –, auf die wir in unseren Selbstreflexionen stoßen würden. Verließen wir uns aber ausschließlich auf diese Bindungen, so blieben unsere Antworten unterbestimmt. »They do not ›settle‹ how to live any more than does value judgment.« (ebd., S.86)

Wenn auch die Differenz zwischen Sorge und Liebe nicht klar erkennbar ist, so lässt sich doch herausstellen, worin Frankfurt die paradigmatische Form der Liebe sieht (Quante 2000, S. 132). Diese ist die Liebe von Eltern zu ihren Kindern. Diese Form der Liebe zeichnet sich insbesondere durch ihre Unbedingtheit aus. Gegenüber passiven Formen der Liebe, in denen wir den Gegenstand um unseres eigenen Wohles willen lieben, zeichnen sich aktive Formen der Liebe wie eben die elterliche Liebe dadurch aus, dass die Liebe wesentlich »das Interesse« beinhaltet, »den Interessen und Absichten des […] Geliebten – eher als […] eigenen – zu dienen« (Frankfurt 2001a, S. 172). Dieses Interesse für den anderen ist dabei nicht eines, das sich auf irgendwelche verallgemeinerbaren Eigenschaften von Personen richtet. Wenn wir einen Menschen lieben, dann meinen wir genau ihn in seiner unverwechselbaren, irreduziblen Besonderheit, und mag er auch noch so »durchschnittlich« sein (Frankfurt 2001f, S. 219). Quante zufolge zeigt sich in dieser interesselosen Liebe des unverwechselbaren anderen das von Frankfurt selbst nicht ausgeschöpfte Potential, den Internalismus und Individualismus der Frankfurtschen Analyse zu überwinden. Wen wir lieben ist keine Frage unserer Wahl und untersteht auch nicht unserer Kontrolle. Indem sich der Liebende mit dem Wohl dieses, von ihm nicht bewusst ausgewählten Geliebten identifiziert, integriert er dessen evaluatives Selbstkonzept in sein eigenes: »Weil Liebe zur Folge hat, daß der Liebende bestimmte volitionale Einstellungen gegenüber dem Gegenstand seiner Liebe hat, hat sie auch zur Folge, daß er entsprechende volitionale Einstellungen sich selbst gegenüber besitzt. Es kann ihm nicht egal sein, wie das, was er tut, das von ihm Geliebte berührt.« (Frankfurt 2001a, S. 179) Darin äußert sich eine Reflexivität der Liebe (ebd., S. 179), die bedeutsam für das evaluative Selbstkonzept der liebenden Person und mithin für ihre »Selbstachtung« ist: In unserem »Bedürfnis nach Selbstachtung«, die an die Einheit und Kohärenz der Person gebunden ist, findet sich »die Grundlage der Autorität der Gebote der Liebe« (ebd., S. 180–181). Mit anderen Worten: Einer Person gelingt ein positives evaluatives Selbstverhältnis in dem Maße, in dem sie die volitionalen Einstellungen und Haltungen der von ihr geliebten Person in ihren eigenen Willen kohärent integrieren kann. Was ihre authentischen Wünsche, Ziele, Ideale und Werte sind, würde vom Standpunkt der Liebe aus betrachtet auch davon abhängen, in welchen Liebesbindungen sie lebt. Insofern als es nicht der bewussten Wahl und Kontrolle des Individuums unterstellt ist, mit wem es sich liebend identifizieren will und mit wem nicht, hat Frankfurt, so

Quante, seine intrasubjektive Analyse der Autonomie potentiell in Richtung einer diesen Internalismus transzendierenden Anerkennungstheorie erweitert (Quante 2000, S. 131–133).

Wenn unser evaluatives praktisches Selbstverhältnis wohl nicht vollständig, aber auch durch das evaluative Selbstverständnis der von uns geliebten Personen bedingt ist, dann hat sich die intrasubjektive Perspektive bereits auf eine intersubjektive hin erweitert. Damit lässt sich immerhin feststellen, dass die Authentizität von Wünschen, Zielen, Idealen und Werten nun nicht mehr ausschließlich von rein intrasubjektiv bleibenden Überlegungen abhängt: Meine Deliberationen müssen dann nämlich auch die von mir geliebte Person überzeugen. Doch in diese Richtung denkt Frankfurt nicht weiter. Das Problem der Normativität betrachtet er auch in seinen jüngsten Überlegungen konsequent als ein intrasubjektives: »The standards of volitional rationality and of practical reason are grounded, so far as I can see, only in ourselves. More particularly, they are grounded only in what we cannot help caring about and cannot help considering important.« (Frankfurt 2006, S. 33; siehe auch 2005, S. 11) Würde Frankfurt aber die in seinen Erläuterungen zur Liebe ebenfalls deutlich werdenden Ansätze zu einer Erweiterung der Analyse um die intersubjektive Perspektive weiterentwickeln, wäre eine Antwort auf die von seinen Kritikern bereits bezüglich seines frühen hierarchischen Modells geäußerten Vorwürfe des Dezisionismus sowie des Individualismus möglich.

In der Erörterung der Frankfurtschen Analyse der Autonomie in ihren verschiedenen Stadien wurde ein Problem nicht tiefergehend beleuchtet, nämlich das des Synchronismus. Mit diesem Problem ist eine Unzulänglichkeit der Frankfurtschen Analyse angesprochen, die in der fehlenden Berücksichtigung der Genese beziehungsweise Geschichte der Wünsche, Ziele, Ideale und Werte des Individuums besteht. Wenn das Verhältnis eines Individuums zu seinen Wünschen nur hinsichtlich eines bestimmten Zeitpunktes in das Gesichtsfeld gerät, so können etwa verdeckte Manipulationen dieser Wünsche oder Ziele nicht erkannt werden. Hierfür müsste man nämlich fragen, wie sie überhaupt entstanden sind.

Offensichtlich stellt es in Bezug auf die Authentizität meiner Wünsche ein Problem dar, wenn ich nicht selbst der Urheber oder Autor meiner Wünsche und meiner Handlungen bin, sondern diese Wünsche meinem Willen gleichsam untergeschoben wurden. Zu fragen ist hier nach Fällen einer gezielten Manipulation eines Individuums durch ein anderes. Aus der

Perspektive des kritischen Gesellschaftstheoretikers sind in diesem Zusammenhang auch solche Phänomene zu diskutieren, die im theoretischen Kontext der Kritischen Theorie unter den Begriffen »Kulturindustrie« und »Ideologie« erörtert wurden und nicht ohne Weiteres über die direkte Manipulation eines Individuums durch ein anderes verstehbar sind.

In der analytischen Debatte zur Autonomie hat John Christman einen Zugang zu dem Problem der Manipulation gefunden, der allgemeine Beachtung gefunden hat. Wenn wir uns noch einmal an Noggles oben erwähnte Unterscheidung dreier Schemata zur Definition der »Authentizität« erinnern, so wechseln wir mit Christman nun in das zweite Schema. Frankfurts Analyse der Autonomie gehört in das erste der von Noggle aufgeführten Schemata, das »structural condition schema«. Frankfurt versucht Autonomie und Authentizität konzeptuell zu fassen, indem er eine Analyse der Struktur des Willens vornimmt und durch alle Stadien seines Denkens hindurch zeigt, wie die Beziehung zwischen Willensäußerungen verschiedener Stufen beziehungsweise – im Falle der »wholeheartedness« – innerhalb einer Stufe zu verstehen ist, damit wir von der Authentizität eines Wunsches ausgehen können. Christmans Erörterung der Authentizität unserer Wünsche, Ziele, Ideale und Werte gehört in das »historical condition schema«, da Christman für die Authentizität und mithin für die Autonomie einer Person auch die Genese beziehungsweise die Geschichte unserer Wünsche und unserer Wertungen berücksichtigt.

Christman rekurriert auf die Unterscheidung von »*competency* conditions« und »*authenticity* conditions« (Christman/Anderson 2005b, S. 3). Die Autonomie einer Person habe dementsprechend mehrere Kompetenzen zur Bedingung wie Rationalität, Selbstkontrolle und motivationale Durchsetzungskraft, Selbsttransparenz und – wenngleich hier der Begriff der Kompetenz an seine Grenzen gerät – Freiheit von Pathologien und Psychosen. Diese Kompetenzen sollen sicherstellen, dass eine autonome Person »effectively acts (rules)« (Christman 2005a, S. 333). Die Authentizitätsbedingungen richten sich demgegenüber eher auf die personale Identität und sollen mit Blick auf die Evaluationen garantieren, »that the ruling is truly her own« (ebd., S. 333). Für die Authentizität einer Person sei entscheidend, dass sie ihre Wünsche und Wertungen einer kritischen Selbstreflexion unterziehen könne (oder hypothetisch könnte), aus der hervorgehe, ob sie akzeptieren könne (oder könnte), unter welchen Bedingungen ein bestimmter Wunsch, eine bestimmte Überzeugung oder eine bestimmte Charaktereigenschaft, den beziehungsweise die sie zu einem bestimmten Zeitpunkt an sich wahrnehme, entstanden sei. Eine Person sei relativ zu einem bestimmten Wunsch dann authentisch, wenn sie diesen auf Grund ihrer Reflexion seiner Genese nicht zurückweise (oder ihn auf Grund einer solchen Reflexion nicht zurückweisen würde) (ebd., S. 333). So kann eine Person beispielsweise ihre Charaktereigenschaft, Arbeiten welcher Art auch immer besonders diszipliniert zu erledigen, nur dann als authentisch begreifen, wenn sie auch die strenge Erziehung ihrer Eltern, die die Ausbildung dieser Arbeitshaltung befördert hat, akzeptieren kann. Würde sie zu dem Schluss kommen, dass sie die Erziehungsmethoden ihrer Eltern als brutal ablehnte, dann wäre auch die Authentizität ihrer Charaktereigenschaft in Zweifel gezogen. Gelangt sie zu dem Ergebnis, dass die Methoden ihrer Eltern zwar durchaus streng und hart, aber alles in allem doch akzeptabel waren, so kann sie auch ihre Charaktereigenschaft als authentisch, als »truly her own« akzeptieren. Die Reflexion, aus der die Akzeptanz dieser Charaktereigenschaft hervorgeht, muss zeigen, dass die Art und Weise des Entstehens dieser Eigenschaft keinen Konflikt zwischen ihren Wünschen und Überzeugungen hervorruft. In dem genannten Fall würde die Person also ihre Charaktereigenschaft dann in Zweifel ziehen müssen, wenn die Erziehungsmethoden ihrer Eltern im Widerspruch zu ihrer Überzeugung einer guten Kindererziehung stünden.

Diese Kohärenzsicherung bezeichnet Christman als Leistung einer »minimalen Rationalität«, womit er zum Ausdruck bringen will, dass die Authentizität eines Wunsches, einer Überzeugung, einer Entscheidung oder auch einer Wahl nicht von das Subjekt transzendierenden, externalen Bedingungen wie etwa einem realen Wert des Guten abhängt, sondern ausschließlich von der internen Kohärenz des Subjekts (Christman 1987; 1991; 1993). Würde sich eine Person in Konflikt mit der Genese eines bestimmten Wunsches sehen, so werde sie sich hinsichtlich dieses Wunsches als entfremdet erfahren, in der Weise, dass sich widerstreitende Motivationen mit ihm verbänden und dass ihr der Wunsch beinahe wie ein äußerer Zwang vorkomme, den zurückzuweisen sie sich genötigt fühle (Christman 2005a, S. 334).

Da es mir hier im Wesentlichen nur um diese Historisierungsbedingung geht, werde ich die vollständige Position Christmans zur Autonomie nicht rekonstruieren und diskutieren. Feststellen lässt sich aber, dass Christman zufolge Authentizität eine Bedingung für Autonomie ist. Wie Christman aber selbst herausstellt, ist die Abwesenheit von Selbstentfremdung bezüglich eines Teiles meines Selbst noch keine Identifikation im Sinne einer

Autorisierung. Mit Verweis auf Frankfurts Gedanken der wholeheartedness stellt er heraus: »I can feel no alienation toward a characteristic but
not fully identify with it, in the sense of wholehearted endorsement
without regret.« (ebd., S. 335) Die Historisierungsbedingung scheint dementsprechend eher eine Art negativer Test zu sein: Dass meine Wünsche,
Überzeugungen, Entscheidungen et cetera authentisch sind, könnte als
Bedingung der Autonomie in dem Sinne zu verstehen sein, dass ich diese
Wünsche oder Entscheidungen zumindest nicht zurückweisen wollte.
Dieser negative Test mit den Reflexionsmitteln der »minimalen Rationalität« müsste dann aber nicht nur die Reflexion der Genese der in Frage
stehenden Momente meines Selbst umfassen, sondern auch die Reflexion
deren Zusammenstimmens untereinander zu einem bestimmten Zeitpunkt.
Christman selbst gibt keine terminologischen Hinweise darauf, ob diese
Kohärenz der Wünsche zu einem bestimmten Zeitpunkt *zusammen* mit der
Historisierungsbedingung die Authentizitätsbedingung der Autonomie aus-
macht. Es wäre aber sinnvoll, ihn so zu verstehen.

Christmans Historisierungsbedingung und das mit dieser Bedingung
theoretisch verknüpfte Kriterium der intrasubjektiven Kohärenz richten
sich gegen Ansätze, in denen die Authentizität eines Wunsches an substantielle Bedingungen gebunden wird. Doch auch Christman verlässt seinen
rein internalistischen Ansatz zumindest tendenziell, wenn er nämlich erfassen will, wie es zu verstehen sei, dass sich eine Person mit einem Moment
seines Selbst identifiziere. Der Fall, dass man die in Frage stehenden Wünsche et cetera zumindest nicht zurückweisen würde, scheint ihm zur Erläuterung einer solchen Identifikation nicht auszureichen.

Christman erörtert die Problematik, dass die Bindung der Autonomie
an kritische Selbstreflexion berechtigterweise eines Einwandes hinsichtlich
der Grenzen unserer Selbsttransparenz und Selbsterkenntnis ausgesetzt ist.
Zugleich macht er aber deutlich, dass wir in der politischen Theorie genau
diese Idee der Autonomie, nach der wir auf Grund von kritischer Reflexion unseren eigenen Standpunkt einnehmen können, benötigen: Wenn
wir unser gesellschaftliches Zusammenleben demokratisch regeln wollen,
müssen wir davon ausgehen, dass Individuen eine je eigene Stimme haben,
ohne sich in dieser systematisch zu verfehlen.

Christman will dieses grundlegende Problem in den Begriff bekommen,
indem er bestreitet, dass für eine solche eigene Stimme eine »[e]pistemic
authority over self-expressions« (ebd., S. 345) notwendig sei. Eine solche
epistemische Autorität würde voraussetzen, dass unseren Selbstrepräsenta-

tionen eine Wahrheit zu Grunde liege sowie dass der »representing agent« (ebd., S. 345) in der besten Position sei, genau diese Wahrheit zu erfassen. Diese Vorstellung einer Wahrheit des Selbst widerspricht aber für Christman dem Gedanken liberaler Legitimität, da sie davon ausginge, solche Wahrheiten bestünden auch unabhängig von den Selbstautorisierungen der Subjekte (ebd., S. 345). Die liberale Legitimität der Regeln des Zusammenlebens basiere nicht auf einer irgendwie zugrunde liegenden Wahrheit, sondern gerade darauf, dass wir die Regeln im Sinne unserer Selbstherrschaft – Autonomie – als legitim autorisieren. Christman führt mit Rekurs auf Habermas' Diskurstheorie den konstruktiven Charakter des Diskurses für unsere Selbstautorisierungen an. Der Diskurs verlange keine epistemische Autorität, sondern bloß »representational authority« (ebd., S. 347). Im Diskurs anerkennen wir den anderen als autonomen Gesprächspartner, denn nur, wenn wir ihn als solchen betrachten, können wir die Idee einer autonomen und authentischen Zustimmung überhaupt aufrechterhalten. »It is as if we say to each other: you may be often mistaken about what truly moves you and what is in your best interest, but nevertheless you always get to speak for yourself [...].« (ebd., S. 347) Und gerade dadurch, dass wir als autonome Diskursteilnehmer anerkannt werden, steht es uns offen, uns zumindest zum Teil selbst zu erschaffen: Im diskursiven Austausch von Gründen identifizieren wir uns mit dieser oder jener Überzeugung, indem wir diese Überzeugung öffentlich (als eigene) zum Ausdruck bringen.

»Even if I am somewhat out of touch with my motives, or systematically mistaken about the psychological sources of my opinions and values, I commit myself to them as I advance them to others in public discourse. I, therefore, *construct* myself (in part) by committing myself to this or that belief. At least I construct and commit myself provisionally in that I am open to reasons from others and, as a sincere and non-strategic communicator, I listen to others in ways that may lead me to reconsider my own views. But as a participant in this process, I commit myself to views I judge to be right by expressing them, not (or not always) by simply discovering them as a settled aspect of my nexus of other beliefs, desires, and values.« (ebd., S. 350)

Wenn sich dieser konstruktive Charakter des Diskurses darin zeigt, dass ich Überzeugungen auf der Basis von Gründen als meine eigenen autorisiere, anstatt sie ausschließlich als mit meinen anderen Überzeugungen zusammenstimmend wahrzunehmen, dann eröffnet Christman hier die Aussicht auf eine das einzelne Subjekt transzendierende Intersubjektivität. Was

meine authentischen Überzeugungen sind, ist dann eine Frage der Evaluation, deren Standards nicht vollständig internalistisch formulierbar sind.
Wenn ich auf die von Christman beschriebene Art mein authentisches
Selbst im Diskurs (zum Teil) erschaffe, dann bringt es meine Diskursposi-
tion mit sich, dass ich offen für die Kritik meiner Selbsterschaffungen sein
muss, um mich nicht selbst meiner eigenen Ermöglichungsbedingung zu
berauben.

Man mag an dieser Stelle den Einwand erheben, dass dieser Bezug auf
die Habermassche Diskurstheorie sowie auf moralische und ethisch-politische Diskurse, in denen sich ein Gemeinwesen über die Regeln des Zusammenlebens verständigt, wohl Aufschluss über die Erschaffung einer
gewissermaßen öffentlichen Identität des Individuums geben könne, die
Problematik der ethischen Autonomie beziehungsweise der Authentizität
durch diesen theoretischen Zugriff allerdings noch nicht hinreichend erfasst sei. Dass diese produktive Kraft des Diskurses aber auch für, mit
Habermas gesprochen, ethisch-existentielle Fragen gelten muss, lässt sich
meines Erachtens plausibel vertreten. Dafür, dass auch für diese gewissermaßen private Dimension der ethischen Autonomie eine diskursive Vermittlung relevant ist, möchte ich, wie bereits mehrfach angedeutet, im
Anschluss an Anderson in Abschnitt 2.6 der vorliegenden Arbeit argumentieren.

2.5 Erfahrungen, Artikulationen und starke Wertungen

Nachdem im vorangegangenen Abschnitt jeweils ein Beispiel für die beiden ersten von Noggle unterschiedenen Schemata angeführt wurde –
Frankfurts Arbeiten zur Autonomie für das »structural condition schema«
und Christmans Reflexionen zur Autonomie für das »historical condition
schema« –, sollen in diesem Abschnitt Arbeiten zur Authentizität von
Charles Taylor herangezogen werden. Wie deutlich werden wird, enthalten
diese Arbeiten Ausführungen, die dem »substantive condition schema«,
dem dritten von Noggle herausgestellten Schema zur philosophischen
Explizierung von Authentizität, zugeordnet werden können.

Taylors Reflexionen zur Authentizität sind zu weiten Teilen aus der
Tradition der philosophischen Hermeneutik heraus verstehbar. Im Anschluss an Dilthey, Heidegger und Gadamer vertritt er den Standpunkt

einer interpretatorischen *Konstitution* unserer subjektiven Erfahrungen. In seiner philosophischen Entfaltung des menschlichen Welt- und Selbstverständnisses setzt Taylor bei der emotionalen Erfahrung an. In »Self-interpreting animals« (1985), besonders in »Der Irrtum der negativen Freiheit« ([3]1999b) und in »Was ist menschliches Handeln?« ([3]1999d) führt er aus, dass zahlreiche unserer Gefühle artikulierbare Interpretationen unserer selbst in der Welt enthalten. Anders als der stechende Schmerz, wenn der Zahnarzt in den kranken Zahn bohrt, sind Gefühle der Furcht, der Scham oder der Freude immer auch Sichtweisen unserer selbst in bestimmten Situationen. Der kognitive Gehalt unserer Gefühle tritt zutage, wenn wir explizit machen, welche Bedeutung unser Gefühl einer spezifischen Situation zuweist. In dem Gefühl der Scham erkenne ich, wenn auch noch unklar und unbestimmt, die Situation als beschämend, in dem Gefühl der Demütigung als entwürdigend und demütigend. Als was ich meine Situation erkenne, untersteht dabei nicht ausschließlich meiner Autorität – auch wenn wir unsere Gefühle als unser Intimstes und Ureigenstes erfahren mögen. Unsere inneren Erfahrungen unserer Gefühle sind immer schon medial vermittelt und zwar insbesondere – wenn auch nicht ausschließlich – über das Medium der intersubjektiv geteilten, öffentlichen Sprache (Taylor [3]1999a, S. 84–86). Doch auch wenn in dem hermeneutischen Zirkel aus Situation, Gefühl, Interpretation und Sprache (siehe auch Rosa 1998, S. 89) die soziale Welt und damit die in Frage stehende spezifisch empfundene soziale Situation in der Erfahrung nicht nur gedeutet, sondern eben auch konstituiert wird, gibt Taylor den Wahrheitsanspruch der Erkenntnis und damit die Möglichkeit, sich über die Welt und sich selbst zu täuschen, nicht auf. Unsere emotionalen Erfahrungen enthalten implizite Urteile, die artikuliert, also explizit gemacht werden können. Indem wir diese Urteile artikulieren, schreiben wir einer Situation eine Bedeutung zu und gelangen zu einer bewussten Erkenntnis der Situation: »Saying what an emotion is like therefore involves making explicit the import-ascription, a judgement which is not thereby affirmed, it is true, but experienced as holding the sense of the situation which it incorporates.« (Taylor 1985, S. 50)

Diese bewussten, weil artikulierten Urteile können falsch sein, wir können uns gewissermaßen in der Zuschreibung einer Bedeutung in Bezug auf eine bestimmte Situation, in der wir uns vorfinden, irren. Nur unter dieser Annahme ist es überhaupt sinnvoll, beispielsweise von irrationalen Ängsten zu sprechen. Irrational wird ein Gefühl der Angst genau dann, wenn der in diesem situationsspezifischen Gefühl enthaltene kognitive Gehalt in der Artikulation als nicht zutreffend erkannt wurde, das Gefühl aber trotzdem fortbesteht. Meine Reflexionen haben ergeben, dass ich keinen rationalen Grund habe, mich in dieser Situation zu fürchten, misslicherweise werde ich aber weiterhin durch dieses von mir selbst als irrational erkannte Gefühl der Angst beherrscht. Da ich aber über die Interpretation der Welt und über die Interpretation der Situationen, in denen ich mich befinde, überhaupt erst zu einer Interpretation meiner selbst gelangen kann, verfehle ich in diesem irrationalen Gefühl der Angst nicht allein die Situation, sondern auch mich selbst. Unsere Gefühle sind daher »potentiell wahr oder illusionär, authentisch oder inauthentisch« (Taylor [3]1999b S. 135, siehe auch S. 135–137), wobei diese Erkenntnis unserer Situation theoretische wie praktische Anteile hat. Wir können unsere Situation völlig verzerrt wahrnehmen, etwa wenn wir uns von einer tatsächlich nicht existierenden Person verfolgt fühlen. Gefühle der Scham oder der Schuld enthalten aber klarerweise implizite Wertungen darüber, wofür man sich zu schämen und was man zu unterlassen habe. Wie diese impliziten Evaluationen zu verstehen sind, erörtert Taylor, wie ich im Folgenden ausführen werde, unter dem Begriff der »starken beziehungsweise qualitativen Wertungen«. Der springende Punkt in Bezug auf den kognitiven Gehalt unserer Gefühle ist nun aber nicht nur, dass sie auf ihre Wahrheit, oder besser: Wahrhaftigkeit (Rosa 1998, S. 94), hin kritisch reflektiert werden können, sondern auch, dass unsere rational-bewussten Evaluationen, wollen wir uns in ihnen nicht verfehlen, in einem authentischen Gefühl verankert sein müssen. Wie deutlich werden soll, wird Selbstübereinstimmung und mithin Selbstbestimmung problematisch, wenn eine Evaluation von jeglichem inneren Gefühl abgeschnitten ist, wenn, wie im Falle einer unnötigen Scham, die Evaluation und ein fehlgehendes Gefühl auseinanderdriften oder wenn eine in die Irre gehende Evaluation einem authentischen Gefühl widerspricht.

In *Quellen des Selbst* zählt Taylor zu den transzendentalen Bedingungen des Menschseins, dass wir uns »stark wertend« in der Welt orientieren. So etabliert Taylor »starke Wertungen« *zunächst* nicht als ein normatives Ideal, sondern nimmt einen deskriptiven, anthropologischen beziehungsweise sozialphilosophischen Standpunkt ein (Taylor [3]1999c, S. 63; siehe auch Rosa 1998, S. 104). Schon in »Self-interpreting animals«, aber ausführlicher in »Was ist menschliches Handeln?« entfaltet Taylor seine Position mit Rekurs auf das frühe hierarchische Modell Frankfurts aus »Willensfreiheit und der Begriff der Person«. Dort macht er deutlich, dass die, nach Frankfurts Modell, zweite Wunschstufe, auf der wir einen Wunsch erster Stufe autorisieren, hinsichtlich der Frage differenziert werden kann, ob wir den Wunsch erster Stufe bloß auf Grund des quantitativen Kriteriums der maximalen Wunscherfüllung in einem bestimmten Zeithorizont wünschen oder ob wir unseren Wunsch auf Grund einer Evaluation unserer Motivation, also aus qualitativen Kriterien, wünschen. Als starke Wertungen bestimmt er solche qualitativen Unterscheidungen, die wir im Gegensatz zu rein quantitativen Unterscheidungen in einer kontrastierenden Sprache formulieren können. Wenn wir unsere Wünsche nicht bloß kalkulierend und abschätzend begutachten, sondern uns mit der Qualität unserer Motivationen befassen, zeichnen wir diese kontrastierend als zum Beispiel gut oder schlecht, ehrenvoll oder unehrenhaft, schön oder hässlich, würdigend oder erniedrigend aus. Im Falle starker Wertungen befassen wir uns mit dem Wert unserer Motivationen und letztlich unserer Lebensweise im Ganzen:

»Was [...] in [...] Fällen [schwacher Wertung] fehlt, ist eine qualitative Bewertung meiner Wünsche, die beispielsweise dann vorliegt, wenn ich es unterlasse, aus einem gegebenen Motiv heraus zu handeln – etwa aus einem Groll heraus oder aus Neid –, weil ich dieses Motiv für niedrig oder unwürdig erachte. In einem solchen Falle [starker Wertung] werden unsere Wünsche nach Kategorien eingeteilt wie höher oder niedriger, tugendhaft oder lasterhaft, mehr oder weniger befriedigend, mehr oder weniger verfeinert, tief oder oberflächlich, edel oder unwürdig. Sie werden als zu qualitativ verschiedenen Lebensweisen zugehörig eingestuft: fragmentiert oder integriert, entfremdet oder frei, heiligmäßig oder bloß menschlich, mutig oder kleinmütig usw.« (Taylor [3]1999d, S. 10–11; siehe auch S. 9 ff.)

In starken Wertungen reflektieren wir uns dahingehend, welche Person wir sein und wie wir leben wollen. Entscheidend als Abgrenzungskriterium zu den schwachen Wertungen scheint mir dieser Bezug auf das Ganze zu sein, auf das Ganze des eigenen Lebens und letztlich auf ein das Subjekt übersteigendes umfassendes Ganzes, welches vor dem Hintergrund der Taylorschen Werte- und Güterethik verstanden werden muss.[22] Darauf komme ich weiter unten zurück.

---

22 Die Unterscheidung von starken und schwachen Wertungen bleibt in Taylors Erläuterungen eigentümlich unklar und letztlich nicht vollständig stringent. So diskutiert er etwa, dass die Überlegung, ob wir lieber im Süden oder im Norden Urlaub machen wollen, natürlich auch eine qualitative Reflexion auf den jeweiligen Genuss, den wir uns versprechen, ist, wir jedoch nicht sagen können, dass sich beide Urlaube hinsichtlich ihres Wertes (beziehungsweise der Qualität der sich mit diesen Urlaubenden verbin-

Hartmut Rosa stellt heraus, dass Taylors Konzept der starken Wertungen nicht als normativ, sondern vielmehr deskriptiv als Beitrag zur Anthropologie zu lesen sei: »*Daß* Subjekte starke Wertungen vertreten, die ihre Identität in entscheidendem Maße definieren, ihre Handlungen leiten und motivieren und sich in ihrer Sprache widerspiegeln, gehört für Taylor zu den *transzendentalen Voraussetzungen* [...] eines Selbst und muß daher nicht erst als normatives Ideal postuliert werden [...].« (1998, S. 104) Wie Rosa herausarbeitet, habe Taylor seine frühen Überlegungen zu den starken Wertungen später dahingehend modifiziert, dass er die Bedeutung der sprachlichen und reflexiven Artikuliertheit der Wertungen abschwäche. Habe der frühe Taylor eben diese Explizierung der Gefühle in Sprache und damit eine wie auch immer genau zu verstehende rationale Reflexivität als entscheidend angesehen, so gestehe er später sogar zu, dass das Wort »Evaluation« zu gebrauchen insofern ein Fehler gewesen sei, als es die Reflexion und Deliberation in Bezug auf unsere Wertungen überbetone:

»I don't consider it a condition of acting out of a strong evaluation that one has articulated and critically reflected on one's framework. Clearly this would be to set too narrow entry conditions. I mean simply that one is operating with a sense that some desires, goals, aspirations are qualitatively higher than others. [...]
My mistake was in using the word ›evaluation‹, with its overtones of reflection and deliberate opting for one alternative rather than another.« (Taylor 1994, S. 249; siehe auch Rosa 1998, S. 105–106)

Damit stützt Taylor selbst sehr deutlich die Leseweise, nach der er mit dem Konzept der starken Wertungen kein normatives Ideal formulieren wolle, er also mit diesem Konzept weder die moralphilosophische Forderung aufstelle, dass Menschen stark werten sollen, noch expliziere, wie sie dabei vorgehen müssten. Ein normatives Ideal zu entfalten hieße, Standards der Evaluation anzusetzen, es hieße, zu zeigen, warum eine Evaluation nicht so gut wie eine andere ist. Solche Standards an rationaler Reflexion vorbei zu definieren, scheint dabei keine philosophische Option zu sein. Eine solche sprachliche und diskursive Reflexivität wird von Taylor in ihrer Bedeutung für starke Wertungen darüber hinaus auch dadurch geschwächt, dass

---

denden Motivationen) unterscheiden. Hier würde man sich schlicht aufgrund der größeren Lust, die man zum Beispiel auf das Baden im Atlantik habe, entscheiden (Taylor [3]1999d, S. 9–12). Dennoch ist zu überlegen, ob wir nicht auch in Fällen von schwacher Wertung insofern qualitativ reflektieren, als wir unsere Kalkulationen langfristig anlegen und dann einbeziehen müssen, wie wir im Ganzen leben wollen (siehe auch Rosa 1998, S. 102).

Taylor körper(sprach)lich zum Ausdruck gebrachte starke Wertungen für möglich hält, für die das betreffende Individuum möglicherweise keine Worte und von denen es auch kein explizites Bewusstsein habe:

»We see the leather-jacketed motorcycle rider step away from his machine and swagger toward us with an exaggeratedly leisurely pace. This person is ›saying something‹ in his way of moving, acting, speaking. He may have no words for it, though we might want to apply ›macho‹ as at least a partial description. Here is an elaborate way of being in the world, of feeling and desiring and reacting, which involves sensitivity to certain things [...] and cultivated but supposedly spontaneous insensitivity to others (such as the feelings of yuppies or females), which involves certain prized pleasures (riding around at high speed with the gang) and others that are despised (listening to sentimental songs); and this way of being is coded as strongly valuable – that is, being this way is admired, and failing to be earns contempt. [...]
The biker's world incorporates the strong value of this way of being.« (1995a, S. 107–108; siehe auch Rosa 1998, S. 107)[23]

Nun fragt sich, ob Taylors Erörterungen zu den starken Wertungen allein als deskriptiv anthropologisch zu begreifen sind. Wie ich im Folgenden nachzeichnen werde, stellt Taylor sehr wohl Standards für die Güte der

---

23 An dieser Stelle ist es nicht mehr weit zu der These, dass unser Selbstverständnis nicht nur zum Teil deutlicher verkörperlicht als sprachlich artikuliert ist, sondern dass wir über unseren Körper einen eigenen verstehenden Zugang zur Welt besitzen. Damit nehmen wir aber gewissermaßen ein »körperliches Wissen« an, das nicht im eigentlichen oder sagen wir mentalistischen Begriffsverständnis intelligibel ist. Im Anschluss an Ludwig Wittgensteins Begriff der Praxis einerseits und an Pierre Bourdieus Begriff des Habitus andererseits entwickelt Taylor die Vorstellung eines im individuellen Körper verleiblichten und gleichwohl sozialen Hintergrundwissens, das uns häufig nur unvollständig bewusst sei und in sozialen Praktiken realisiert und aktualisiert werde (Taylor 1995b). Wie wir uns in Gegenwart anderer Personen bewegen, in welchem Abstand wir zu ihnen stehen, in unserer Gestik und Mimik wird offenbar, ob wir uns ihnen zugehörig fühlen, fühlen wollen oder ihre Zugehörigkeit anerkennen, ob wir und in welchem spezifischen sozialen Kode wir ihnen Respekt erweisen, wo wir sie und wo wir uns in welchen sozialen Schichten und in welchen sozialen Hierarchien verorten. All' dies sind soziale, kulturelle Praktiken, in denen wir nicht nur mal mehr, mal weniger bewusst zum Ausdruck bringen, in welchem Verhältnis stehend wir uns zueinander sehen. Darüber hinaus bieten uns diese Praktiken ein »bodily know-how« (ebd., S. 170): Wir aktualisieren in ihnen ein verleiblichtes, unartikuliertes und gleichwohl soziales »background understanding« (ebd., S. 171). Ausgehend von dieser Einsicht in das soziale, verleiblichte Hintergrundwissen könnte Taylor sinnvoll entfalten, dass wir unsere starken Wertungen nicht nur körpersprachlich zum Ausdruck bringen, sondern dass unsere Körper geradezu konstitutiv an der Ausbildung unseres je individuellen Selbstverständnisses mitwirken.

Evaluationen auf, nicht nur darin, dass, wie auch Rosa (1998, S. 97–98) bedenkt, Taylor starke Wertungen letztlich im Rahmen seines Werte- und Güterrealismus erläutert, sondern auch darin, dass er entfaltet, in welchem Verhältnis Evaluationen und Gefühle zueinander stehen müssen, damit wir unsere Gefühle und Evaluationen als authentisch verstehen dürfen. Man mag eine gewisse Inkohärenz zwischen Taylors früher Betonung der Bedeutung der sprachlich-reflexiven Artikuliertheit für starke Wertungen und seiner späteren Abschwächung beziehungsweise Zurücknahme erkennen, der zufolge die eigentlich deskriptive Intention von Taylors Erörterungen in seinen späten Äußerungen zu Tage trete. Aber selbst Rosa versteht diese Unstimmigkeit eben »eher« als eine »Frage der Betonung« und will sie nicht »im Bereich des Grundsätzlichen« ansiedeln. Taylors frühe »These, daß die starken Wertungen involvierenden Empfindungen des Menschen *Sprache voraussetzen*«, müsse nicht notwendigerweise bedeuten, »daß die empfindenden Individuen selbst über die *theoretische* Begrifflichkeit zur Beschreibung dieser Empfindungen oder Wertungen verfügen müssen« (Rosa 1998, S. 106). Dass wir vielleicht nicht mit den Mitteln der geschulten (über unsere alltagstheoretischen Überlegungen an Reflexivität hinausgehenden) theoretischen Reflexion über uns selbst nachdenken können müssen, damit eine starke Wertung gelingen kann, bedeutet aber auch nicht, dass wir überhaupt nicht reflektieren müssen. Vielmehr können wir zeigen, dass uns Taylor Standards für die Güte der Evaluationen anbietet, die für die Deutung von »Autonomie« und »Authentizität« relevant sind. Stark zu werten ist demnach ein, wenn auch nicht in einem engen Sinne von »Moral« verstehbares, aber doch in Taylors weitem Moralbegriff enthaltenes normatives Ideal, da Taylor zufolge stark zu werten für die authentische Bestimmung des Selbst gefordert ist: ohne starke Wertungen keine Selbstbestimmung und Selbstübereinstimmung. Dass wir gar nicht anders können, als uns stark wertend in der Welt zu orientieren und dass starkes Werten damit zu den transzendentalen Bedingungen des Menschseins zählt, bedeutet nicht, dass uns unsere Wertungen nicht in die Irre führen könnten.

In dieser Einsicht, dass eine Evaluation nicht so gut wie die andere ist und dass wir Gründe für unsere Wertungen geben können müssen, liegt Taylors entscheidende, den Regress vermeidende Modifikation des ursprünglichen hierarchischen Modells der Autonomie bei Frankfurt. Taylors starke Wertungen als ein normatives Ideal zu lesen bedeutet, dass auch

Taylor zufolge die Güte der Evaluationen nicht allein vom evaluierenden Subjekt abhängt.

Anderson zufolge ist bei Taylors Entfaltung der nötigen Begründung starker Wertungen zwischen drei Strängen zu differenzieren: zwischen 1. der »Kartierung« (mapping) der verschiedenen Werte, Verpflichtungen, Ziele etc. einer Person, [sic] zu einem kohärenten Ganzen«, 2. der »Situierung eines Selbst innerhalb einer narrativ konstruierten Lebensgeschichte« und 3. der »Artikulation der Vorstellung des Guten einer Person« (Anderson 1994, S. 107).[24] Schon in »Self-interpreting animals« führt Taylor für die uns von Frankfurt und Christman bereits vertraute Idee der internen Kohärenz das Bild der Landkarte an. Ein Begründungsstrang der Geltung starker Wertungen liegt bei Taylor in der subjektimmanenten Kohärenz, die zwar auch durch Widerspruchsfreiheit (in unseren wichtigsten Anliegen) zu verstehen ist, mit der Taylor aber vor allem das Moment der Ordnung betont – einer Ordnung, in der wir, wie bei der Orientierung in einer Landkarte, unseren Standort kennen:

»Implicit in [...] strong evaluation is thus a placing of our different motivations relative to each other, the drawing, as it were, of a moral map of ourselves; we contrast a higher, more clairvoyant, more serene motivation, with a baser, more self-enclosed and troubled one, which we can see ourselves as potentially growing beyond, if and when we can come to experience things from the higher standpoint. [...] This drawing a moral map [...] involves defining what it is we really are about, what is really important to us; it involves entering the problematic area of our self-understanding and self- interpretation.« (Taylor 1985, S. 67–68)

Keine Karte wird uns in der Landschaft orientieren, wenn wir unseren Standort innerhalb der Karte nicht kennen. In *Quellen des Selbst* führt Taylor aus, was es bedeutet, seinen Standort zu kennen, womit deutlich wird, dass der erste Strang, der der Kartierung, nicht vollständig losgelöst von dem dritten Strang, dem der Artikulierung des Guten, zu diskutieren ist: Sich orientieren bedeutet, seinen Standort in Bezug auf das Gute einnehmen ([3]1999c, S. 83–89). Doch dazu später. An dieser Stelle ist mir wichtig, dass diese Kartierung unserer inneren Ordnung eine Weise darstellt, auf die wir auf unsere Erfahrung Einfluss nehmen können. »It is in fact an attempt to give shape to our experience.« (Taylor 1985, S. 67) Wie ich oben dargestellt habe, setzt Taylor für seine anthropologische Entfaltung des menschlichen Selbst- und Weltverhältnisses bei der emotionalen Erfahrung an: Über die

---

24 Ich stimme Anderson in der Unterscheidung dieser drei Stränge zu, weiche allerdings in deren Nachzeichnung teilweise ab.

emotionale Erfahrung bestimmter Situationen gelangen wir zu einer Interpretation unserer selbst in der Welt. Unsere Gefühle enthalten selbst immer schon Welt- und Selbstinterpretationen, die wiederum artikuliert und damit neu interpretiert werden. Interpretation und Erfahrung stehen in einem doppelt konstitutiven Verhältnis zueinander (Rosa 1998, S. 87). Taylor formuliert hier in aller Vorsicht, wenn er behauptet, »daß unsere Selbstinterpretationen *teilweise* für unsere Erfahrung konstitutiv sind« (³1999d, S. 40, Hervorhebung d. Verf.), zwar nicht in einem streng kausalen Sinne, aber wohl in dem, »daß bestimmte Erfahrungsmodi ohne bestimmte Selbstbeschreibungen nicht möglich sind« (ebd., S. 40). Umgekehrt scheint es Taylor zufolge so zu sein, »daß bestimmte Beschreibungen von Erfahrungen für manche Menschen aufgrund des Charakters ihrer Erfahrungen inakzeptabel oder unverständlich sind« (ebd., S. 41). Immanente Kohärenz müsste sich Taylor zufolge nicht nur zwischen den in unseren starken Wertungen ausgedrückten Werten und Gütern einstellen, sondern muss sich auch als eine Stimmigkeit zwischen unseren artikulierten Evaluationen und unseren emotionalen Erfahrungen (immer wieder aufs Neue) erweisen.[25]

In gewisser Weise erinnert es an die Frankfurtsche »volitionale Nötigung«, wenn Taylor in Betracht zieht, dass sich Erfahrungen gegen bestimmte Interpretationen beziehungsweise Artikulationen sperren. Wenn uns die Fehlgeleitetheit einer solchen sperrigen Erfahrung nun aber nicht wie in zahlreichen Fällen irrationaler Angst vergleichsweise leicht einsehbar ist, so stellt sich die Frage, was wir in schwierigen, unklaren Fällen als authentischen Ausdruck unserer selbst annehmen sollen: die möglicherweise nur undeutlich und vage artikulierte Erfahrung oder unseren an der Hartnäckigkeit unserer Erfahrung scheiternden Versuch der Neubeschreibung? Gemäß dem Begründungsstrang der Kartierung müssten wir uns fragen, in welchem Verhältnis der kognitive beziehungsweise der evaluative Gehalt der wenn auch nur vage artikulierten emotionalen Erfahrung zu den anderen, unser Selbstverständnis ausmachenden Anliegen steht. Eine befriedigende Antwort werden wir aber vermutlich in zahlreichen Fällen nicht finden, da die bloßen Reflexionen über das Zusammenstimmen allein

---

25 Wenn wir – was ich hier nicht weiter ausführen kann – Taylors Überlegungen zum »bodily know-how« mit einbeziehen, dann wäre diese Übereinstimmung unserer moralischen Karten auch mit unserem körpersprachlichen Ausdruck und möglicherweise sogar mit unseren mehr oder weniger artikulierbaren körperlichen Teilkonstitutionen unseres Selbstverständnisses herzustellen.

letztlich keinen hinreichenden Aufschluss in der Frage geben können, welche Werte, Verpflichtungen und Ziele wir als unsere authentisch eigenen betrachten und welche von ihnen wir höher, welche wir niedriger gewichten wollen. Wie auch Anderson heraushebt, bleibt bei Taylor dieser Begründungsstrang für starke Wertungen zu immanent und damit normativ zu schwach: »die Gesamtheit gegebener Werte und Lebenspläne stellt keine ausreichende Grundlage für die starken Wertungen oder das Konzept des guten Lebens einer Person zur Verfügung.« (Anderson 1994, S. 108)[26]

Mit dem zweiten Begründungsstrang bringt Taylor Anderson zufolge wiederum ein Kohärenzkriterium vor, wenn dieses nun in die zeitliche Dimension erweitert wird. Die Güte unserer Evaluationen soll sich nun daran erweisen, ob sich unsere Wertungen kohärent in die narrativ hergestellte Einheit unseres Lebens einfügen:

»Um uns das eigene Leben wenigstens in minimalem Grade verständlich zu machen und um eine Identität zu erlangen, brauchen wir, wie ich geltend gemacht habe, eine Orientierung auf das Gute, also ein Gefühl für qualitative Unterscheidungen, für das unvergleichbar Höhere. Nun erkennen wir, daß dieser Sinn für das Gute in mein Verständnis des eigenen Lebens als einer sich entfaltenden Geschichte eingeflochten werden muß. Doch damit wird eine weitere Grundbedingung des Selbstverstehens genannt, nämlich daß wir das eigene Leben im Sinne einer *narrativen Darstellung* begreifen müssen. [...] Um zu empfinden, wer wir sind, brauchen wir eine Vorstellung davon, wie wir es geworden sind und wohin wir unterwegs sind.« (Taylor [3]1999c, S. 94)

Der eigentliche Beitrag unserer Narrationen für die Begründung unserer starken Wertungen liegt meines Erachtens eher in der Selbsterkenntnis als in der eigentlichen Begründung. Taylor kommt hier auf einen Punkt zu sprechen, der uns auch schon bei Frankfurt im Zusammenhang der »Sorge« (»caring«) begegnet ist. Um was wir uns wirklich sorgen, können wir auch daran erkennen, ob der Wunsch, das Gefühl der Verpflichtung oder das Bedürfnis von Dauer ist. Selbst wenn wir einen Wunsch einem

---

26 Anderson argumentiert, dieser Begründungsstrang sei Taylor darüber hinaus auch zu konstruktivistisch: »Hier sticht der holistische, immanente Charakter solcher praktischen Reflexion hervor. Es gibt keine unverrückbaren Punkte, alles läßt sich reinterpretieren, neuorientieren und neubewerten.« (1994, S. 107–108) Ich denke aber, dass auch ohne die Einbeziehung der beiden weiteren Begründungsstränge diese konstruktivistische Lesart des Strangs »Kartierung« nicht zutrifft, da die immanente Kohärenz immer auch in der Erfahrung verankert sein muss. Diese ist aber auch Taylors Einschätzung zufolge nicht beliebig beeinflussbar.

anderen unterordnen, bleibt er bestehen. Und wenn er verblasst, sorgen wir uns um den Wunsch in einer Weise, die ihn neu aufleben lässt. Insbesondere, wenn es um größere, Dekaden umfassende Spannen unseres Lebens geht, scheint die Erzählung ein probates (ästhetisches) Mittel zu sein, um zu erkennen, ob ein Wunsch wirklich von Dauer ist und ob ein bestimmter Wert »schon immer« eine wichtige Rolle in unserem Leben gespielt hat. Doch wie auch schon Frankfurt herausgestellt hat, ist die bloße Dauerhaftigkeit kein Grund dafür, anzunehmen, dass wir uns um einen Wunsch wirklich sorgen. Diesen müssen wir Frankfurt zufolge vielmehr in einem »inneren Tun« des Willens suchen. Und diese Willensaktivität ist es, die letztlich so gedeutet werden kann, dass die Person sich fragen muss, wer sie unter dem Gesichtspunkt der Dauerhaftigkeit, also im Hinblick auf ihre Zukunft, sein will (siehe zur Frankfurtschen »Sorge« Abschnitt 2.4). Wie Anderson erörtert, muss die zeitliche Dimension der Zukunft entscheidend für die Begründung unserer starken Wertungen sein. So kommt es darauf an, dass unsere Konzeption vom Guten in Bezug auf unser zukünftiges Leben in sich kohärent ist, nicht aber, dass sie sinnvoll aus den Evaluationen der Vergangenheit hervorgeht (Anderson 1994, S. 109–110). Damit ist Taylor selbst jedoch nicht – sagen wir vorsichtig: nicht vollständig – einverstanden:

»Wir wollen, daß unser Leben Sinn hat, daß ihm Gewicht beigemessen oder Substanz zugesprochen wird, daß es sich auf seine Erfüllung hin entfaltet [...]. Aber damit ist unser *ganzes* Leben gemeint. Wenn nötig, wollen wir, daß die Vergangenheit durch die Zukunft ›erlöst‹, in eine sinn- oder zweckvolle Lebensgeschichte eingegliedert und in eine gehaltvolle Einheit einbezogen werde.«[27] (³1999c, S. 101)

Und nachfolgend schreibt Taylor in *Quellen des Selbst:* »Da wir nicht umhinkönnen, uns nach dem Guten zu orientieren, weshalb wir unseren Standort im Verhältnis zu ihm bestimmen und dementsprechend die Richtung unseres Lebens festlegen, müssen wir das eigene Leben unbedingt in narrativer Form – als »*Suche*« – begreifen.« (ebd., S. 103, Hervorhebung d. Verf.)[28] Mit seiner deutlich teleologisch anmutenden Ausdrucksweise gibt Taylor zu verstehen, dass wir zwar nicht mehr von einem externen Standpunkt aus das allgemein-menschliche Telos bestimmen können. Gleichwohl stelle die Suche nach einem Ziel, das dem eigenen Leben Einheit verleihe, eine an-

---

27 Taylor nimmt hier Bezug auf den Begriff der Erlösung in Nietzsches *Also sprach Zarathustra.*

28 Mit dem Begriff der Suche bezieht sich Taylor auf MacIntyres Ausführungen zum Leben als Suche in *After Virtue* (Taylor ³1999c, S. 97).

thropologische Notwendigkeit dar. Das klassisch teleologische Denken beinhaltet die Annahme, dass sich durch die Irrungen und Wirrungen des Lebens hindurch letztlich ein eigentlicher Zweck realisiere, und so geht auch Taylor – nicht umsonst verwendet er hier den eschatologischen Begriff der Erlösung – davon aus, »daß es so etwas gibt wie eine apriorische Einheit des menschlichen Lebens in seiner gesamten Dauer« (ebd., S. 102).[29]

Die Diskussion, ob Taylor damit Recht hat, dass Einheit in diesem starken Sinne anthropologisch notwendig ist, will ich hier nicht führen. Darüber hinaus will ich auch nicht bestreiten, dass es sinnstiftend und orientierend sein kann, wenn wir unser Leben im Hinblick auf ein artikuliertes beziehungsweise zu artikulierendes Gutes hin als eine in sich integrierte Einheit erzählen können. Es mag sicherlich sein, dass wir Brüche in unserer Biographie so erzählen können, dass die einzelnen »Stücke« wieder durch Sinnfäden verbunden werden, und dass ein Leben, von dem wir uns getrennt haben, und der Bruch mit diesem alten Leben als »Stationen« auf unserem »Weg« der Realisierung des Guten wahrgenommen werden können. Dass wir narrativ die Sinnfäden in dieser Weise ineinander weben können, bedeutet aber nicht, dass wir es auch können müssen, damit unsere Evaluationen begründet sind. Dies würde nämlich beispielsweise die abstruse Konsequenz haben, dass etwa im Falle einer Person, die um einer toleranten und freiheitlichen Lebensform willen aus einer autonomiefeindlichen, repressiven Sekte aussteigt, die starke Wertung in Bezug auf ihre neu errungene Lebensform nur dann begründet wäre, wenn sie die Zeit in der Sekte als sinnvolle Erfahrung hinsichtlich der Realisierung des Guten betrachten könnte. Wäre ihre Wertung, dass tolerant und freiheitlich zu leben erstrebenswert und achtungswürdig sei, irgendwie schlechter begründet, wenn sie sagte, sie sehe diese Jahre in der Sekte als verlorene Zeit,

---

29 Taylor schwächt diese Behauptung über die apriorische Einheit allerdings als potentiell kulturrelativ ab: »Das stimmt allerdings nicht ganz, denn man kann sich Kulturen ausmalen, in denen sich das Leben spalten ließe. Dort unterziehen sich die Menschen vielleicht in einem bestimmten Alter – zum Beispiel wenn sie vierzig werden – einem schrecklichen Verwandlungsritus, bei dem sie in einen ekstatischen Taumel verfallen, nach dem sie sich dann etwa als ihre wiedergeborenen Vorfahren entpuppen. So beschreiben sie die Sache, und dementsprechend leben sie auch. In dieser Kultur hat es tatsächlich Sinn, den gesamten Lebenszyklus so zu deuten, als umfasse er zwei Personen. Aber wenn, wie z.B. in unserer Welt, eine solche kulturbedingte Auffassung fehlt, ist die Annahme, ich könnte aus zwei zeitlich aufeinander folgenden Selbsten bestehen, entweder ein übertrieben dramatisch gestaltetes Bild oder sie ist völlig falsch.« ([3]1999c, S. 102)

die sie am liebsten, wenn es denn nur ginge, aus ihrem Leben streichen würde, die sie besser niemals erlebt hätte?[30] Möglicherweise mag die innerliche Weigerung, diese Jahre in der Sekte als Teil der eigenen Geschichte anzunehmen, zu tendenziellen oder gar handfesten pathologischen Problemen führen, die unter Umständen auch die Fähigkeit, starke Wertungen auszubilden, beeinträchtigen. Damit ist aber nicht gesagt, dass ein solches Annehmen der Vergangenheit mit der Einschätzung gleichgesetzt werden könne, die gemachten Erfahrungen seien sinnvoll im Hinblick auf das artikulierte Gute des neuen Lebens gewesen:[31] So wurde unter dem Maßstab dieses späteren Guten in den vergangenen Jahren in der Sekte womöglich vielmehr zerstört als an für das spätere Leben positiven Selbsterkenntnissen gewonnen. Und möglicherweise wäre es viel sinnvoller und zweckhafter gewesen, die Person wäre über andere Erfahrungen zu der Artikulation dieses Guten gelangt.

Besser denn als Suche sollte das Erzählen der eigenen Geschichte als eine kritisch reflektierende Interpretation gesehen werden. So verstanden können unsere Narrationen eine Weise sein, die von Christman vorgeschlagene Historisierungsbedingung zu erfüllen. Unsere Geschichte erzählen würden wir dann aber nicht mit dem primären Ziel, eine Einheit der Teile herzustellen, sondern vielmehr, um noch nicht gesehene Perspektiven auf unser Leben zu eröffnen, um Sinnstränge zu knüpfen, durch die wir die Erfahrung der Fremdheit gegenüber der Geschichte unserer Ziele, Wünsche, Ideale und Werte (womöglich überhaupt) machen können. In der mal mehr expressiven, mal mehr analytischen Narration liegt nämlich nicht nur die Möglichkeit der Synthese begründet. Sie bietet auch die Möglichkeiten der Antithese, des Konflikts, der Irritation und der Dekonstruktion.

Mit dem dritten Begründungsstrang starker Wertungen, dem der Artikulation des Guten, nimmt Taylor – meines Erachtens in Unterbetonung der dekonstruktiven Kraft der Artikulation – in der Frage der Wahrhaftigkeit unserer starken Wertungen eine Position zwischen »Selbstentdeckung« und »Selbsterschaffung« ein:

»Den Sinn des Lebens finden wir, indem wir ihn artikulieren. Den Menschen der Neuzeit ist eindringlich zum Bewußtsein gekommen, wie sehr es von unserem

---

30 Nebenbei wird hier auch eine der Problematiken streng teleologischen Denkens deutlich: dass nämlich die Integration zu einer in sich sinnvollen und zweckhaften Einheit zu einer Legitimation erfahrenen Leids führen kann.

31 Denn das müsste es doch letztlich heißen, wenn wir wie Taylor von einer »Erlösung der Vergangenheit durch die Zukunft« sprächen.

eigenen Ausdrucksvermögen abhängt, ob ein Sinn für uns vorhanden ist. Das Entdecken ist hier auf ein Erfinden angewiesen und mit diesem verflochten. Einen Sinn des Lebens ausfindig machen ist abhängig davon, daß man sinnvolle Ausdrücke bildet, die angemessen sind. Daher liegt in der Mehrdeutigkeit des Wortes »Sinn« etwas zu unserer Situation besonders Passendes: Der Sinn kommt dem Leben zu oder nicht, je nachdem, ob es einen Zweck hat oder nicht; aber zugleich bezieht sich der Ausdruck auch auf die Sprache und andere Ausdrucksformen. Wenn es uns modernen Menschen gelingt, Sinn in der ersten Bedeutung des Wortes zu erlangen, so geschieht das in immer höherem Maße dadurch, daß wir ihn in der zweiten Bedeutung des Wortes schaffen.« (Taylor ³1999c, S. 41)

Seinen Standort in Bezug auf das Gute einnehmen bedeutet für Taylor ihn erkennen sowie ihn bestimmen. Zum einen muss ich diesen Standort entdecken: Wo ich mich in meiner moralischen Karte verorte, hängt demnach nicht vollständig von mir ab, untersteht nicht vollständig meiner Kontrolle. Dies passt zu Taylors Anthropologie, nach der wir uns in unseren Selbstinterpretationen eben nur teilweise konstituieren. Zum anderen untersteht die Festlegung des Standortes meiner Autorität – ich bin der Autor meiner selbst –, und zwar auch im Sinne einer bewussten, durchdachten und entschiedenen Bestimmung. Einerseits erschaffe ich mich, indem ich mich interpretiere, in meinen Artikulationen. Andererseits »gebe ich mich dabei teilweise aus der Hand«, da ich mich in meinen Artikulationen immer schon der im öffentlich geteilten Bedeutungshorizont zur Verfügung stehenden sprachlichen und anderen Ausdrucksformen bediene, über die ich nicht die Deutungshoheit besitze und deren Bedeutungsüberschüsse, Konnotationen und Sinnverknüpfungsmöglichkeiten ich kaum jemals vollständig durchschauen, und geschweige denn unter Kontrolle haben könnte. Wie ich die Welt und mich in der Welt erfahre, hängt von den Sinnangeboten und Deutungsmöglichkeiten des öffentlichen Bedeutungshorizontes ab. Gleichwohl ist die Zeichnung meiner Landkarte eben auch der selbstbestimmte Versuch, meinen Erfahrungen Form zu geben – die Möglichkeit, bewusst und reflexiv Einfluss auf meine Gefühle, auf meine Wahrnehmung von Situationen und auf meine Selbstwahrnehmung zu nehmen.

Dass Taylor an anderer Stelle in *Quellen des Selbst* auf Clifford Geertz' Kulturanthropologie rekurriert, nimmt nicht wunder. Wir partizipieren immer schon an den Sinnangeboten und Deutungsmöglichkeiten unserer Kultur und wirken in unseren individuellen Orientierungen an der Artikulation dieser Kultur mit. Mit den »qualitativen Unterscheidungen« unserer starken Wertungen »gelangt man zu einer Sprache der ›dichten Beschreibung«« (Geertz), zu einer Sprache, die »artikuliert, welche Bedeutung und welchen Witz die Handlungen oder Gefühle innerhalb einer bestimmten Kultur haben« (Taylor ³1999c, S. 154–155).³² Damit eröffnet sich für die Frage nach der Güte unserer Evaluationen die Perspektive der intersubjektiven Kritik. Gerade weil das einzelne Subjekt nicht die Deutungshoheit über die zu entdeckende Bedeutung seiner Artikulationen besitzt, muss es auf die Interpretationen anderer hören. Meine Selbst- und Weltwahrnehmungen, meine Interpretationen müssen demnach prinzipiell für die kritische Neuinterpretation empfänglich sein, da ich mir selbst nur im Medium der intersubjektiven, kulturrelativen Ausdrucksmöglichkeiten verständlich werden kann und mir also immer schon nur vor dem Hintergrund der Selbst- und Weltwahrnehmungen anderer meiner selbst gewahr werden kann.

Doch Taylors Position zwischen »Selbstentdeckung« und »Selbsterschaffung« gibt sich nicht mit dem sich in seinem Rekurs auf »dichte Beschreibungen« andeutenden Kulturalismus zufrieden. In Bezug auf die Begründung unserer starken Wertungen steuert Taylor auf eine stärkere Geltungstheorie zu, als dies seine kulturanthropologischen und sprachphilosophischen Überlegungen nahe legen. Gemäß einer kulturalistischen, damit aber auch relativistischen Geltungstheorie würde die Güte der starken Wertungen davon abhängen, ob sie sich – wie auch immer dies im Einzelnen genau zu verstehen ist – in die kulturelle Ordnung der Güter und Werte einfügen beziehungsweise in den Selbstverständigungsdiskursen auf Akzeptanz oder Anerkennung stoßen. Etwas entdecken bedeutet auf etwas stoßen, das auch unabhängig von meiner Deutung oder von meinen Handlungen irgendwie besteht. Was das Entdeckte ist, kann aus begrifflichen Gründen nicht allein von mir abhängen. In einem kulturalistischen Ansatz bietet der kulturelle Bedeutungshorizont gleichsam den Fundus unserer Entdeckungen. Über diesen Ansatz hinausgehend behauptet Taylor nun aber, dass wir unsere starken Wertungen nur dann als begründet verstehen können, wenn sie in einer vom Subjekt unabhängigen moralischen Realität fundiert sind, in Werten und Gütern, die das Subjekt nicht beliebig modifizieren und umdeuten kann: »Real ist das, womit man fertigwerden muß, was nicht allein deshalb verschwindet, weil es nicht den eigenen Vorurteilen entspricht.« (ebd., S. 117)

---

32 Geertz entfaltet den Begriff in der im Deutschen gleichnamigen Publikation *Dichte Beschreibung (engl. Originalausg. The Interpretations of Cultures)*.

Aber auch, wenn das Reale in diesem Sinne widerständig gegenüber unseren Neuinterpretationen ist, geht es dennoch aus unseren Artikulationen hervor. Taylor bezeichnet eine starke Wertung, die einen realen Wert beziehungsweise ein reales Gut artikuliert, als beste Analyse beziehungsweise beste Erklärung unserer Situation beziehungsweise unserer selbst:

»Kennen wir, wenn es um menschliche Angelegenheiten geht, einen geeigneteren Realitätsmaßstab als jene Begriffe, die bei kritischem Nachdenken und nach Korrektur der ermittelbaren Irrtümer unser Leben am besten begreiflich machen? ›Am besten begreiflich machen‹ schließt hier nicht nur die tauglichste, realistischste Orientierung bezüglich des Guten ein, sondern auch die Möglichkeit, eigene wie fremde Handlungen und Gefühle aufs beste zu verstehen und zu deuten.« (Taylor ³1999c, S. 112, siehe auch S. 115)

Mit diesem moralphilosophischen Realismus geht Taylor aber klar über den sprachphilosophisch eröffneten Kulturalismus hinaus.[33] Die Gewissheit, die beste Analyse unserer Situation erlangt zu haben, können wir Taylor zufolge nicht unter der Annahme der kulturellen Relativität der in unseren Wertbegriffen zum Ausdruck gebrachten Güter erlangen. Nur unter der Überzeugung der Realität des Guten würden wir erkennen können, worin die beste Analyse bestehe und nur auf Grund dieser Realität würden wir von der Güte der in unseren Evaluationen zum Ausdruck gebrachten Güter überzeugt sein (Anderson 1994, S. 113–114). Gleichzeitig müsse die Realität der Güter auf Resonanz in unseren Erfahrungen stoßen: Realität in unserem Leben könne nur das haben, das uns auch bewege. Realität und Historizität der Güter schließen sich für Taylor nicht aus. Dies wurde bereits in Abschnitt 2.1 der vorliegenden Arbeit deutlich, in dem nachvollzogen wurde, inwiefern Taylor die akademische argumentativ-diskursive Sprache der Philosophie an die welterschließende, ästhetische Sprache der Dichtung annähert. Die motivierende Kraft der Güter setzt sich Taylor zufolge frei, wenn wir sie in einer Sprache artikulieren, die uns im Inneren berührt, und dies schafft, so Taylor, die Sprache der Dichter und Romanciers.

Auch wenn ich zu Beginn dieses Kapitels zu Verstehen gegeben habe, dass ich die ästhetische Herleitung des moralphilosophischen Realismus' nicht für gelungen halte, möchte ich hier den Taylorschen Realismus nicht weiter diskutieren. Mir geht es hier darum, inwiefern Taylors Erläuterun-

---

33 Die These, dass Taylors Moral- und Kulturphilosophie zwischen Kulturalismus, Relativismus und Realismus schwankt, findet sich auch bei Rosa (1998, S. 97–98).

gen zu Erfahrungen, Artikulationen und starken Wertungen einen Beitrag für ein Verständnis von »ethischer Autonomie«, der Bestimmung des Eigenen, beziehungsweise von »Authentizität« leisten können. Dass Taylor mit seinem Begriff der Authentizität ein normatives Ideal formuliert, das im Hinblick auf eine normative Konzeption der ethischen Autonomie relevant ist, wird deutlich, wenn wir uns an das oben aufgeführte, von Robert Noggle vorgelegte Schema zur dreifachen Differenzierung der Definitionen von »Authentizität« erinnern. Das »structural condition schema« und das »historical condition schema« haben gemeinsam, dass Authentizität als wahres beziehungsweise wahrhaftiges psychisches Element verstanden wird, wobei sich beide nur darin unterscheiden, wie diese Wahrheit beziehungsweise Wahrhaftigkeit ausgewiesen werden soll. Gemäß dem strukturellen Schema müssen zwei psychische Elemente in der richtigen Beziehung zueinander stehen, gemäß dem historischen Schema muss das in Frage stehende Element in der richtigen Weise entstanden sein. Ergänzend weist Noggle auf die große Nähe beider Schemata hin, wenn er zeigt, dass es auch im historischen Schema letztlich um die richtige Beziehung zweier psychischer Elemente geht, da das in Frage stehende Element, zum Beispiel ein Wunsch, auf die richtige Weise, das heißt durch keine diese Authentizität unterwandernden Einflüsse behindert, aus einem anderen psychischen Element desselben Handelnden entsteht (Noggle 2005, S. 94). Auf die intrasubjektive Perspektive beschränkt bleiben diese Analysen darin, dass sie zwar zu sagen wissen, wie der Wille intern, wenn man so will, strukturiert sein muss, damit wir von authentischen Wünschen, Zielen, Idealen und Werten ausgehen können, sie aber keine objektiv oder intersubjektiv gültigen Standards oder Kriterien für die Evaluationen des Subjekts nennen.

In der Erörterung der Frankfurtschen Analyse der Autonomie hatte ich den rein intrasubjektiv verbleibenden Analyseansatz problematisiert; in Christmans Ansatz konnte die Möglichkeit einer Erweiterung der intrasubjektiven Perspektive auf eine intersubjektive herausgearbeitet werden. Bei Taylor findet sich ebenfalls eine Transzendierung der rein intrasubjektiven Perspektive. Sofern er die Begründung starker Wertungen letztlich ontologisch an einen Güterrealismus bindet, stellt seine philosophische Deutung der Authentizität über starke Wertungen ein Beispiel für das dritte von Noggle diskutierte Schema der Authentizitätsdefinitionen dar: das »substantive condition schema«. Ansätze zur Analyse der Autonomie beziehungsweise Authentizität zeigen diesem dritten Schema entsprechend auf, inwiefern ein psychisches Element oder ein Set psychischer Elemente einer Person S den richtigen Inhalt hat oder S dazu veranlasst, das Richtige zu glauben, zu wünschen, zu beabsichtigen oder zu tun (ebd., S. 88).

Gemäß den von Anderson herausgearbeiteten drei Begründungssträngen für starke Wertungen führt Taylor subjektimmanente Begründungsformen an, die keine das Subjekt transzendierenden, substantiellen Bedingungen für Authentizität ansetzen. Interne Kohärenz zwischen den Werten und Gütern einer Person sowie eine in sich integrierte narrative Einheit des Lebens erfordern solche substantiellen Bedingen zumindest prima facie – bei Taylor sind letztlich alle drei Stränge in dem Bezug auf die Orientierung auf das Gute verschränkt – nicht. Ihre hinreichende Begründung erhalten starke Wertungen aber in einem philosophisch materiell und realistisch explizierten Guten, das Taylor durch »Lebensgüter«, »konstitutive Güter« und »Hypergüter« erläutert. Als Lebensgüter bezeichnet Taylor solche Güter wie »Freiheit, Altruismus, allgemeine Gerechtigkeit« ([3]1999c, S. 179), die wir in unseren »qualitative[n] Unterscheidungen zwischen Handlungen, Gefühlen oder Lebensweisen« (ebd., S. 178) bestimmen. Konstituiert und damit zu Gütern werden diese Lebensgüter durch die höherstufigen konstitutiven Güter. Die moralische Landkarte, also die Güterordnung einer Person, wird, soll diese nicht unter massiven Konflikten leiden, durch ein konstitutives Gut bestimmt sein, das gewissermaßen »das Prinzip dieser Ordnung« darstellt und darin mit dem Hypergut vergleichbar ist.[34] Gleichzeitig versteht Taylor konstitutive Güter als Moralquellen in der Bedeutung, die titelgebend für sein Hauptwerk *Quellen des Selbst* ist: »Das konstitutive Gut ist eine Moralquelle in dem Sinne, in dem ich diesen Ausdruck hier verwenden möchte, d.h. sie ist etwas, was uns, wenn wir es lieben, die Kraft verleiht, gut zu handeln und gut zu sein.« ([3]1999c, S. 178) Wie die Hypergüter, die in Abschnitt 2.1 bereits als Einheit und Integrität stiftende, oberste Güter eingeführt wurden, bilden die konstitutiven Güter die tiefsten Quellen, auf die wir uns letztlich in unseren starken Wertungen berufen. Und obwohl Taylor, wie Rosa (1998, S. 493–494) diskutiert, für seine Ethik weder Letztbegründungen, apriorische Prinzipen oder universalistische Maßstäbe ansetzt, sondern das Gute vielmehr historisch und im

---

34 Taylor selbst findet keine klare Abgrenzung zwischen »konstitutiven Gütern« und »Hypergütern« und scheint beide Begriffe in *Quellen des Selbst* teilweise äquivalent zu gebrauchen. Seine eher ungenaue Unterscheidung zwischen den drei Gütertypen insgesamt hat zu deutlich voneinander abweichenden Lesarten in der Literatur geführt (siehe hierzu zusammenfassend Rosa 1998, S. 117–122).

Ansatz kulturalistisch in den Selbstinterpretationen von Individuen und Gemeinschaften verankert begreift, muss er durch den von ihm vertretenen Realismus behaupten, unsere inner- und interkulturellen Gespräche, Dialoge oder Diskurse über die Fragen nach dem richtigen, authentischen Leben müssen letztlich zu übereinstimmenden Antworten führen können.

Taylor selbst scheint mir hier eine gewisse Ambivalenz zu behalten, da er einerseits immer wieder die Konflikte zwischen den obersten Gütern in der Moderne betont und somit ein tragisches Bild der Moderne zeichnet. Andererseits und gleichsam im gleichen Atemzug hebt er die Rolle des hermeneutischen Verstehens und der gegenseitigen Kritik mit dem Ziel der Artikulation allgemeingültiger Güter hervor.[35] Taylors mehr oder weniger offensichtliches Festhalten an der konstitutiven Überwindung der Spannungen und Konflikte zeigt sich nicht nur – wie in Abschnitt 2.1 bereits ausgeführt – in der Hoffnung, die er in die epiphanische Kunst legt, sondern nicht zuletzt auch in der, die er, wie er auf den letzten Seiten von *Quellen des Selbst* andeutet, in den jüdisch-christlichen Theismus setzt ([3]1999c, S. 895–899).

2.6 Ethische Autonomie, Authentizität und Selbstverwirklichung

Wie sollen nun »ethische Autonomie« und »Authentizität« begrifflich gefasst werden? In Abschnitt 2.2 wurde deutlich, dass die Konzeptionalisierung von ethischer Autonomie beziehungsweise von Authentizität die Relationalität der Bestimmung des Eigenen berücksichtigen muss. Die

---

35 Siehe hierzu: »Es mag sein, daß wir durch den Kontakt mit bestimmten Kulturen gezwungen werden, Inkommensurabilität anzuerkennen, und nicht bloß ein nicht endgültig abzuschätzendes Verhältnis von Dingen, die für alle gut bzw. schlecht sind. Aber wir sollten sicher nicht a priori davon ausgehen, daß es sich so verhält.
Ehe wir an diese Grenze stoßen, gibt es keinen Grund, die Güter, die wir zu definieren und zu kritisieren versuchen, nicht als allgemeingültig aufzufassen, vorausgesetzt, wir räumen den Gütern der fremden Gesellschaften, die wir zu verstehen trachten, denselben Rang ein. Das heißt allerdings *nicht*, daß sich zu guter Letzt herausstellt, alle unsere – bzw. alle ihre – Güter seien als solche zu rechtfertigen. Es heißt nur, daß wir nicht ein von vornherein gekapptes moralisches Universum annehmen, in dessen Rahmen wir es als selbstverständlich voraussetzen, daß weder ihre Güter uns etwas sagen noch vielleicht die unseren ihnen.« (Taylor [3]1999c, S. 121–122)

Erörterung der unterschiedlichen Konzeptionalisierungen von Frankfurt, Christman und Taylor in den Abschnitten 2.4 und 2.5 hatte eine auf der aktuellen Forschungsliteratur basierte Kritik an Frankfurt zum Ergebnis, und zwar hauptsächlich hinsichtlich der mangelnden Ausweisung der Rationalität der Evaluationen, aber auch an der nur zum Teil geleisteten Einbeziehung der Relationalität. An Taylor habe ich vor allem die Bindung der Authentizität an eine problematische Werte- und Güterethik herausgestellt. Wie zu Beginn dieses Kapitels bereits argumentiert wurde, muss die Konzeptionalisierung von Authentizität weitgehend formal bleiben, da die Bestimmung des Eigenen gerade darin besteht, dass jeder für *sein* Leben, *seine* Identität und mit *eigener* Stimme sagt, an welchen (materialen) Werten er sich orientieren will und welche Bedeutung sie in seinem Leben haben sollen. Dieser Formalitätsforderung scheint mir ein diskursethischer Ansatz, wie er bei Christman anklingt und von Anderson mit Rekurs auf die Habermassche Diskurstheorie vorgeschlagen wird, gerecht zu werden. Damit soll aber nicht behauptet sein, dass ein solcher diskurstheoretischer Ansatz allein eine überzeugende Konzeptionalisierung von Authentizität leisten könne. Dies soll nun deutlich werden, wenn ich einen Vorschlag zur Terminologie mache, wofür ich Überlegungen dieses Kapitels bündele und solche des nachfolgenden Kapitels vorbereite.

Wie ich unten erläutern werde, sehe ich in der Authentizität eine Bedingung der ethischen Autonomie: Sofern unsere Bestimmung des Eigenen nicht authentisch ist, ist sie gewissermaßen misslungen, haben wir das uns Eigene verfehlt. In Rekurs auf Taylors sowohl ideengeschichtliche sowie systematische Ausführungen zur Authentizität lässt sich diese Bestimmung des Eigenen mit Herder als »Originalität« verstehen. Originalität konnte semantisch über die beiden Bedeutungskomponenten »Echtheit« und »Besonderheit« intern differenziert werden. Diese semantische Differenzierung von »Originalität« aufgreifend, möchte ich den Begriff der Authentizität über zwei zu unterscheidende und gleichwohl miteinander zusammenhängende Konzepte erläutern: Mit der semantischen Komponente der »Echtheit« verbinde ich das *Essentialismuskonzept der Authentizität*, mit dem der »Besonderheit« das *Kreativitätskonzept der Authentizität*. Geht es bei dem erstgenannten Konzept um die Frage nach meiner eigenen Essenz[36], also um die Frage, wer beziehungsweise wie ich *bin*, so fasse ich das Kreativitätskonzept anhand der Frage, wer beziehungsweise wie ich *sein könnte*. Im

---

36 »Essenz« verstehe ich hier *nicht* im Sinne eines Wesenskerns vor aller Erfahrung in der Welt.

Essentialismuskonzept der Authentizität möchte ich die authentische Selbstbestimmung begrifflich als *Selbstübereinstimmung* fassen, im Kreativitätskonzept als *Selbsterweiterung*.

Zunächst zur Selbstübereinstimmung, bei der es um die gelingende, also authentische Identifikation mit Wünschen, Zielen, Idealen und Werten geht. Philosophisch ist hier zu verdeutlichen, wie man vernünftig begründen kann, dass die eigenen Wünsche, Ziele, Ideale und Werte auch die wahrhaftig eigenen sind. Die von Noggle herausgestellten drei Schemata – das »structural condition schema«, das »historical condition schema« und das »substantive condition schema« – können als drei verschiedene philosophische Möglichkeiten gelesen werden, diese Deutung der authentischen Identifikation vorzunehmen. Mir scheint, wie gesagt, ein diskurstheoretischer Ansatz tauglich zur Deutung dieser Frage nach der authentischen Identifikation mit Wünschen, Zielen, Idealen und Werten zu sein. Solche, in eine diskurstheoretische Richtung weisende Überlegungen zu »Authentizität« finden sich auch bei Taylor.

Taylors Güterethik, aufgrund der seine Überlegungen oben dem »substantive condition schema« zugeordnet wurden, kommt ohne die philosophische Größe des Diskurses – oder theoretisch etwas anspruchsloser formuliert: des kritisch-reflektierenden Gesprächs – nicht aus. Dies hängt einerseits mit der Anerkennung der Historizität und prinzipiellen Wandelbarkeit der Güter sowie mit der für Taylor bedeutenden Rolle der Werterfahrungen zusammen, andererseits mit der Intersubjektivität unserer Ausdrucksmedien, nicht allein, aber insbesondere mit der des Sprachmediums. Was die beste Analyse unserer selbst in der Welt ist, muss in einem lebenslangen Prozess der wiederholten Neubeschreibung eruiert werden, in dem wir zu temporären Interpretationen finden, in denen wir uns am illusionsfreiesten und unverzerrtesten verstehen können. An diesen Punkt gelangen wir allerdings nicht durch pure Evidenz oder gleichsam in einer monologischen Ideenschau. Wie oben bereits erläutert, eröffnet die über die Ausdrucksmedien erzeugte Intersubjektivität unserer Selbst- und Weltinterpretationen die Perspektive der intersubjektiven Kritik. Wenn diese Intersubjektivität ernst genommen wird, dann ist unsere je individuelle oder gemeinsame beste Analyse irgendwie auch auf die Zustimmung durch andere angewiesen – ohne dass hiermit schon Genaueres über den Begriff der Zustimmung gesagt wurde und wessen Zustimmung (der privaten Kreise, des Kulturkreises, aller rationaler Wesen?) relevant ist. Dies wird bei Taylor vor allem anhand zweier Begriffe deutlich, der Begriffe *Dialogizität* und *Anerkennung*. Auf der individuellen Ebene schränkt Taylor das Konzept der Autorschaft im Sinne der Autorität über die eigenen Selbst- und Weltbeschreibungen so weit ein, dass dem anderen beziehungsweise den anderen – oder um im sprachlichen Bild zu bleiben: meinem Leser – eine Teilautorität in der Bestimmung meiner besten Analyse eingeräumt wird. Diese Einschränkung findet sich im Zusammenhang seiner Erörterung der Authentizität als innerer Freiheit (siehe hierzu ausführlicher Abschnitt 3.3):

»Auf jeden Fall ist der entscheidende Punkt […] hier der, daß im Rahmen eines Verwirklichungskonzepts der Freiheit das Freisein nicht einfach nur eine Frage dessen sein kann, was wir im unproblematischen Sinne tun wollen. Es ist zugleich erforderlich, daß das, was wir wollen, nicht unseren grundlegenden Zielen oder unserer Selbstverwirklichung zuwiderläuft. Oder, um das Problem auf eine andere Weise zu formulieren, die auf denselben Punkt hinausläuft, das Subjekt selbst kann in der Frage, ob es selbst frei ist, nicht die letzte Autorität sein, denn es kann nicht die oberste Autorität sein in der Frage, ob seine Bedürfnisse authentisch sind oder nicht, ob sie seine Zwecke zunichte machen oder nicht.« ([3]1999b, S. 125)

Als die kritischen »Leser«, die eine Teilautorität in der Beantwortung der Frage nach meinen authentischen Wünschen innehaben, mag man sich enge Vertraute wie auch Berater oder Therapeuten vorstellen. Allgemein gilt nach Taylor aber, dass die Selbsterkenntnis meiner authentischen Identität nicht nur die Berücksichtigung der Wahrnehmung meiner selbst durch andere voraussetzt, sondern dass ich – und in dieser Sicht treffen sich Taylor und Honneth – in meinen Selbstdefinitionen auch auf positive Bewertungen durch andere angewiesen bin:

»Durch das z.B. bei Herder gegebene Auftauchen dieses Ideals [der Authentizität] werde ich dazu aufgefordert herauszufinden, welches meine eigene originelle Daseinsweise ist. Diese kann per definitionem nicht sozial abgeleitet werden, sondern muß im Inneren erzeugt werden.
    Es liegt […] in der Natur der Sache, daß es so etwas wie eine monologisch aufgefaßte Erzeugung im Inneren gar nicht gibt. Die Entdeckung der eigenen Identität heißt nicht, daß ich als isoliertes Wesen sie entschlüssele, sondern gemeint ist, daß ich sie durch den teils offen geführten, teils verinnerlichten *Dialog* mit anderen *aushandele*. Aus diesem Grund verleiht die Entwicklung eines Ideals der innerlich erzeugten Identität der *Anerkennung* […] maßgebliche Bedeutung. Meine eigene Identität ist entscheidend abhängig von meinen dialogischen Beziehungen zu anderen.« (Taylor [3]1997a, S. 57, Hervorhebungen d. Verf.)

Diese in den Augen Taylors für die Authentizität nötige Anerkennung findet unter anderem in Dialogen statt, in denen ich mich über Interpretationen des guten Lebens verständige und in denen ich mich mit anderen Interpretationen auseinandersetzen muss.

Der Frankfurtsche Ansatz zur rein intrasubjektiv bleibenden Analyse der Autonomie fordert, dass die vom Subjekt zu erfüllenden Bedingungen ausschließlich subjektimmanente sind. In einem rein intrasubjektiv bleibenden Ansatz müssen die Evaluationen allein dieses Subjekt selbst überzeugen. Für seine Evaluationen wird keine intersubjektive oder objektive Überzeugungskraft gefordert, die Evaluationen müssen sich keiner intersubjektiven Kritik stellen. Wie nun in Abschnitt 2.4 ausgeführt wurde, bleibt eben durch diese Immanenz die Rationalität der subjektiven Evaluationen unterbestimmt. Mit Bezug auf das »substantive condition schema« äußert Noggle die ernst zu nehmende Kritik, dass solche substantiellen Bedingungen Autonomie beziehungsweise Authentizität mit anderen Begriffen wie etwa moralisches Handeln, Rationalität oder psychische Gesundheit verwechselten (siehe Abschnitt 2.3). Wenn die Gründe, die ein Subjekt für seine Wahlen und Orientierungen anführt, intersubjektiv oder objektiv überzeugen müssen, dann scheint es tatsächlich ein Problem zu sein, die »ethische Autonomie« noch von der Kantischen »moralischen Autonomie« abgrenzen zu können. Gemäß der Kantischen »moralischen Autonomie« können nur die Maximen als autonom gelten, die im spezifisch Kantischen Sinne (praktisch) vernünftig, also allgemeingültig sind. Ein solch starker Rationalitätsbegriff besagt, dass ein jedes Subjekt, das die Allgemeingültigkeit eines vernünftigen Grundes nicht einsieht und in der Folge nicht nach diesem Grund handeln will, gewissermaßen einen Fehler im Denken gemacht haben muss. Im Falle der »ethischen Autonomie«, die natürlich nicht ausschließt, dass ein Subjekt eine unmoralische Wahl trifft, kann es aber sein, dass ein Grund wohl für das eine Individuum ein guter Grund ist, nicht aber für ein anderes. Die Entscheidung für einen bestimmten Berufsweg, eine bestimmte Lebensweise, die Entscheidung für oder gegen Familie kann vor dem Hintergrund der Biographie und der Wertvorstellungen eines Individuums gut begründet sein, vor dem Hintergrund einer anderen Biographie und anderer Wertvorstellungen aber möglicherweise nicht. Der Rationalitätsbegriff darf also nicht zu stark angesetzt werden (Rössler 2001, S. 105) und gleichwohl sollten die Evaluationen des Subjekts in der Weise rational sein, dass andere Subjekte die Gründe mit

Blick auf das betreffende Subjekt und dessen Leben einsehen könnten. In diesem Sinne muss die Öffentlichkeit der Gründe gewahrt bleiben.

Das bedeutet, dass die Güte der Begründungen eines Subjekts weitestgehend daran bemessen wird, ob diese subjektimmanent überzeugend sind. Das heißt aber nicht notwendig, dass die Autonomie der Person auch in einem *rein* intrasubjektiv bleibenden Ansatz gedacht werden muss. In seinen Reflexionen jüngeren Datums, in denen Christman auf die produktive, ermöglichende Kraft des Diskurses für die Evaluationen des Subjekts eingeht, bezeichnet er seinen Ansatz daher auch als einen »modest internalism«. »[N]o value claim can be said to be valid for a person (or no belief about such a claim or its components) unless there is an inferential relation between such a claim and other elements of that person's belief/value corpus.« (Christman 2005a, S. 348–349) In diesem Sinne müsse die Analyse der ethischen Autonomie internalistisch sein, wenn man davon ausgehe, dass »[p]ure externalism would deny this and claim that some beliefs are justified for a person wholly independent (in principle) of that person's belief set.« (ebd., S. 349) Ein so verstandener Externalismus wäre allerdings eine Position, die nicht einmal Taylor, für den Güter und Werte in einer »Sprache der persönlichen Resonanz« artikuliert werden müssen, vertreten würde.

Einen diskurstheoretischen Ansatz zur Deutung ethischer Autonomie hat Joel Anderson vorgeschlagen. In der Diskussion von Taylors Überlegungen zu starken Wertungen arbeitet Anderson drei Kritikformen heraus, die er als entscheidend für die intersubjektive Kritik der Evaluationen des Subjekts ansetzt: »die klärende Kritik (auf der Grundlage von Kohärenz), die genetische Kritik (auf der Grundlage auszuschließender Manipulation) und die erschließende oder ästhetische Kritik (auf der Grundlage des augenöffnenden Charakters der Artikulation).« (Anderson 1994, S. 117) In Taylors Erläuterung zur Begründung starker Wertungen erkennt Anderson drei zu differenzierende Stränge, aus denen er nun jeweilig eine der Kritikformen ableitet. So kann auf der »Grundlage« einer kritischen Auseinandersetzung mit Taylors Erläuterungen aus der »Kartierung« (mapping) der verschiedenen Werte, Verpflichtungen, Ziele etc. einer Person, [sic] zu einem kohärenten Ganzen« die »klärende Kritik«, aus der »Situierung eines Selbst innerhalb einer narrativ konstruierten Lebensgeschichte« die »genetische Kritik« und aus der »Artikulation der Vorstellung des Guten einer Person« die »erschließende oder ästhetische Kritik« gewonnen werden (ebd., S. 107, 117).

Ethisch autonome Personen müssen also prinzipiell offen für die intersubjektive Kritik (a) hinsichtlich der immanenten Kohärenz ihrer Wünsche, Ziele, Ideale und Werte sowie (b) hinsichtlich möglicher, auszuschließender Manipulationen ihrer praktischen Identität sein. Darüber hinaus sollten sie sich (c) jedenfalls nicht prinzipiell neuen Sichtweisen und Interpretationen in den Fragen nach dem guten Leben verschließen.

Damit wir eine Person als ethisch autonom begreifen können, muss demgemäß für andere Personen überhaupt erkennbar sein, dass sich diese Person in ihrem Leben irgendwie ausrichtet, und zwar für zumindest gewisse Lebensspannen umfassende Zeiträume. Eine gewisse Integration des Selbst muss also vorhanden sein, wenngleich, wie auch Anderson in seiner Diskussion von Taylors Überlegungen zur narrativen Identität deutlich macht, die Zukunftsperspektive die entscheidende ist, es also darauf ankommt, ob eine Kohärenz der Wünsche, Ziele, Ideale und Werte einer Person erkennbar ist, in denen sie sich in die Zukunft entwirft. Wenn hier also Kohärenz das Kriterium für die Güte der Evaluationen des Subjekts ist, fragt sich, inwiefern die hier unterstellte Rationalität der Begründung noch von der Christmanschen »minimalen«, Kohärenz herstellenden beziehungsweise sichernden Rationalität unterschieden werden kann. Der entscheidende Unterschied ist der, dass die hier unterstellte Rationalität bereits eine intersubjektiv erweiterte ist, wohingegen Christman mit seiner »minimalen Rationalität« durchaus, auch wenn er die produktive Kraft des Diskurses für die Autonomie der Person herausstellt, eine monologische Reflexion vorschlägt, in der das Subjekt intern Widersprüche ausschließt. Wenn es für die Begründungen der Bestimmung des Eigenen also auch weitestgehend um immanente Kohärenz geht, so ist die Frage, ob sich gute Gründe für einen Wunsch, ein Ziel, einen Wert oder ein Ideal auch unabhängig von dem Leben dieser Person finden lassen, nicht völlig außen vor. Ich halte es für eine unplausible Vorstellung, zu meinen, ein Gespräch, das die Herstellung der Kohärenz zwischen mehreren Werten einer einzigen der beteiligten Personen zum Ziel hat, könne ohne die, mit Taylor gesprochen, Diskussion um die beste Interpretation dieser Werte auskommen. Mir scheint kein Diskurs vorstellbar zu sein, in dem die Kohärenz allein formal-logisch geprüft wird. Die dafür notwendige Abstraktion oder Formalisierung lässt sich für komplexe lebenspraktische Ideale meines Erachtens nicht überzeugend leisten. Die Gesprächsteilnehmer müssen zwar letztlich von den Interpretationen der betreffenden Person ausgehen, wenn sie deren Kohärenz befragen, sperrt sich diese Person aber vollständig gegen die Interpretationen der Gesprächspartner, lässt sie also keine Bereitschaft erkennen, abweichende Interpretationen dieser Werte überhaupt in Betracht zu ziehen und auf ihren argumentativen Gehalt hin zu befragen, so kann ein echtes Gespräch überhaupt nicht stattfinden. Und wie Christman herausstellt, liegt ja genau in dieser intersubjektiven, diskursiven Auseinandersetzung die produktive Kraft für die Bestimmung zu einem eigenen Leben. So könnte es eben auch sein, dass eine Person aufgrund der argumentativen Überzeugungskraft anderer Diskursteilnehmer bestimmte Werte neu artikuliert. Dies würde nach sich ziehen, dass sie auch ihr mehr oder weniger kohärentes Wertgefüge insgesamt neu überdenken muss.

Anderson setzt sich mit seiner Idee einer genetischen Kritik durchaus von Taylors Erläuterungen zur narrativen Identität ab. Im Gegensatz zu Taylors Sicht gehe es nicht darum, dass das Erzählen der eigenen Geschichte, also die narrative Erschließung der eigenen Vergangenheit, positiv orientieren müsse, indem nämlich diese Geschichte Gründe für die starken Wertungen der Person gebe. Vielmehr sei die eigene erzählte, also narrativ erschlossene Vergangenheit für einen negativen Test heranzuziehen: Starke Wertungen würden im Rahmen der genetischen Kritik dann als gerechtfertigt gelten können, »wenn sie fortgesetzt den Aktor im klaren Bewußtsein des Prozesses, der den Aktor zu seinen aktuellen evaluativen Reaktionsweisen geführt hat, motivieren« (ebd., S. 110). So würde »ein begrenzter Zugang zu vergangenen Ereignissen« die Frage aufwerfen, »ob die Wünsche der Person unter manipulativen *Bedingungen* geformt worden sind« (ebd., S. 110). Mit Christman können wir die genetische Kritik dahingehend erweitern, dass die Güte der Begründung unserer Evaluationen nicht nur von dem einigermaßen klaren Bewusstsein der Geschichte unserer Wünsche, Ziele, Ideale und Werte abhängt, sondern auch davon, ob wir diese Geschichte auch akzeptieren können, ob wir diese Geschichte und mit ihr den in Frage stehenden Wunsch oder Wert nicht von uns zurückweisen würden. Auch in dieser Erweiterung bleibt die genetische Kritik ein negativer Test und auch die Christmansche Historisierungsbedingung kann für den Diskursansatz aufgegriffen werden. So können die Gesprächspartner die betreffende Person auf verdeckte Manipulationen aufmerksam machen, die diese Person, wenn ihr die Manipulation nur bewusst wäre, nicht akzeptieren würde. Die Person müsste aufzeigen können, dass sich ihre immanente Kohärenz bezüglich ihrer Wünsche, Ziele, Ideale und Werte auch auf deren Geschichte bezieht. Könnte ein Diskurspartner einen Widerspruch zwischen der Entstehungsgeschichte bestimmter Ziele der Person und ihren grundlegenden Werten aufzeigen, müsste diese Kritik die Person veranlassen, erneut kritisch über diese Wünsche nachzudenken. Aber auch für die genetische Kritik gilt wie für die klärende Kritik, dass eine Person offen für abweichende Interpretationen der Werte, Ideale und Überzeugungen sein muss, auf die die Person bei der Bewertung der Geschichte ihrer Wünsche, Ziele, Ideale und Werte rekurriert. Möglicherweise wird sie überhaupt erst aufgrund einer Neuinterpretation eines solchen Wertes zu der Sichtweise kommen können, dass sie die Genese ihrer Wünsche, Ziele, Ideale und Werte ablehnen muss.

In Andersons Diskursansatz wird im Hinblick auf die klärende Kritik (immanente Kohärenz) und die genetische Kritik (Ausschluss von Manipulation) die Bedingung aufgestellt, dass die Person nicht nur »im Prinzip empfänglich sein [muss] für die Kritik, die jeder rationale Aktor im Diskurs erheben kann« (ebd., S. 117), sondern ihr auch standhalten können muss:

»Der Anspruch, daß ein bestimmter Wert, Wunsch oder eine Wahl mit dem Rest, zu dem eine Person verpflichtet ist, übereinstimme, ist erst dann vollständig eingelöst, wenn er der Kritik von allen, die der evaluativen Sprache der fraglichen Person mächtig sind, standgehalten hat. Das ist jedoch nur eine Angelegenheit interner Übereinstimmung; somit wären die anderen Teilnehmer eines solchen Dialoges auch dann, wenn eine Person dieser Art von Kritik standzuhalten vermochte, nicht zu der Annahme verpflichtet, dies sei eine gute Form des Lebens. Soweit dies richtig ist, wird das Abschotten einer Person gegenüber dieser Form der Kritik – im Diskurs – zu einem Argument gegen die ethische Autonomie der Person. Und dasselbe würde für die genetische Kritik gelten.« (ebd., S. 118)

Die Person muss sich jedenfalls im Prinzip jeder Kritik stellen, *sie muss aber nicht jede Kritik billigen*. In Bezug auf diese beiden Kritikformen, in denen es um immanente Kohärenz geht, hält Anderson einen Universalismus für möglich, nicht aber bezüglich der erschließenden Kritik. Würde man es nämlich zur Bedingung machen, dass sich die Person allen möglichen augenöffnenden Artikulationen und »welterschließenden Erfahrungen« aussetzen müsste, so würde dies auf ein »universales Selbst« und also »überhaupt kein Selbst« hinauslaufen (ebd., S. 118). Diese Universalität machte es geradezu unmöglich, dass eine Person das ihr Eigene bestimmt. Und obwohl Anderson »die Gefahren des Provinzialismus und des Privatismus« lauern sieht und »offen zu sein für horizonterweiternde Begegnungen mit anderen, mit der Welt und mit sich selbst« als einen »in der Moderne tiefverwurzelt[en] Wert« begreift, will er für die ethische Autonomie keine

»Verpflichtung« ansetzen, »jede mögliche Kritik zu billigen« (ebd., S. 118). Dies sei eben eine Konsequenz der Partikularität in Fragen nach dem guten Leben.

Ich denke, Anderson hat Recht, wenn er eine solche Verpflichtung zur Offenheit für jede mögliche welterschließende, ästhetische Kritik als nicht begründbar ansieht. Gleichwohl kann man, wie ich im zweiten Kapitel erörtern werde, in dieser Offenheit eine so grundlegende, anthropologisch zu bestimmende Haltung des Menschen erkennen, dass sie auch für die Autonomiefähigkeit von Personen bedeutsam ist. Ich werde sogar dafür argumentieren, dass Menschen ihren Erfahrungshorizont erweiternde und öffnende ästhetische Erfahrungen machen sollen, was ich mit Rekurs auf eine schwache Teleologie begründen will, mit der ich über den diskurstheoretischen Ansatz hinausgehen werde. Natürlich sind auch Diskurse geeignet, die Offenheit gegenüber neuen Erfahrungen zu befördern.

Wenn die Rationalität unserer Evaluationen wie hier im Anschluss an Anderson und Taylor in einem diskurstheoretischen Ansatz ausgewiesen wird, bedeutet dies nicht, dass Individuen diesen Diskurs in allen möglichen alltäglichen Situationen und gesellschaftlichen Kontexten eingehen und ihre persönlichen Entscheidungen rechtfertigen müssen. Vielmehr werden diese Reflexionen und Entscheidungen, wer und wie ein Mensch sein will, weitestgehend in den Schutz der rechtlich zu garantierenden Privatsphäre fallen müssen (siehe auch Forst 2001, S. 357).[37] Und so stellt auch Anderson heraus, dass diese »Frage der Eingrenzung jener Kontexte, in denen solche Rechtfertigungen erforderlich sind, […] eine fundamental politische« (Anderson 1994, S. 117) sei. In dem hier erörterten diskurstheoretischen Modell geht es aber auf einer basalen Ebene zunächst um das philosophische Problem der Rationalität der Evaluationen und der Öffentlichkeit der Gründe.

Die von Anderson für die ethische Autonomie geforderte »*prinzipielle* Empfänglichkeit für Kritik« (ebd., S. 117) kommt in Gesprächen mit Vertrauenspersonen zum Tragen. Gleichwohl können Personen, ohne die Reflexionen über ihre intimen Probleme, Fragen und Zweifel in die allgemeine Öffentlichkeit tragen zu müssen, an den gesellschaftlichen Verständigungsprozessen in den Fragen, wie man leben kann und wie vielleicht ein gutes, gelingendes Leben aussehen könnte, teilnehmen. Interne, subjektimmanente Kohärenz kann eine Person nicht allein mit formal-logischen

---

37 Mit der Ermöglichung und dem Schutz eines autonomen Lebens durch das Private befasst sich Beate Rössler (2001).

Reflexionen herstellen. Wenn sie die Kohärenz ihrer Wünsche, Ziele, Ideale und Werte reflektiert, wird sie immer auch eben diese Wünsche, Ziele, Ideale und Werte interpretieren und ein für ihr Leben konkretisierbares Verständnis eben dieser Wertvorstellungen entwickeln. So kann die Offenheit für die öffentliche Kritik bestimmter verbreiteter Ideale förderlich für ihre persönlichen Evaluationen sein, ohne dass sich eine Person mit ihren privaten und intimen Reflexionen in das Kreuzfeuer der öffentlichen Kritik stellen müsste. Wie auch Christman herausstellt, haben solche Diskurse, in denen wir uns über mögliche gute Gründe für Überzeugungen, Ideale und Wertvorstellungen verständigen, für die Autonomie der Person eine produktive Kraft. In diesem Sinne lässt sich nicht nur diskutieren, inwiefern die persönlichen, privaten Reflexionen und Entscheidungen vor der Öffentlichkeit geschützt werden müssen. Es lässt sich auch fragen, wie diskursive Öffentlichkeiten beschaffen sein müssen, damit sie eben diesen Raum für gesellschaftliche und kulturelle Dialoge über das gute Leben bieten können. Wie Habermas in seiner Öffentlichkeitstheorie fordert, muss die allgemeine Öffentlichkeit ein »*Entdeckungszusammenhang*« (1998b, S. 373) für soziale, das gute Leben von Menschen beeinträchtigende Problemlagen sein.

Von dem Konzept der moralischen Autonomie unterscheidet sich das der ethischen Autonomie dadurch, dass es bei diesem nicht um allgemeine Regeln und Maßstäbe für das Handeln geht, sondern um das Persönliche, das Eigene, um die authentische Identität. Dementsprechend können wir die essentialistisch verstandene Authentizität, bei der es um die Identifizierung des jeweils Eigenen geht, als Komponente[38] des Konzeptes der ethischen Autonomie begreifen. Nur wenn ich in dieser Bestimmung mit mir übereinstimme, ist das von mir Bestimmte mein Eigenes. Selbstübereinstimmung im Sinne der »Authentizität« gemäß dem Essentialismuskonzept bildet die Authentizitätskomponente der »ethischen Autonomie«. Wenn also in diesem Sinne Selbstübereinstimmung eine Bedingung von Selbstbestimmung darstellt, fragt sich aber, warum beide Begriffe überhaupt unterschieden werden sollten beziehungsweise ob sie überhaupt unterschieden werden können. Meines Erachtens ist die Unterscheidung beider Begriffe nur analytisch sinnvoll aufrechtzuerhalten. Sie erhält aber

---

38 Siehe zu dem Begriff »*Authentizitätskomponente*« Rössler (2001, S. 109). Rössler kritisiert allerdings die Begriffsbildung »ethische Autonomie«, da dieser die problematische Moral-Ethik-Unterscheidung zu Grunde liege (Rössler 2001, S. 112, Fußn. 62 sowie S. 162–163, besonders Fußn. 35).

dadurch einen gewissen Sinn, dass ein selbstbestimmtes Leben zu führen und in diesem Sinne eine ethisch autonome Person zu sein nicht nur erfordert, dass eine Person mit sich übereinstimmt, dass also eine Person in einem lebenslangen evaluativen Prozess artikuliert, was das ihr Eigene sei und wie sie leben wolle. Zur ethischen Autonomie gehört auch die Fähigkeit, seine »theoretischen« Bestimmungen in die Praxis umzusetzen, also ihnen entsprechend zu handeln. Ein Individuum, das immer nur – wer weiß was für hochtrabende – Pläne, Ziele und Projekte hat, keines und keinen aber jemals realisiert, können wir schwerlich als selbstbestimmt betrachten. Natürlich kommt auch hier wieder die Bedingung der Selbstübereinstimmung zum Tragen, da das Handeln nur dann selbstbestimmt ist, wenn die Person auch mit diesem Handeln übereinstimmt. Die für ethische Autonomie erforderliche Fähigkeit der Kontrolle über das eigene Handeln diskutieren wir aber sinnvollerweise unter dem Begriff der Selbstbestimmung, gleiches gilt für gewisse pragmatische, für die Autonomie der Person relevante Fähigkeiten wie Disziplin, Ausdauer und Hartnäckigkeit oder eben auch Zeitmanagement und Selbstorganisation.[39]

Gegen ein Verständnis von Autonomie, das Authentizität zur Bedingung erhebt, könnte eingewendet werden, dass es diese Koppellung beider Begriffe unmöglich mache, Fälle zu beschreiben, in denen Menschen zwar selbstbestimmt leben, aber nicht mit sich übereinstimmen.[40] Wichtig scheint mir an dieser Stelle zunächst einmal der Hinweis zu sein, dass der Begriff der Verantwortung für die eigene Lebensführung beziehungsweise für das eigene Handeln nicht äquivalent mit dem hier zur Diskussion stehenden Begriff der ethischen Autonomie ist. So fordert »ethische Autonomie« sicherlich ein bewusstes Übernehmen der Verantwortung für die eigenen Entscheidungen und für das eigene Leben, diese Verantwortung bleibt aber auch ohne ethische Autonomie bestehen. Wenn ein Individuum auch keine Person in dem hier vertretenen anspruchsvollen Sinne der »ethischen Autonomie« ist, so kann es doch verantwortlich für sein Handeln sein. Wenn es sich so gut wie überhaupt nicht mit seinem Leben identifizieren kann, so ist es zwar nicht ethisch autonom, aber wohl verantwortlich für dieses Leben, und zwar insoweit, als dieses Leben auf Wahlen eben dieses Individuums zurückzuführen ist. Auch, wenn diese Wahlen

---

39 Erinnert sei auch hier noch einmal an die Unterscheidung von »*competency* conditions« und »*authenticity* conditions« (Christman/Anderson 2005b, S. 3).

40 Siehe auch Rösslers Diskussion dieses Einwandes sowie ihre Ausführungen zur Problematik der Selbstverfehlung (2001, S. 113–116).

willkürlich, unreflektiert oder aus verqueren psychischen Konstellationen (jedenfalls unterhalb der Schwelle klinischer Pathologien) heraus getroffen wurden. Selbstbestimmung im Sinne der ethischen Autonomie setzt nicht allein Selbstgewähltheit voraus. Für ethische Autonomie ist erforderlich, auf der Basis von Evaluationen, das heißt guten Gründen, zu wählen. Wenn ein Individuum sich nicht mit seinen Wahlen identifizieren kann, so liegt dies wahrscheinlich daran, dass es entweder kaum ein Bewusstsein hat, warum es gerade so wählt, oder daran, dass es in den Gründen für diese Wahlen keine guten Gründe erkennen kann.

Als Fälle, in denen Menschen zwar wohl autonom, aber nicht authentisch leben, könnte man aber auch, wie Rössler (2001) diskutiert, eventuell solche beschreiben, in denen sich Menschen bewusst gegen die Erfüllung ihrer eigentlichen Wünsche entscheiden. So laute der Einwand, für den es in der Literatur zahlreiche Beispiele gebe: »Jeder Fall einer Entsagung müsse so beschrieben werden: denn die Entsagung (einer Liebe, einer künstlerischen Berufung) sei der Verzicht auf eine authentische(re) Lebensweise, die jedoch auf einen durchaus autonomen Entschluss gegründet sei oder doch so sein könne.« (ebd., S. 113–114) Doch wie auch Rössler herausstellt, kann die Entscheidung zu einer solchen Entsagung als autonom *und* authentisch angesehen werden, sofern sich die Person mit dieser identifiziert. Die Gründe für die andere Entscheidung beziehungsweise die andere Option können bestehen bleiben, was nicht bedeuten muss, dass die entsagte Option die authentische(re) gewesen sei (ebd., S. 114). So kann es sein, dass wir mit untereinander konkurrierenden Wünschen, Zielen, Idealen und Werten übereinstimmen, ohne dass wir mit unserer Entscheidung für einen beziehungsweise eines der beiden konkurrierenden Wünsche, Ziele, Ideale oder Werte unsere Autonomie einbüßen würden. Diese büßen wir aber genau dann nicht ein, wenn wir begründen können, warum wir uns für einen der beiden untereinander konkurrierenden Wünsche entschieden haben. Wir begründen unsere Entscheidung, ohne damit gezwungen zu sein, die Authentizität im Sinne der Selbstübereinstimmung mit dem anderen Wunsch bestreiten zu müssen. Im Falle einer echten authentischen Ambivalenz werden wir, streng genommen, keine Begründung angeben können, der zufolge eine der konfligierenden Optionen uns alles in allem eben doch mehr entspricht als die andere. Solange uns aber die authentische Ambivalenz nicht handlungsunfähig macht, uns nicht innerlich völlig blockiert und wir also im Großen und Ganzen in der

Lage bleiben, zu entscheiden, können wir dennoch insgesamt autonom leben (siehe zur »authentischen Ambivalenz« auch Benson 2005).

Bei der Entfaltung des Konzepts der ethischen Autonomie im Sinne des Essentialismuskonzeptes müssen wir weiterhin berücksichtigen, dass Autonomie graduell unterschiedlich ausgeprägt sein kann. Es mag zahlreiche Situationen geben, in denen wir uns nicht vollständig und letztendlich sicher über unsere wirklichen Wünsche, Ziele, Ideale und Werte sind. In vielen Fällen können wir auch die Tragweite unserer Entscheidungen nicht hinreichend einschätzen, so dass sich Entscheidungen, in denen wir mit uns übereinstimmen, im Laufe der Zeit als nur im geringen Maße autonomen erweisen können. Auch wenn wir Autonomie und Authentizität begrifflich in der aufgeführten Weise koppeln, bleibt es verstehbar, dass sich autonome Personen »verfehlen« können, »wenn man nämlich nicht so autonom wie eigentlich möglich handelt oder lebt« (Rössler 2001, S. 115). Allerdings mag hier die berechtigte Frage aufkommen, wie man unter der Annahme verschiedener Grade eine Schwelle der Autonomie bestimmen würde. Beides, sowohl die philosophische Ausweisung einer Schwelle, unterhalb derer wir ein Individuum nicht mehr als eine autonome Person ansehen können, als auch die Erläuterung unterschiedlicher Grade an Autonomie ist für die philosophische Entfaltung des Konzeptes der ethischen Autonomie einschließlich ihrer Authentizitätskomponente wichtig. Ob die Entscheidungen und Wahlen einer Person als gut begründet angesehen werden können, hängt wesentlich davon ab, ob die Person sie in Bezug auf ihr Leben und ihre Biographie für andere einsichtig machen kann beziehungsweise könnte, das heißt, die Schwelle wird nicht ausschließlich, aber weitestgehend durch ihre Fähigkeit, intersubjektiv einsehbare immanente Kohärenz herzustellen, bestimmt. Wichtig scheint mir an dieser Stelle der Hinweis zu sein, dass diese Verortung der Schwelle nicht notwendig mit einem (zu Recht als elitär kritisierten) Intellektualismus einhergehen muss. Wenn sich Personen in ihren Wertorientierungen weitgehend auf Traditionen und historisch erprobte, vertraute Lebensformen berufen und diese einigermaßen kohärent sind, können sie die Schwelle bezüglich der ersten beiden von Anderson herausgestellten Kritikformen ohne Weiteres überschritten haben.

Von einer Schwelle zu reden macht bei dem Kreativitätskonzept der Authentizität keinen Sinn. Hier geht es um die Bestimmung des Eigenen im Sinne der Selbsterweiterung, die ich oben in einen Zusammenhang mit der zweiten semantischen Bedeutungskomponente von »Originalität«, nämlich »Besonderheit«, gestellt hatte. Erweitere ich mich selbst, dann frage ich mich nicht primär, wer beziehungsweise wie ich bin, sondern ich frage mich, wer oder wie ich sein könnte! Welche Entfaltungsmöglichkeiten, welches Potential habe ich noch nicht ausgeschöpft? Wie könnte ich anders sein? Eine Schwelle anzusetzen ist nun deshalb kein sinnvolles Unternehmen, weil ich mir diese Frage doch immer stellen kann, sei es, dass ich ein sehr konventionelles und angepasstes Leben lebe, sei es, dass meine Lebensführung durch einen ausgeprägt individuellen Stil gekennzeichnet ist.

Damit sind wir bei einem dem Authentizitätsbegriff verwandten Begriff, dem der Individualität. Zu Beginn dieses Kapitels hatte ich in Abschnitt 2.1 im Anschluss an die etymologisch-semantischen Ausführungen zu dem Ausdruck »Originalität« zwischen zwei Individualitätsbegriffen unterschieden, die beide in der ideengeschichtlichen Tradition der romantischen Selbsterschaffung stehen: Mit Taylor lässt sich ein schwach romantischer Individualitätsbegriff bilden, mit Rorty ein stark romantischer. Kann Individualität nach Rorty als Ziel oder als besonders hochrangiger Wert herausgestellt werden, so kann Individualität – anders als andere, einzigartig zu sein – in Taylors Überlegungen nur als ein Wert unter anderen empfohlen werden. Taylor nimmt in seiner Sozialphilosophie sehr deutlich eine kulturkritische Perspektive ein, wenn er im Originalitätsstreben in der Facette des Strebens nach Individualität die Tendenzen von Verflachung und Trivialisierung erkennt und die Phänomene der sozialen Desintegration und der Entsolidarisierung von Gesellschaften beziehungsweise Gemeinschaften problematisiert.

Auf die Verbindungslinien zwischen diesen beiden begrifflich-konzeptionellen Strängen der »Authentizität« – dem einen Strang der »Echtheit« beziehungsweise des Essentialismuskonzeptes und dem anderen Strang der »Besonderheit« beziehungsweise des Kreativitätskonzeptes – komme ich in Abschnitt 3.3 zurück. Bereits auf den ersten Blick wird deutlich, dass beide Deutungsweisen der »Authentizität« nicht streng voneinander zu trennen sind: Ist vorstellbar, dass Personen, die ihre Lebensgeschichte in die Zukunft hineinerzählen, die sich fragen, welche Wünsche, Ziele, Ideale und Werte für sie persönlich besonders wichtig sein sollen, dabei die Frage nach Alternativen, also die Frage, wie sie vielleicht auch leben könnten, vollständig ausklammern? Diese Fähigkeit, über alternative Möglichkeiten nachzudenken, scheint mir so grundlegend für die Evaluationen zur Bestimmung des Eigenen zu sein, dass eine hermetische Trennung der Frageperspektiven der beiden Stränge einer Plausibilitätsgrundlage entbehrt. Wie ich ebenfalls in Abschnitt 3.3 ausführen werde, können »Selbsterweiterung« im Sinne der schwach romantischen Individualität nach Taylor sowie »Selbstübereinstimmung«, die ich mit Andersons an Taylors anschließende Ausführungen erläutert hatte, zusammen für die Erörterung von Taylors Verständnis der Authentizität als innerer Freiheit herangezogen werden.

Diese Perspektivierung der Authentizität durch den Freiheitsbegriff steht bei Taylor in dem Zusammenhang seiner Ausführungen zur Freiheit als Verwirklichungskonzept. »Selbstverwirklichung« sehe ich mit den Begriffen »ethische Autonomie« und »Authentizität« eng verbunden. Ich möchte ihn aber nicht, wie dies in der Alltagssprache häufig anzutreffen ist, mit beiden gleichsetzen. Den Begriff der Selbstverwirklichung werde ich im nachfolgenden Kapitel gegenüber dem alltagssprachigen Verständnis grundlegender ausweisen, wenngleich meine Überlegungen anschlussfähig an das Common Sense-Verständnis von Selbstverwirklichung bleiben. Wie bereits erwähnt, möchte ich in die Richtung einer *schwachen* und *formalen* Teleologie der Selbstverwirklichung denken: Ich stelle die Frage, wie es zu verstehen sein könnte, dass sich Menschen gleichsam in die Welt hinein entfalten, dass sie »wachsen« und »gedeihen« und eben nicht »verkümmern«. Wenn wir »Selbstverwirklichung« ungefähr in dieser Weise erläutern können, dann beschreibt sie eine Realisierungsform des Menschen, die im Konzept der ethischen Autonomie beziehungsweise Authentizität zur Gelingensbedingung erhoben werden kann.

Deutlich wird, dass eine in diese Richtung gedachte »Selbstverwirklichung« besonders eng mit dem Begriff der Authentizität des Kreativitätskonzepts, also mit »Selbsterweiterung« verknüpft ist. Dies lässt sich an dem Begriff der Offenheit, der für meine Ausführungen zur Selbstverwirklichung besonders wichtig wird, zeigen. Offen für Erfahrungen – Anderson spricht von »welterschließenden Erfahrungen« (Anderson 1994, S. 118), offen für die »welterschließende« beziehungsweise »ästhetische Kritik« zu sein gehört, wenn auch nicht in gleich strenger Weise wie bei den anderen beiden Kritikformen, zur ethischen Autonomie. In diesem Sinne scheint mir auch für das Kreativitätskonzept der Authentizität die dritte, nämlich die erschließende beziehungsweise ästhetische Kritik, besonders wichtig zu sein: Um sich selbst erweitern zu können, muss man zuallererst einmal offen für Neues sein.

Auch für meinen Versuch, »Selbstverwirklichung« in Richtung einer schwachen Teleologie zu denken, wird der Erfahrungsbegriff eine wichtige Rolle spielen, und zwar auch mit Rekurs auf die ästhetische Dimension von Erfahrungen. Meine These, die ich im folgenden Kapitel ausführen werde, ist, dass Menschen für ihre ethische Autonomie und Authentizität hinreichend alltagspraktische Erfahrungen mit ästhetischer Qualität machen können müssen. Fehlen diese Möglichkeiten oder ist die Erfahrungsfähigkeit des Subjekts beschädigt, so wird das Individuum auch in seiner Bestimmung des Eigenen beziehungsweise in seiner Autonomiefähigkeit beeinträchtigt. Auf der Basis dieses grundlegenden Gedankens möchte ich »Authentizität« vermittelt über die schwache Teleologie der Selbstverwirklichung zu einem Diagnose- und Kritikkonzept entfalten, mit dem soziale Entwicklungen daraufhin befragt werden können, ob sie die Selbstverwirklichung des Individuums, seine Möglichkeit zu (auch) ästhetischen Erfahrungen sowie seine Erfahrungsfähigkeit und mithin seine ethische Autonomie beeinträchtigen beziehungsweise beschädigen.

Mein Versuch, eine schwache und formale Teleologie der Selbstverwirklichung über den Begriff der Erfahrung zu denken, kann dabei sowohl an Taylor anknüpfen als auch an die Erfahrungstheorie von John Dewey, die dieser in *Kunst als Erfahrung* (1988) vorlegt hat. Mit dem Deweyschen Erfahrungsbegriff werde ich mich aspektorientiert und gleichwohl ausführlich in besonders den ersten beiden Abschnitten des folgenden Kapitels befassen. Zum Abschluss dieses Kapitels soll noch kurz auf Möglichkeiten eingegangen werden, bei Taylor den Anschlusspunkt für eine schwache Teleologie zu finden.

Bei Taylor finden sich zwei Varianten einer Teleologie, die einer schwachen Teleologie und die einer starken. Diese Uneindeutigkeit wird an dem Begriff des Expressivismus deutlich. So fasst Taylor unter dem Begriff des Expressivismus eine historisch-kulturelle Deutung der Situation des Menschen in der Welt zusammen. Gemäß diesem expressivistischen Deutungsmuster findet sich die Quelle des Selbst in der Natur, und zwar gemäß der romantischen Tradition sowohl in der inneren als auch in der äußeren Natur. Neben diesem Deutungsmuster, »Natur als Quelle«, identifiziert Taylor in seiner historisch-hermeneutischen Rekonstruktion noch das ältere, in den Hintergrund getretene theistische Schema, gemäß dem das Selbst seine Quelle in Gott finde, sowie das naturalistische, gemäß dem diese Quelle die »desengagierte« und im historischen Prozess fortschreitend entzauberte Rationalität darstelle (siehe hierzu auch die Ausführungen

zu Taylor in Abschnitt 2.1). Vom philosophischen Standpunkt aus betrachtet, erkennt Taylor in all diesen Quellen wichtige, unverzichtbare
Deutungen unserer Selbst und der Welt. Dem Expressivismus bemisst er
aber insofern besondere Bedeutung bei, als er nun nicht mehr historisch-
hermeneutisch, sondern anthropologisch und sozialphilosophisch systematisch Subjektivität expressivistisch erläutert. Er spricht hier metapho-
risch, in der der Kunst angenäherten »Sprache der persönlichen Resonanz«
von der inneren »Tiefe«, die wir artikulieren müssen, um zu wissen, wer wir
authentisch sind (³1999c, S. 855–899, besonders S. 652). Wie in den obigen
Erläuterungen zu Taylors Konzept der Artikulation deutlich geworden ist,
kann Taylor diese (ästhetische) Artikulation der inneren »Tiefe« in Übereinstimmung mit der anti-essentialistischen Intersubjektivitätsthese verstehen, der zufolge unser subjektives Selbst- und Weltverhältnis immer schon
intersubjektiv – im besonderen Maße sprachlich – vermittelt ist. Diese anti-
essentialistische Deutung der Artikulation ist mit einer schwachen Teleologie vereinbar, die besagt, dass im menschlichen Wesen angelegt sei, sich
unter günstigen, insbesondere unter sozial günstigen Bedingungen zu verwirklichen, sich zu entfalten, zu gedeihen, zu erblühen. *Schwach* muss eine
solche Teleologie in folgender Weise bleiben: Sie benennt *formal* kommunikative Strukturen (die mit Honneth auch anerkennungstheoretisch gedeutet
werden können), die für die Selbstverwirklichung günstige Bedingungen
schaffen, die umfassende Vorstellung eines guten Gemeinwesens überlässt
sie aber den historischen Selbstverständigungsprozessen. Darüber hinaus
werden Erfahrungen nur in ihrer *formalen* Qualität, nicht in ihrem materialen Gehalt konzeptionell eingebunden. Über den Begriff der Erfahrung
werde ich diese schwache Teleologie erläutern. Versteht man Taylors Rede
von der Artikulation der inneren »Tiefe« in diesem Sinne schwach teleologisch, kann der romantische Expressivismus als eine historisch-kritisch zu
verortende Deutung unserer Situation gesehen werden, die uns mit dem
ästhetischen Ideal des Originalgenies und dessen Deutung im Sinne einer
schwachen Teleologie der Selbstverwirklichung eine besonders überzeugende Interpretation unserer Selbst gegeben hat. Diese zu tradieren und
fortzuinterpretieren ist bei aller gerechtfertigten Kritik lohnenswert. Taylor
bleibt allerdings in seinen Erläuterungen nicht in dem erforderlichen Maße
anti-essentialistisch. Nicht zuletzt durch seinen Güterrealismus nähert sich
Taylor zu sehr der romantischen Idee an, der zufolge das Subjekt durch die
Wendung nach Innen, durch die Artikulation der inneren Natur in Verbindung mit einer umfassenderen Ordnung stehe. In der sowohl inneren als

auch äußeren Natur sahen die Romantiker eine solche metaphysische Ordnung.

3. Authentizität und (ästhetische) Erfahrungen

3.1 Selbstverwirklichung und Erfahrungen

Im vorangegangenen Kapitel habe ich mich mit der Unterscheidung der Begriffe »Autonomie« und »Authentizität« befasst. Eine über Taylor, aber auch über Habermas vermittelte ideengeschichtliche Annäherung an beide Begriffe konnte rekonstruieren, dass das Ideal der Authentizität seine ideengeschichtlichen Quellen besonders in dem Rousseauschen Ideal der nicht-entfremdeten Selbstbestimmung, dem Herderschen über den Sturm und Drang bis in die Romantik hinein wirksamen ästhetischen Ideal der Originalität und dem Hegelschen Ideal der selbstbestimmten Selbstverwirklichung findet. Das Ideal der Autonomie ist ideengeschichtlich mit dem Namen Kant verknüpft, in dessen Tradition einige gegenwärtige Philosophen wie Habermas und Rawls »Autonomie« als »moralische Selbstbestimmung« definieren. In der neuren analytischen Diskussion zur personalen, ethischen beziehungsweise individuellen Autonomie wird aber den ideengeschichtlichen Berührungspunkten zwischen »Autonomie« und »Authentizität« insofern Rechnung getragen, als hier mit dem Begriff der individualisierten, *nicht* im engen Kantischen Sinne als »moralische Selbstbestimmung« definierbaren Autonomie erfasst werden soll, dass die Bestimmung zum *Eigenen*, zu einem eigenen Leben, nur gelingen kann, wenn das Subjekt in dieser Bestimmung auch das wahre oder wahrhaftige Eigene zum Ausdruck bringt. Authentizität und also die nicht-entfremdete und nicht-manipulierte Identifizierung mit dem Eigenen gehören notwendig zur *ethischen* Autonomie: zur Bestimmung zum Eigenen. Mein terminologischer Vorschlag lief schließlich darauf hinaus, den Begriff der Authentizität in zwei miteinander verbundene Bedeutungsstränge zu differenzieren, nämlich in den der »Selbstübereinstimmung« und den der »Selbsterweiterung«. Taylor hat das Ideal der Authentizität im Rekurs auf Herder über das Prinzip der Originalität erläutert. Der Ausdruck »Originalität« enthält die semantischen Komponenten »Echtheit« und »Besonderheit«, denen philosophisch jeweils einer der beiden Stränge entspricht. Unter der Maßgabe der Echtheit frage ich danach, wer beziehungsweise wie ich eigentlich oder wahrhaftig bin. Hier geht es um die Authentizität als Selbstübereinstimmung, die begrifflich im Sinne eines Essentialismuskonzepts thematisierbar wird. Unter der Maßgabe der Besonderheit frage ich mich, wer oder wie ich sein könnte, wie ich mich also, um den Rortyschen Begriff aufzugreifen, neu erfinden könnte. Dort geht es um die Authentizität als Selbsterweiterung, die begrifflich im Sinne eines Kreativitätskonzepts verstehbar wird.

In diesem Kapitel will ich nun auf Basis der bereits geleisteten Begriffsarbeit den Begriff der Authentizität zu einem Diagnose- und Kritikkonzept für eine kritische Theorie der Gesellschaft ausarbeiten. Wie bereits in Abschnitt 2.7 deutlich wurde, muss ein philosophischer Ansatz, der soziale Pathologien diagnostizieren will, auf eine schwache Teleologie rekurrieren. Ich gehe also davon aus, dass ein solcher Ansatz in aller Vorsicht vor starken, paternalistischen Annahmen hypothetische Deutungsversuche zur gelingenden Verwirklichung von Individuen machen muss, damit überhaupt sinnvoll von »Pathologien«, von »Deformationen« oder von »Entfremdung« die Rede sein kann. Der Vorsicht vor dem Paternalismus ist nicht nur der hypothetische Ansatz geschuldet. Auch werden sich diese Deutungsversuche auf formale Überlegungen zur Selbstverwirklichung beschränken müssen, worin man durchaus eine Schwäche dieses argumentativen Unternehmens erkennen könnte, nämlich die Schwäche, begrifflich-philosophisch zu wenig zur gelingenden Selbstverwirklichung von Individuen sagen zu können. Möglicherweise wird mancher Leser nach stärkeren und materielleren Kriterien für die ethisch-politischen Diskussionen in einer demokratischen Öffentlichkeit wie für die privaten Überlegungen des gesunden Menschenverstandes verlangen, als ich sie werde begründen können.

Eine solche schwache Teleologie möchte ich im Folgenden unter dem Begriff der Selbstverwirklichung erörtern. Authentizität als Selbstübereinstimmung und als Selbsterweiterung können als miteinander verknüpfte Formen der Selbstverwirklichung gesehen werden, was auch unserem alltäglichen Sprachgebrauch entspricht: Sich zu einem eigenen Leben bestimmen, so leben, wie man wahrhaftig leben will, verstehen wir alltagssprachlich unter dem Ausdruck »Selbstverwirklichung«. Ich werde den Begriff der Selbstverwirklichung aber grundlegender ausweisen, weshalb

»Selbstverwirklichung« hier mit den Begriffen »ethische Autonomie« und »Authentizität« als »Selbstübereinstimmung« und »Selbsterweiterung« assoziiert ist, nicht aber gleichgesetzt werden kann.

Die schwache Teleologie der Selbstverwirklichung werde ich in diesem Kapitel über den Begriff der Erfahrung erläutern. Ich möchte die These vertreten, dass menschliche Individuen nur »gedeihen«, »erblühen«, sich »entfalten« oder eben sich verwirklichen können, wenn sie hinreichend Erfahrungen mit einer bestimmten, im Folgenden auszuweisenden Qualität machen können. Bei diesem Unternehmen lasse ich mich im weitesten Sinne wiederum von Taylor leiten, wenn ich diese Qualität als *ästhetische* bestimmen werde. Taylors Überlegungen zu einer ästhetischen Selbstverwirklichung finden sich im Rahmen seiner Ausführungen zum Expressivismus. Diesen Begriff des Expressivismus erörtert Taylor zum einen historisch-hermeneutisch als ideengeschichtliche Quelle des Selbst, die insbesondere romantische, naturalismuskritische Deutungen der Situation des Menschen in der Welt umfasst. Zum anderen zieht Taylor diesen Begriff heran, wenn er anthropologisch und sozialphilosophisch systematisch Subjektivität expressivistisch erläutert. In diesem Zusammenhang stehen seine Überlegungen zum Ausdruck und zur Artikulation einer inneren »Tiefe« und auch hier steht die im weiten Sinne romantische Tradition Pate, wenn er über das Herdersche Prinzip der Originalität und das ästhetische Ideal des Originalgenies diese Selbstartikulation als eine ästhetische versteht (siehe die Abschnitte 2.1, 2.5 sowie 2.6).

Wie im vorangegangenen Kapitel bereits problematisiert wurde, erweist sich Taylors Anthropologie teilweise als metaphysisch-essentialistisch, da er mit dieser inneren »Tiefe« und dem authentischen Selbst zuweilen einen wahren Wesenskern vor aller Erfahrung in der Welt anzunehmen scheint. Wie eine solche ästhetische Selbstverwirklichung im Sinne einer schwachen Teleologie ohne metaphysisch-essentialistische Momente gedacht werden kann, will ich im Rekurs auf den Erfahrungsbegriff verdeutlichen. Hierfür stütze ich mich wesentlich auf den Erfahrungsbegriff von John Dewey, der in *Kunst als Erfahrung* (1988) den Kern aller alltagspraktischen, lebensweltlichen Erfahrung in ihren ästhetischen Elementen sieht: Jede Erfahrung ist, Dewey zufolge, immer auch ästhetisch. Meine These wird sein, dass Menschen für ihre Selbstverwirklichung und somit als Ermöglichungsbedingung für ihre ethische Bestimmung zu einem eigenen Leben hinreichend Erfahrungen mit eben diesen ästhetischen Elementen machen können müssen. Für die Sozialdiagnose erachte ich diese am Erfahrungs-

begriff orientierte schwache Teleologie insofern als instruktiv, als ich einige
Formen individuellen Leidens an der Gesellschaft über die Beschädigung
der Erfahrungsfähigkeit des Subjekts, über Erfahrungsarmut und mithin
über den sozialen Ausschluss aus förderlichen (öffentlichen) Erfahrungsräumen erörtern möchte.

Um am Ende dieses Kapitels den Begriff der Authentizität vor dem
Hintergrund der schwachen Teleologie der Selbstverwirklichung als Dia-
gnose- und Kritikkonzept entfalten zu können, werde ich in diesem ersten
Abschnitt im Rekurs auf den Deweyschen Erfahrungsbegriff eben jene
ästhetischen Elemente der lebensweltlichen Erfahrung benennen und
erörtern. Daraufhin werde ich in 3.2 einige Überlegungen anstellen, inwiefern Selbstverwirklichung als Teilhabe an Welt über Erfahrungen verstanden werden kann. Diesen *partizipatorischen Aspekt* der Selbstverwirklichung
führe ich mit dem argumentativen Ziel ein, plausibilisieren zu können,
inwiefern die Möglichkeit der Teilhabe an öffentlichen, für die Selbstverwirklichung förderlichen Erfahrungsräumen für die ethische Autonomie
und Authentizität von Individuen zu fordern ist. In Abschnitt 3.3 disku-
tiere ich Taylors Ausführungen zur Authentizität als innere Freiheit vor
dem Hintergrund der schwachen Teleologie. Hier werde ich den Zusammenhang zwischen der Teleologie der Selbstverwirklichung und den Authentizitätsbegriffen »Selbstübereinstimmung« und »Selbsterweiterung«
herstellen. Schließlich werde ich in dem letzten Abschnitt 3.4 die Ergebnisse der Argumentation zusammenfassend »Authentizität« als Diagnose-
und Kritikkonzept entfalten. Dabei werde ich auf Gemeinsamkeiten wie
auf Unterschiede zu sowohl dem Habermasschen als auch dem Honnethschen Ansatz der Sozialdiagnose eingehen.

Den allgemeinen Vorstellungen des Common Sense zufolge geht es bei
der Selbstverwirklichung um solche zwischenmenschlichen oder inneren
Beziehungen und um solche Tätigkeiten, in und bei denen ich irgendwie
»ganz« bin, meine Gefühle nicht unterdrücken muss, sondern vielmehr
zum Ausdruck bringen kann. Selbstverwirklichungspotential haben solche
Beziehungen und solche Tätigkeiten, die wir nicht nur eingehen beziehungsweise ausführen, weil wir sie für vernünftig oder auch nur zweckrati-
onal halten, sondern einfach um der Person und um der Tätigkeit selbst
willen. So lieben wir einen bestimmten Menschen immer auch um seiner
selbst willen und wir verfolgen nicht nur Hobbys um ihrer selbst willen,

sondern können auch intrinsisch motiviert eine Arbeit ausführen.[41] Als Tätigkeiten mit Selbstverwirklichungspotential betrachten wir häufig kreative oder im engeren Sinne künstlerische Tätigkeiten, denn kreativ sind wir besonders dann, wenn wir nicht verbissen einen Zweck verfolgen, und auch, wenn wir auf das hören, was unser Gefühl oder, mit Herder, unsere »innere Stimmung« (siehe S. 21 und 25) uns sagt. Der Genuss, den wir in der Liebe und bei Tätigkeiten um ihrer selbst willen empfinden können und den wir mit dem Begriff der Selbstverwirklichung assoziieren, scheint gerade in diesem intrinsischen Charakter begründet zu liegen. Diese Momente des Common Sense-Verständnisses lassen sich meines Erachtens auch für das philosophische Konzept einer schwachen Teleologie der Selbstverwirklichung aufgreifen. Inwiefern lässt sich Selbstverwirklichung nun aber über den Begriff der Erfahrung verstehen? Und was bedeutet es genau, eine Erfahrung zu machen?

Um ganz allgemein zu beginnen: Mir geht es darum, dass wir uns erfahrend der Welt öffnen, und zwar unter der auch für unsere inneren, auf uns selbst zurückgerichteten Erfahrungen geltenden Prämisse einer immer schon vorauszusetzenden Vermittlung von Innen und Außen, von subjektiver Intention und Sprache, von individuellem Ausdruck und Bedeutungshorizont. Die Fähigkeit, Erfahrungen machen zu können, verstehe ich als Voraussetzung dafür, sich nicht in sich selbst zu verschließen und sich zu isolieren. Sie ist ein Schutz vor Formen von Borniertheit und geistiger Enge. Ist diese Fähigkeit nicht ausgebildet oder aber massiv beschädigt, so kann dies Ausdruck von Verkümmerung, Resignation oder bedrohlichen inneren Ängsten und Zwängen, aber auch von Selbstentfremdung sein. Erfahrungsfähigkeit betrachte ich als Voraussetzung für unser »Gedeihen«, für unser »Erblühen«, für unsere »Selbstentfaltung« oder eben: für unsere Selbstverwirklichung. Für die Plausibilität dieser hier zunächst in Form allgemeiner Setzungen aufgeführten Überlegungen möchte ich in diesem Kapitel argumentieren.

In »Self-interpreting animals« hat Taylor in der emotionalen Erfahrung die grundlegende Struktur des menschlichen Selbst- und Weltverhältnisses gesehen (siehe Abschnitt 2.5). Unsere immer schon symbolisch vermittelten Gefühle haben einen kognitiven Gehalt, der in Urteilen formuliert werden kann. In der Philosophie des amerikanischen Pragmatisten

---

41 Über den intrinsischen Wert von Tätigkeiten und über die Frage, in welcher Beziehung dieser Wert zu letzten Zwecken steht, philosophiert Harry Frankfurt in »Über die Nützlichkeit letzter Zwecke« (2001e).

John Dewey finden wir einen ganz ähnlichen Ansatz zur Erläuterung des menschlichen Selbst- und Weltverhältnisses über die Erfahrung. Auch in Deweys Erfahrungsbegriff haben wir diese gegenseitige Durchdringung von Emotion und Kognition und auch für Dewey spielen wie für Taylor ästhetische Erfahrungen eine bedeutende Rolle für die Selbstverwirklichung von Individuen. Dewey entfaltet seinen Erfahrungsbegriff, beeinflusst durch die Darwinsche Evolutionstheorie, im Rekurs auf ein biologisches Erklärungsmodell, worin er sicherlich am weitesten von Taylors Philosophie entfernt ist. Was aber beide miteinander verbindet, ist die Kritik und Überwindung der überkommenen rationalistischen Philosophie der Trennungen von Subjekt und Objekt, Selbst und Welt, Gefühl und Rationalität. Für Dewey, der sich wie Taylor intensiv mit dem dialektischen Denken Hegels befasst hat, bleiben Natur, Individuum und Gesellschaft in einem Kontinuum wechselseitiger Interaktionsprozesse miteinander verbunden. Auch wenn er sich von der Hegelschen Metaphysik distanziert, werden auch bei ihm Natur und menschlicher Geist nicht dualistisch getrennt. Den Menschen begreift der Pragmatist Dewey als problemorientiert handelndes Wesen, dessen kulturelle Fähigkeiten ihren Ausgang in der Gestaltung der natürlichen Umwelt finden (Prechtl [2]1995, S. 217). Erfahrungen sind Prozesse, in denen Individuen, einmal durch einen Widerstand oder ein Problem der natürlichen oder sozialen Umwelt herausgefordert, diesen Widerstand unter Aufbringung verschiedener Kräfte zu überwinden beziehungsweise dieses Problem zu lösen versuchen (Raters-Mohr 1994, S. 31–41). Dieser grundlegende Gedanke kann auch als Störung und Wiederherstellung eines Gleichgewichts zwischen Individuum und Umwelt verstanden werden, wobei sich Dewey diese Wiederherstellung eines Gleichgewichtes als Erweiterung, Steigerung und Vervollkommnung der menschlichen Erfahrungs- und Handlungsfähigkeit vorstellt (Dewey 1988, S. 21–22). Ausgehend von diesem grundlegenden Gedanken arbeitet Dewey seinen Erfahrungsbegriff in *Kunst als Erfahrung* dahingehend aus, dass Erfahrungen kraft ihrer ästhetischen Qualität zu dieser Steigerung und Vervollkommnung führen.

Widerstände beziehungsweise Probleme stellen sich Menschen in unterschiedlicher Hinsicht und so spricht er auch von unterschiedlichen Erfahrungen, »die vornehmlich *intellektuell* oder *praktisch* sind« (ebd., S. 297). Entscheidend ist hier das Wort »vornehmlich«, denn ein zentraler Punkt in Deweys Theorie der Erfahrung in *Kunst als Erfahrung* ist, dass Erfahrungen immer zugleich drei Erfahrungsmomente erfüllen: ein intellektuelles, ein praktisches und ein emotionales. Zu einer intellektuellen *Erfahrung* wird beispielsweise das Lösen eines wissenschaftlichen Problems und zu einer praktischen *Erfahrung* die handelnde Erfüllung eines Wunsches erst dann, wenn diese drei Momente – wenn auch möglicherweise in unterschiedlichem Maße ausgeprägt oder insgesamt auf ein Moment ausgerichtet – zusammenwirken. Erfahrungen lassen sich generell dadurch kennzeichnen, dass sich das intellektuelle, das praktische und das emotionale Moment nicht voneinander trennen lassen. Für Dewey gilt dies sowohl für die ästhetische Erfahrung im engen Sinne als auch für die alltägliche lebensweltliche Erfahrung (ebd., S. 69–70). Seiner Ansicht nach lassen sich beide Erfahrungstypen nicht kategorial voneinander unterscheiden, vielmehr sieht er die alltäglichen mal mehr intellektuellen, mal mehr praktischen Erfahrungen in einer Kontinuität mit der ästhetischen Erfahrung im engen Sinne verbunden.[42] Ästhetische Erfahrungen im engen Sinne sind solche Erfahrungen mit vollständig ausgebildeter intrinsischer Qualität. Es sind solche Erfahrungen, die wir ausschließlich um ihrer selbst willen und also um des Genusses an der Erfahrung selbst willen machen, ohne dabei einen weiteren Nutzen wie das Lösen eines intellektuellen oder praktischen Problems zu verfolgen. Es sind Erfahrungen, die wir ausschließlich um ihrer selbst willen schätzen.

Solche ästhetischen Erfahrungen im engen Sinne sind sicherlich förderlich für die Selbstverwirklichung von Individuen. Mich interessieren für mein Vorhaben, einen Ansatzpunkt für die Diagnose sozialer Pathologien zu finden, aber die alltäglichen Erfahrungen, für die ich im Anschluss an Dewey drei miteinander verbundene ästhetische Elemente herausstellen will. Damit wir bei einer eher intellektuellen oder eher praktischen Erfahrung überhaupt von einer Erfahrung sprechen können, muss sie (a) ein ganzheitliches, integratives beziehungsweise holistisches Element enthalten. Sie wird zwar nicht ausschließlich um ihrer selbst willen geschätzt, muss aber (b) *auch* um ihrer selbst willen genossen werden und also ein intrinsisches Element umfassen. Außerdem ist sie (c) aufgrund der beiden vorangegangenen Elemente immer auch erfahrungsöffnend, sie macht uns neugierig auf weitere Erfahrungen. Ist unser Erleben nicht *auch* durch diese drei ästhetischen Elemente, nämlich *Ganzheitlichkeit*, *Intrinsität* und *Erfahrungsöffnung*, gekennzeichnet, so können wir dieses Erleben nicht als eine Erfahrung betrachten. Dewey spricht in *Kunst als Erfahrung* in diesem Zu-

---

42 Dewey spricht auch von einer »Kontinuität zwischen der ästhetischen Erfahrung und den gewöhnlichen Lebensprozessen« (1988, S. 18).

sammenhang auch von mechanischen Erfahrungen, die streng genommen keine Erfahrungen sind (ebd., S. 319). Ästhetische Erfahrungen im engen Sinne beziehungsweise rein ästhetische Erfahrungen können gewissermaßen als ein Übungs- und Veranschaulichungsfeld für lebensweltliche Erfahrungen mit diesen drei ästhetischen Elementen angesehen werden.[43] Für meine These, dass Erfahrungen mit diesen drei Elementen eine notwendige, aber nicht hinreichende Ermöglichungsbedingung für ethische Autonomie und Authentizität sind, konzentriere ich mich, wie gesagt, auf die alltäglichen lebensweltlichen Erfahrungen. Deutlich wird, dass in diesem Erfahrungsbegriff die genannten Momente des Common Sense-Verständnisses der Selbstverwirklichung wiederzufinden sind.

(a) Zum holistischen, integrativen Element der Erfahrung: In der Erfahrung werden Menschen und Sachen, werden Situationen für uns bedeutsam[44], und zwar sowohl in dem kognitiven Sinne, dass wir etwas verstehen, als auch in dem, dass wir irgendwie das Gefühl haben, das Objekt der Erfahrung habe etwas mit uns selbst »zu tun«. In diesem letzteren Sinne fühlen wir uns von dem Erfahrungsobjekt »berührt« oder »angesprochen«. Für Dewey liegt diese »Ansprechbarkeit« in der Schärfe der – Kantisch gesprochen – Erkenntniskräfte begründet:

»Gewöhnliche Erfahrung ist oftmals mit Apathie, Mattigkeit und Stereotypie infiziert. Weder bekommen wir die volle Wirkung von sinnlicher Qualität durch die Sinne mit noch auch die Bedeutung von Dingen durch Nachdenken. Die »Welt« ist uns zu beschwert oder voller Zerstreuung. Wir sind nicht hinreichend empfänglich, den scharfen Ton der Sinne zu fühlen oder gar durch Gedanken bewegt zu werden.« (ebd., S. 305)

Solche Verkümmerungen der Erfahrungsfähigkeit wie Apathie und Mattigkeit sieht Dewey in den Trennungen der eigentlich zusammengehörigen geistigen oder psychischen Komponenten begründet. »Geist« und »Sinn« sind zwei für Dewey nicht kategorial zu trennende Begriffe, mit denen wir das geistig-sinnliche Wesen Mensch begreifen können. »Sinn« (»sense«) umfasse das Bedeutungsspektrum von der Sinneswahrnehmung über Sinnlichkeit bis hin zur Sinnhaftigkeit oder zum Sinnvollen als dem

---

43 Diesen Gedanken übernehme ich von Josef Früchtl.

44 Auch bei Dewey findet sich der Begriff der Bedeutsamkeit, wenn er von »Emotionen« spricht, die »bedeutsam«, also nicht bloße Erregungszustände, sondern »Eigenschaften einer komplexen Erfahrung« sind; und auch bei Dewey steht dieser Begriff im Zusammenhang des holistischen Moments, das er unter dem Begriff der »Einheit« reflektiert (1988, S. 54).

Vernünftigen (ebd., S. 31). »Geist« (»mind«) versteht er als »ganzes System von Bedeutungen, wie es im Wirken des organischen Lebens verkörpert ist« (ebd., S. 319, Fußn.). Dewey sieht den Menschen als geistig-sinnliches Wesen in die Kontinuität von sinnlicher Wahrnehmung, innerer Empfindung und Gefühl, von Denken und Erkennen, Wollen, Begehren und Handeln gestellt: So wie Fühlen und Denken und wie Wahrnehmen und Denken bleiben auch Erkennen und Wollen und auch Erkennen und Handeln aneinander gebunden. Auch die noch so abstrakte Erkenntnis wird anthropologisch als motiviert und basiert in der Interaktion des wahrnehmenden, fühlenden, denkenden und wollenden Menschen mit seiner Umwelt vorgestellt. Auch wenn unsere eher intellektuellen, kognitiven und eher sinnlichen, emotionalen Komponenten bei einer eher intellektuellen oder eher praktischen Erfahrung unterschiedlich gewichtet sein mögen, so gilt doch für die Erfahrungsfähigkeit insgesamt, dass sich diese Komponenten durch ihr Zusammenwirken gegenseitig befördern. Umgekehrt führt ihre gegenseitige Abschließung voneinander zur Verkümmerung der Erfahrungsfähigkeit:

»Nur dann und wann im Leben sind bei vielen Menschen die Empfindungen von jenem Gefühl erfüllt, das aus einer weitgehenden Verwirklichung der eigentlichen Bedeutungen stammt. Wir erleben Sinneseindrücke als mechanische Stimulantien oder Reize, ohne eine Ahnung von der Bedeutung zu haben, die in ihnen liegt und hinter ihnen steht: In weiten Bereichen unserer Erfahrung schließen sich unsere Sinne nicht zusammen, um eine übergreifende und erweiterte Geschichte zu erzählen. Wir sehen, ohne zu fühlen; was wir hören, ist nur ein Bericht aus zweiter Hand – aus zweiter Hand, weil es nicht durch Anschauung verstärkt wird. Wir berühren, doch das Kontaktgefühl bleibt oberflächlich, da es sich nicht mit denjenigen sinnlichen Eigenschaften vereinigt, die unter die Oberfläche dringen. Wir benützen die Sinne, um Leidenschaft zu wecken, aber nicht im Interesse der Erkenntnis; und das nicht etwa, weil in dem Gebrauch der Sinne keine Möglichkeit zur Erkenntnis läge, sondern weil wir uns Lebensbedingungen hingeben, die die Sinne zwingen, an der Oberfläche zu verbleiben.« (ebd., S. 30)

Erfahrungen werden von uns immer auch in ihrer Unmittelbarkeit, als ein, wie Dewey diese auch bezeichnet, »Hier und Jetzt« (ebd., S. 319) erlebt – auch wenn eine einzige, zu einer Einheit abgeschlossene Erfahrung über längere Zeiträume ausgestreckt sein kann. In einer Erfahrung werde diese Unmittelbarkeit des »Hier und Jetzt« durchdrungen von der Aktivität des Geistes, der die Bedeutungselemente vergangener Erfahrungen mehr oder weniger innovativ zu einem neu geordneten Ganzen rekonstruiert. Diese

Durchdringung könne gehemmt werden oder gar scheitern, was dann auch die Qualität der Erfahrung betreffe:

»Der Geist – die organische Ganzheit geordneter Bedeutungen, vermittels deren gegenwärtige Ereignisse ihren Sinn für uns besitzen – geht nicht immer in die Aktivitäten und Vorgänge ein, die hier und jetzt geschehen. Manchmal wird er vereitelt und gehemmt. Dann versiegt der Strom der Bedeutungen, der sonst durch den lebendigen Kontakt angeregt wird. Er bildet dann den Stoff von vagen Träumen; Ideen fließen dahin, gelangen zu keiner eigenen Existenz und sicheren Bedeutung. Gefühle, ebenso lose und fließend, heften sich an diese Ideen. Das Vergnügen, das sie bereiten, ist der Grund, weswegen man sie schätzt und ihnen gestattet, die Szene zu beherrschen. Sie werden nur zugelassen, solange es der gesunde Verstand aushält und sie für unwirklich hält.« (ebd., S. 320)

Sinnliche Wahrnehmungen oder Gefühle, die der Geist nicht durchdringen kann, versteht Dewey als pathologisch. Als Beispiele nennt er den »rein körperlichen und seelischen Schock« (ebd., S. 31) oder die wahnhaften Gefühle[45]. Gegen ein solches Abdriften der Erfahrung in – Dewey gebraucht hier starke Begriffe – Schock, Wahn und Illusion bedürfe es der Tätigkeit des Geistes, der die unmittelbar erlebten Ereignisse in die Rekonstruktion der Bedeutungen bereits vergangener Erfahrungen einbeziehe und dadurch zum einen diesen Ereignissen Bedeutung verleihe und zum anderen vergangene Bedeutungen in neuem Licht verstehbar werden lasse. Ist die Pathologie der Erfahrung, Dewey zufolge, in der Desintegration der intellektuell-kognitiven und emotional-sinnlichen Komponenten der Psyche begründet, so sieht er in deren Integration das Potential zur Steigerung der gefühlsmäßigen und geistigen Intensität der Erfahrung und also zur Steigerung der Erfahrungsfähigkeit (ebd., S. 47–71).

Dewey zufolge bedarf die subjektive Erfahrung, um nicht pathologisch zu werden, einer »objektiven« Basis« (ebd., S. 25), die sie nur dann erhalten könne, wenn das Subjekt der Erfahrung in einer wechselseitigen Interaktion mit der natürlichen oder sozialen Umwelt stehe. Das Subjekt kann aber die Interaktion mit seiner Umwelt aufkündigen, wenn es sein unmittelbares Erleben nicht im Kontext seines gewachsenen Erfahrungsschatzes deutet. So darf es sein unmittelbares Erleben nicht vor den Bedeutun-

---

45 »Ferner sind Gefühle in ihrem Ausdruck an Vorgänge und Objekte gebunden. Sie existieren nicht für sich allein, mit Ausnahme der pathologischen Fälle. Selbst ein ›objektfreies‹ Gefühl benötigt etwas, das über es hinausgeht, an das es sich binden kann, und in Ermangelung eines realen Objektes erzeugt es daher bald eine Wahnvorstellung.« (Dewey 1988, S. 54–55)

gen früherer Erfahrungen verschließen, dieses »Hier und Jetzt« in seiner Unmittelbarkeit belassen und dem Korrektiv früherer Erfahrungen entziehen. Diese hier deutlich werdende subjektive Seite einer objektiv basierten Erfahrung besteht darin, dass das Erfahrungssubjekt weder seine unmittelbaren Wahrnehmungen vor seinem Erfahrungsschatz verschließt, noch dieses unmittelbare Erleben ausschließlich nach verfestigten, immer gleichen Mustern deutet. Ein Subjekt, das nicht irritierbar ist, ist auch nicht erfahrungsfähig.

Deweys Hinweis auf eine objektive Basis der Erfahrung soll nun insofern thematisiert werden, als die Erfahrung auch dadurch pathologisch werden kann, dass sich das Erfahrungssubjekt der Interaktion mit seiner sozialen Umwelt, also der öffentlichen beziehungsweise intersubjektiven Kritik kommunizierter Bedeutungsgehalte entzieht. Indem es sich aus dem intersubjektiv geteilten Bedeutungshorizont ausschließt, wird die subjektive Erfahrung privatistisch und grenzt sich aus der intersubjektiven kommunikativen Erschließung einer geteilten öffentlichen Welt aus. Mit Rekurs auf das Habermassche Lebensweltkonzept ließe sich sagen, dass sich Subjekte immer nur »vor dem Hintergrund einer *intersubjektiv geteilten Lebenswelt miteinander über etwas in der objektiven Welt* verständigen« (Habermas 2005c, S. 174) können. Wenn von einer objektiven Basis der Erfahrung die Rede sein kann, so muss sie durch die »intersubjektive Prüfung subjektiver Evidenzen« (ebd., S. 174; siehe zu Habermas' neuer Erkenntnistheorie 1999c) hindurchgehen. Meine Überlegungen zur Pathologiediagnose werden nicht mit solch starken Pathologiebegriffen arbeiten, wie Dewey dies tut – Dewey spricht immerhin von Schock und Wahn. Gleichwohl kann man in der privatistischen Verschließung der eigenen Erfahrung vor der intersubjektiv geteilten Lebenswelt (aus der man gleichwohl niemals heraustreten kann) und mithin vor kommunikativ eröffneten öffentlichen Räumen ein Scheitern der Erfahrungstätigkeit sehen. Verschließt sich das Erfahrungssubjekt in dieser Weise, steht dies der Selbstverwirklichung im Sinne einer erfahrungsoffenen »Entfaltung« in die Welt entgegen.

(b) Zum intrinsischen Element der Erfahrung: Die Intrinsität der Erfahrung ist an das integrativ-holistische Element gekoppelt. Kennzeichnend für Erfahrungen generell ist, dass sich das emotionale, das praktische und das intellektuelle Moment nur analytisch unterscheiden, in der Erfahrung aber nicht getrennt voneinander wahrnehmen lassen. Zu einer ganzheitlich-integrativen Erfahrung wird das Erleben, wenn das intellektuelle, das praktische und das emotionale Moment und mithin die intellektuell-kognitiven und die sinnlich-emotionalen Komponenten der Psyche in ein nicht-dominiertes, wechselseitiges Verhältnis treten. Eben diese Freiheit von Dominanzen kann sich einstellen, wenn sich das Erfahrungssubjekt auf die Erfahrung um ihrer selbst willen einlässt. In der rein ästhetischen Erfahrung, die wir ausschließlich um ihrer selbst willen schätzen, sind wir weder intellektuell auf eine Erkenntnis fokussiert, noch auf die Erfüllung eines konkreten Wunsches ausgerichtet, weshalb keine unserer psychischen Komponenten dominiert. Aber auch die alltägliche lebensweltliche Erfahrung erweist sich in dem Maße als integriert, in dem

»sie nicht von pragmatischen, zweckorientierten Erwägungen dominiert wird: Ein Schachspiel, eine Mahlzeit, das Schreiben eines Buches oder eine Konversation weisen in dem Maße distinkt ästhetische Merkmale auf, in dem es nicht um Sieg oder Niederlage, um die bloße Nahrungsaufnahme, um den Beweis einer These, um Informationsmitteilung oder um Überredung und Überzeugung geht, in dem Maße also, in dem es nicht um einen Zweck geht, der dem Handeln äußerlich ist.« (Früchtl 1996, S. 89)

In dieser Distanz von einem dem Handeln äußerlichen Zweck und mithin in der Nichtinstrumentalisierung der Erfahrung liegt ihr intrinsisches Element. Geht es uns beim Schreiben eines Buches oder in einer Konversation ausschließlich darum, das beste, überzeugendste Argument zu bringen, dann werden wir keine Erfahrung machen. Rein ästhetische Erfahrungen machen wir ausschließlich um ihrer selbst willen, aber auch die alltäglichen Erfahrungen, die wir im Zusammenhang zweckgeleiteter Tätigkeiten machen, müssen dieses intrinsische Element aufweisen, damit wir *überhaupt* von einer Erfahrung sprechen können. Genau in dieser Intrinsität der Erfahrung liegt der Genuss begründet, den wir empfinden, wenn wir die Erfahrung *auch* (die rein ästhetische Erfahrung ausschließlich) um ihrer selbst willen machen. Dass wir eine Erfahrung gemacht haben, können wir diesem Erfahrungsbegriff zufolge nur dann berechtigt sagen, wenn wir die Erfahrung *zumindest auch* um ihrer selbst willen geschätzt haben.

(c) Zum erfahrungsöffnenden Element der Erfahrung: Auch dieses Element erweist sich als mit den beiden vorangegangenen Elementen verbunden. Die mal eher intellektuellen, mal eher praktischen Erfahrungen haben jeweils einen benennbaren Zweck, etwa nämlich den Beweis einer mathematischen Formel, die Herstellung eines Möbelstückes oder was auch immer. Bei der ästhetischen Erfahrung im engen Sinne, also bei der rein ästhetischen Erfahrung, liegt der Zweck der Erfahrung ausschließlich in der Erfahrung selbst. Der ästhetischen Erfahrung geht es um die Erfahrung als Erfahrung. Rein oder vollendet ästhetisch können wir, wie Früchtl vorschlägt, eine Erfahrung mit Dewey dann nennen, wenn sie »erfahrbar macht, was eine Erfahrung (eines Gegenstandes oder Sachverhalts) überhaupt ist« (ebd., S. 91). Eben dazu ist sie als ganzheitlich-integrierte, nichtdominierte Erfahrung in der Lage. Sie ist so die integrierte (das Subjekt der Erfahrung betreffend) und integrierende (das Objekt der Erfahrung betreffend) Erfahrung eines Gegenstandes, eines Sachverhaltes oder einer Situation. Als rein ästhetische, ausschließlich intrinsische ist sie die Erfahrung einer »Situation in ihrer Ganzheit« (ebd., S. 91). In einer vollendet integrierten, nicht dominierten Erfahrung wird das Erfahrungssubjekt daher nicht bloß einzelne Momente einer Situation wahrnehmen. Beispielsweise wird seine Wahrnehmung während eines Kartenspiels nicht hauptsächlich auf den, sagen wir, übertriebenen Ehrgeiz eines Mitspielers fokussiert sein. Diese Integration beziehungsweise diese Freiheit der nicht-dominierten Erfahrung »ist die Bedingung dafür, eine Situation *als* Situation zu erfahren« (ebd., S. 91). Damit ist sie die Erfahrung einer Situation als eines besonderen, einmaligen Ganzen und eben durch ihre Besonderheit und Einmaligkeit zeigt die rein ästhetische, vollkommen intrinsische Erfahrung auf die Möglichkeit neuer, weiterer Erfahrungen. Da die rein ästhetische Erfahrung nicht wie die intellektuelle Erfahrung eine bestimmte Erkenntnis produziert, das Objekt der Erfahrung also nicht definieren kann, sondern es vielmehr ganzheitlich wahrnimmt, ist die rein ästhetische Erfahrung konstitutiv offen. Sofern alltagspraktische Erfahrungen das integrative und das intrinsische Element enthalten, öffnen auch sie uns, machen auch sie uns neugierig auf neue Erfahrungen. Sie sind zwar nicht konstitutiv offen, aber in dem Maße, in dem sich das Subjekt auf den Erfahrungsprozess um seiner selbst willen einlassen kann, und in dem Maße, in dem das Subjekt ganzheitlich erfährt, erhalten die alltäglichen, *auch* ästhetischen Erfahrungen diese öffnende Qualität.

    Inwiefern ließe sich also ein erster Zusammenhang zwischen der Selbstverwirklichung und den ästhetischen Elementen der (nicht rein ästhetischen) Erfahrung herstellen? Eine Arbeit, die wir verrichten, hat in dem Maße selbstverwirklichendes Potential, in dem wir sie nicht allein um des bezweckten Produktes willen ausführen, sondern auch um der mit dieser Arbeit verbundenen Tätigkeit selbst willen. Bei solchermaßen intrinsisch motivierten Tätigkeiten setzen wir uns selbst als Zweck dieser Tätigkeit ein. Wenn wir sie auch um ihrer selbst willen ausführen, dann geht es nicht allein um das Produkt dieser Tätigkeit, sondern um die Erfahrung, die wir bei dieser Tätigkeit machen. Und mit einem weiteren gedanklichen Schritt können wir sagen, dass es uns nicht allein um die Erfahrung selbst geht, sondern auch um uns selbst als genießendes Erfahrungssubjekt. Sei es, dass wir eine hauptsächlich intellektuelle Erfahrung machen, in der das Erkenntnisinteresse ein mathematischer Beweis ist, oder eine eher praktische, in der ein repariertes, funktionstüchtiges Fahrrad der Wunsch ist. In dem Maße, in dem es mir um das Drehen der Schräubchen und das Verlegen der Kabel selbst geht, geht es mir um meine eigene Erfahrung, die ich bei der Reparatur des Fahrrads mache, und letztlich um mich, als dem Subjekt dieser Erfahrung, selbst. Erfahrungen mit intrinsischem Charakter mache ich also auch um meiner selbst willen.

Der Mathematiker wird vermutlich das Gefühl der inneren Aufgeräumtheit und Klarheit seiner Gedanken von dem kognitiven Bewusstsein dieser gedanklichen Ordnung nicht scharf trennen können, sondern in einem Moment eher das eine und im unmittelbar nächsten Moment eher das andere stärker in sich wahrnehmen. Und der Bastler könnte seine Erfahrung vielleicht so schildern, dass die Freude über das allmähliche Verstehen der kniffeligen Mechanik einer Zehngangschaltung in Wechselwirkung mit dem sinnlichen Genuss des Schraubens an feinsten Zahnrädchen steht. Die Redewendung »wenn ich x tue, bin ich ganz ich selbst« kann mit Dewey wörtlich genommen werden: Ich erfahre mich selbst als *ganz*, weil meine intellektuell-kognitiven und sinnlich-emotionalen Komponenten nicht gegeneinander arbeiten, sondern sich vielmehr gegenseitig befördern und steigern. Erfahrungen um ihrer selbst willen sind psychologisch gekennzeichnet durch den Genuss, den wir in ihnen empfinden. Warum wir Erfahrungen mit intrinsischer Qualität schätzen und genießen, erklärt sich auch aus der Intensivierung und Steigerung unserer Erfahrung und, vermittelt, unserer Erfahrungsfähigkeit. Dass Dewey in diesem Zusammenhang von dem Gefühl der »Vitalität« (1988, S. 28) spricht, finde ich plausibel, wie auch, dass er beschädigte Erfahrungen mit Mattigkeit und Apathie, Zerstreuung und dem Verlust einer objektiven Basis in Verbindung bringt.

Als für neue Erfahrungen öffnend und so die Selbstverwirklichung befördernd könnte die Erfahrung des Mathematikers vielleicht insofern beschrieben werden, als die anfängliche Intuition für den späteren Beweis in der Zusammensicht vieler möglicher Ansätze überhaupt erst entstehen konnte. Und vermutlich wird er dieses anfängliche Sichten und das »Andenken« verschiedener Möglichkeiten um seiner selbst willen schätzen. Auch wenn sich am Ende nur eine dieser Möglichkeiten für die Beweisführung tatsächlich als Erfolg versprechend herausstellt, sind im Verlauf seiner Erfahrung wahrscheinlich neue Erkenntnisinteressen, neue Problemstellungen und Fragen entstanden. Dass Erfahrungen, die möglichst integrativ und intrinsisch sind, das Erfahrungssubjekt für neue Erfahrungen öffnen, Lust und Neugier auf weitere Erfahrungen mit sich bringen, kann Dewey mit seinem Erfahrungsbegriff überzeugend zeigen.

3.2 Selbstverwirklichung als Teilhabe an Welt

Die Deweysche Erfahrungstheorie, die zugleich eine Anthropologie ist, kann auch deshalb für den Versuch, eine schwache Teleologie der Selbstverwirklichung zu denken, herangezogen werden, weil sie selbst eine Teleologie beinhaltet, die aufgrund ihrer Nähe zum biologischen, evolutionstheoretischen Erklärungsmodell eine naturalistische Spielart teleologischen Denkens darstellt. Ein wichtiger Begriff in der Deweyschen Teleologie ist der des Gleichgewichts. Die Überwindung von Widerständen oder die Lösung von Problemen zielt auf die Wiederherstellung eines Gleichgewichts des Individuums mit seiner Umwelt. Auch die holistische, integrative Bestimmung der rein ästhetischen Erfahrung ist eine Ausformulierung des Gleichgewichtsgedankens, hier in Form eines inneren Gleichgewichts. Dieses innere Gleichgewicht kann dadurch beschrieben werden, dass weder das intellektuelle noch das praktische noch das emotionale Moment der Erfahrung über die anderen Momente dominiert. So bleiben die intellektuell-kognitiven und die sinnlich-emotionalen Komponenten weder unverbunden, noch sind sie einander widerständig, sondern wirken vielmehr sich wechselseitig befördernd zusammen.

Das teleologische Moment in Deweys Erfahrungstheorie liegt in der Ansicht begründet, dass Individuen sich nicht bloß an ihre sich im Wandel befindliche Umwelt anpassen, sondern die sich ihnen stellenden Widerstände auf schöpferische Weise überwinden. In der Erfahrung sind problemlösungsorientierte Subjekte kreativ, und zwar eben aufgrund des integrativen, des intrinsischen und des erfahrungsöffnenden Elementes, die zusammengenommen einer jeden Erfahrung inhärieren müssen, damit sie nicht stumpf, bloß repetitiv oder mechanisch, damit sie nicht apathisch oder matt wird. In diesen Prozessen von der Störung des Gleichgewichts von Individuum und Unwelt über die kreative Überwindung der Wider-

stände hin zur Erlangung eines neuen Gleichgewichts verortet Dewey »die
Wurzeln des Ästhetischen in der Erfahrung« (1988, S. 22).

Man kann in Deweys Reflexionen zum inneren Gleichgewicht des Individuums wie zum Gleichgewicht von Individuum und Umwelt eine Un-
terbewertung von Dissonanz und Widerspruch sehen, die bei der ethischen
Bestimmung zu einem wahrhaftig eigenen Leben eine wichtige Rolle spielen können. Nicht übersehen werden sollte allerdings, dass auch Dewey
dem Konflikt, der durchaus schmerzhaft sein kann, eine wichtige Bedeutung zumisst: »Obwohl Kampf und Konflikt schmerzhaft sind, mag man
sie als positiv bewerten, wenn man sie als Mittel erfährt, die eine Erfahrung
weiterentwickeln; als dazugehörig, weil sie die Erfahrung vorantreiben –
nicht, weil sie bloß da sind.« (ebd., S. 53) Vor allem darf sich der Mensch
im Sinne seiner Selbstverwirklichung nicht aus der Welt, also aus den potentiell innere und zwischenmenschliche Konflikte hervorbringenden Er-
fahrungswelten zurückziehen, um an einem einmal erlangten Zustand des
Gleichgewichts festzuhalten: »Jeder Versuch, das Gefühl der Freude, das
den Zustand der Erfüllung und der Harmonie begleitet, über seine gesetzte
Dauer hinaus auszudehnen, bedeutet einen *Rückzug aus der Welt* und damit
die Verringerung und den Verlust von Lebensenergie.« (ebd., S. 26, Hervorhebung d. Verf.)

Ohne direkt an die Deweysche, am biologischen Denkmodell orientierte Teleologie anschließen zu wollen, möchte ich im Folgenden gleichwohl mit Bezug auf seinen Erfahrungsbegriff dafür argumentieren, dass
Subjekte über Erfahrungen an Welt teilhaben. Deweys Erörterung zur
wechselseitigen Interaktion zwischen dem Menschen und seiner Umwelt
lassen durchaus Parallelen zum phänomenologischen Denken erkennen,
das auch für das Habermassche Lebensweltkonzept von Bedeutung ist.
Habermas versteht unter der Lebenswelt die kulturell eingespielten, tradier-
ten Vorverständnisse, mit Hilfe derer sich Subjekte beziehungsweise Sprecher und Hörer überhaupt über etwas in »der objektiven Welt (als der
Gesamtheit aller Entitäten, über die wahre Aussagen möglich sind)« (1995,
Bd. 1, S. 149), über etwas in »der sozialen Welt (als der Gesamtheit aller
legitim geregelten interpersonalen Beziehungen)« (ebd., S. 149) und über
etwas in »der subjektiven Welt (als der Gesamtheit der privilegiert zugäng-
lichen Erlebnisse des Sprechers)« (ebd., S. 149) verständigen können. Um
überhaupt die Wahrheit von Sachverhalten, die Richtigkeit von Normen
und die Authentizität beziehungsweise Wahrhaftigkeit subjektiver Expressionen problematisieren zu können, braucht es geteilter, noch nicht proble-

matisierter Hintergrundüberzeugungen. Deshalb zielt bei Habermas der Begriff der Welt im Sinne der drei Weltkonzepte auf einen historischen, nicht vom Subjekt unabhängigen, sondern vielmehr intersubjektiven Zusammenhang.

Erfahrungssubjekte können sich niemals vollständig aus der Welt zurückziehen, da die Lebenswelt den Hintergrund bildet, vor dem sie sich selbst überhaupt als Individuen mit einer eigenen Identität zugänglich werden. Gleichwohl halte ich es für plausibel, von je nach Subjekt unterschiedlich weiten und engen Ausschnitten aus der intersubjektiven Lebenswelt, von unterschiedlich großen Anteilen an diesem lebensweltlichen Wissensvorrat und damit von ungleichen Möglichkeiten zur Teilhabe an Verständigungsprozessen über Lebensweltausschnitte zu sprechen. Menschen haben unterschiedlich weite Erfahrungshorizonte. Teilhabenkönnen an Welt bedeutet daher auch die Möglichkeit zur Erweiterung des individuellen Horizontes lebensweltlicher Erfahrung. In Deweys Erfahrungstheorie wird dieser Aspekt der Teilhabe an Welt über Erfahrung mit Hilfe des Konzepts der Problembewältigung beziehungsweise der Widerstandsüberwindung des erfahrenden, handelnden Individuums hergestellt. Über die ästhetischen Elemente der alltagspraktischen Erfahrung wird die Teleologie der Selbstverwirklichung als Steigerung der Erfahrungs- und Handlungsfähigkeit von Individuen und mithin als eine Erweiterung der erfahrenen, erfahrbaren Welt verstehbar. An dieser Stelle liegt der begriffliche Übergang von der Erweiterung des lebensweltlichen Erfahrungshorizontes durch Teilhabe an weiteren Lebensweltausschnitten hin zur Teilhabe an soziologisch identifizierbaren Erfahrungsräumen nahe. Erst mit diesem Übergang wird ein zentraler Sinn des argumentativen Unternehmens, eine schwache Teleologie der Selbstverwirklichung über den Begriff der Erfahrung denken zu wollen, deutlich: Es geht nicht zuletzt um den partizipatorischen Aspekt der Teilhabe, der in dem Begriff der Teilhabegerechtigkeit aufgegriffen wird.

Deweys Überlegungen zur »schönen Zivilisation« (1988, S. 396) am Ende von *Kunst als Erfahrung* sind *seiner* am Erfahrungsbegriff entlang entwickelten Teleologie der Selbstverwirklichung geschuldet. Eine »schöne Zivilisation« würde nicht nur die Künste in die alltägliche Lebenswelt von allen Menschen bringen, es würden also nicht nur die rein ästhetischen Erfahrungen eine wichtige Rolle im privaten und öffentlichen Leben einnehmen. Dewey geht es insbesondere darum, dass alle Menschen, auch die Unterprivilegierten und sozial Schwachen einer Gesellschaft, teilhaben können an für die Selbstverwirklichung förderlichen alltagspraktischen, lebensweltlichen Erfahrungen. Diese sozialkritische Sicht führt Dewey in eine kritische Auseinandersetzung mit der gesellschaftlichen Organisation von Arbeit und steht natürlich auch im Zusammenhang mit seinen theoretischen Reflexionen zur Frage der Bildung (ebd., S. 377–403). Diesen Gedanken aufnehmend lässt sich fragen, welche soziologisch identifizierbaren beziehungsweise konkretisierbaren Erfahrungsräume wir benennen könnten, die in einem nächsten Schritt normativ daraufhin befragt werden können, ob und inwiefern sie für die Selbstverwirklichung und die ethische Bestimmung zu einem eigenen Leben förderlich oder abträglich sind.

Auch in diesem Zusammenhang der Teilhabe an förderlichen Erfahrungsräumen kann ein Aspekt teleologischen Denkens wiedererkannt werden. So geht es im klassischen teleologischen Denken immer auch um die Beschaffenheit eines größeren Ganzen, so etwa bei Aristoteles und Hegel: In diesen starken Formen der Teleologie wird von einer Bestimmung des Menschen ausgegangen, die in einem geordneten Ganzen – bei Aristoteles in der Polis und im Kosmos und bei Hegel im Staat und in der Geschichte – zur Entfaltung kommt. In diesem Sinne scheint es mir lohnenswert zu sein, auch darüber nachzudenken, ob im Rahmen einer schwachen Teleologie nicht nur von subjektimmanenten Gleichgewichten die Rede sein kann, sondern auch von Gleichgewichten – und der Numerus Plural ist hier betonenswert – im Verhältnis von Individuum und Gesellschaft sowie von Gesellschaften im Ganzen.[46]

Erfahrungen, selbst innere Erfahrungen, machen wir nur in der Welt. Auch die Selbsterfahrung kann als eine bestimmte Weise, Welt zu erfahren, vorgestellt werden. Hegels These, dass sich ein Selbst nur in der Welt Wirklichkeit geben kann, dass Selbstverwirklichung nur in der Welt möglich ist, nähere ich mich hier mit Dewey und vermittelt über den aus der phänomenologischen Tradition stammenden Begriff der Lebenswelt: Sich selbstverwirklichen bedeutet Erfahrungen in der Welt machen, die ästhetisch oder die auch ästhetisch, das heißt auch integrativ, intrinsisch und erfahrungsöffnend sind. Mich interessieren für mein Vorhaben der Entfaltung von »Authentizität« und »Öffentlichkeit« als Diagnose- und Kritikkonzepte wesentlich die lebensweltlichen, alltagspraktischen Erfahrungen, die auch durch die drei ästhetischen Elemente gekennzeichnet sind. Was Selbstverwirklichung als Verwirklichung in der Welt im Anschluss an De-

---

46 Diese Anregung, der ich im Rahmen der vorliegenden Arbeit nicht mehr nachgehen kann, erhielt ich von Ludwig Siep.

weys Erfahrungsbegriff bedeuten könnte, möchte ich im Folgenden in drei Dimensionen erörtern.

Die erste Dimension fasse ich unter den Begriff der *Bedeutsamkeit*. Dieser Begriff kann in Bezug auf Erfahrungen in zwei Hinsichten reflektiert werden. In der einen geht es um das Verstehen im Sinne des kognitiven Durchdringens eines Sachverhaltes sowie der symbolisch (in der Alltagssprache, in der Sprache der Philosophie, der Kunst, der Mathematik…) vermittelten Bedeutung. Bedeutsam sind Menschen (oder Lebewesen), Gegenstände, Sachverhalte und Situationen aber auch insofern für uns, als wir uns von ihnen berühren oder ansprechen lassen. Eine Situation ist subjektiv bedeutsam, weil sie »mit mir zu tun hat«, weil sie »mich etwas angeht«. Stellt sich in der Erfahrung dieses Gefühl der Bedeutsamkeit nicht ein, dann werden uns die Objekte unserer Erfahrung fremd und sind uns dann – streng genommen – auch nicht mehr erfahrbar.

Solche Fremdheits- oder Entfremdungsgefühle stellen sich vielleicht ein, wenn man irgendwann feststellt, dass man beinahe seine gesamte Lebenszeit mit dem Erwerben und Ausgeben von Geld, mit Arbeit und Konsum, verbringt. So mag die Erwerbsarbeit vielleicht kaum Potential für selbstverwirklichende Erfahrungen bieten. Und das immer häufigere Konsumieren immer teurerer Artikel hinterlässt manchmal das Gefühl der Leere, wenn nämlich der Zweck mehr die Befriedigung über den bloßen Besitz ist als beispielsweise die Erfahrung, interessiert die neusten technischen Entwicklungen der Fotografie zu verfolgen. Der Konsument mag sich manchmal seiner selbst fremd fühlen, wenn das »Shopping« als vorherrschende Freizeitbeschäftigung die geistigen Bedürfnisse nach Abwechslung und Anregung, nach neuen Ideen, geschweige denn nach tiefergehenden Deutungen der eigenen Situation kaum jemals stillen kann.

Konsum oder beruflicher Erfolg können einem sinnlos, leer und fremd erscheinen, wenn dieses Gefühl dafür, dass das, was ich dort mache, etwas »mit mir zu tun hat«, verloren geht, *wenn ich selbst nicht mehr als Zweck in diesen Tätigkeiten vorkomme*. Im Anschluss an Deweys Erfahrungsbegriff können wir diese Fremdheit oder auch Indifferenz so verstehen: Als Zweck in diesen Tätigkeiten nicht (mehr) vorkommen heißt zugleich, dass es nicht (mehr) um die Erfahrung, die ich bei dieser Tätigkeit mache, selbst geht. Wenn nicht nur rein ästhetische Erfahrungen als Erfahrungen der eigenen Erfahrung gesehen werden können, wenn also auch alltagspraktische Erfahrungen, sofern sie *auch* intrinsisch sind, die Wahrnehmung auf die eigene Erfahrung lenken, dann kann die beschriebene Fremdheit auf folgende Weise erläutert werden: Sofern ich nicht (mehr) als Zweck in meiner Erfahrung vorkomme, kann ich auch meine eigene Erfahrung und damit mich selbst als Subjekt der Erfahrung nicht mehr erfahren. Selbstentfremdung lässt sich daher als die Unfähigkeit begreifen, sich selbst zu erfahren. Aus diesem Zusammenhang von Erfahrung und Entfremdung lässt sich die Vermutung gewinnen, dass ich mich selbst nur dann als bedeutsam erfahren kann, dass ich also nur dann das Gefühl haben kann, mich selbst »etwas anzugehen«, wenn ich mir die Welt bedeutsam erschließen kann, wenn ich also andere Menschen, Gegenstände oder Situation als »mich angehend« erfahren kann.

Ungleich substantiellere sozialphilosophische Erläuterungen zum Entfremdungsbegriff hat kürzlich Rahel Jaeggi (2005) vorgelegt. Jaeggi bestimmt »Entfremdung als gestörte Welt- und Selbstaneignung« (ebd., S. 183). Selbstentfremdung wird verstehbar »als unzureichende *Macht* und fehlende *Präsenz* in dem, was man tut, [...] als mangelnde *Identifikation* mit dem eigenen Handeln und Wollen oder als fehlende Anteilnahme am eigenen Leben« (ebd., S. 187). Meine Überlegungen korrespondieren mit denen Jaeggis insofern, als der Gedanke des Entstehens von Bedeutsamkeit in (auch) intrinsischen Erfahrungen durchaus als gelingende Aneignung des eigenen Selbst über die Welt verstanden werden kann. Als Zweck in der eigenen Erfahrung vorkommen scheint mir eine Form der *Präsenz* in der eigenen Erfahrung zu sein, ebenso wie es als ein Mangel an *Präsenz* in der eigenen Erfahrung beschrieben werden kann, wenn das Subjekt nicht oder kaum als Zweck in der eigenen Erfahrung vorkommt. Auch für die Identifikation mit dem eigenen Handeln und Wollen spielen intrinsische Erfahrungen eine wichtige Rolle, was ich in Abschnitt 3.4 erläutern werde.

Die zweite Dimension der Selbstverwirklichung möchte ich unter dem Begriff der *Offenheit* ausleuchten. Selbstverwirklichung als Entfaltung in die Welt ist geradezu dadurch bestimmt, das eigene Selbst für neue Erfahrungen, neue Sicht- und Deutungsweisen und für andere Ausdrucksmöglichkeiten zu öffnen. Die rein ästhetische Erfahrung habe ich oben mit Dewey als konstitutiv offen und erfahrungsöffnend bestimmt. Auch alltagspraktische lebensweltliche Erfahrungen machen uns, sofern sie *auch* integrativ und intrinsisch sind, neugierig auf weitere Erfahrungen und öffnen uns für neue Sichtweisen, Lebensweisen und Lebensformen.

Offen für neue Erfahrungen zu sein kann Distanz zur eigenen Erfahrung erfordern. Wenn die Erfahrungsfähigkeit auch als Fähigkeit, die eigene Erfahrung und mithin sich selbst zu erfahren, verstanden werden kann, dann ermöglichen (auch) integrative, intrinsische Erfahrungen dem Subjekt diese Distanz, aus der heraus die Möglichkeit zur Reflexion über die eigenen Erfahrungs- und Wahrnehmungsmuster entsteht. Einen Gegenstand *auch* integrativ und intrinsisch erfahren bedeutet, dass das Subjekt seine Aufmerksamkeit (auch) darauf richtet, *wie* es diesen Gegenstand wahrnimmt: darauf, welche Gefühle sich mit welchen Sinneswahrnehmungen verbinden, darauf, wie es diese Gefühle deutet, die sich mit seinen Sinneswahrnehmungen einstellen, und darauf, welche Gefühle sich mit welchen Gedanken und Vorstellungen verknüpfen. Gerade in dieser Aufmerksamkeit auf die ineinandergreifenden Erfahrungsphasen kann ein nicht einseitig dominiertes Zusammenwirken der intellektuell-kognitiven und der emotional-sinnlichen Komponenten gelingen. Wenn sich das Erfahrungssubjekt auf das konzentriert, was es hört, wird das Hören nicht emotional überschwemmt, und wenn es sich auf seine Gefühle konzentriert, können diese nicht gleich in Worte und Aussagen gefasst werden. Erfahrungen lassen sich, darin bin ich Dewey gefolgt, generell durch die Nicht-Trennbarkeit des intellektuellen, praktischen und emotionalen Momentes beziehungsweise der intellektuell-kognitiven und emotional-sinnlichen Komponenten kennzeichnen. Die Möglichkeit zur Selbstreflexion wird durch die intrinsische Erfahrung eröffnet, wenn das Erfahrungssubjekt in seiner Aufmerksamkeit auf die eigene Erfahrung und mithin auf die einzelnen Phasen seiner Erfahrung einerseits bei sich selbst ist – jeweils vor allem zum Beispiel hörend, fühlend oder denkend – und zugleich in Distanz zu sich, nämlich zu den jeweiligen Phasen, auf die es gerade nicht seine Aufmerksamkeit richtet. Aus dieser Gleichzeitigkeit von Unmittelbarkeit und innerer Distanz in der Erfahrung ergibt sich die Möglichkeit der Reflexion, aus der heraus das Subjekt darüber nachdenken kann, wie sich diese Phasen in seiner Erfahrung verbinden. Beispielsweise könnte man zu der Erkenntnis kommen, dass man in ähnlichen Situationen und bei ähnlichen Gegenständen oder Charakteristiken immer zu ähnlichen Deutungen gelangt. So wird einem vielleicht bewusst, dass man den dunklen Hosenanzug der Bankangestellten mit Kompetenz und Seriosität assoziiert und das teure Auto des Nachbarn mit gesellschaftlichem Erfolg. Vielleicht erkennt man, dass man Menschen mit einem bestimmten Dialekt als irgendwie dumm und unterlegen wahrnimmt, oder einem wird klar, dass es immer wieder auf bestimmte Weise die gleichen Situationen sind, die verunsichernd oder beängstigend, belustigend oder lächerlich, herausfordernd oder belanglos auf einen wirken.

Diese philosophische Sicht auf Erfahrungen, dass sie immer auch schon implizite und artikulierbare Urteile enthalten, haben wir bereits bei Charles Taylor kennen gelernt. Aus einer soziologischen, sozialwissenschaftlichen Perspektive können wir – ganz im Sinne Taylors – diese Sicht mit Thesen Pierre Bourdieus ergänzen (siehe zu Taylors eigenem Verweis auf Bourdieu Abschnitt 2.5). Bourdieu plädiert für eine »soziologisch begründete Phänomenologie der Primärerfahrung« (Bourdieu/Wacquant 1996, S. 161). Mit dem Ausdruck der Doxa als Erfahrung beziehungsweise der doxischen Erfahrung erfasst Bourdieu einen Zusammenhang zwischen der lebensweltlichen Erfahrung und dem sozialen Milieu oder der gesellschaftlichen Schicht des Erfahrungssubjekts. Die in der Erfahrung enthaltene Deutung der Welt hängt demnach immer schon von sozialisatorischen Faktoren beziehungsweise vom Habitus des erfahrenden Subjekts ab.[47] Bourdieu zufolge ist die Primärerfahrung konformistisch und affirmativ, da in ihr die Wahrnehmungs- und Deutungsmuster reproduziert und aktualisiert werden, die das Subjekt aufgrund seiner sozialen Herkunft verinnerlicht hat. So können dem einen Individuum die sozialen, kulturellen und ökonomischen Grenzen eines bescheidenen, kleinbürgerlichen Lebens als natürlich vorkommen. Darüber hinaus wird es diese Grenzen möglicherweise affirmativ als eben das eigene Leben bestimmend, als das eigene Leben begreifbar machend anerkennen. Ein Mitglied der Oberschicht würde dagegen diese Grenzen vermutlich als ganz und gar unzumutbar ablehnen.

Auch mit Rekurs auf Bourdieus Begriff der doxischen Erfahrung kann die erfahrungsöffnende Qualität integrativer, intrinsischer Erfahrungen über das Moment der Distanz zur eigenen Erfahrung als ein definierendes Moment der schwachen Teleologie der Selbstverwirklichung angesehen werden. Diese Teleologie kann zwar zumindest in einem direkten Sinne keine Argumente dafür bereitstellen, dass es empfehlenswert sei, die Selbsteinschränkungen eines, sagen wir, kleinbürgerlichen Habitus zu überwinden. Sie enthält aber die grundlegende Idee, dass Selbstverwirklichung in der Erweiterung des eigenen Erfahrungshorizontes besteht, so dass in-

---

47 Siehe hierzu Bourdieu: »Es gibt keine umfassendere und vollständigere Bejahung der bestehenden Ordnung als jenes infrapolitische Verhältnis der doxischen Selbstverständlichkeit, aus der heraus Existenzbedingungen als natürlich angesehen werden, die für jemanden, der in anderen Verhältnissen sozialisiert wurde und sie daher nicht über die aus dieser Welt selbst stammenden Wahrnehmungskategorien erfaßt, empörend wären.« (Bourdieu/Wacquant 1996, S. 104–105)

nere und äußere Behinderungen dieser Erweiterung zumindest prima facie zu problematisieren sind. Diesen am Bourdieusschen Doxabegriff gewonnenen Gedanken, den ich hier mehr eingeworfen als entwickelt habe, führe ich im dritten Kapitel in dem Abschnitt 4.6 über Vernachlässigung, Verkümmerung und Erfahrungsarmut aus.

Für Bourdieu reicht zu Recht die durch die intrinsische Erfahrung mögliche, die Reflexion über die eigenen Erfahrungs- und Wahrnehmungsmuster ermöglichende Distanz für die Aufklärung über die eigene Doxa nicht aus. Hierfür braucht das Subjekt Wissen darüber, wie sich ausdifferenzierte, hierarchische Gesellschaften beziehungsweise wie sich die einzelnen Gesellschaftsschichten jeweils reproduzieren. Unabhängig von der Frage, ob dieses Wissen wissenschaftlich sein muss (gerade Romane und Filme können die verborgenen Prozesse der gesellschaftlichen Reproduktion eindringlich zur Darstellung bringen), lässt sich aus der Perspektive des einzelnen Individuums aber sagen, dass es die Selbstaufklärung über die eigene Doxa nicht erlangen wird, wenn es nicht sensibel auf seine eigene Erfahrung reflektieren kann. Wenn es nicht nur allgemeine, wissenschaftliche Thesen auf sich anwenden, sondern die Besonderheit der eigenen Erfahrung verstehen will, ist es auf (auch) integrative, intrinsische Erfahrungen als Erfahrungen der eigenen Erfahrung angewiesen. Und dies scheint mir nicht nur in Bezug auf die bourdieusche Thematik der sozialpsychologischen Analyse der internen Undurchlässigkeit der Gesellschaft zu gelten, sondern beispielsweise auch für Fälle zwanghaft verinnerlichter Normen, für das Subjekt beherrschenden Groll oder für Ängste, die nicht entscheidend oder überhaupt nicht auf der von Bourdieu vorgegebenen gesellschaftskritischen Folie abzubilden sind. In diesem grundlegenden Sinne der Selbstreflexion ermöglichenden Distanz zur eigenen Erfahrung sind alltagspraktische Erfahrungen mit ästhetischer Qualität von Bedeutung für die Überwindung der inneren Hindernisse der Selbstverwirklichung, auf die auch Taylor in seinem Verständnis der Authentizität als innerer Freiheit zielt.

Taylor diskutiert diese inneren Hindernisse im Kontext seiner Überlegungen zum Begriff der Freiheit als Verwirklichungskonzept: Die Freiheit des Individuums besteht nicht nur in der Abwesenheit von äußeren Hindernissen oder Eingriffen wie etwa staatlichen Eingriffen in die Privatsphäre des Individuums. Für die subjektive Freiheit sind auch innere Hindernisse relevant: irrationale Ängste, Furcht, zwanghaft internalisierte Normen, sogar übermäßig ausgeprägte Komfortbedürfnisse und, wie ich hervorheben möchte, die Unfähigkeit, sein eigenes Entfaltungspotential wahrzunehmen (Taylor [3]1999b, S. 121, 125, 134). Ich verwirkliche mich nicht, wenn Furcht, Angst oder Groll mich hindert, mich auf Erfahrungen einzulassen, wenn ich nicht offen für Neues bin, weil ich zwanghaft, borniert, übermäßig ängstlich oder aber träge an der mir überschaubaren und anscheinend oder scheinbar kontrollierbaren Welt festhalte.[48] Ich verwirkliche mich aber auch nicht, wenn ich gar keine Ideen für mein Leben entwickeln kann, wenn ich kein Gespür dafür habe, was »in mir stecken könnte«. Die Distanz zum eigenen Selbst in der Erfahrung der eigenen Erfahrung ist daher auch im Hinblick auf die Erkenntnis eines zwanghaften, zu starken Willen relevant.[49] Ängste und innere Zwänge können der Grund sein, dass Individuen keine Ideen für ihre Selbstentfaltung entwickeln können. Offen für Neues zu sein ist untrennbar mit der Fähigkeit, bereichernde Erfahrungen machen zu können, verbunden – in der *Bereicherung* sehe ich die dritte Dimension der Selbstverwirklichung. Inwiefern sind neue Erfahrungen aber bereichernd? Oder anders gefragt: Wann macht es Sinn, überhaupt von einer neuen Erfahrung zu sprechen? Die schlichte Unterscheidbarkeit eines Erlebnisses von einem anderen, das natürlich irgendwie anders und nicht genau gleich ist, kann keine sinnvolle Antwort auf diese Frage sein.

Für die Erörterung dieser Dimension der *Bereicherung* scheint mir besonders ein Aspekt aus Deweys Erfahrungstheorie erhellend zu sein: der der Überwindung eines Widerstandes beziehungsweise der Lösung eines Problems in der Erfahrung. Solche Erlebnisse, in denen Subjekte bloß ihre bekannten Deutungsschemata reproduzieren, oder solche, die mit stump-

---

48 Siep stellt im Rahmen seiner holistischen Ethik (2004) Überlegungen dazu an, wie ein »vernünftiger Mensch« vorzustellen wäre und kommt zu ähnlichen Ergebnissen wie Taylor: »Vernünftig ist die sachangemessene Öffnung und Überwindung der Tendenz zum borniert Selbstbezogenen auf allen psychischen Ebenen.« Und weiter: »Dass Vernunft nicht abtrennbar ist von den übrigen menschlichen Vermögen, zeigt sich auch an derjenigen Fähigkeit, die vielfach allein auf die Vernunft zurückgeführt wird: die Freiheit als Autonomie des Willens. Sie setzt eine Abwesenheit von emotionalen Fixierungen und anderen psychischen Zwängen voraus, die nicht einfach in richtigem Denken und vernünftigen Entschlüssen besteht – erst recht nicht durch sie allein erreichbar ist. Sie setzt emotional Zustände der Offenheit, der Balance und Beweglichkeit, der Empathie etc. ebenso voraus wie einen weiten Horizont, ruhiges Überlegen und die Fähigkeit, seine Überlegungen handlungswirksam werden zu lassen. Alles das ist Folge einer ›Gemütsbildung‹, die durch Erfahrungen, Nachahmungen, Übungen, Therapien etc. erreicht wird – und natürlich soziale und körperliche Bedingungen hat.« (ebd., S. 178)
49 Die Anregung zu diesem Gedanken erhielt ich von Ruth Sonderegger.

fen, immer gleichen Tätigkeiten verbunden sind, nennt Dewey »mechanische Erfahrungen«, die im strengen Sinne keine Erfahrungen sind (Dewey 1988, S. 319). Für die Lösung eines Problems muss sich das Subjekt irgendwie verändern. Und auch solche Wahrnehmungen, in denen das Subjekt bloß auf Reize reagiert, seine Wahrnehmungen aber nicht intellektuell durchdringt, oder solche Wahrnehmungen, die einseitig gefühlsüberladen oder für das Subjekt völlig zerstreut und unzusammenhängend bleiben, können mit Dewey nicht als bereichernd angesehen werden.

Welche Erfahrungen bereichernd sind und welche nicht, kann nicht objektiv am Gegenstand der Erfahrung festgemacht werden, etwa indem man auf Unterscheidungen wie Populärkultur und Hochkultur zurückgreift. Ob ein Dreigroschenroman bereichernd ist, hängt wesentlich von dem Erfahrungsschatz des Subjekts ab, das diesen Roman liest. Hat jemand beispielsweise überhaupt keine Lektüreerfahrung, so kann er beim Lesen eines solchen Romans die bereichernde Erfahrung machen, sich aufgrund einer literarischen Vorlage eine fiktive Welt vorzustellen, aus einzelnen, im Roman verstreuten Beschreibungen den Charakter einer Figur zusammenzudenken, oder das bereits Gelesene so zu memorieren, dass es sich mit dem Auslesen des Romans zu einer Geschichte zusammensetzt. Alles dies kann als Überwindung eines Widerstandes beschrieben werden. Liest man aber niemals andere als solche klischeehaften Liebesromane, so wird aus der bereichernden Leseerfahrung irgendwann ein stumpfes Erleben, wahrscheinlich voller Sentimentalität. Bereichernd konnte das anfängliche Lesen noch sein, weil beispielsweise das allmähliche Erschließen des Charakters einer Romanfigur neugierig macht und die Phantasie anregt: Es ist nicht von Anfang an klar, wie sich der Protagonist entscheiden oder wie er das Problem lösen wird, vieles ist vorstellbar. Aber ab vielleicht dem fünften oder zehnten Roman wird dieses Phantasieren vermutlich nachlassen und irgendwann geht es dann hauptsächlich um die Erfüllung von Erwartungen. Genau dann aber, wenn es dem Leser hauptsächlich um die Bestätigung seiner Erwartung geht, liest er den Roman nicht mehr um der Erfahrung des Romanlesens selbst willen. Der hauptsächliche Zweck des »Schmökerns« ist dann nicht mehr die Erfahrung der Leseerfahrung – zu erfahren, was es bedeuten kann, einen Roman zu lesen –, sondern die instrumentelle Herstellung oder Hervorrufung bestimmter, bereits im Voraus in der Erwartung feststehender psychischer Zustände. Dieser Konsum ist nicht bereichernd.

In dieser Weise lässt sich auch das Gefühl der Leere verstehen, das manch einer nach ausgedehntem »Shopping« verspüren mag. Der Konsum soll die vorher bereits feststehende Erwartung der Befriedigung erfüllen, ein psychischer Zustand, der dann aber vermutlich nicht lange anhält und durch weiteren Konsum wiederhergestellt werden muss. Anhaltend und tief empfunden kann die Befriedigung aber sein, wenn sie aus einer Erfahrung hervorgeht, in der das Erfahrungssubjekt Widerstände überwindet, was durchaus mit einem gehörigen Maß an Anstrengung einhergehen kann. In dieser mal mehr, mal weniger kreativen Überwindung von Widerständen oder Lösung von Problemen kann sich das Subjekt neue Weltausschnitte *bedeutsam eröffnen*. Auf diese Weise macht es *bereichernde* Erfahrungen, in denen etwas entsteht: Erfahrungen, aus denen neue Fähigkeiten, Sichtweisen, Ziele, Ideen und Träume erwachsen.

Welchen Sinn die Rede von der Teilhabe an Welt in Erfahrungen haben könnte, kann vor dem Hintergrund der drei Dimensionen der Selbstverwirklichung in etwa folgendermaßen zusammengefasst werden: In der Erfahrung wird dem Subjekt die Welt, wird das Subjekt sich selbst bedeutsam. Es steht der Welt und sich selbst nicht fremd und indifferent gegenüber und ist in seinen Erfahrungen präsent. Dieses Moment der Zugänglichkeit zur Welt und zum Selbst ist in dem insgesamt reicheren Begriff der Lebenswelt enthalten. Wenn sich Subjekte überhaupt nur vor dem Hintergrund dieses gemeinsamen Wissensvorrates beziehungsweise dieser geteilten Überzeugungen der Authentizität ihrer subjektiven Expressionen vergewissern können, dann geht es um eine qualitativ bestimmte Selbstbeziehung, die aber die grundlegende Zugänglichkeit zum Selbst über die Welt einschließt.

Die erfahrungsöffnende Qualität von (auch) ganzheitlichen, intrinsischen Erfahrungen regt Subjekte dazu an, ihren jeweiligen Erfahrungshorizont zu erweitern. Es macht sie neugierig auf neue Deutungsmuster und Ausdrucksweisen, auf Lebensweisen und Lebensformen. Das Subjekt kann sich seines Entfaltungspotentials bewusst werden und sich mit Phantasie in die Zukunft entwerfen. Die Distanz zur eigenen Erfahrung, die durch Erfahrungen mit dem ganzheitlichen und intrinsischen Element entstehen kann, ermöglicht die Reflexion der eigenen Erfahrungs- und Wahrnehmungsmuster. Die so mögliche Selbstaufklärung über die eigene Erfahrung kann eine wichtige Rolle bei der Überwindung innerer Hindernisse und mithin bei der Erweiterung des subjektiven Erfahrungshorizontes spielen. Können die inneren Hindernisse der Freiheit nicht überwunden werden, wird die erfahrene und erfahrbare Welt möglicherweise – wie die Alltagssprache zu formulieren weiß – »klein« und »eng«, sie zieht sich gleichsam zusammen.

Erfahrungen mit den drei ästhetischen Elementen (Ganzheitlichkeit, Intrinsität und Erfahrungsöffnung) sind bereichernd, sofern in ihnen auf kreative Weise Widerstände überwunden oder Probleme gelöst werden. In bereichernden Erfahrungen werden Erfahrungssubjekte reich an Erfahrungen und, wenn man so will, reich an Welt. Als produktiv für die Sozialdiagnose und Gesellschaftskritik erachte ich die schwache Teleologie der Selbstverwirklichung, die ich hier über den partizipatorischen Aspekt der Teilhabe an Welt in ersten Schritten angedacht habe, insofern, als soziale Entwicklungen im Hinblick auf den potentiellen Ausschluss von Welt kritisch hinterfragt werden können. Solcher Ausschluss kann so zum einen als Exklusion aus soziologisch identifizierbaren Erfahrungsräumen beschrieben werden. Zum anderen können soziale Entwicklungen diagnostisch daraufhin in den Blick genommen werden, ob sie die Erfahrungsfähigkeit von Subjekten beschädigen und auf diesem indirekten Weg Ausschluss bewirken. In diesem Sinne ließe sich von Sozialpathologien der Erfahrungsarmut und der beschädigten Erfahrungsfähigkeit sprechen.

3.3 Authentizität als innere Freiheit

In diesem Anschnitt möchte ich im Kontext einer Erörterung des Begriffs der inneren Freiheit den Zusammenhang zwischen den beiden Authentizitätsbegriffen »Selbstübereinstimmung« und »Selbsterweiterung« sowie der schwachen Teleologie der Selbstverwirklichung herstellen. Selbstübereinstimmung und Selbsterweiterung sollen als miteinander verbundene Formen von Selbstverwirklichung verstehbar werden.

»Ethische Autonomie«, »Authentizität«, »Selbstbestimmung«, »Selbstübereinstimmung«, »Selbsterweiterung« und »Selbstverwirklichung« sind begriffliche Interpretationen dessen, was es bedeutet, frei zu sein. Wie man den Begriff »Freiheit« genau fasst, ist sicherlich eine der umstrittensten und meist debattierten Fragen in der Philosophie überhaupt. Ein zentraler Streitpunkt dieser Debatte ist dabei die Positiv-Negativ-Unterscheidung, wobei die Diskussion positiver und negativer Freiheitskonzeptionen als Thema vor allem der politischen Philosophie angesehen werden muss. Als wichtige Stimme in dieser Diskussion ist die Isaiah Berlins zu nennen, der in seinem die Debatte maßgeblich prägenden Aufsatz »Zwei Freiheits-begriffe« (2006) mit beiden Freiheitskonzeptionen unterschiedliche politi-sche Modelle verbunden hat. Wollen negative Konzeptionen, in deren Tra-dition sich Berlin selbst verortet, den Bereich ausleuchten, in denen Sub-jekte frei von Einmischung sein sollen, geht es positiven Konzeptionen um die Frage, wer oder was Herrschaft ausüben soll (siehe auch Taylor ^{3}1999b, S. 121). Es gibt aber noch mindestens eine weitere, von Berlins zu differen-zierende Sichtweise der Positiv-Negativ-Unterscheidung, die ebenfalls ge-bräuchlich ist. Dieser Sichtweise zufolge zielt der Begriff der negativen Freiheit auf die negativen Freiheitsrechte in einem Rechtsstaat ab, wohin-gegen der Begriff der positiven Freiheit durch verschiedene, substantiellere Deutungen, was es bedeute, ein freier Mensch zu sein, definiert werden kann – so etwa durch die Idee des zweckrationalen Nutzenoptimierers (»homo oeconomicus«), durch das romantische Ideal der originellen Selbst-erfindung oder durch die neoaristotelische Idee des politischen Lebens. Aus der Diskussion von »ethischer Autonomie« beziehungsweise »Authen-tizität« in Kapitel 2. geht hervor, dass »Authentizität« dieser letzteren Un-terscheidung von negativer und positiver Freiheit vorausgehen muss, da sich eine Person sowohl wahrhaftig für ein zweckrationales, nutzenorien-tiertes Leben, als auch für eines der romantischen Selbsterfindung oder für ein politisches Leben entscheiden kann (Rössler 2001, S. 152–153, beson-ders Fußn. 11).[50] Wenn wir den mit dem Begriff der Erfahrung erläuterten Begriff der Selbstverwirklichung in diese letztere Unterscheidung von negativer und positiver Freiheit einordnen, könnten wir ihn vielleicht als ein Konzept der positiven Freiheit verstehen, da mit der These, dass Selbstverwirklichung ganzheitlicher, intrinsischer und erfahrungsöffnender Erfahrungen bedarf, eine möglicherweise als substantiell zu bezeichnende Deutung der menschlichen Freiheit vorliegt. Aber auch die begriffliche Unterscheidung von substantiellen und formalen Deutungsansätzen ist al-les andere als einfach: *Formal* bleibt die hier diskutierte schwache Teleo-logie darin, dass sie wohl die formale, nämlich ästhetische Qualität von ins-besondere alltagspraktischen, lebensweltlichen Erfahrungen als Ermögli-chungsbedingung von Selbstverwirklichung betrachtet, sich aber nicht nor-mativ über die Objekte der Erfahrung äußert und so etwa die (bildungs-

---

50 Wie in Abschnitt 2.6 bereits deutlich wurde, kritisiert Rössler die Bezeichnung der autonomen, authentischen Selbstbestimmung als »ethische Autonomie« und argumen-tiert dafür, von »personaler« anstatt von »ethischer Autonomie« zu sprechen.

bürgerliche) Vorstellung verträte, jedes Individuum müsse so und so häufig ins Theater oder Museum gehen. Eine solche Einordnung der Selbstverwirklichung unter diesen Begriff der positiven Freiheit (der durch eine bestimmte, substantielle Deutung der Freiheit definiert ist) wird aber auch insofern schief, als Selbstverwirklichung im Sinne der schwachen Teleologie eine Ermöglichungsbedingung dafür darstellt, dass Menschen überhaupt mit guten Gründen zwischen Lebensformen wählen können und sich für eine Lebensform, die dann durch eine bestimmte substantielle Deutung der positiven Freiheit beschrieben werden könnte, autonom entscheiden können.[51] So gesehen liegt auch der Begriff der Selbstverwirklichung der genannten Unterscheidung von negativer und positiver Freiheit voraus.

Da die begriffliche oder konzeptuelle Klärung von negativer und positiver Freiheit nicht ein Ziel meiner Arbeit darstellt, werde ich es mir im Folgenden ein wenig leichter machen, indem ich nicht zwischen verschiedenen Konzeptionen der Freiheit – etwa im Rahmen der politischen Philosophie – unterscheide, sondern in Bezug auf den Begriff der Freiheit einfach zwischen der *Freiheit von etwas* und der *Freiheit zu etwas* differenziere. Mit dieser Binnendifferenzierung möchte ich nicht auf unterschiedliche Phänomene in der Welt eingehen, sondern ich möchte dieselben Phänomene in unterschiedlicher Perspektive beschreiben. So kann ich die Freiheit *von* inneren, psychischen Hindernissen wie Ängsten und Zwängen und die Freiheit *zur* phantasievollen Erfindung des eigenen Selbst als *ein* Phänomen ansehen, das nur begrifflich-analytisch unterschiedlich beschrieben wird.

Wie bereits angedeutet, trifft die über den Erfahrungsbegriff gedeutete schwache Teleologie der Selbstverwirklichung mit Erläuterungen der Selbstverwirklichung von Taylor zusammen, in denen dieser Selbstverwirklichung beziehungsweise Authentizität als innere Freiheit begreift. In »Der Irrtum der negativen Freiheit« stellt Taylor Überlegungen zu einem Konzept der positiven Freiheit als Verwirklichungskonzept an, denen zufolge die (ganze) Freiheit des Subjekts nicht bloß in der Abwesenheit von äußeren Hindernissen betrachtet werden darf. Freiheit als Verwirklichungskonzept beinhaltet auch die Freiheit von Furcht und Ängsten, von

---

51 Vermutlich sind die meisten Menschen in spätkapitalistischen Gesellschaften sowohl (mehr oder weniger) zweckrationale Nutzenoptimierer als auch (mehr oder weniger) originelle Selbsterfinder. Weniger verbreitet scheint mir dagegen das neoaristotelische, republikanische Ideal des politischen Lebens zu sein.

zwanghaft internalisierten Normen und inneren Zwängen, von übermä-
ßiger Bequemlichkeit oder Komfortbedarf. Sie besteht in der Freiheit von
Illusionen über das eigene Selbst, von verzerrter Selbstwahrnehmung,
Selbsttäuschung und falschem Bewusstsein (wobei Taylor hier nicht
explizit die Marxsche Begriffsbildung aufgreift und daher nicht ganz klar
ist, was er alles unter diesen ideologiekritischen Begriff fasst). Innere
Freiheit bedeutet für Taylor die Freiheit zur Entfaltung des eigenen
Potentials. Sie umfasst die Freiheit zur expressiven Selbstartikulation und
zur Selbsterschaffung (Taylor [3]1999b, besonders S. 120–125, 134). Damit
sind in Taylors Ausführungen zur inneren Freiheit sowohl die beiden
Authentizitätsbegriffe, nämlich »Selbstübereinstimmung« und »Selbsterweiterung«, als auch der Selbstverwirklichungsbegriff, den ich im Sinne
einer schwachen Teleologie im Anschluss an Taylor und Dewey zu deuten
versuche, enthalten. »Selbstübereinstimmung«, »Selbsterweiterung« und
»Selbstverwirklichung« sind begriffliche Interpretationen der inneren Freiheit.

Bei der Authentizität als Selbstübereinstimmung liegt die innere Freiheit darin, dass ein Individuum *wahrhaftig* für sich zu beantworten vermag,
wer es ist und wie es leben will. Im ersten Kapitel hatte ich mich bei der
Erörterung und Diskussion dieses Authentizitätsbegriffs im Sinne der
Echtheit beziehungsweise der *Selbstübereinstimmung* in einem *Essentialismuskonzept* mit der philosophischen Frage befasst, wie ein Subjekt wissen
beziehungsweise wie es begründen kann, dass seine Wünsche, Ziele, Ideale
und Werte *wahrhaftig* seine eigenen sind (siehe zum Folgenden die Abschnitte 2.3, 2.4, 2.5, 2.6). Von Robert Noggle hatte ich mir ein Raster
vorgeben lassen, anhand dessen die Ansätze in der neueren analytischen
Philosophie zur Beantwortung dieser Frage dreier Schemata zugeordnet
werden können. Mit Noggle können diese Ansätze entweder dem
»structural condition schema«, dem »historical condition schema« oder
dem »substantive condition schema« subsumiert werden. Zufolge der Unterscheidung dieser drei Schemata wird auf je verschiedene Weise bestimmt, was ein psychisches Element (oder ein Set von Elementen) einer
Person authentisch macht. Gemäß der strukturellen Bedingung muss dieses Element (müssen diese Elemente), etwa ein Wunsch, in einer *richtigen
Beziehung zu einem anderen Element* (anderen Elementen), einem weiteren
Wunsch, derselben Person stehen. Diese Bedingung habe ich anhand von
Harry Frankfurts Erörterungen zum hierarchischen Wunschmodell diskutiert. Gemäß der historischen Bedingung muss das in Frage stehende psy-

chische Element *auf die richtige Weise entstanden sein,* damit es als authentisch angesehen werden kann. Hier habe ich mich mit John Christmans Konzept der »Historical Autonomy« auseinandergesetzt, demzufolge ein Subjekt auch die Geschichte beziehungsweise die Genese eines Wunsches, eines Ziels oder eines Ideals – wie und aufgrund welcher Einflüsse dieser Wunsch (dieses Ziel oder Ideal) überhaupt in ihm entstehen konnte – akzeptieren können muss, damit es diesen Wunsch (dieses Ziel oder Ideal) als ihm eigen verstehen kann. Gemäß der substantiellen Bedingung muss nun dieses psychische Element der Person daraufhin befragt werden, ob es auch über diese Person hinaus wertvoll ist oder gerechtfertigt werden kann. Dieser Bedingung zufolge würde die Authentizität etwa einer Wertorientierung einer Person davon abhängen, ob sich die Person an einem sie selbst transzendierenden, objektiven Wert orientiert. Diese dritte Bedingung habe ich anhand von Taylors Güterethik erörtert.

An Frankfurts Vorschlägen habe ich auf der Basis aktueller Forschungsliteratur kritisiert, dass sie auf die philosophische Frage nach der Begründung der Wahrhaftigkeit beziehungsweise Authentizität von Wünschen, Zielen, Idealen und Werten letztlich keine vollständig überzeugende Antwort geben. Frankfurts Analysen weisen die Rationalität der evaluativen Selbstverständigung von Subjekten letztlich nicht hinreichend aus. Dieser gewisse Irrationalismus kommt bereits in dem frühen hierarchischen Wunschmodell in der Problematik des infiniten Regresses der Wunschstufen zum Vorschein und wird durch seine weiteren Überlegungen jüngeren Datums auch nicht zufriedenstellend behoben. An Taylors Vorschlag habe ich kritisiert, dass er die Hürde für Authentizität zu hoch ansetzt, wenn er die subjektive Wahrhaftigkeit von praktischen Orientierungen an das Subjekt transzendierende Güter bindet, deren Realität darüber hinaus auf problematische Weise begründet wird. Wird bei Frankfurt die Rationalität der subjektiven Evaluationen nicht plausibel ausgewiesen, so darf umgekehrt kein zu starker Rationalitätsbegriff angesetzt werden, wie es, auch Noggle zufolge, gemäß substantiellen Bedingungen leicht geschehen kann. Zu stark ist der Rationalitätsbegriff, wenn die Entscheidung, die eine Person etwa in der Frage ihrer Berufswahl trifft, nur dann als gut begründet gilt, wenn sie auch für alle anderen Personen eine gute Entscheidung sein würde. Ob bestimmte Wünsche, Lebensziele, Wertorientierungen als authentische praktische Orientierungen betrachtet werden können, hängt nicht davon ab, ob diese spezifischen, individuellen Wünsche, Ziele und Orientierungen für alle Menschen gut begründbar sind, sondern davon, ob eben diese eine Person, um deren Authentizität es geht, gute Gründe hat, diese Wünsche, Ziele und Orientierungen als ihre wahrhaftig eigenen zu begreifen. Gleichwohl sind Gründe in der Weise öffentlich beziehungsweise rational, dass sie, je nach Geltungstheorie, intersubjektiv oder objektiv einsehbar sein müssen. Zu zeigen ist also, wie eine Person in Bezug auf ihre eigene, individuelle Identität, also in diesem Sinne subjektimmanent, rational und also intersubjektiv oder objektiv einsehbar begründen kann, dass ihre Wünsche, Ziele, Ideale und Werte ihre wahrhaftig eigenen sind.

In der Diskussion dieser Begründungsproblematik habe ich mich schließlich auf einen diskurstheoretischen Ansatz zur Explizierung der ethischen Autonomie beziehungsweise Authentizität von Joel Anderson bezogen. In der Diskussion von Taylors Überlegungen zu starken Wertungen arbeitet Anderson drei Kritikformen heraus, die er als entscheidend für die intersubjektive Kritik der Evaluationen des Subjekts ansetzt: »die klärende Kritik (auf der Grundlage von Kohärenz), die genetische Kritik (auf der Grundlage auszuschließender Manipulation) und die erschließende oder ästhetische Kritik (auf der Grundlage des augenöffnenden Charakters der Artikulation)« (Anderson 1994, S. 117). So kann vor dem Hintergrund einer kritischen Auseinandersetzung mit Taylors Erläuterungen aus der »Kartierung‹ (mapping) der verschiedenen Werte, Verpflichtungen, Ziele etc. einer Person, [sic] zu einem kohärenten Ganzen« die klärende Kritik, aus der »Situierung eines Selbst innerhalb einer narrativ konstruierten Lebensgeschichte« die genetische Kritik und aus der »Artikulation der Vorstellung des Guten einer Person« die erschließende beziehungsweise ästhetische Kritik gewonnen werden (ebd., S. 107). Ethisch autonome Personen müssen also prinzipiell offen für die intersubjektive Kritik hinsichtlich (a) der immanenten Kohärenz ihrer Wünsche, Ziele, Ideale und Werte sowie hinsichtlich (b) möglicher, auszuschließender Manipulationen ihrer praktischen Identität sein. Darüber hinaus sollten sie sich (c) jedenfalls nicht prinzipiell neuen Sichtweisen und Interpretationen in den Fragen nach dem guten Leben versperren.

Im Anschluss an Andersons Ausführungen kann sich ein Individuum, das in seiner evaluativen Selbstverständigung die eigenen praktischen Orientierungen auf Authentizität hin thematisiert, danach fragen, ob diese Orientierungen untereinander kohärent sind, ob die eigene Lebensgeschichte Hinweise auf Manipulationen enthält und, wie ich im Anschluss an Christman ergänzen möchte, ob es die Geschichte der in Frage stehenden Orientierungen vor dem Hintergrund seines mehr oder weniger kohärenten Komplexes praktischer Orientierungen insgesamt akzeptieren kann. Da es sich hier um subjektimmanente Kohärenz handelt, die gleichwohl intersubjektiv rational einsehbar und kritisierbar ist, müsste die Person im Prinzip gegenüber der Kritik eines jeden rationalen Aktors im Diskurs, der »der evaluativen Sprache der fraglichen Person mächtig« (ebd., S. 118) ist, offen sein. Unter den Bedingungen von Gesellschaft und insbesondere dem rechtlich zu garantierenden Schutz der Privatsphäre bedeutet dies in der Regel, dass eine Person die Kritik der von ihr *aus freiem Willen* ins Vertrauen gezogenen Personen bezüglich dieser immanenten Kohärenz wird ernst nehmen müssen.

Aus Taylors ästhetisch perspektiviertem Gedanken der Artikulation gewinnt Anderson die dritte, ästhetische beziehungsweise welterschließende Kritik. Auf die Ästhetik und den Heideggerschen Begriff der Welterschließung wird hier rekurriert, weil sich diese Kritik nicht oder nicht vor allem in diskursiver Argumentation vollzieht, sondern eher den augenöffnenden Charakter des Zeigens (einer neuen Welt, einer völlig neuen Sichtweise) hat. Doch auch diese Kritikform können wir für die ethische Autonomie und für die Authentizität als relevant ansehen. Mit ihr kommen wir nun zur Authentizität als *Selbsterweiterung*, die neben der Freiheit der selbstübereinstimmenden, wahrhaftigen Bestimmung des Eigenen ebenfalls eine Form der inneren Freiheit darstellt. Liegt das Freiheitsversprechen bei der Idee der Authentizität im Sinne der Selbstübereinstimmung darin, dass ich weiß, wer ich bin und wie ich leben will, liegt dieses Versprechen bei der Idee der Authentizität im Sinne der Selbsterweiterung darin, dass ich erfahre, wie ich (anders und neu) sein könnte, wie ich auch leben könnte. Dieses letztere Freiheitsversprechen sehe ich mit der Authentizität im Sinne des Kreativitätskonzepts verknüpft.

Die Offenheit gegenüber dieser augenöffnenden Kritik fordert Anderson nicht in gleich strenger Weise wie bei den beiden anderen Kritikformen: »Wollte man es zu einer generellen Bedingung ethischer Autonomie erklären, daß sich eine Person allen möglichen welterschließenden Erfahrungen ausgesetzt habe, hieße dies zu verlangen, die Person würde ein universales Selbst, und somit überhaupt kein Selbst.« (ebd., S. 118) Im Sinne der graduellen ethischen Autonomie können wir aber, so will ich meinen, konstatieren, dass das Kennenlernen neuer Sichtweisen oder anderer Lebensformen die Chance zur Steigerung der eigenen Autonomie birgt. Dies ist eben die Autonomiechance, die wir im Allgemeinen in der Bildung, in der Erweiterung unseres jeweiligen Erfahrungshorizontes sehen. Aber auch bei einer niedrig angelegten Schwelle zur ethischen Autonomie muss doch eine prinzipielle Offenheit für Neues – und sei es auch nur das Bewusstsein, dass man auch anders leben könnte – vorhanden sein. Es ist nicht zu vergessen, dass phantasievolle Selbsterweiterung nicht immer gleich den Ansprüchen einer Rortyschen Selbsterfindung genügen müssen, nach denen man schon mindestens einen großen Künstler, Literaten oder Philosophen aus sich machen muss. Dass Menschen aus engen Verhältnissen ausbrechen wollen, dass sie nach Veränderungen in ihrem Leben suchen und dass »das doch noch nicht alles gewesen sein kann«, wissen wir aus Erfahrungen, die sich in unser kulturelles Gedächtnis, zum Beispiel in die Literatur, das Theater und den Film, eingeschrieben haben.

Diese Überlegungen deuten an, dass für eben diese Authentizität als Selbsterweiterung die *ganzheitlichen, intrinsischen* und *erfahrungsöffnenden* Erfahrungen besonders zum Tragen kommen. Für eine im engen Sinne ästhetische Kritik der Vorstellung vom (eigenen) guten Leben wären die rein ästhetischen Erfahrungen, die wir vor allem in der Kunst machen, heranzuziehen. Ich habe aber dafür argumentiert, dass die alltagspraktischen Erfahrungen diesen Horizont erweiternden Effekt ebenfalls haben, wenn sie durch die drei ästhetischen Elemente Ganzheitlichkeit, Intrinsität und Erfahrungsöffnung gekennzeichnet sind. Dann handelt es sich um Erfahrungen, in denen wir uns Welt und über die Welt uns selbst *bedeutsam* und *bereichernd eröffnen.*

Das Essentialismuskonzept und das Kreativitätskonzept, »Authentizität als Selbstübereinstimmung« und »Authentizität als Selbsterweiterung«, lassen sich nicht strikt voneinander trennen. So kann es sein, dass ich meine Essenz, wer ich sein und wie ich leben will, nur dann treffe, wenn ich mich erweitere. Die paradoxe Formulierung, dass ich nur ich selbst bleiben kann, indem ich mich verändere, erscheint mir durchaus sinnvoll, schon deshalb, weil sich die Welt um uns herum verändert. In dieser Richtung sind sicherlich auch die Grenzen der rationalen, Kohärenz herstellenden Begründung für die Wahrhaftigkeit der eigenen Orientierungen zu suchen. Dies sind Grenzen, an denen es darauf ankommen kann, nicht in der innere Sicherheit schaffenden rationalen Gewissheit über das eigene Selbst zu verharren, sondern sich, wenn man so will, mutig und in diesem Sinne selbstbestimmt auf Neues, Unbekanntes und Unvertrautes einzulassen. Oder es sind Grenzen, an denen sich hinreichende Selbsttransparenz und rationale Kohärenz nun einmal nicht herstellen lassen wollen, ohne dass die Rede von Authentizität vollständig ihren Sinn verlieren müsste. Diesen Sinn büßt sie deshalb nicht ein, weil kreative Selbsterweiterung ihren Ursprung gerade in produktiven inneren Widersprüchen finden kann. Daher melden sich an diesen Grenzen Harry Frankfurts Überlegungen zur »wholeheartedness«, zur »volitional necessity«, zu »caring« und zu »love« eben doch mit großem Gewicht und hoher Plausibilität zurück. So ist Frankfurt schlichtweg Recht zu geben, wenn er in »Vom Sorgen oder: Woran uns liegt« (»On Caring«) schreibt:

»Menschen sind höchst komplizierte Wesen, die dazu neigen, sich ambivalent und inkonsistent zu verhalten; zudem sind sie einfallsreich, und all das macht sie schwer zu fassen. Besonders in Hinblick auf die wichtigsten Aspekte ihres Lebens sind sie in der Regel schwer festzulegen, zu sortieren oder gar auf den Punkt zu bringen.« (2001f, S. 208–209)

Die ganzheitlichen, intrinsischen und erfahrungsöffnenden Erfahrungen, die ich für die Deutung der schwachen Teleologie der Selbstverwirklichung herangezogen habe, sind aber nicht nur vermittelt über die Selbsterweiterung für die Authentizität als Selbstübereinstimmung relevant. Sich selbst als bedeutsam erfahren zu können beziehungsweise der Welt und sich selbst nicht fremd und indifferent gegenüber zu stehen scheint mir eine grundlegende Bedingung dafür zu sein, eigene Wünsche, Ziele, Ideale und Werte überhaupt formulieren zu können. Auch die Distanz zur eigenen Erfahrung, die in intrinsischen Erfahrungen möglich wird und die die Reflexion der eigenen Erfahrungs- und Wahrnehmungsmuster erlaubt, kann als unhintergehbar für die Selbsttransparenz, die die rationalen, Kohärenz herstellenden Evaluationen verlangen, angesehen werden. Und insoweit diese Distanz zur eigenen Erfahrung wichtig für die Selbsterkenntnis des Subjekts ist, können ganzheitliche, intrinsische und erfahrungsöffnende Erfahrungen einen Beitrag zur Überwindung der inneren, der rationalen Selbstevaluation im Wege stehenden Freiheitshindernisse leisten.

Sicherlich muss nicht – darin zeigt sich ein Wert der im Vergleich zur progressiven Selbsterweiterung eher konservativen Selbstübereinstimmung – die Überwindung eines jeden inneren Zwanges und einer jeden inneren Angst zu mehr innerer Freiheit führen, sondern kann möglicherweise neue Zwänge verursachen oder andere Zwänge und Ängste verursachen. Eine Person muss, um authentisch zu sein, nicht jede innere Angst überwinden, und sie muss auch nicht offen für alles mögliche Neue sein. Es sind Fälle denkbar, in denen es geradezu ein Zeichen von Autonomie darstellt, wenn eine Person bewusst und wohlüberlegt bestimmte neue Erfahrungen, deren

Möglichkeit sie vielleicht ahnt oder auf die sie sich schon einmal im Ansatz eingelassen hat, meidet: Das Risiko, dass diese Erfahrungen ein insgesamt wohlüberlegt geführtes Leben auseinanderreißen könnten, würde letztlich als zu groß eingeschätzt. Ethische Autonomie besteht in der Identifizierung des Eigenen, sie bedeutet daher auch, sich zu begrenzen und sich zu entscheiden, nicht alles »am eigenen Leibe erfahren« zu müssen (siehe hierzu Frankfurt 2001b, S. 157–159). Darüber hinaus kann man es in modernen, hochgradig ausdifferenzierten Gesellschaften als notwendige Komplexitätsreduktion begreifen, seine Erfahrungen – wenn man so will – zu kanalisieren. Wie deutlich wurde, spricht Anderson in Bezug auf diese Überkomplexität von der Gefahr, das Selbst könne sich auflösen.

Die Unfähigkeit, sich zwischen noch offenen Optionen zu entscheiden, kann zu innerer Unfreiheit führen. Bei jemandem, der seine Energie nicht durch Begrenzung und Konzentration auf bestimmte Tätigkeiten bündeln kann, mag sich diese Unfreiheit zum Beispiel darin äußern, dass er zwar alles Mögliche macht, aber in nichts von alledem sein Potential auch nur annähernd zur Entfaltung bringt. Die Befriedigung über bereichernde Erfahrungen mag sich in keiner seiner Tätigkeiten für sich so richtig einstellen. Was diesem Menschen fehlt, ist die Freiheit zur Entfaltung des eigenen Potentials, die Freiheit der Selbsterweiterung gerade durch den Mangel an Freiheit zur selbstübereinstimmenden Identifizierung des Eigenen.

Dass ganzheitliche, intrinsische und erfahrungsöffnende Erfahrungen für die Authentizität als Selbstübereinstimmung und Selbsterweiterung und damit für die innere Freiheit von Menschen notwendig sind, wollte ich mit diesen Ausführungen zeigen. Aber auch mit direktem Bezug auf den Begriff der Selbstverwirklichung, den ich oben in den drei Dimensionen *Bedeutsamkeit*, *Offenheit* und *Bereicherung* erörtert habe, lassen sich Zusammenhänge zu den Begriffen »innere Freiheit« und »innere Unfreiheit« herstellen. Die Beschädigung der Erfahrungsfähigkeit kann zur Folge haben, dass Subjekte die Welt und sich selbst nicht mehr als bedeutsam erfahren können. Diese Fremdheit und Indifferenz gegenüber der Welt und dem Selbst kann als innere Unfreiheit thematisiert werden. Auch das ängstliche, zwanghafte oder resignierte Festhalten an bekannten, scheinbar oder anscheinend kontrollierbaren, engen Erfahrungshorizonten wird als innere Unfreiheit verstehbar. Darüber hinaus lässt die Unfähigkeit, bereichernde Erfahrungen machen zu können, solche Erfahrungen, in denen Wünsche, Fähigkeiten, Ziele und Träume entstehen, Menschen verkümmern. Auch in der Verkümmerung sehe ich im Anschluss an Taylor eine Form der inneren Unfreiheit.

Für die Sozialdiagnose können diese Erläuterungen zur inneren Freiheit insofern aufgenommen werden, als einige Formen des Leidens an innerer Unfreiheit über die Beschädigung der Erfahrungsfähigkeit des Subjekts verstehbar werden. Die Beschädigung der Erfahrungsfähigkeit kann in diesem Sinne dazu führen, dass Individuen am Misslingen ihrer Selbstverwirklichung, ihrer ethischen Autonomie und ihrer Authentizität als Selbstübereinstimmung und Selbsterweiterung leiden. Als Sozialpathologie kann solches Leiden diagnostiziert werden, wenn es überindividuell feststellbar ist und wenn die Beschädigung der Erfahrungsfähigkeit auf gesellschaftliche Entwicklungen zurückgeführt werden kann.

3.4 Authentizität als Diagnose- und Kritikkonzept

In diesem letzten Abschnitt möchte ich auf Basis der Ergebnisse der vorangegangenen Abschnitte dieses Kapitels den Begriff der Authentizität zu einem Diagnose- und Kritikkonzept ausarbeiten. »Authentizität« wurde als »Selbstübereinstimmung« und »Selbsterweiterung« diskutiert. Beide Authentizitätsbegriffe können als Erläuterungen dessen gesehen werden, was innere Freiheit bedeuten könnte. Vermittelt über die schwache Teleologie der Selbstverwirklichung kann »Authentizität als innere Freiheit« in ein Diagnose- und Kritikkonzept integriert werden. Um den theoretischen Rahmen für ein Diagnosekonzept zu erhalte, beziehe ich mich auf die jeweiligen Diagnosekonzepte von Habermas und Honneth.

In Taylors Arbeiten zur Authentizität lässt sich ein insgesamt breites Spektrum an Überlegungen ausmachen, in deren Folge die Diagnose sozialer Pathologien als Leiden an innerer Unfreiheit möglich wird. Von Taylor ausgehend lässt sich sowohl ein Bogen zur Habermasschen Sozialdiagnose als auch zur Honnethschen schlagen. Taylor stellt heraus – wie Habermas ebenfalls im Anschluss an George Herbert Mead –, dass das Selbst immer nur in »»Geweben des sprachlichen Austauschs«« (Taylor [3]1999c, S. 71) existieren kann. Er teilt also die These von der »Individuierung durch Vergesellschaftung« (Habermas [2]1988) und die Habermassche Sicht der Bedeutung der Sprache für diesen Prozess. Darüber hinaus hebt auch Taylor die Notwendigkeit von nicht-instrumenteller Kommunikation, die in Habermas' Theorie als die Notwendigkeit nicht-funktionalisierter, »nicht-kolonialisierter« Verständigung thematisiert wird, für die nicht-instrumentelle Selbstverständigung hervor. Diesen Zusammenhang kann man bei Taylor im Kontext des Begriffs der Dialogizität der Authentizität nachlesen (siehe Abschnitt 2.6).

Ebenso wie auf die Dialogizität weist Taylor auf das Bedürfnis nach Anerkennung hin, das er im Rückgang auf Hegel und wiederum auf Mead belegt und das er als eine anthropologische, überkulturell gültige Konstante ansieht. Wie Holmer Steinfath (1993) herausstellt, betrachtet Taylor Anerkennung aber nicht nur als unabdingbar für die dialogische »Genese« von personaler Identität, sondern er sieht auch »die Struktur gelungener Identitäten« durch die intersubjektive Anerkennung »getroffen«, so dass »narzißstische‹ Weisen«, die eigene Identität zu bestimmen, aus eben diesem Grund »notwendig selbstdestruktiv« sein müssen (ebd., S. 578).[52] Dies bringt ihn in die Nähe der Honnethschen Anerkennungstheorie.

In Habermas' kritischer Gesellschaftstheorie steht dem Sozialdiagnostiker das Diagnose- und Kritikkriterium der herrschaftsfreien Verständigung zur Verfügung. In das Gesichtsfeld der Diagnose kommen in der *Theorie des kommunikativen Handelns* (1995) für Habermas mit diesem Kriterium Pathologien, die in der »Kolonialisierung« der Lebenswelt durch eines der beiden Systeme Wirtschaft und staatliche Bürokratie begründet sind. Es geht um soziales Leiden, das dadurch entsteht, dass entweder das Effizienzprinzip beziehungsweise der Imperativ des Geldes aus der Wirtschaft oder aber die staatlich-bürokratische Macht zu stark in die kommunikative Verständigung der Lebenswelt eingreifen (siehe Abschnitt 4.1). Hiermit beschreibt Habermas gesellschaftliche Entwicklungen, die nicht nur die herrschaftsfreie Kommunikation zwischen Individuen, sondern auch die herrschaftsfreie, zwanglose Kommunikation des Individuums mit sich selbst beeinträchtigen können. Daher berührt er freilich das hier besprochene Thema der Behinderung der ethischen Autonomie beziehungsweise der Authentizität durch innere Hindernisse der Freiheit.

Honneths Konzept zur Diagnose sozialer Pathologien findet sich im Rahmen seiner Anerkennungstheorie. Um ein positives praktisches Selbstverhältnis ausbilden und praktische Identität entwickeln zu können, sind Individuen auf Anerkennung in den drei Formen Liebe, Recht und Solidarität angewiesen: Liebe ist notwendig für das Selbstvertrauen, rechtliche

---

52 Wie Steinfath zu Recht behauptet, sind Taylors Überlegungen zur Anerkennung aber nicht tiefgreifend genug, um diese These belegen zu können (1993, S. 578).

Anerkennung für die Selbstachtung und Solidarität beziehungsweise soziale Wertschätzung für die Selbstschätzung (Honneth 2003a, S. 148–211). Soziale Pathologien erweisen sich als Fehlentwicklungen im Anerkennungsgefüge einer Gesellschaft. Welche Entwicklungen aber mit guten Gründen als fehlgehend angesehen werden können, bestimmt sich aus den historischen Wertüberzeugungen über ein gutes Gemeinwesen. Die philosophische Anthropologie, die in Honneths Anerkennungstheorie enthalten ist, bleibt demnach schwach, da die ein gutes Gemeinwesen umfassenden Werte, die die normative Quelle des Sozialdiagnostikers und Gesellschaftskritikers bilden, bloß historische Geltung haben. Wie sich im Folgenden zeigen soll, bleibt aber diese Anthropologie in Honneths neuesten Überlegungen nicht mehr in diesem Sinne schwach.

Honneth geht vom Habermasschen Kommunikationsparadigma aus, interpretiert die kommunikative Handlung aber anerkennungstheoretisch um, das heißt, er expliziert die kommunikative Handlung nicht wie Habermas in seiner Universalpragmatik linguistisch, sondern über die Erwartung sozialer Anerkennung (1994a, S. 84–88). Das Leiden unter gesellschaftlichen Fehlentwicklungen wird, Honneth zufolge, mit Habermas' universalpragmatischem Diagnosekriterium der herrschaftsfreien Verständigung nicht zutreffend erfasst, da die leidvolle Erfahrung einer Beeinträchtigung »nicht als Einschränkung von intuitiv beherrschten Sprachregeln, sondern als Verletzung von sozialisatorisch erworbenen Identitätsansprüchen« (ebd., S. 85) und mithin als Vorenthaltung von Anerkennung oder als Missachtung wahrgenommen werde. Deshalb müsse sich gegenüber dem Ansatz von Habermas »die kritische Perspektive der Zeitdiagnose verändern«: So dürften »nicht mehr die Spannungen zwischen System und Lebenswelt« im Zentrum stehen, »sondern die gesellschaftlichen Ursachen, die für die systematische Verletzung der Anerkennungsbedingungen verantwortlich sind« (ebd., S. 88).

Inwiefern kann sich nun der Diagnostiker und Kritiker in Honneths Anerkennungstheorie auf die ein gutes Gemeinwesen umfassenden Wertüberzeugungen berufen, wenn er bestimmte gesellschaftliche Entwicklungen als soziales Leiden verursachend kritisieren will?

Im Anschluss an insbesondere Hegel und Mead entwickelt Honneth über einen ethischen Begriff des verallgemeinerten Anderen ein formales Konzept der Sittlichkeit und damit eine formale Ethik des Guten (2003a, insbesondere das letzte Kapitel »Intersubjektive Bedingungen personaler Integrität: ein formales Konzept der Sittlichkeit«, S. 274–287). Ähnlich der

Diskurstheorie will die Honnethsche Anerkennungstheorie formal bleiben, dadurch, dass der Philosoph keine materielle, inhaltliche Begründung der Wertüberzeugungen leistet, sondern die Normativität dieser Werte indirekt ausweist, indem er zeigt, unter welchen Voraussetzungen sie gelten sollen. Der philosophische Gesellschaftskritiker beruft sich in seiner Diagnose und Kritik auf materielle Werte, die in den historisch wandelbaren Anerkennungserwartungen der Gesellschaftsmitglieder enthalten und aus ihnen heraus artikulierbar sind. Die Gesellschaftsmitglieder befinden sich in einem Kampf um Anerkennung ihrer Vorstellung vom Guten, in dem sie ihrerseits idealisierend beziehungsweise kontrafaktisch auf eine ethisch umfassendere, geteilte Vorstellung des Gemeinwesens vorausgreifen. Dass Subjekte notwendig idealisierend auf ein gemeinsames Gutes vorausgreifen müssen, berechtigt den Theoretiker dazu, sich normativ auf die historischen, im Kampf um Anerkennung wandelbaren Werte zu beziehen, und im Lichte dieser Werte gesellschaftliche Fehlentwicklungen zu kritisieren.

Neben dieser philosophischen Ausweisung der Notwendigkeit der Idealisierungen, die die intersubjektive, historische Geltung der Wertüberzeugungen ermöglichen, legt uns Honneth auch eine psychologische Explizierung der Notwendigkeit von intersubjektiver Anerkennung vor. Die im Ausgang von Hegel und Mead entfaltete philosophische These, die Anerkennung des eigenen Selbst bedürfe der Anerkennung durch den beziehungsweise die anderen, unterstützt Honneth durch Erkenntnisse der Entwicklungspsychologie über den Prozess der Individuierung des Säuglings in der frühkindlichen Mutter-Kind-Beziehung. Im Rekurs auf die Objektbeziehungstheorie von Donald W. Winnicott zeichnet Honneth nach, wie sich die Individuierung des Säuglings aus der ursprünglichen Symbiose mit der Mutter vollzieht. Zu einem positiven, von Selbstvertrauen gekennzeichneten Selbstverhältnis kann das Kind durch die liebende Anerkennung der von ihm als unabhängig vom eigenen Selbst erfahrenen Mutter gelangen (ebd., S. 148–174). So wie Hegel in der Liebe »den strukturellen Kern aller Sittlichkeit« (ebd., S. 174) sehe, so erkennt Honneth in der Liebe die Grundstruktur der Anerkennung, die er in seiner Theorie in den drei Dimensionen Liebe, Recht und Solidarität erläutert: Dem positiven praktischen Selbstverhältnis beziehungsweise der Anerkennung des eigenen Selbst geht immer schon die Anerkennung durch den anderen beziehungsweise durch andere voraus.

In diesem Nachweis der Notwendigkeit von Anerkennung findet sich nun aber eine andere Deutung des Guten, das in diesem Falle nicht in den historischen Wertüberzeugungen, deren Geltung indirekt und formal ausgewiesen wurde, besteht. Honneths Nachweis der Notwendigkeit der Idealisierungen, die die intersubjektive Geltung der Wertüberzeugungen ermöglichen, kann nur gelingen, wenn er in einem weiteren Schritt die Notwendigkeit von Anerkennung nachweist. Dies macht er einerseits im Rekurs auf Hegel und Mead sowie andererseits auf die Erkenntnisse der Entwicklungspsychologie. Nur wenn er zeigen kann, dass Anerkennung notwendig ist, wird die These des Kampfes um Anerkennung, aus dem die Notwendigkeit der Idealisierungen hervorgeht, plausibel. Und um diese Notwendigkeit von Anerkennung nachzuweisen, beruft sich Honneth auf das Gut der Selbstverwirklichung. Dieses so gedeutete Gute ist aber nicht im selben Maße historisch wie die Wertüberzeugungen, um die der Kampf um Anerkennung ausgefochten wird. Zwar können wir mit Taylor die Idee der Selbstverwirklichung als eine spezifisch moderne Idee betrachten, der von Honneth zugrunde gelegte Gedanke des positiven Selbstverhältnisses behauptet aber mehr als die moderne Vorstellung, dass wir unsere personale Identität auf originelle und individuelle Weise definieren wollen. Honneth nimmt vielmehr eine schwache Teleologie in Anspruch, indem er mit Hilfe von psychologischen, anthropologischen und sozialphilosophischen Reflexionen zeigt, dass Anerkennung notwendig für die Verwirklichung, Entfaltung, für die psychische Integrität und die Identitätsentwicklung des Menschen ist. Das Gut der Selbstverwirklichung wird in Honneths Theorie nicht als eine historische, wandelbare Wertüberzeugung behandelt, sondern vielmehr auf Basis einer impliziten, schwachen Teleologie vorausgesetzt. Erst auf der Basis einer solchen schwachen Teleologie kann der Sozialtheoretiker die in den historischen Kämpfen um die legitime Interpretation eines guten Gemeinwesens ausgefochtene Anerkennungsordnung normativ daraufhin befragen, ob sie zu einer »Steigerung entweder der »anerkannten« Persönlichkeitsanteile oder aber der Einbeziehung von Individuen«, also zu »Individualisierung« oder zu »wachsende[r] Inklusion« führt (Honneth/Fraser 2003b, S. 219).

In seinen 2005 publizierten Tanner-Lectures über das Konzept der Verdinglichung (2005b) modifiziert Honneth diese schwache Teleologie in eine stärkere und vermutlich zu starke Teleologie um, wenn er nun zeigen will, dass schon dem kognitiven Erkennen nicht bloß des eigenen Selbst, sondern auch des anderen eine affektive Anerkennung vorausgeht. Diese neuesten Überlegungen Honneths erwecken den Eindruck, dass der Sozialdiagnostiker und Gesellschaftskritiker seine normativen Maßstäbe nun nicht mehr aus den historischen und wandelbaren Wertüberzeugungen, in deren Lichte wir uns Anerkennung gewähren, gewinnt, sondern dass die von ihm in Anspruch genommene Normativität in der basalen Struktur des menschlichen Selbst- und Weltverhältnisses fundiert sei. Hierauf werde ich im Folgenden sowie in Abschnitt 4.2 eingehen.

Im Anschluss an seine früheren, eine schwache Teleologie implizierenden Ausarbeitungen zur Anerkennung hat Honneth die drei Anerkennungsformen Liebe, Recht und Solidarität unterschieden. Für Honneth sind alle drei Formen der positiven Selbstbeziehung des Individuums relevant für die Autonomie, für die Fähigkeit sein Eigenes zu bestimmen und ein eigenes Leben zu führen (Anderson/Honneth 2005a, S. 127–137). Explizit mit Bezug auf Taylors Theorem des intersubjektiv geteilten (öffentlichen) symbolisch-semantischen Bedeutungshorizontes überlegt Honneth, inwiefern die Verweigerung sozialer Wertschätzung und inwiefern Missachtung zu einer Beeinträchtigung dieser Autonomie führen können:

»It is the unavoidably *evaluative* character of this symbolic-semantic field that has the crucial implications regarding autonomy. For if the semantic resources available for thinking about one's way of life are negatively loaded – if, for example, ›stay-at-home dad‹ is taken to be a euphemism for ›unemployed‹ – then it becomes hard to view it as worthwhile. Not impossible, perhaps. But without an especially high level of personal resilience, subcultural support, and persistent effort – that is, without other (often limited) sources of self-esteem – marginalized ways of life cease to be genuine options for individuals.« (ebd., S. 136)

Das Spektrum der durch die öffentliche soziale Wertschätzung in einer Gesellschaft legitimierten Lebensformen ist nicht nur eine soziale Ermöglichungsbedingung für die Bildung personaler Identität, es kann auch die Autonomie der Person gefährden. Abweichende Lebensformen zu wählen kann einem nicht bloß unattraktiv erscheinen. Vielmehr muss dies als teilweise enorme Herausforderung betrachtet werden, da die mit Abweichungen möglicherweise verbundene Missachtung die Gefahr birgt, die Selbstschätzung zu verlieren. Darüber hinaus kann die Erfahrung der Demütigung die Handlungsfähigkeit des Subjekts und damit eine grundlegende, für die Autonomie relevante Fähigkeit beeinträchtigen:

»In connection with autonomy, we can add a point about the effects that such denigration has on a person's sense of agency and personal effetiveness. This is a more formal consideration: to the extent to which one lacks a sense that what one does is meaningful and significant, it becomes hard to pursue it wholeheartedly. There is at least a tension between pursuing that way of life and thinking of oneself as doing something that makes sense. And, as David Velleman argues, being able to make sense of what it is we are doing is intimately tied up with actually doing it. Thus, a socio-cultural environment that is hostile to considering what one does meaningful is *demoralizing*. Because of the way they can undermine self-esteem, systematic patterns of denigration thus pose a threat not merely to the happiness or identify but to the *agency* of those affected.«[53] (Anderson/Honneth 2005a, S. 137)

Mit den Mitteln der Honnethschen Anerkennungstheorie können Pathologien, die die Autonomie beeinträchtigen, mit Bezug auf alle drei Anerkennungsformen diagnostiziert werden. Im Rekurs auf die dritte Anerkennungsform der Solidarität beziehungsweise der öffentlichen sozialen Wertschätzung wird thematisierbar, inwiefern die Pathologie des Leidens an innerer Unfreiheit zur Bestimmung und Realisierung der eigenen Wünsche, Ziele, Ideale und Werte in der die Selbstschätzung unterminierenden öffentlichen Missachtung begründet liegt. Missachtung und Demütigung können also auch die Handlungsfähigkeit beziehungsweise die subjektive Fähigkeit zur Realisierung authentischer Wünsche, Ziele, Ideale und Werte beeinträchtigen.

Interessanterweise bringt Honneth hier einen Aspekt der inneren Unfreiheit zur Sprache, der in engem Zusammenhang mit dem Begriff der Selbstverwirklichung steht, wie ich ihn im Anschluss an Taylor und Dewey gebrauche. In der *Bedeutsamkeit* habe ich eine Dimension der Selbstverwirklichung gesehen. Dabei habe ich nicht allein auf das kognitive Verstehen in der Erfahrung abgestellt, sondern mir ging es vor allem darum, zu verdeutlichen, inwiefern uns *integrative, intrinsische Erfahrungen* – Erfahrungen, die wir auch oder die wir vorwiegend oder vollständig um ihrer selbst willen machen – die Welt und über die Welt uns selbst als bedeutsam *eröffnen*. Diesen Zugang zur Welt und uns selbst in der Welt erlangen wir in (auch) intrinsischen Erfahrungen, weil wir uns letztlich selbst als Zweck dieser Erfahrung setzen und, wie ich im Anschluss an Jaeggi formuliert habe, in der eigenen Erfahrung *präsent* sind. Ohne dass dies dem Subjekt der Erfahrung bewusst werden mag, gelangt es in Erfahrungen, in denen es (auch) um seine eigene Erfahrung selbst geht, zu der Einstellung, dass das Objekt seiner Erfahrung etwas »mit ihm zu tun hat« und es »etwas angeht«. Bei der Bedeutsamkeit oder auch Ansprechbarkeit in diesem Sinne handelt es sich nicht um eine inhaltlich präzisierbare Werthaftigkeit. Bei der Erfahrung der Bedeutsamkeit – als Gegensatz zu Entfremdung oder Indifferenz – geht es um eine bestimmte Art, in der Welt zu sein, be-

---

53 Die Autoren rekurrieren in der zitierten Passage auf Velleman (1989).

ziehungsweise, wie ich oben formuliert habe, um eine bestimmte Art, an Welt teilzuhaben. Wie ich mich selbst in der Welt erfahre, eröffnet mir auf einer basalen Ebene Sinnhaftigkeit. Das Objekt meiner Erfahrung »macht für mich« insofern »Sinn« (»it makes sense«) – um den in der Alltagssprache gebräuchlichen Anglizismus aufzugreifen –, als es mich anspricht und ich mich berührt fühle, obwohl ich diesen Sinn wahrscheinlich nur schwer propositional zum Ausdruck bringen könnte.

Der Punkt, auf den ich hinaus will, ist nun, dass die Unfähigkeit, die eigenen Wünsche, Ziele, Ideale und Werte handelnd zu realisieren, nicht nur in der *Erfahrung von Missachtung* begründet sein kann, sondern auch in der *Unfähigkeit zu erfahren*. Diese Erfahrungsunfähigkeit oder Beschädigung der Erfahrungsfähigkeit kann nämlich unter anderem dazu führen, dass das Subjekt der Welt und sich selbst in der Welt fremd und indifferent gegenübersteht. Mir scheint das Phänomen denkbar zu sein, dass man wohl über eigene Wünsche, über Ziele und Werte berichten kann, man sich in seinem alltäglichen Leben aber oft so fremd fühlt, dass die Kraft für die Verwirklichung dieser Ziele fehlt. Darüber hinaus ist auch denkbar, dass man sogar die Formulierung eigener Ziele als äußerlich, als irgendwie abstrakt empfindet.

In seinem Buch *Verdinglichung* erörtert Honneth einen ganz ähnlichen Gedanken, wenn er von einer verdinglichten Selbstbeziehung des Subjekts spricht. Dieses von Honneth vorgeschlagene Begriffsverständnis der Selbstverdinglichung könnte man durchaus auch als eine Erklärung der Unfähigkeit des Subjekts, die Welt und sich selbst als bedeutsam zu erfahren, lesen. Honneth argumentiert hier für einen ontologischen Vorrang der Anerkennung, demzufolge »dem Erkennen«, »dem neutralen Erfassen von Wirklichkeit, das Anerkennen«, also »das anteilnehmende Verhalten«, »vorausgeht« (2005b, S. 46). Diese vorrangige Anerkennung versteht er im Sinne einer affirmativen, einer affektiv bejahenden Beziehung zum Gegenstand der Erkenntnis, was er mit Bezug auf die Selbsterkenntnis oder Selbsterkundung in die plausible These münden lässt:

»Wir nehmen unsere mentalen Zustände weder einfach wie Objekte wahr, noch konstituieren wir sie durch unsere Bekundungen, sondern wir artikulieren sie nach Maßgabe des uns innerlich jeweils bereits Vertrauten. Ein Subjekt, das sich in dieser originären Weise auf sich selbst bezieht, muß die eigenen Empfindungen und Wünsche für etwas halten, das es wert ist, artikuliert zu werden; insofern tun wir gut daran, auch hier von der Notwendigkeit einer vorgängigen Anerkennung zu sprechen.« (ebd., S. 88–89)

Selbstverdinglichung wird somit verstehbar als »Anerkennungsvergessenheit« (ebd., S. 92), als ein Vergessen der eigentlichen, ursprünglichen affektiven Anerkennung des eigenen Selbst. Diese vorgängige Anerkennung muss gegenüber der Selbstschätzung aufgrund von sozialer Wertschätzung auf Basis kultureller Konsense als ethisch dünn angesehen werden. Daher rekurriert Honneth auch auf den Heideggerschen Begriff der Selbstsorge, wobei Heidegger Sorge als grundlegendes Verhältnis zu sich und zur Welt, nicht aber als eine Norm ansieht. Andernfalls könnte diese These von der vorgängigen Anerkennung nicht mehr plausibel mit dem älteren, von Honneth im Anschluss an Mead und Hegel entwickelten Anerkennungskonzept zusammengedacht werden. Diesem älteren Konzept zufolge sind Individuen nämlich für die Selbstschätzung auf die Wertschätzung anderer Mitglieder der Gesellschaft angewiesen, weshalb die Wertschätzung des eigenen Selbst auch nicht unberührt bleibt von den normativen Konsensen über die intersubjektiven Erwartungen an das Verhalten der Gesellschaftsmitglieder.

In dem Ansatz der Sozialdiagnose und Sozialkritik aus der Verdinglichungsstudie bleibt Honneth aber nicht bei dieser Sichtweise einer nichtnormativen Beschreibung des grundlegenden Selbst- und Weltverhältnisses des Subjekts stehen.[54] Sein Anspruch, Anerkennung sozialontologisch zu definieren, führt zu der Annahme einer, wie Ralf Konersman formuliert, ursprünglichen, »verschüttete[n] Intaktheit des Sozialen«[55] (Konersmann 2006, S. 14), weshalb die Verdinglichungen des Selbst, des Anderen und möglicherweise auch der Natur als Vergessenheit dieser eigentlichen, un-

---

54 Den Hinweis, dass Honneth sich wohl auf den nicht-normativen heideggerschen Begriff der Selbstsorge bezieht, die vorgängige Anerkennung des eigenen Selbst aber sehr wohl als normative Quelle der Kritik betrachtet, erhielt ich von Ruth Sonderegger.

55 In seiner früheren Anerkennungstheorie stuft Honneth den ethischen Gehalt seiner formalen Theorie des guten Lebens übrigens selbst als hypothetisch ein. Dort ist er »der Überzeugung, daß das Zusammentragen noch so vieler Befunde theoretischer Art nicht jenen Schritt ersetzen kann, der in der Verallgemeinerung unserer Kenntnisse zu einer stets vorgriffshaften Konzeption des guten Lebens bestehen muß; wir entwerfen eine solche Theorie zwar im Lichte all des uns zur Verfügung stehenden Wissens, können aber nicht die Hoffnung haben, sie jemals durch empirische Befunde oder theoretische Annahmen vollständig gedeckt zu sehen. Insofern besitzt auch die Anerkennungstheorie, insofern sie nun als eine *teleologische* Konzeption sozialer Gerechtigkeit verstanden wird, nur den *Status eines hypothetisch generalisierten Entwurfs des guten Lebens*: darin wird unter Verwendung konvergierender Wissensbestände festgehalten, welcher Formen wechselseitiger Anerkennung die Subjekte heute bedürfen, um ihre Identität möglichst intakt entwickeln zu können.« (Honneth/Fraser 2003b S. 212–213, Hervorhebungen d. Verf.)

versehrten Sozialität verstehbar werden sollen. Abweichungen von dieser ursprünglichen Sozialität können so als pathologisch diagnostiziert werden. Die Normativität der Sozialkritik gewinnt Honneth jetzt nicht mehr, wie vordem, aus den in den intersubjektiven Anerkennungserwartungen enthaltenen Idealisierungen, sondern aus eben dieser als ontologisch zu begreifenden Sozialität. Oben habe ich diesen Wandel in der Honnethschen Anerkennungstheorie bereits als einen Übergang von einer ehemals schwachen Teleologie zu einer starken und wohl zu starken Teleologie beschrieben.

Konersmann weist in seiner Rezension von Honneths Buch über Verdinglichung darauf hin, dass sich schon Rousseau in seinem zweiten Diskurs gegen eine ontologische und für eine hypothetische Anthropologie entschieden habe (2006, S. 14). Wie Dietrich Benner und Friedhelm Brüggen herausstellen, legt Rousseau im zweiten Diskurs eine formale Bestimmung der menschlichen Natur vor, die aus der teleologischen Tradition den Gedanken der Vervollkommnung aufnimmt, diesen aber in seinem Konzept der Perfektibilität (»perfectibilité«) neu deutet: Rousseau bestimme die menschliche Natur nicht durch eine immer schon in ihr angelegte und zu erstrebende Vollkommenheit. Vielmehr kennzeichne er diese menschliche Natur durch die Perfektibilität als einer Fähigkeit, die die Entwicklung von Fähigkeiten allererst und überhaupt *eröffne*. Rousseaus hypothetische Rekonstruktion des Naturzustandes diene somit einer formalen Anthropologie, in der Mensch als bildsam und offen gedacht werde. Diese formale Anthropologie biete ein hypothetisches Konstrukt, das Entfremdung in der Gegenwart sichtbar machen könne (Benner/ Brüggen 1996, besonders S. 18, 20-21, 24-25; Rousseau 1998). Die auf ihr aufruhende Kritik bleibt aber insofern negativ, als unter den Bedingungen von Subjektivität und Gesellschaft kein Zurück zu einem ursprünglichen, unentfremdeten Dasein möglich ist.

Interessanterweise bleibt auch die Erziehungstheorie von Rousseau negativ, der zufolge Lernende wie bei Dewey eigene Erfahrungen machen sollen, in denen sie sich selbständig Welt *eröffnen*. In meinem Vorschlag zur Diagnose von Sozialpathologien mit Rekurs auf den Begriff der Erfahrung kann nun nicht ontologisch von einer ursprünglichen, unbeschädigten Erfahrungsfähigkeit die Rede sein, vielmehr muss die vorausgesetzte Teleologie in zwei Hinsichten schwach bleiben. Zum einen wird die Fähigkeit zu *ganzheitlichen, intrinsischen und erfahrungsöffnenden* Erfahrungen nicht ontologisch als Teil der menschlichen Natur betrachtet, die über diese Bestimmung die normative Quelle der Sozialkritik bilden würde. Vorausgesetzt wird nur, dass Menschen die, wenn man so will, natürliche Tendenz in sich tragen, sich zu verwirklichen, sich zu entfalten. Enthalten ist in dieser Voraussetzung, dass wir diese Verwirklichung und Entfaltung als Erweiterung, als ein Entfalten in die Welt, verstehen dürfen – damit scheint mir durchaus auch in Analogie zu biologischen Begriffen wie »Wachstum« und »Gedeihen« nicht zu viel behauptet zu sein.[56] Die anthropologische Deutung dieser Verwirklichung über den Begriff der Erfahrung und also in den drei Dimensionen der *Bedeutsamkeit*, *Offenheit* und *Bereicherung* begreife ich insofern als hypothetisch, als sie auf ein historisch-hermeneutisches Deutungsmuster zurückgreift. So sehe ich in dem romantischen, ästhetischen Ideal des Originalgenies und den (unter anderem) in dieser Idee enthaltenen Vorstellungen eines expressiven und nicht-instrumentalisierten Selbst- und Weltverhältnis einerseits sowie der mit diesem Ideal nicht nur vereinbaren, sondern auch verknüpften Idee der ästhetischen, intrinsischen Erfahrung andererseits besonders plausible kulturrelative Deutungen dieser menschlichen Natur.

Normativ muss sich der Sozialdiagnostiker also weiterhin auf kulturelle Konsense beziehen, er kann aber – wie es Taylor in seinem gesamten Werk durchgängig macht – historisch-hermeneutisch aufzeigen, wie tief diese Idee der Selbstverwirklichung in einer Kultur verankert ist. So kann er Widersprüche zwischen dem zugrunde liegenden Selbstverständnis und den sozialen Praktiken innerhalb einer Kultur aufzeigen. Auch kann er, in diesem Sinne ideologiekritisch, sichtbar machen, wenn im Namen eben dieser Idee gegen sie verstoßen wird. So verbindet sich mit der Idee der Authentizität beziehungsweise der Selbstverwirklichung ein Versprechen auf innere Freiheit, das, so möchte ich es formulieren, dann gebrochen oder nicht eingelöst wird, wenn Individuen aus Erfahrungsräumen ausgeschlossen werden, wenn sie arm an ganzheitlichen, intrinsischen, erfahrungsöffnenden Erfahrungen sind und wenn ihre Erfahrungsfähigkeit beschädigt wird.

---

56 Der Begriff des Gedeihens wird von Siep in seiner holistischen Ethik für die philosophische Deutung »guter Zustände« von Lebewesen herangezogen. Siep rekurriert hierfür unter anderem auf die aristotelische Teleologie, wobei er die »teleologische Konzeption« nur in einer abgeschwächten, ohne starke ontologische oder epistemologische Annahmen auskommenden Form für anschlussfähig hält und insbesondere bei der Deutung »guter Zustände« von Menschen das Problem des Paternalismus sieht (2004, S. 277, siehe auch S. 140, 137ff., 275–282).

Zum anderen bleibt die Teleologie schwach, weil kein materiales Bild entworfen wird, in welcher Hinsicht sich Individuen entfalten sollen. Es wird kein substantielles, materiales Bild eines verwirklichten, irgendwie vollkommenen Menschen gezeichnet. Damit korrespondiert, dass die philosophische Explizierung der Selbstverwirklichung über den Begriff der Erfahrung nur die formale Qualität der Erfahrungen betrifft und keine Erfahrungsgegenstände vorgibt. Auch die Frage nach den Gegenständen der Erfahrungen bleibt Sache der kulturellen und politischen Konsense.

Wie im folgenden Kapitel deutlich werden soll, kann mein Vorschlag zur Sozialdiagnose an das Honnethsche Diagnosekonzept, das Sozial-pathologien im Rekurs auf das Anerkennungsgefüge diagnostiziert, an-schließen. In diesem Sinne verstehe ich meinen Vorschlag insbesondere als Ergänzung zu Honneths Konzept, wobei mein Vorschlag an seine frü-heren, eine schwache Teleologie implizierenden Arbeiten anknüpft. Erfah-rungsarmut und die Beschädigung der Erfahrungsfähigkeit können sich negativ auf die ethische Autonomie und die Authentizität von Individuen auswirken und zu Leiden an innerer Unfreiheit führen. Sofern diese Armut und eine solche Beschädigung auf die Vorenthaltung von legitim einklag-barer Anerkennung, auf ungerechtfertigte öffentliche Missachtung, Demü-tigung und Stigmatisierung oder auf den Ausschluss aus öffentlichen, für die Selbstverwirklichung förderlichen Erfahrungsräumen zurückgeführt werden können, sind eben diese gesellschaftlichen Entwicklungen mit Re-kurs auf den historischen Wert der Authentizität und die schwache Teleo-logie der Selbstverwirklichung zu kritisieren.

4. Ethische Autonomie, Authentizität und Öffentlichkeit

4.1 Öffentlichkeiten als Diskursräume

Unter den Begriffen »Authentizität« und »Öffentlichkeit«, deren Entfaltung zu Diagnose- und Kritikkonzepten das Ziel der vorliegenden Arbeit darstellt, lässt sich die Verschränkung von anthropologischen und gesellschaftstheoretischen Aspekten der Sozialdiagnose erörtern. Nachdem der Begriff der Authentizität in Kapitel 2. sowohl in ideengeschichtlicher Perspektive reflektiert als auch in systematischer Perspektive im Kontext der Debatte zu den Konzepten »individuelle« beziehungsweise »ethische Autonomie« erörtert wurde, konnte er im folgenden Kapitel 3. zur Bildung anthropologischer Hypothesen über nicht-pathologische Zustände von Individuen beitragen. Im Rahmen dieser anthropologischen Überlegungen habe ich unter dem Begriff »Selbstverwirklichung« eine schwache, hypothetische Teleologie angedacht, die insofern auch als formal bezeichnet werden kann, als sie auf die subjektiven wie intersubjektiven beziehungsweise sozialen Gelingensbedingungen von Selbstverwirklichung und mithin ethischer Autonomie abhebt. Mit dem Begriff »Öffentlichkeit« reflektiere ich diese intersubjektive Dimension. Dabei befasse ich mich zum einen mit der Frage, *wie öffentliche gesellschaftliche Räume beschaffen sein sollten, damit sie die Selbstverwirklichung und die authentische Selbstbestimmung von Individuen nicht beschädigen.* Auf einer theoretisch grundlegenderen Ebene befasse ich mich zum anderen mit der Frage, *in welchem begrifflichen Zusammenhang »Authentizität« und »Öffentlichkeit« als Diagnose- und Kritikkonzepte stehen:* So möchte ich im Laufe dieses Kapitels herausarbeiten, wie der Begriff »Öffentlichkeit« in einem möglichen Ansatz einer formalen, hypothetischen Anthropologie, den ich unter den assoziierten Begriffen »Selbstverwirklichung« und »Authentizität« andenke, konzeptuell angelegt ist. Diese beiden Fragen – die nach der Beschaffenheit öffentlicher gesellschaftlicher Räume wie die nach dem konzeptuellen Zusammenhang von »Authentizität« beziehungs-

weise »Selbstverwirklichung« und »Öffentlichkeit« – können als zwei Leitfragen gesehen werden, über deren Erörterung ich den Begriff »Öffentlichkeit« zu einem Diagnose- und Kritikkonzept entfalten möchte.

Die Verschränkung anthropologischer und gesellschaftstheoretischer
Aspekte der Sozialdiagnose kann erst in diesem Kapitel, das sich nun auf
den Begriff »Öffentlichkeit« fokussiert, hinreichend deutlich werden: Erst
das Ausleuchten der öffentlichen Dimension der Selbstverwirklichung und
erst die Beschreibung derjenigen gesellschaftlichen Praktiken, in denen
Individuen sich verwirklichen, können die Quelle der Normativität, aus der
sowohl Diagnose und Kritik schöpfen, verorten. Mit dieser begründungs-
theoretischen Sicht bewege ich mich in der Tradition der Kritischen Theorie, der die beiden für meine Arbeit wichtigen Philosophen Habermas und
Honneth zuzuordnen sind. In der Diskussion des Öffentlichkeitsbegriffs
unter den beiden genannten Leitfragen orientiere ich mich an den kritischen Gesellschaftstheorien dieser beiden Autoren. Kennzeichnend für
deren Gesellschaftstheorien wie für die erwähnte Tradition insgesamt ist
die Durchdringung von Deskription und soziologischer Erklärung gesellschaftlicher Entwicklungen mit dem normativen Aspekt der Kritik eben
dieser Entwicklungen. Grundlegend für diese Durchdringung von Deskription und Normativität ist die letztlich auf Karl Marx zurückgehende
Idee, dass das kritische Bewusstsein und die Maßstäbe der Kritik in der wie
auch immer problematischen gesellschaftlichen Praxis selbst angelegt sein
müssen (Honneth 1994a, S. 79–81).

Wie schon im zweiten Kapitel deutlich wurde, begreife ich meinen
Beitrag zur Konzeptualisierung der philosophischen Sozialdiagnose insbesondere als Ergänzung des Honnethschen Diagnosekonzepts. Diese Intention einer Ergänzung behalte ich auch bei der Entfaltung von »Öffentlichkeit« als Diagnose- und Kritikkonzept bei. Gesellschaftliche Öffentlichkeiten werden von mir in Abschnitt 4.2 im Rahmen der Anerkennungstheorie als »Anerkennungsräume« thematisierbar. Diese Anerkennungsräume könnten vor der Folie der Honnethschen Terminologie auch als
»Erfahrungsräume« beschrieben werden, wobei sowohl auf positive wie negative Erfahrungen von Anerkennung insbesondere in der dritten Anerkennungsform der sozialen Wertschätzung referiert würde. Wenn ich im
Abschnitt 4.3 Öffentlichkeiten als »Erfahrungsräume« diskutieren will, so
mache ich den bereits in Kapitel 3. vollzogenen Schritt von der Konzentration auf den Inhalt von Erfahrungen hin zur formalen, nämlich ästhetischen Qualität von Erfahrungen. Um in Abschnitt 4.4 über Honneth zu

meinem Ergänzungsvorschlag gelangen zu können, beginne ich meine Überlegungen hier zunächst mit einigen schlaglichtartigen Blicken auf die Habermassche Öffentlichkeitstheorie, in denen ich mich vor allem mit den gesellschaftstheoretischen wie sozialphilosophischen Gesichtspunkten innerhalb dieser (letztlich das gesamte Habermassche Werk umfassenden) Theorie befasse. Diesen Weg über den Habermasschen Öffentlichkeitsbegriff gehe ich, weil dieser im Vergleich zum Öffentlichkeitsbegriff der Honnethschen Anerkennungstheorie eine begriffliche Schärfe aufweist, die bei der Zuspitzung eines normativen anerkennungstheoretischen Begriffs hilfreich ist. Meine eigenen Überlegungen zur Entfaltung von »Öffentlichkeit« als Diagnose- und Kritikkonzept in Abschnitt 4.4 werden mit einer von Dewey inspirierten Kritik Honneths an Habermas arbeiten.

Der Begriff der Öffentlichkeit spielt im Habermasschen Werk auf verschiedenen Ebenen eine Rolle, so auf der rationalitätstheoretischen Ebene, auf der Habermas Vernunft als öffentlich vorstellt. Vernunft ist immer schon intersubjektiv und vollzieht sich als öffentliche Kommunikation: als herrschaftsfreie beziehungsweise zwanglose Verständigung. Diese rationalitätstheoretische Sicht setzt sich in die Diskurstheorie fort, gelangt also auf eine Ebene, auf der über die sprachphilosophische Herleitung eines universalistischen Diskursprinzips verschiedene Diskursformen unterschieden werden können, deren diskursive Resultate eben insofern als rational angesehen werden dürfen, als sie aus herrschaftsfreier, verständigungsorientierter Kommunikation hervorgehen. Auf der gesellschafts- beziehungsweise sozialphilosophischen Ebene werden rationalitätstheoretische Fragestellungen durch die System-Lebenswelt-Unterscheidung sowie im Rahmen der Pathologiendiagnose durch das Diagnosekriterium der zwanglosen Verständigung berührt. Eben jene herrschaftsfreie Kommunikation zwischen ebenso wie innerhalb von Subjekten sieht Habermas durch die Gefahr einer »Kolonialisierung der Lebenswelt« seitens der Systeme bedroht. Der theoretische Zuschnitt von Öffentlichkeiten als »Diskursräume« wird darüber hinaus in der Habermasschen Theorie des demokratischen Rechtsstaats relevant, wenn er zwischen der allgemeinen politischen Öffentlichkeit und der (wesentlich parlamentarischen) Öffentlichkeit des politischen Systems unterscheidet.

Habermas' Theorie der Öffentlichkeit durchläuft mehrere Stadien, von denen der *Strukturwandel der Öffentlichkeit* von 1962 beziehungsweise 1990 (⁶1999g), die *Theorie des kommunikativen Handelns* von 1981 (1995) und *Faktizität und Geltung* von 1992 beziehungsweise 1994 (1998b) als die drei wichtigsten benannt werden können. Aus jüngster Zeit stammen Überlegungen, die der Religion beziehungsweise religiösen Stellungnahmen in politischer Absicht einen legitimen Ort in der allgemeinen politischen Öffentlichkeit zuweisen (2005d; 2005e). In jedem der drei genannten Hauptwerke zur Öffentlichkeitsthematik erhält der Begriff der Öffentlichkeit einen jeweils anderen Zuschnitt und gleichwohl lassen sich verschiedene Komponenten bestimmen, die Habermas dem Begriff durchgängig zuspricht. So handelt es sich um einen normativen Begriff, den er in *Strukturwandel der Öffentlichkeit* historisch vom Idealtypus einer politisch fungierenden, bürgerlichen Öffentlichkeit eines Publikums räsonierender Privatleute herleitet. Diesen Idealtypus sieht Habermas im 18. und frühen 19. Jahrhundert im englischen, französischen und deutschen Raum entstehen. In der *Theorie des kommunikativen Handelns* überführt er diese Idee der gesellschaftspolitischen Öffentlichkeit in die Vorstellung kommunikativer Netzwerke innerhalb der Lebenswelt und in *Faktizität und Geltung* in die einer von der Zivilgesellschaft getragenen »autonomen Öffentlichkeit«. »Öffentlichkeit« erweist sich als grundlegender Begriff der Gesellschaftstheorie, da die Abgrenzung der gesellschaftspolitischen Öffentlichkeit von Staat, Wirtschaft und Privat- beziehungsweise Intimsphäre einen theoretischen Entwurf der Integration moderner, liberaler, pluralistischer Gesellschaften impliziert. In der Staatstheorie zeigt sich die Virulenz des Begriffs in der Verortung innerhalb der Unterscheidung von Staat und Gesellschaft und in der Demokratietheorie im Hinblick auf die Themen Souveränität und Legitimität. In allen drei genannten Werken spricht Habermas der Öffentlichkeit die Funktionen Emanzipation, politische Willensbildung und soziale Integration zu. Seit der *Theorie des kommunikativen Handelns* wird Öffentlichkeit auch in sozialphilosophischer Hinsicht zu einem zentralen Thema: »Nichtvermachtete Öffentlichkeiten« bilden den »Resonanzraum« für soziale Problemlagen, für soziale Pathologien. Sie sind die soziale und kommunikative Ressource, in der ein Kollektiv Diagnosen über das individuelle und gemeinsame Leben innerhalb des geteilten sozialen Raumes anstellen kann. Gelingende Öffentlichkeiten schaffen ein kritisches Bewusstsein für soziale Problemlagen, unter denen Individuen im Sinne einer sozialen Pathologie leiden (siehe etwa Habermas 1998b, S. 373–374).

Mit der *Theorie des kommunikativen Handelns* legt Habermas die Grundlagen einer kritischen Gesellschaftstheorie und löst sich von der radikalisierten Rationalitätskritik, die in der ersten Generation der Kritischen Theorie

maßgeblich in der *Dialektik der Aufklärung* betrieben wurde. Von Max Weber, Adorno und Horkheimer übernimmt Habermas den Begriff der
Zweckrationalität, erweitert ihn zu dem einer funktionalistischen Rationalität und stellt ihm den Begriff der kommunikativen Rationalität, die er in
alltagssprachlichen, verständigungsorientierten Handlungen angelegt sieht,
zur Seite. Diese rationalitätstheoretische Unterscheidung überführt er
gesellschaftstheoretisch in die Unterscheidung von »System« und »Lebenswelt«: Moderne Gesellschaften reproduzieren sich materiell in funktional
selbstregulierenden Systemen und ideell-symbolisch in den verständigungsorientierten Handlungen der Lebenswelt. Damit kann bei Habermas
von einer »zweistufigen Gesellschaftstheorie« (Honneth 2004, S. 103) gesprochen werden, die – darin grenzt sich Habermas von Adorno und
Horkheimer ab – *innerhalb* der gesellschaftlichen Reproduktion eine unvermachtete, nicht in den Kategorien von Zweck und Mittel aufgehende,
potentiell emanzipatorische Rationalität verorten kann.

Bei Habermas wird aus dem »geschichtsphilosophischen Negativismus«
(Honneth 1989, S. 381) Adornos die These von der Ambivalenz der Moderne, die er mit den beiden Theoremen der »Entkoppelung von System
und Lebenswelt« und der »Rationalisierung der Lebenswelt« erläutert.
Habermas zufolge kommt es im Prozess gesellschaftlicher Evolution im
Übergang zur Moderne zu einer zunehmenden funktionalen Ausdifferenzierung gesellschaftlicher Teilbereiche wie Wirtschaft, Politik und
Recht, die sich mit steigender Komplexität von der lebensweltlichen
Handlungskoordinierung ablösen – »entkoppeln«. Die monetäre und administrative Reproduktion von modernen Gesellschaften vollzieht sich in
den aus der Lebenswelt hervorgegangenen Subsystemen Wirtschaft und
politische Administration, die sich von dem kommunikativen Aufwand
und der Dissens- und Misserfolgsanfälligkeit kommunikativer Handlungskoordinierung entlasten, indem sie von sprachlicher Koordination auf
funktionale Selbstregulierung mittels der entsprachlichten Steuerungsmedien Geld (Subsystem Wirtschaft) und Macht (Subsystem Administration) umstellen. Mit dieser Umstellung entledigen sie sich zugleich der in
kommunikativen, verständigungsorientierten Handlungen eingelassenen
(normativen) Erwartungen und Geltungsansprüche, weshalb Habermas die
Systemintegration als weitgehend strategische, zur systematischen Selbstregulierung funktionale Handlungskoordination begreift (1995, Bd. 2,
S. 229–293).

In der *Theorie des kommunikativen Handelns* ist der aus der phänomenologischen Tradition stammende Begriff »Lebenswelt« der eigentlich fundamentale gesellschaftstheoretische Begriff. Gesellschaftliche Systeme entwickeln sich aus der Lebenswelt, verselbständigen sich, bleiben aber über die Institutionen mit der Lebenswelt verbunden (1995, Bd. 2, S. 230). Als unhinterfragtes Sinnreservoire einer Gesellschaft, als Konglomerat kultureller Selbstverständlichkeiten und eingespielter Verhaltensweisen, ist die Lebenswelt zugleich der soziokulturelle Raum, in dem nicht über Steuerungsmedien funktionalisiertes, nämlich verständigungsorientiertes Handeln möglich ist (1995, Bd. 2, S. 182–228, siehe insbesondere die graphischen Darstellungen der S. 214, 215 und 217).

Eben diese Lebenswelt sieht Habermas von einem Rationalisierungsprozess durchdrungen. Unter »Rationalisierungen« versteht er im Anschluss an Weber solche Prozesse, in denen vormals unhinterfragte Konsense zunehmend durch kommunikative Handlungen erzielt werden müssen. Darin, dass die »gesellschaftlich notwendigen Konsens[e]« in stärker werdendem Maße durch »rationale Motivierungen« hergestellt werden müssen, liege die »Dynamik der Moderne« und gleichzeitig ihre Ambivalenz (Welsch 1996, S. 127). Einher mit dieser Entwicklung gehe die Ausdifferenzierung der Rationalitätsaspekte oder auch Geltungsansprüche. Kognitive Wahrheit, moralisch-praktische Richtigkeit und ästhetisch-expressive Wahrhaftigkeit würden sich voneinander scheiden. Mit ihrer Differenzierung entstünden die sozialen Wertsphären Wissenschaft, Moral und Kunst; Expertenkulturen würden sich von der kommunikativen Alltagspraxis abspalten (Habermas 1995, Bd. 2, S. 273–274).

Als ambivalent erweist sich diese Ausdifferenzierung der Vernunft nach Habermas insofern, als sie einerseits die moderne Emanzipation des Subjekts möglich macht und andererseits zu einer »Auszehrung der Lebenswelt«, zur sozialen Desintegration und Verunsicherung der legitimen Grundlagen des gesellschaftlichen Zusammenlebens führt. Diese Prozesse verschärfen sich zu Pathologien, indem eine solchermaßen »ausgezehrte« Lebenswelt den Übergriffen aus Wirtschaft und Bürokratie wenig entgegenzusetzen hat, was sowohl für die öffentliche als auch für die private beziehungsweise intime Sphäre innerhalb der Lebenswelt gilt. Diese von Habermas als »Kolonialisierung der Lebenswelt« umschriebene Gefahr stellt sich der Lebenswelt tendenziell zum einen als die einer Ökonomisierung der gesamten Lebenswirklichkeit durch eine »entfesselte« Wirtschaft und zum anderen als die einer Bürokratisierung durch einen paternalistisch oder totalitär werdenden Staat dar. Die »Rationalisierung der Lebenswelt« zeigt sich in der Ersetzung von kommunikativer Handlungskoordinierung durch wertfreie, funktionale Systemregulierung, die auf eine sozial desintegrierte, in ihren Grundkonsensen legitimer Vergesellschaftung geschwächte Lebenswelt eindringt (Habermas 1995, Bd. 2, S. 171–293, siehe auch S. 449–488).

Ist die Öffentlichkeit als verständigungsorientierte Sphäre der Lebenswelt einerseits Opfer von Ökonomiesierungs- und Bürokratisierungsprozessen, so sieht Habermas sie andererseits als die Ressource, die mit ihren spezifischen Mitteln in Kulturbetrieb und Presse Grenzen für Systemübergriffe artikuliert beziehungsweise verbalisiert und über das Druckmittel der massenmedial vermittelten »öffentlichen Meinung« behauptet (ebd., S. 471, siehe auch S. 458 und 472). Werden notwendig kommunikative Verständigungsprozesse in den lebensweltlichen Hinsichten der kulturellen Überlieferung, der sozialen Integration wie der Sozialisation/Erziehung durch strategische, funktionalistische Handlungskoordinierung abgelöst, so überschreiten Monetarisierung und Bürokratisierung »die Grenzen der Normalität« (ebd., S. 477). Eben diese Grenzen der Normalität immer wieder neu zu bestimmen und sie zu behaupten sind Funktionen der Öffentlichkeit.

Habermas kann Ende der 70er, Anfang der 80er Jahre – die *Theorie des kommunikativen Handelns* erscheint 1981 – auf eine große Zahl an gesellschaftlichen Initiativen und Assoziationen sowie auf die so genannten »neuen sozialen Bewegungen« verweisen, in denen auf unterschiedliche Weise Kolonialisierungseffekte artikuliert werden. Als besonders bekannte Beispiele können sicherlich die Friedensbewegung, die Antikernkraft- und Ökologiebewegung sowie die feministische Bewegung hervorgehoben werden. Der Konfliktstoff entzündet sich in der gesellschaftspolitischen Öffentlichkeit der 70er und 80er Jahre nicht mehr im Bereich der materiellen Reproduktion, also als Verteilungskonflikt, sondern vielmehr in Fragen von gegenüber dem ökonomischen Mainstream alternativen, emazipatorischen Lebenspraktiken, sprich: in Fragen der Selbstverwirklichung (ebd., S. 576–583).

Am Ende von *Der philosophische Diskurs der Moderne* fragt Habermas nach den Möglichkeiten einer kritischen »Einwirkung der Gesellschaft auf sich selbst«, da der kritischen Gesellschaftstheorie unter den Bedingungen von gesellschaftlicher Dezentralisierung und Pluralisierung die Idee eines »höherstufigen Subjekts« nicht mehr zur Verfügung stehe (⁶1998a, S. 415). Habermas' Antwort sind die Kommunikationszusammenhänge der öffentlichen Netzwerke, die sich, wenn auch nicht in dem starken Sinne einer Selbsteinwirkung, durch die Vermittlung von Kommunikationsmedien zu einer höherstufigen und umfassenden Öffentlichkeit integrieren würden.[57] Und in eben diesen öffentlichen Verständigungsprozessen sieht Habermas die Möglichkeit gegeben, die Kolonialisierungseffekte des Eindringens der Systeme in die Lebenswelt nicht nur zu artikulieren und zu problematisieren, sondern auch zu therapieren und darüber hinaus dem weiteren Eindringen der Systeme entgegenzuwirken. In der *Theorie des kommunikativen Handelns* und in *Der philosophische Diskurs der Moderne* spitzt sich der Begriff der Öffentlichkeit zur Idee der Selbstvergewisserung einer Gesellschaft zu: Je stärker eine Gesellschaft kommunikativ integriert ist, desto weniger anfällig ist sie für die Ökonomisierung und Bürokratisierung von Lebenswirklichkeit.»Öffentlichkeit« erscheint in diesem Stadium Habermasschen Denkens so auch primär als ein Defensivkonzept[58]: Öffentlichkeiten agieren an den Schwellen, an denen wertorientierte Handlungszusammenhänge durch strategisch organisierte abgelöst zu werden drohen. Sie können keinen direkten, konstruktiven Einfluss auf die primär strategische, funktionalistische Organisation von Handlungszusammenhängen nehmen, sondern die jeweilige Systemregulierung nur von außen irritieren und die Lebenswelt gegen das Eindringen der Systemimperative stärken.

»An die Stelle des Modells der Selbsteinwirkung der Gesellschaft tritt damit das Modell eines von der Lebenswelt unter Kontrolle gehaltenen Grenzkonfliktes zwischen ihr und den beiden an Komplexität überlegenen, nur sehr indirekt beeinflußbaren Subsystemen [Wirtschaft und Administration], auf deren Leistungen sie gleichwohl angewiesen ist.« (Habermas [6]1998a, S. 423)

---

57 »Was Luhmann den ›gesamtgesellschaftlich fungierenden Konsens‹ nennt, ist kontextabhängig und fallibel – in der Tat provisorisch. Aber es *gibt* dieses reflexive Wissen der Gesamtgesellschaft. Es verdankt sich nur noch der höherstufigen Intersubjektivität von Öffentlichkeiten und kann deshalb den scharfen Kriterien der Selbstreflexion eines höherstufigen Subjekts nicht mehr genügen. Ein solches Zentrum der Selbstverständigung reicht freilich für die Einwirkung der Gesellschaft auf sich selbst nicht aus; dazu bedürfte es auch noch einer zentralen Steuerungsinstanz, die das Wissen und die Impulse der Öffentlichkeit aufnehmen und umsetzen könnte.« (Habermas [6]1998a, S. 418)

58 Siehe hierzu Heming, der in Bezug auf Habermas' Demokratietheorie die These vertritt, dass Öffentlichkeiten durch das Habermassche Gesamtwerk hindurch in wohl unterschiedlichem Maße ausgeprägt, aber letztlich immer als defensiv konzipiert werden. Heming geht es um die Frage, inwiefern partizipatorische Demokratie vor dem Hintergrund der Unterscheidung von politischem System und lebensweltlicher Öffentlichkeit denkbar wird (1997, S. 145-171, besonders S. 156).

Für eine Öffentlichkeit, die diesen Konflikt auszutragen in der Lage ist, formuliert Habermas den Begriff der *autonomen Öffentlichkeit*. In diesem normativen Begriff reflektiert sich Habermas' These von der »Ambivalenz der Moderne«. Als »autonom« ist öffentliche Kommunikation, durchaus im Anschluss an Kants öffentlichen Vernunftgebrauch des Publikums der Gelehrten (Kant 1969), zu verstehen, wenn sie sich als ein konsensorientierter, vernünftiger Austausch von Argumenten vollzieht. In einer autonomen Öffentlichkeit beteiligen sich die Akteure an der wechselseitig anerkannten Praxis des Forderns und Gebens von Gründen. Jeder Akteur muss die Bereitschaft aufbringen, seine Interpretationen und Analysen gegebenenfalls zu modifizieren und seine Überzeugungen und Meinungen zu revidieren. Solche Selbstkorrekturen können legitimerweise aber nur auf Basis des besseren Argumentes, der überzeugenderen Analyse oder der plausibleren Interpretation erwartet und niemals vor dem Hintergrund schierer Machtasymmetrien erzwungen werden. Dass die öffentliche Kommunikation nicht von solchen Asymmetrien bestimmt wird, ist eine Bedingung dafür, mit Recht von einer »nicht-vermachteten politischen Öffentlichkeit« (Habermas 1998b, S. 374) sprechen zu können.

Die Rationalität, die in gelingender öffentlicher Kommunikation zum Ausdruck kommt, ist aber, gemäß dem Theorem der »Rationalisierung der Lebenswelt«, auch eine evolutionäre Ursache für die Ausdifferenzierung und Aushöhlung der Lebenswelt sowie für die Entkoppelung der Systeme und die Kolonisierungsgefahr. Die moderne Ausdifferenzierung der Vernunft erweist sich als zutiefst ambivalent. Auch in seinem Vernunft- beziehungsweise Rationalitätskonzept orientiert sich Habermas an Kant, indem er von der einen Vernunft ausgeht, die sich gleichwohl in unterschiedliche Rationalitätsformen differenziert. Die funktionalistische Rationalität verortet er im System, die kognitive, die moralisch-praktische und ästhetisch-expressive Rationalität in den kommunikativen Praktiken der weitgehend rationalisierten Lebenswelt. Autonome Öffentlichkeiten erhalten ihre emanzipatorische Kraft nur aus den Quellen eben dieser rationalisierten Lebenswelt, aus den Quellen Kultur, Wissenschaft und Philosophie ([6]1998a, S. 422–424).

Öffentlichkeiten entstehen aus der wertorientierten, verständigungsorientierten und alltagssprachlichen Kommunikation der Lebenswelt. Die Rationalitätsvermutung in Bezug auf die Ergebnisse öffentlicher Debatten erweist sich in dem Maße als berechtigt, in dem diese Debatten formale, diskursive Bedingungen der argumentativen Rede und der symmetrischen Kommunikation erfüllen. Solche diskurstheoretischen Kriterien zur Beurteilung der Qualität öffentlicher Kommunikation und mithin der Beschaffenheit öffentlicher Räume bezieht Habermas über eine komplizierte sprachpragmatische Herleitung aus der Alltagssprache. In der lebensweltlichen Kommunikation ist aber nicht nur das potentiell kritische, emanzipatorische Rationalitätspotential angelegt, sondern auch das Diagnosekriterium der Habermasschen Sozialdiagnose. Zu pathologischen Phänomenen kommt es dann, wenn verständigungsorientiertes Handeln durch Systemimperative kolonialisiert wird: Habermas' Diagnosekriterium ist das der Verständigung. In diesem diagnostischen Ansatz ist implizit eine formale Anthropologie enthalten, der zufolge Individuen für ihre Selbstverwirklichung und psychische Integrität auf zwanglose Verständigung mit sich selbst wie mit anderen angewiesen sind. In verständigungsorientierter sprachlicher Kommunikation zeigt sich die öffentliche Dimension der Selbstverwirklichung: Öffentlichkeit im Sinne der zwanglosen Verständigung ist im anthropologisch gefassten Begriff der Selbstverwirklichung konzeptuell angelegt.

In *Faktizität und Geltung* wird das Konzept der autonomen Öffentlichkeit durch das der Zivilgesellschaft konkretisiert und als Baustein der Konzeption der »deliberativen Politik« ausgearbeitet (siehe zum Konzept der »deliberativen Politik« auch Habermas 1999a). Die Zivilgesellschaft, die, anders als bei Hegel und Marx, die Sphäre der Ökonomie nicht mehr einschließt, kann in Form »einer von Staat und Ökonomie gleich weit entfernten« (Habermas 1998b, S. 365) Sphäre freiwilliger Assoziationen Träger autonomer Öffentlichkeiten sein: »Autonome Öffentlichkeiten« können sich um Assoziationen »kristallisieren« (Habermas [6]1999g, S. 47), sie sind »angewiesen auf eine soziale Verankerung in zivilgesellschaftlichen Assoziationen« (Habermas 1998b, S. 434). Wie schon in der *Theorie des kommunikativen Handelns* ausgeführt, soll Öffentlichkeit gesellschaftliche Pathologien als Kolonialisierungseffekte wahrnehmen und artikulieren, also in das öffentliche Bewusstsein rücken. Die Zivilgesellschaft ist neben der Privatsphäre in der Lebenswelt verortet und in der Lage, verständigungsorientierte Kommunikationen thematisch zu autonomen Teilöffentlichkeiten zu verdichten, die indirekt auf das politische System Einfluss ausüben können, und zwar allgemein über die »öffentliche Meinung« oder aber an den »Rändern der Administration« (Habermas 1998b, S. 430)[59].

Jäger und Baltes-Schmitt zufolge kann Habermas' Konzept der Öffentlichkeit in *Faktizität und Geltung* als progressiv angesehen werden, da Öffntlichkeit nicht bloß die Artikulierung gesellschaftlicher Pathologien, sondern darüber hinaus »die demokratische Eindämmung der kolonialisierenden *Übergriffe* der Systemimperative auf lebensweltliche Bereiche« (Habermas [6]1999g, S. 36) leisten soll (Jäger/Baltes-Schmitt 2003, S. 83). Die Autoren beziehen sich unter anderem auf das Vorwort zur 1990er Neuauflage von *Strukturwandel der Öffentlichkeit*, in dem Habermas von »radikaler Demokratisierung« spricht, die zwar nicht mehr auf die Überwindung der kapitalistischen Gesellschaftsordnung als solche, wohl aber auf eine neues »Gleichgewicht« der Kräfte innerhalb der gesamten Gesellschaft abzielt und gleichwohl an der »Gewaltenteilung« von System und Lebenswelt prinzipiell festhält (Habermas [6]1999g, S. 36).

»Eine radikaldemokratische Veränderung des Legitimationsprozesses zielt ab auf eine neue Balance zwischen den Gewalten der gesellschaftlichen Integration, so daß sich die sozialintegrative Kraft der Solidarität – die ›Produktivkraft Kommunikation‹ – gegen die ›Gewalten‹ der beiden anderen Steuerungsressourcen, Geld und administrative Macht, durchsetzen und damit die an Gebrauchswerten orientierten Forderungen der Lebenswelt zur Geltung bringen kann.« (Habermas [6]1999g, S. 36.)

Die gesellschaftspolitische Öffentlichkeit hat aber auch in *Faktizität und Geltung* noch immer, wie in der *Theorie des kommunikativen Handelns*, eine defensive Funktion, und zwar in der Abwehr des Eindringens der Systemimperative. Da Habermas aber jetzt eine normative Theorie des demokratischen Rechtsstaats vorlegt, kann er die konstruktive und progressive Funktion der Öffentlichkeit ausführen. In einem demokratisch verfassten

---

59 Unter diesen »Rändern« versteht Habermas die »Peripherie aus verschiedenen Institutionen, die mit Selbstverwaltungsrechten oder delegierten staatlichen Kontroll- und Hoheitsfunktionen anderer Art ausgestattet sind (Universitäten, Versicherungssysteme, Standesvertretungen, Kammern, Wohlfahrtsverbände, Stiftungen usw.)«. Weitere Möglichkeiten der Einflussnahme böten sich, wenn das administrative System auf spezifisches, in Expertengruppen generiertes »Fachwissen zu politisch relevanten Steuerungsproblemen« zurückgreife. Solches Wissen lasse im Kontext politischer Problemlösung seine »unvermeidlich normative Imprägnierung« erkennen, die ihrerseits zum Gegenstand öffentlicher Debatten werde. Nicht zuletzt sei Einfluss auf das politische System in Form der Irritierung und Sensibilisierung durch zivilen Ungehorsam möglich (1998b, S. 426, 430, 462–463).

Rechtsstaat ist die politische Selbstbestimmung eines Kollektivs insbesondere auch in Bezug auf die Balance zwischen System und Lebenswelt auf die allgemeine gesellschaftspolitische Öffentlichkeit angewiesen.

Um den Ansatz einer rationalen demokratischen Willensbildung, die sich in die politisch-rechtlichen Entscheidungen in Parlament und Regierung fortsetzt, ausführen zu können, unterscheidet Habermas in *Faktizität und Geltung* zugleich deskriptiv wie normativ zwischen zwei Öffentlichkeiten, zwischen der lebensweltlichen, von der Zivilgesellschaft getragenen informellen, allgemeinen politischen Öffentlichkeit und der von der politischen Gesellschaft beziehungsweise dem politischen System veranstalteten verfahrensregulierten Öffentlichkeit (1998b, S. 372–374). Diese diskurstheoretische Unterscheidung zweier öffentlicher Diskursräume qualifiziert Habermas durch die begriffliche Bestimmung der verfahrensregulierten Öffentlichkeit als *»Rechtfertigungszusammenhang«* und durch die Erläuterung der informellen Öffentlichkeit als *»Entdeckungszusammenhang«* (ebd., S. 373). Da es in der verfahrensregulierten Öffentlichkeit um die rechtliche Regelung von Problemlagen geht, muss sich die Willensbildung hier auf die Begründung rechtlich-politischer Entscheidungen zuspitzen. Dabei kommen verschiede Arten von Gründen in Frage: unter dem prinzipiellen Vorrang moralischer Gründe werden auch pragmatische Gründe und solche Gründe herangezogen, die aus den sittlichen Geweben substantieller Wertorientierungen aufgeführt werden. Sofern die Deliberation keinen Konsens erzielen kann, müssen Kompromiss und Ausgleich der Interessen angestrebt werden, in Bezug auf die die Rationalitätsvermutung des verständigungsorientierten Diskurses aufgrund des fairen Kompromissfindungsverfahrens ausgedehnt werden kann: »Sobald eine vernünftige kollektive Willensbildung auf konkrete Rechtsprogramme abzielt, muß sie die Grenzen von Gerechtigkeitsdiskursen überschreiten und Probleme von Selbstverständigung und Interessenausgleich einbeziehen.« (ebd., S. 191)

Diese regulierte, auf die Begründung politisch-rechtlicher Entscheidungen spezialisierte Öffentlichkeit ist für Habermas auf den kommunikativen Zufluss aus der allgemeinen, informellen Öffentlichkeit angewiesen, in der neue, potentiell der politischen Regelung bedürftige Problemlagen überhaupt erst thematisiert und in das öffentliche Bewusstsein gehoben werden können:

»Wegen ihrer anarchischen Struktur ist die allgemeine Öffentlichkeit einerseits den Repressions- und Ausschließungseffekten von ungleich verteilter sozialer Macht, struktureller Gewalt und systematisch verzerrter Kommunikation schutzloser ausgesetzt als die organisierten Öffentlichkeiten des parlamentarischen Komplexes. Andererseits hat sie den Vorzug eines Mediums *uneingeschränkter* Kommunikation, in dem neue Problemlagen sensitiver wahrgenommen, Selbstverständigungsdiskurse breiter und expressiver geführt, kollektive Identitäten und Bedürfnisinterpretationen ungezwungener artikuliert werden können als in den verfahrensregulierten Öffentlichkeiten.« (ebd., S. 374)

Inwiefern können nun die Habermasschen öffentlichen Diskursräume, die mit den Mitteln der Diskurstheorie beschrieben und kritisch auf ihre relative Autonomie hin geprüft werden können, als Ermöglichungsbedingung für die Selbstverwirklichung und ethische Autonomie von Individuen verstanden werden? Auch auf der Theoriestufe von *Faktizität und Geltung* gilt noch die in der *Theorie des kommunikativen Handelns* begründete anthropologische These, dass die Selbstverwirklichung und psychische Integrität von Individuen auf zwanglose Verständigung beziehungsweise auf möglichst nichtdeformierte Lebenswelten angewiesen sind. Die bereits in den 80er Jahren ausformulierten Überlegungen zur Öffentlichkeit, in der gesellschaftliche Pathologien problematisiert und in das kollektive Bewusstsein gehoben werden können, gehen ebenfalls in *Faktizität und Geltung* ein. In dieser jüngeren Arbeit von 1992 interessiert sich Habermas nun aber vor allem für die Frage, wie solche öffentlichen Problematisierungen Eingang in die politisch-rechtliche Beschlussfassung finden können. Damit geht es ihm hier um die Frage, wie ein Staat, nämlich ein demokratischer Rechtsstaat, beschaffen sein muss, damit die Selbstverwirklichung und Integrität von Individuen rechtlichen und staatlich sanktionierten Schutz erhalten. Wie genau diese nötige öffentliche Problematisierung gesellschaftlicher Pathologien in den Diskursräumen der allgemeinen politischen Öffentlichkeit zu verstehen ist, kann aber auf dieser Theoriestufe, das heißt vor der Folie der zwischenzeitlichen Weiterentwicklung der Diskurstheorie, differenzierter betrachtet werden.

In den 1991 erschienenen Erläuterungen zur Diskursethik modifiziert Habermas in dem Aufsatz »Vom pragmatischen, ethischen und moralischen Gebrauch der praktischen Vernunft« (1991b) seine Diskurstheorie dahingehend, dass er zwischen moralischen und ethischen Diskursen unterscheidet. In moralischen Diskursen geht es um die Rechtfertigung universaler moralischer Normen, um die Rechte und Pflichten, die wir unbedingt anerkennen müssen. In ethischen Diskursen geht es dagegen um kulturrelative Wertorientierungen wie um die authentische Identität von Personen, so in ethisch-existentiellen Diskursen, oder von Kollektiven, so in ethisch-politischen Diskursen. Mit dem Diskurstypus des ethischen Diskurses erweitert Habermas seine Diskurstheorie der Theorie des kommunikativen Handelns aus dem Jahr 1981: Die ästhetische Kritik unter der Maßgabe der Angemessenheit von Wertstandards und die therapeutische Kritik unter der Maßgabe der Wahrhaftigkeit von Expressionen (1995, Bd. 1, S. 40–43, 45) gehen jetzt, jedenfalls in ethisch-existentiellen Diskursen, in »die klinische Frage« des »geglückten oder nicht-verfehlten Lebens« ein (1991b, S. 108–109). Vor dem Hintergrund dieser Modifizierung der Diskurstypologie lässt sich nun aber fragen, welche Art Diskurs in der allgemeinen politischen Öffentlichkeit geführt werden muss, wenn es um die Problematisierung von gesellschaftlichen Pathologien gehen soll.

Die allgemeine, informelle Öffentlichkeit wird von Habermas als politische Öffentlichkeit bezeichnet, wobei er den Politikbegriff in einem engeren Sinne und in einem weiteren, gesellschaftspolitischen Sinne gebraucht. Im engeren Begriffsverständnis umfasst er »die Verwendung administrativer Macht« und »die Konkurrenz um den Zugang zum politischen System« (1998b, S. 187). Das weitere Begriffsverständnis bleibt gegenüber jener genauen Definition vergleichsweise vage. Hinsichtlich der informellen Öffentlichkeit scheint Habermas ohne weitere Differenzierung mal von der allgemeinen, mal von der politischen Öffentlichkeit zu sprechen. Die idealerweise autonome, das heißt nichtvermachtete Öffentlichkeit eröffnet den sozialen Raum, in dem sowohl moralische als auch ethisch-politische Diskurse geführt werden können.

Nun nimmt Habermas in dem genannten Aufsatz über den intern differenzierten Gebrauch der praktischen Vernunft eine terminologische Unterscheidung zwischen der Autonomie als moralischer Selbstbestimmung und der Authentizität als ethischer Selbstverwirklichung beziehungsweise Selbstverständigung vor, die etwas quer zu seiner normativen Bestimmung der informellen Öffentlichkeit als autonomer Öffentlichkeit liegt. Zunächst handelt es sich bei der Autonomie um eine Fähigkeit von Personen, ihren Willen vollständig und ohne Rest rational zu bestimmen. So mag man abgeleitet auch von einer vollständig rationalen kollektiven Willensbestimmung sprechen. Muss schon die individuelle moralische Willensbildung gemäß der »Idee [...] einer öffentlichen Argumentation, die sie in foro interno bloß nachvollzieht« (1991b, S. 116), stattfinden, so ist die kollektive moralische Selbstbestimmung auf eine nichtvermachtete, autonome Öffentlichkeit angewiesen. Als autonom erweist sich diese Öffentlichkeit aber auch insofern, als ethisch-politische Diskurse, also Selbstverständigungsdiskurse über die authentische Identität eines Kollektivs, gelingen können.

Im Hinblick auf die öffentliche Problematisierung sozialer Pathologien fragt sich nun, ob Pathologiendiagnosen vor der Habermasschen Folie der Unterscheidung von Moral und Ethik in den Kompetenzbereich der Ethik fallen und also Gegenstand ethischer Diskurse sind oder ob sie in den der Moral fallen und damit Gegenstand moralischer Diskurse sind. Habermas gibt uns in seinen Schriften zahlreiche Hinweise, dass es sich bei der Frage nach Pathologien um eine ethische handele. In den *Erläuterungen zur Diskursethik* bezeichnet Habermas eine Lebensform nur insofern als »rational«, als sie »moralisch« ist. Ob ein Leben gelingt, ob Individuen authentisch leben können, ist für Habermas keine Frage der Rationalität ihres Lebens:

> »Wenn Traditionen den lebendigen Kontakt mit der Gegenwart verloren haben, wenn Institutionen nur noch durch blinde Gewalt aufrechterhalten werden und wenn Individuen sich in ihren eigenen Handlungen nicht mehr wiederfinden, ist eine sittliche Totalität entzweit – so hatte schon der junge Hegel das entfremdete Leben vom versöhnten unterschieden. Diese Merkmale charakterisieren indessen eine Lebensweise im ganzen, nämlich Pathologien einer Lebensform, und nicht den Grad ihrer Rationalität. Ob ein Leben gelungen oder entfremdet ist, richtet sich nicht nach Maßstäben normativer Richtigkeit – wenngleich die intuitiven, schwer explizierbaren Maßstäbe für ein, sagen wir es besser negativ: nicht verfehltes Leben auch nicht völlig unabhängig von moralischen Maßstäben variieren.« (Habermas 1991c, S. 48)

Diese Engführung des Rationalitätsbegriffs auf die moralische Selbstbestimmung nach dem Maßstab der normativen Richtigkeit ist aber vor dem Hintergrund der Habermasschen Diskursdifferenzierung unplausibel. Die Vorstellung ethisch-existentieller und ethisch-politischer Diskurse ist nicht sinnvoll verstehbar, wenn die in ihnen vorgebrachten Gründe, Interpretationen und Analysen nicht hinsichtlich ihrer Rationalität befragt werden könnten. Daher spricht auch Habermas selbst im Hinblick auf die evaluativen Fragen des guten Lebens, der Selbstverwirklichung beziehungsweise der Authentizität von der Möglichkeit »einer rationalen Erörterung«, die allerdings »nur innerhalb eines unproblematischen Horizonts einer geschichtlich konkreten Lebensform oder einer individuellen Lebensführung« vertretbar ist (ebd., S. 39).[60]

---

60 Siehe auch: »Das in Diskursen allgemein angelegte Rationalitätspotential kann unter Gesichtspunkten von Wahrheit, Effektivität und begrifflicher Konsistenz für die Begründung von Regeln instrumentellen und wahlrationalen Handelns, unter dem

Auch wenn man bezweifeln mag, dass solche Horizonte in der Regel unproblematisch sind, deutet sich in diesen Habermasschen Überlegungen zur Rationalität kollektiv-ethischer Reflexionen immerhin das Kriterium der Selbstübereinstimmung beziehungsweise der immanenten Kohärenz an. Eben dieses Kriterium wurde im Anschluss an Anderson am Ende des vorangegangenen Kapitels als wesentlich für die ethische Autonomie beziehungsweise Authentizität des Individuums herausgestellt (siehe Abschnitt 2.6). Die normativen Erwartungen, die die Mitglieder einer historischen Gemeinschaft unter der geteilten Vorstellung eines guten Lebens aneinander stellen, dürfen daher legitimerweise auch nur partikulare, keine universelle Geltung beanspruchen. In diesem Sinne handelt es sich gegenüber der universellen Geltung moralischer Normen um eine abgeschwächte, schwache Geltung.

In einer gewissen Spannung zu dieser Differenzierung von partikularer und universeller Geltung steht allerdings der Habermassche Versuch, im Rahmen seiner theoretischen Anstrengungen zwischen ethischen Fragen des guten Lebens und moralischen Fragen der Gerechtigkeit zu unterscheiden, so, als könne man solche Fragen außerhalb öffentlicher Diskurse philosophisch sauber voneinander trennen. Es mag Fälle wie zum Beispiel die ästhetische Frage, ob man die Haare lieber lang oder kurz trägt, geben, in denen dies eindeutig möglich ist. In vielen und wahrscheinlich den meisten komplexeren Fragen – nicht nur, aber insbesondere der kollektiven Selbstverständigungsdiskurse – werden auch moralische Fragen der Gerechtigkeit tangiert. So scheint die Vorstellung, man könne klar unterscheidbare Listen von ethischen und moralischen Fragen und Problemen aufstellen, fehlgeleitet zu sein (siehe auch Forst 2001, S. 354). Vielmehr kann erst in Diskursen, also im Vollzug des Gebens und Forderns von Gründen, in Interpretationen und Analysen herausgefunden werden, ob es sich um eine Problematik handelt, die nach universell geltenden Normen zwischenmenschlicher Rechte und Pflichten verlangt oder nach Maßgabe kultureller Wertorientierungen zu behandeln ist. Gerade politische Diskussionen berühren zumeist sowohl ethische als auch moralische Aspekte,

---

Gesichtspunkt der Authentizität für die Begründung von ethischen Wertorientierungen, unter dem Gerechtigkeitsaspekt für die Rechtfertigung moralischer Urteile und Normen in Anspruch genommen werden.« (Habermas 2005f, S. 97)

worauf Habermas selbst in Bezug auf die Begründung von Rechtsnormen hinweist.[61]

Habermas zufolge gilt der Vorrang des Rechten vor dem Guten. Die Motivation zum moralischen Handeln wie die soziale Integration beziehungsweise die Solidarität innerhalb einer Gesellschaft sind in den lebensweltlichen, dichten sittlichen Geweben begründet. Aus diesen Geweben beziehen Menschen ihre – mit Kant gesprochen – Maximen, die im intersubjektiven Konfliktfalle im moralischen Diskurs auf ihre Universalisierbarkeit hin überprüft werden müssen. Sofern die differierenden ethischen Gewissheiten zu »praktischen Konflikten« führen, »die nach (ethische Kontexte transzendierenden) Normen des zwischen Menschen strikt Ge- und Verbotenen verlangen«, muss die Begründungschwelle angehoben werden (Forst 2001, S. 352). Dann muss von der partikularen Geltung ethischer, sittlicher Gewissheiten zur universellen Geltung begründeter moralischer Überzeugungen übergegangen werden (siehe zur Unterscheidung ethischer Gewissheiten und moralischer Überzeugungen Habermas 2005a, S. 248). Ethische Gründe, Wertorientierungen, weltanschaulich perspektivierte Interpretationen der eigenen Identität und Geschichte und die in diesen Vorstellungen vom guten Leben enthaltenen Bedürfnisinterpretationen sollen aber auch nach Habermasscher Auffassung für die Rechtfertigungsdiskurse moralischer Normen unter der Maßgabe zwischenmenschlicher Gerechtigkeit nicht verloren gehen. Vielmehr müssen moralische Normen unter Berücksichtigung der Folgen für die von dieser Norm Betroffenen im Hinblick auf deren ethisch-sittliche Orientierungen gerechtfertigt werden.

Kants Verallgemeinerungsprinzip wird bei Habermas zur verallgemeinerten, gegenseitigen Perspektivenübernahme: Die strenge Allgemeinheit/Universalität wird durch die Form des Diskurses, das heißt die Eigenschaften des Argumentationsprozesses, gewährleistet, die Verständigungsorientierung der Diskursteilnehmer drückt sich in der Form ihrer Argumentation sowie in der Perspektivenübernahme aus:

---

61 Habermas korrigiert in seinem Nachwort zur vierten Auflage von *Faktizität und Geltung* seinen vormaligen Versuch (Habermas 1998b, S. 203 ff.), zwischen ethischen und moralischen Fragen klar unterscheiden zu können: »Normalerweise sind politische Fragen so komplex, daß sie gleichzeitig unter pragmatischen, ethischen und moralischen *Aspekten* behandelt werden müssen. Diese lassen sich freilich nur *analytisch* trennen. Deshalb ist mein (S. 203 ff.) unternommener Versuch, verschiedene Arten von Diskursen anhand linear zugeordneter konkreter Fragen zu exemplifizieren, irreführend.« (Habermas 1998b, S. 667, Fußn. 3)

»Der Universalisierungsgrundsatz ›U‹ [...] besagt,

– daß eine Norm genau dann gültig ist, wenn die voraussichtlichen Folgen und Nebenwirkungen, die sich aus ihrer allgemeinen Befolgung für die Interessenlagen und Wertorientierungen eines jeden voraussichtlich ergeben, von allen Betroffenen gemeinsam zwanglos akzeptiert werden können.

[...] Mit ›Interessenlagen und Wertorientierungen‹ kommen die pragmatischen und ethischen Gründe der einzelnen Teilnehmer ins Spiel. Diese Eingaben sollen einer Marginalisierung des Selbst- und Weltverständnisses einzelner Teilnehmer vorbeugen und allgemein die hermeneutische Sensibilität für ein hinreichend breites Spektrum von Beiträgen sichern. Des weiteren verlangt die verallgemeinerte gegenseitige Perspektivenübernahme (›eines jeden‹ – ›von allen gemeinsam‹) nicht nur Einfühlung, sondern auch interpretatorische Intervention in das Selbst- und Weltverständnis von Teilnehmern, die sich für Revisionen der (Sprache ihrer) Selbst- und Fremdbeschreibungen offenhalten müssen.« (Habermas 1999b, S. 60)

Soziale Pathologien, also Formen des Leidens, die ein überindividuelles Phänomen darstellen und in gesellschaftlichen Fehlentwicklungen begründet liegen, werden von Habermas, bis in seine jüngsten Publikationen hinein, auf der Folie der Lebenswelt-System-Unterscheidung gedeutet. Sie werden als ein Leiden an dem Misslingen der zwanglosen Verständigung von Subjekten mit sich selbst wie untereinander verstehbar, das durch eine fortschreitende Ökonomisierung der Lebenswelt oder aber durch zu weit reichende staatliche Eingriffe in die privaten Lebenszusammenhänge verursacht ist. Zu Zeiten des Erscheinens der *Theorie des kommunikativen Handelns* (1981) sah Habermas die gesellschaftlichen Konflikte »an den Nahtstellen zwischen System und Lebenswelt« (1995, Bd. 2, S. 581) als solche, die mit den späteren *Erläuterungen zur Diskursethik* (1991) als ethische Probleme beschrieben werden müssten: »Kurz, die neuen Konflikte entzünden sich nicht an *Verteilungsproblemen*, sondern an Fragen der *Grammatik von Lebensformen*.« (1995, Bd. 2, S. 576) Der Ruf nach alternativen Lebensformen verstand sich als Kritik an der Ökonomisierung in privaten und öffentlichen Sphären. Im Namen von Selbstverwirklichung und Authentizität wurde etwa die Zuschneidung von Bildung nach Effektivitätsgesichtspunkten oder die Instrumentalisierung und Entfremdung der Erwerbsarbeit problematisiert.

Für die gegenwärtige gesellschaftliche Situation kann eine neue Aktualität von Verteilungskonflikten oder Konflikten um die Teilhabe an Arbeit, an gesellschaftlichem Wohlstand und am sozialen beziehungsweise kulturellen Leben festgestellt werden. Wie in den Sozialwissenschaften thematisiert wird, wird das Freiheitsideal der Authentizität beziehungsweise der

Selbstverwirklichung dabei paradox verkehrt und unter den Bedingungen eines zunehmend neoliberalen Kapitalismus zu einem neuen Zwang (siehe hierzu zusammenfassend Honneth 2002). So scheinen jetzt die massiven Forderungen nach Mobilität und Flexibilität gerade mit Bezug auf das Ideal der Selbstverwirklichung gerechtfertigt werden zu können. In der Regel zeigen sich Mobilität und Flexibilität aber nur (und oft auch nicht ohne Ambivalenz) in den oberen Qualifikations- und Wohlstandsschichten als Ausweitung von Freiheitsspielräumen. Für die abhängig Beschäftigen der Unter- und unteren Mittelschicht erweisen sie sich vielmehr als in Kauf zu nehmende Nebenerscheinungen von Zeit- und Leiharbeit oder als notwendiges Übel im Kampf gegen (Langzeit-)Arbeitslosigkeit. Auch ein gelingendes Leben, auch Authentizität und Selbstverwirklichung bedürfen einer gewissen Stabilität und ökonomischen Sicherheit (siehe Boltanski/Chiapello 2006, S. 506–511). Und eine solche gesellschaftliche Pathologie, die im Leiden unter dem Flexibilitätsdruck, der eine authentische Lebensführung unterwandert, besteht, kann man sehr wohl durch die Ökonomisierung von Lebenswirklichkeit verstehbar machen: Die zwanghafte Ausrichtung des ganzen Lebens auf die Sicherung der ökonomischen Existenz kann zu einem Misslingen der lebensweltlichen, zwanglosen und wertorientierten Verständigung von Subjekten mit sich selbst wie mit anderen Subjekten führen. Sofern die Ursachen dieser Pathologie auch in ungerechten Chancen und Möglichkeiten der Teilhabe an Bildung, Arbeit, Wohlstand und Kultur zu finden sind, handelt es sich bei der Pathologie nicht mehr um eine bloß ethische, sondern um eine moralische Problematik. Die Diagnose gesellschaftlicher Pathologien und die Kritik ihrer Ursachen können folglich nicht ausschließlich Gegenstand ethischer Diskurse sein, auch wenn das individuelle Leiden an der Gesellschaft nur vor dem Hintergrund individueller und kollektiver ethischer Gewissheiten beziehungsweise Vorstellungen vom guten Leben verstehbar und diagnostizierbar wird. Eine Gesellschaft muss sich in moralischen Diskursen Rechenschaft darüber geben, ob ihre faktischen Gerechtigkeitsstandards zu sozialen Pathologien führen können. Dabei müssen in diesen Diskursen die individuellen und kollektiven sittlichen Gewebe Berücksichtigung finden.[62]

---

62 Die Habermassche Moral-Ethik-Unterscheidung, die hier, mit zurückhaltender Kritik, beschrieben wurde, kann einer fundamentaleren Kritik unterzogen werden. Eine solch grundsätzlichere Kritik ist kein Ziel meiner Arbeit, gleichwohl streifen auch meine Überlegungen zur Entfaltung des Begriffs der Öffentlichkeit zu einem Diagnose- und

Die ältere Habermassche Sozialdiagnose der Theorie *des kommunikativen Handelns*, die gesellschaftliche Pathologien mit dem Kriterium der Verständigung diagnostiziert, kann in die moralischen und ethischen Diskurse eingehen: Der philosophische Sozialdiagnostiker, der gesellschaftliche Entwicklungen mit dem Habermasschen Diagnosekriterium der zwanglosen Verständigung zwischen Subjekten und von Subjekten mit sich selbst kritisch betrachtet, soll seine Diagnosen und seine Kritik zur öffentlichen Diskussion stellen. Gemäß der Habermasschen Öffentlichkeitstheorie nimmt er aber idealerweise keine durch philosophische Expertise begründete herausgehobene, sondern eine kommunikativ streng symmetrische Stellung zu allen anderen öffentlichen Akteuren ein, die aus ihren jeweiligen professionellen oder weltanschaulichen Kontexten heraus einen diagnostischen sowie kritischen Blick auf die Gesellschaft werfen.[63] Durchaus im Sinne einer kritischen Selbstbescheidung der Reichweite der philosophischen Sozialdiagnose können jüngere Überlegungen Habermas' gelesen werden, in welchen er sich besonders mit der Rolle der Religion in der allgemeinen politischen Öffentlichkeit befasst. Religionen bilden weltanschauliche, ethische Gemeinschaften innerhalb der Gesellschaft und sofern sie eine aus der Habermasschen Sicht gleichwohl partikular bleibende politische Sicht auf Staat und Gesellschaft ausbilden, für die sie öffentlich eintreten, können sie als ethisch-politische Gemeinschaft verstanden werden.[64] Aus der Sicht Habermas' bilden gerade Religionen, sofern sie die

---

Kritikkonzept das Problem, ob die Habermassche Unterscheidung überhaupt überzeugt. Siehe hierzu unten den Abschnitt 4.4.

63 Siehe hierzu auch Habermas' Sicht auf die öffentliche Rolle des Intellektuellen, der in dem Entdeckungszusammenhang der allgemeinen Öffentlichkeit mit einem »avantgardistischen Spürsinn für Relevanzen« gleichsam wie ein »Frühwarnsystem« auf neue und kommende Problemlagen aufmerksam macht: »Er muss sich zu einem Zeitpunkt über kritische Entwicklungen aufregen können, wenn andere noch beim *business as usual* sind. Das erfordert ganz unheroische Tugenden: eine argwöhnische Sensibilität für Versehrungen der normativen Infrastruktur des Gemeinwesens; die ängstliche Antizipation von Gefahren, die der mentalen Ausstattung der gemeinsamen politischen Lebensform drohen; den Sinn für das, was fehlt und ›anders sein könnte‹; ein bisschen Phantasie für den Entwurf von Alternativen und ein wenig Mut zur Polarisierung, zur anstößigen Äußerung, zum Pamphlet.« (Habermas 2006, S. 555)

64 Der Sache nach hätte Habermas in seinen Aufsatz über den intern differenzierten Gebrauch der praktischen Vernunft (Habermas 1991b) bei den kollektiven ethischen Diskursen zwischen ethisch-politischen und nichtpolitischen ethischen Diskursen unterscheiden können. Der Begriff des Politischen scheint mir immer auf die gesamte Gesellschaft bezogen zu sein. Daher scheint auch eine kollektive ethische Selbstverständigung möglich zu sein, die nicht politisch für die Verwirklichung ihrer Wertorientierungen in

moderne Freiheit des Subjekts im Grundsatz respektieren, die soziale und kommunikative Ressource moderner, liberaler Gesellschaften, die eine hörbare Stimme für die öffentliche Problematisierung sozialer Pathologien und die politische Kritik an gesellschaftlichen Entwicklungen auszubilden vermag. Darüber hinaus scheint seiner Ansicht nach die religiöse Zeit- und Sozialdiagnose der philosophischen überlegen zu sein:

»Im Gegensatz zur ethischen Enthaltsamkeit eines nachmetaphysischen Denkens, dem sich jeder generell verbindliche Begriff vom guten und exemplarischen Leben entzieht, sind in heiligen Schriften und religiösen Überlieferungen Intuitionen von Verfehlung und Erlösung, vom rettenden Ausgang aus einem als heillos erfahrenen Leben artikuliert, über Jahrtausende hinweg subtil ausbuchstabiert und hermeneutisch wach gehalten worden. Deshalb kann im Gemeindeleben der Religionsgemeinschaften, sofern sie nur Dogmatismus und Gewissenszwang vermeiden, etwas intakt bleiben, was andernorts verloren gegangen ist und mit dem professionellen Wissen von Experten allein auch nicht wiederhergestellt werden kann – ich meine hinreichend differenzierte Ausdrucksmöglichkeiten und Sensibilitäten für verfehltes Leben, für gesellschaftliche Pathologien, für das Misslingen individueller Lebensentwürfe und die Deformation entstellter Lebenszusammenhänge.« (Habermas 2005e, S. 115)

Diese Sensibilität und Artikulationskraft, die die religiöse Sprache für soziale Problemlagen und Pathologien hat, soll für die deliberative demokratische Selbstbestimmung auch einer pluralistischen Gesellschaft, in der die allgemeine Öffentlichkeit einen Entdeckungszusammenhang bilden soll, nicht verloren gehen. Gleichwohl fordert Habermas von politisch Stellung nehmenden religiösen Bürgern und Gemeinschaften eine Übersetzungsleistung ihrer religiösen Argumente in säkulare, ein Bemühen, an dem sich im gleichem Maße auch die säkularen Bürger beteiligen müssen.

Eben in dieser Selbstbescheidung der philosophischen gegenüber der religiösen Sozialdiagnose erweist sich die Radikalität, mit der Habermas den Begriff der Öffentlichkeit seinem Ansatz der Sozialdiagnose zu Grunde legt. Auch indem er den philosophischen Sozialdiagnostiker, der unter dem Begriff der Öffentlichkeit argumentiert, in den öffentlichen Diskurs schickt, bedenkt Habermas die Grenzen der Philosophie. Diese Zurückverweisung der philosophischen Expertise auf den öffentlichen Diskurs bildet im Habermasschen Denken die für die Kritische Theorie insgesamt

der gesamten Gesellschaft eintritt. In diese Richtung scheint mir auch die Habermassche Formulierung jüngeren Datums zu gehen, der zufolge »religiöse Gründe« in der allgemeinen politischen Öffentlichkeit »in politischer Absicht« vorgebracht werden (Habermas 2005d, S. 136).

kennzeichnende Pointe, dass nämlich das kritische Bewusstsein und die Maßstäbe der Kritik in der gesellschaftlichen Praxis selbst angelegt sein müssen.

Zu Beginn dieses Abschnitts habe ich zwei Leitfragen aufgestellt: die Frage, wie öffentliche gesellschaftliche Räume beschaffen sein sollten, damit sie die Selbstverwirklichung und authentische Selbstbestimmung von Individuen nicht beschädigen, sowie die Frage, in welchem begrifflichen Zusammenhang »Authentizität« und »Öffentlichkeit« als Diagnose- und Kritikkonzepte stehen. Vor dem Hintergrund der Habermasschen Öffentlichkeitskonzeption in ihren verschiedenen Theoriestadien können zusammenfassend folgende Antworten auf diese Fragen gegeben werden: Wie herausgearbeitet wurde, ist in Habermas' diagnostischem Ansatz eine formale Anthropologie enthalten, der zufolge Individuen für ihre Selbstverwirklichung und psychische Integrität auf zwanglose Verständigung mit sich selbst und mit anderen angewiesen sind. »Authentizität« und »Öffentlichkeit« als Diagnose- und Kritikkonzepte stehen insofern in begrifflichem Zusammenhang, als sich die öffentliche Dimension der Selbstverwirklichung in der verständigungsorientierten sprachlichen Kommunikation zeigt und Pathologien daher mit Hilfe des Kriteriums »Verständigung« diagnostiziert werden können. Eben diesem Kriterium der gewaltfreien Verständigung müssen öffentliche gesellschaftliche Räume genügen. Öffentlichkeiten können und müssen Habermas zufolge für die Selbstverwirklichung förderliche Bedingungen schaffen, sie sind aber zugleich die soziale Ressource, die pathologische Phänomene artikulieren und deren Ursachen zumindest im Sinne der Abwehr bekämpfen kann. Der Schutz der Freiheit zu einem selbstbestimmten Leben ist schließlich eine Aufgabe des demokratischen Rechtsstaates, der gelingender, das heißt durch verständigungsorientierte, gewaltfreie Kommunikation gekennzeichneter Öffentlichkeiten bedarf.

4.2 Öffentlichkeiten als Anerkennungsräume

Der zweite Abschnitt dieses Kapitels soll eine weitere Dimension des öffentlichen Raumes beleuchten. Im Fokus stehen nun Öffentlichkeiten als Diskurs-, Anerkennungs- und Erfahrungsräume. Damit kommt neben dem Diskurs eine weitere Form der kommunikativen Praxis in den Blick, die den öffentlichen Raum gestaltet: die reziproke Anerkennung. Wie schon im vorangegangenen Abschnitt möchte ich mich auch in diesem an den zwei Leitfragen dieses Kapitels orientieren. Auch in Bezug auf Anerkennungsräume befasse ich mich also zum einen mit der Frage, wie öffentliche Räume beschaffen sein sollten, damit sie die Fähigkeit zur authentischen Selbstbestimmung und die Selbstverwirklichung von Individuen nicht beschädigen. Zum anderen wird es wiederum um das begriffliche Verhältnis von »Authentizität« und »Öffentlichkeit« als Diagnose- und Kritikkonzepte gehen. Analog zum vorangegangenen Abschnitt, in dem ich den konzeptuellen Zusammenhang zwischen den Begriffen Verständigung und Öffentlichkeit in der Habermasschen Kommunikations- und Diskurstheorie herausgestellt habe, werde ich nun erörtern, ob ein normativer Begriff der Öffentlichkeit konzeptuell im Begriff der Anerkennung angelegt ist. Hierfür möchte ich noch einmal bei den Habermasschen Antworten auf die Leitfragen ansetzen und dann zu deren Erörterung mit den theoretischen Mitteln der Honnethschen Anerkennungstheorie übergehen.

Das Diagnosekriterium der zwanglosen Verständigung innerhalb wie zwischen Subjekten geht aus dem Habermasschen Verständnis der kommunikativen, öffentlichen Vernunft hervor, die – gesellschaftstheoretisch gesprochen – in den kommunikativen Handlungen der sozialen Lebenswelt verankert ist und – diskurstheoretisch gesprochen – in Diskursen über die Wahrheit von Aussagen über die objektive Welt, die Richtigkeit von moralischen Normen und die Authentizität von Expressionen und Evaluationen explizit wird. In dieser Habermasschen Sozialdiagnose ist implizit eine formale Anthropologie enthalten, die, positiv formuliert, für das Gelingen von individueller Selbstverwirklichung, Authentizität und psychischer Integrität intersubjektive Verständigung und mithin das Gelingen von Öffentlichkeit als notwendige, wenngleich nicht hinreichende Bedingung setzt. Negativ formuliert kann die zwanghafte Überformung verständigungsorientierter Kommunikation potentiell zur Beschädigung der Fähigkeit zur authentischen Selbstbestimmung und Selbstverwirklichung führen, was Habermas unter der Metapher der »Kolonialisierung der Lebenswelt« thematisiert. Die angesprochene notwendige Bedingung der Selbstverwirklichung umfasst bei Habermas sowohl – gesellschafts- wie demokratietheoretisch präzisiert – die allgemeine politische Öffentlichkeit als auch die (wesentlich parlamentarische) Öffentlichkeit des politischen Systems. Die kommunikativen Ressourcen der allgemeinen Öffentlichkeit sind von der Diagnose sozialer Pathologien zur Therapie, über die Abwehr von Kolonialisierungen qua öffentlich geäußerter Kritik bis hin zur politischen Stellung- und Einflussnahme relevant. Dass Integrität, Selbstverwirklichung und ethische Autonomie von Individuen notwendig auf den rechtsstaatlichen Schutz angewiesen sind, der Rechtsstaat aber notwendig demokratisch verfasst sein muss und also prinzipiell mit der kontrafaktischen Idee gelingender, nichtdeformierter Öffentlichkeiten verbunden ist, wird bei Habermas u.a. in seinen Erläuterungen zum Begriff der Anerkennung deutlich.

In Honneths Arbeiten erhält der Begriff der Anerkennung einen sozialphilosophisch beziehungsweise gesellschaftstheoretisch grundlegenderen Stellenwert als bei Habermas. Zielt der Begriff bei Habermas auf die wechselseitige Anerkennung der Bürger in ihrer öffentlichen Autonomie, also auf die reziproke Anerkennung als Staatsbürger, so arbeitet Honneth in seiner Anerkennungstheorie einen dreifach differenzierten Anerkennungsbegriff aus. Neben der reziproken Anerkennung der moralischen und rechtlichen Autonomie umfasst Honneths Anerkennungstheorie auch die Anerkennungsformen der Liebe sowie die der sozialen Wertschätzung der besonderen Identität von Individuen und kooperativer Beiträge zum Gemeinwesen (auch Leistung). Auch Habermas ignoriert die häufig unter dem Schlagwort »identity politics« diskutierten Kämpfe um soziale Wertschätzung nicht und auch er sieht wie Honneth in dieser sozialen Anerkennung eine Bedingung für die Integrität von Individuen (Habermas 1999e, S. 238 und 246). Gleichwohl zielt sein Begriff der Anerkennung letztlich auf eben die rechtliche Anerkennung als Freie und Gleiche, die die ethische Dimension der individuellen Besonderheit von Individuen darüber einbezieht, dass die wechselseitige Anerkennung der öffentlichen Autonomie die gleichen Teilnahmechancen an der Interpretation des Freiheits- und Gleichheitsgrundsatzes fordert. Am Beispiel feministischer Anliegen erläutert Habermas seinen Begriff der Anerkennung im theoretischen Rahmen seiner

»*prozeduralistische*[n] *Rechtsauffassung*, wonach der demokratische Prozeß *gleichzeitig* private und öffentliche Autonomie sichern muß: die subjektiven Rechte, die Frauen eine privatautonome Lebensgestaltung gewährleisten sollen, können gar nicht angemessen formuliert werden, wenn nicht zuvor die Betroffenen selbst in öffentlichen Diskussionen die jeweils relevanten Hinsichten für die Gleich- und Ungleichbehandlung typischer Fälle artikulieren und begründen.« (1999e, S. 245)

Honneth sieht nun in diesem Habermasschen Anerkennungsbegriff eine »Verschmelzung von Diskursethik und Anerkennungskonzept«. Den um

Anerkennung ringenden Individuen und Gruppen gehe es vor allem darum, »in jene Prozesse der rationalen Willensbildung einbezogen zu werden, die ihnen die Erfahrung des Respekts ihrer Gleichberechtigung und Autonomie garantieren« (Honneth 2004, S. 102). Aus Honnethscher Sicht ist der Blickwinkel auf die sozialen Phänomene von Anerkennung und Anerkennungserwartungen in dem Habermasschen Anerkennungsbegriff zu eng gefasst. »[D]er Wunsch, von der Gesellschaft »aufgenommen« und anerkannt zu werden, geht weit über den Rahmen der Respektbedingungen hinaus, die durch die Teilnahme an Diskursen gesichert werden können« (Honneth 2004, S. 102). In den moralischen Erfahrungen verletzter Identitäts- und Integritätsansprüche artikulieren sich Anerkennungserwartungen, die über die Anerkennung als Diskurspartner in streng symmetrischen Kommunikationen hinausgehen. Sie zielen auf eine Anerkennung ab, die der diskursiven Problematisierung von Anerkennungserwartungen und dem Kampf um Anerkennung, sofern dieser mit den Mitteln sprachlicher Kommunikation ausgetragen wird, vorausgeht. Nun ist es nicht so, dass Habermas in seiner Gesellschaftstheorie und Sozialphilosophie diese von Honneth in den Blick genommenen Erfahrungen von gewährter und vorenthaltener Anerkennung nicht erfassen könnte. Diese moralisch relevanten Erfahrungen von gewährter oder vorenthaltener Anerkennung oder Missachtung verortet Habermas im Rahmen seiner zweistufigen Gesellschaftstheorie' in der sozialen Lebenswelt, über die sich die soziale Integration einer Gesellschaft vollzieht. Die Erfahrung wechselseitiger Wertschätzung würden die Gesellschaftsmitglieder in ihren lebensweltlichen, alltagssprachlichen Kommunikationen machen, in Kommunikationen, die, solange die moralischen und ethischen Konsense, vor deren Folie wechselseitige Anerkennung gewährt wird, unproblematisch sind, unterhalb der Schwelle eines diskursiv geführten Kampfes um Anerkennung verbleiben. Mit der lebensweltlichen Anerkennungspraxis, auf die Habermas im Rahmen seiner theoretischen Mittel über sprachliche Kommunikationen zugreift, meint er die umfassendere, nicht vollständig linguistisch erfassbare expressive Dimension von Erfahrungen immer schon mit. Habermas spricht diesbezüglich auch von der sozialintegrativen Solidarität und mitunter greift er auf den Hegelschen Begriff der Sittlichkeit zurück. Der entscheidende Punkt ist nun, dass eben dieser Begriff der Solidarität deskriptiv bleibt. Mit ihm will er bloß beschreiben, wie sich eine Gesellschaft sozial integriert (siehe hierzu etwa Habermas 1998b, S. 363, Fußn. 11).

Nach meinem Verständnis kritisiert Honneth an Habermas, dass dieser kein normatives Vokabular, mit dem Verletzungen durch vordiskursive Formen der Vorenthaltung von Anerkennung, der Missachtung und Demütigung zu erfassen sind, bereitstellen kann. Als Beispiele führt Honneth diesbezüglich »das ›diskursfremde‹ Medium« (Honneth 2004, S. 102) des Arbeitsmarktes sowie Sozialbeziehungen im Nahbereich, die über Fürsorge und Liebe definiert werden, an. Insbesondere in diesen Sozialbeziehungen, aber letztlich in allen sozialen Interaktionen seien Verletzungen von legitimen Anerkennungserwartungen auf körpersprachlicher Ebene, in expressiven Gesten, möglich. Die Habermassche formale Anthropologie, der zufolge Individuen für ihre psychische Integrität, Authentizität und Selbstverwirklichung auf zwanglose Verständigung angewiesen sind, muss aus anerkennungstheoretischer Perspektive als zu eng angesetzt gelten. Habermas kann, wie anerkennungstheoretisch argumentiert werden muss, viele Formen sozialer Beschädigungen nicht kritisieren, weil sich sein Ansatz der Sozialkritik eben nur auf die kommunikativen Bedingungen von Selbstverwirklichung bezieht, nicht aber normativ auf die in der vordiskursiven Anerkennungspraxis aktualisierten Wertvorstellungen rekurrieren kann. Zwar muss gemäß der Habermasschen Unterscheidung von System und Lebenswelt die lebensweltliche Anerkennungspraxis im Unterschied zur funktionalistischen Handlungskoordinierung der Systeme als wertorientiertes Handeln verstanden werden, moralphilosophisch können die Werte, unter denen sich Individuen wechselseitig wertschätzen sollten, aber nicht begründet werden.

Im Kontext seiner formalen, prozeduralen Diskursethik verhält sich Habermas gegenüber den substantiellen Werten von Gemeinschaften agnostisch, wenngleich moralische Normen von allen von ihr Betroffenen unter Berücksichtigung der Folgen für die jeweiligen sittlichen Kontexte vernünftigerweise und zwanglos akzeptiert werden können müssen. Um aber eine Sozialdiagnose und eine Gesellschaftskritik betreiben zu können, die den moralischen Erfahrungen der Verletzung von Anerkennungserwartungen gerecht werden, müssen sich, Honneth zufolge, Diagnose und Kritik normativ auf die historischen Werte, die in Anerkennungspraktiken aktualisiert werden, beziehen können. Im Rahmen der formalen, prozeduralen Diskursethik ist dies aber nicht möglich.

Aus Sicht der Anerkennungstheorie hat Habermas gleich zweifach zu kurz gegriffen: Weder erschöpfen sich die Anerkennungserwartungen von Individuen in der Anerkennung als Freie und Gleiche und also als symmetrische Diskurspartner (die wechselseitige Anerkennung als Staatsbürger beziehungsweise der öffentlichen Autonomie beinhaltet die wechselseitige Anerkennung als symmetrische Diskurspartner im Prozess der demokratischen Willensbildung), noch stellt Habermas ein normatives Vokabular für die Kritik der vordiskursiven Anerkennungspraxis bereit, da ihm hierfür eine mehr materiale Ethik des Guten fehlt.

Gegenüber der Kantischen Diskursethik stellt sich Honneth mit seiner Anerkennungstheorie in die neoaristotelische Tradition einer am Guten orientierten Ethik. Für die Sozialdiagnose und Kritik an gesellschaftlichen Fehlentwicklungen bedeutet dies, dass sich die Kritik nicht als eine an den sprachlichen kommunikativen Praktiken, sondern als Kritik von Anerkennungspraktiken und damit an den in diesen Praktiken aktualisierten Wertorientierungen vollziehen muss. Honneths Kritik an der Erfahrungsferne des Habermasschen Diagnosekriteriums der kommunikativen Verständigung lässt sich also auch als eine Kritik am Formalismus der Habermasschen Sozialkritik und Diskursethik lesen. Von der Kritik von Kolonialisierungsphänomenen im Kontext der zweistufigen Habermasschen Gesellschaftstheorie muss zur Kritik an Anerkennungspraktiken übergegangen werden. Mit dem Übergang vom Habermasschen Kommunikations- zum Honnethschen Anerkennungsparadigma findet daher auch ein Wechsel des Diagnosekriteriums von dem sprachpragmatischen der Verständigung zu dem evaluativen der Anerkennung statt. Wenn wir uns noch einmal daran erinnern, dass sowohl für die Habermassche als auch für die Honnethsche kritische Gesellschaftstheorie gilt, dass das kritische Bewusstsein und die normativen Maßstäbe nicht extern begründet sein können, sondern in den wie auch immer problematischen gesellschaftlichen Praktiken selbst angelegt sein müssen, hat dieser Wechsel eine folgenreiche Konsequenz: Mit diesem Wechsel verlangt auch die gesellschaftstheoretische Explizierung derjenigen sozialen Praktiken eine Modifizierung, in denen das kritische Bewusstsein und die Maßstäbe der Kritik angelegt sein müssen und in denen die normative Quelle der Gesellschaftskritik verortet werden soll.

An dieser Stelle kommt der Begriff der Öffentlichkeit zum Tragen: Bei Habermas ist die philosophische Ausweisung der Normativität untrennbar verbunden mit einem normativen Begriff der Öffentlichkeit. In der Pragmatik der Sprache ist das Rationalitätspotential, das Geltung von Faktizität unterscheidet, enthalten, im Rekurs auf welches in der Diskurstheorie wesentlich über die Bedingungen inklusiver und streng symmetrischer Kommunikation ein normativer Begriff der Öffentlichkeit gewonnen werden kann. Honneth zeigt sich im Rahmen seiner anerkennungstheoretischen Studien keineswegs als erklärter Theoretiker der Öffentlichkeit. Gleichwohl wird der Öffentlichkeitsbegriff in seiner anerkennungstheoretischen Umdeutung der kommunikativen Handlung relevant. Die Fragen, welche Entwicklungen in den Anerkennungspraktiken einer Gesellschaft als fehlgehend zu betrachten sind und welche in den sozialen Anerkennungskämpfen artikulierten Anerkennungserwartungen in Bezug auf kulturelle Identität, Wertorientierung und spezifische Leistungen als legitim angesehen werden können, verweisen auch in der Honnethschen Anerkennungstheorie auf einen normativen Begriff der Öffentlichkeit.

In zunächst deskriptiver Perspektive analysiert Honneth den Akt der Anerkennung als öffentlich. Diese konstitutiv öffentliche Dimension der Anerkennung erläutert Honneth in seinem Aufsatz zur »Unsichtbarkeit. Über die moralische Epistemologie von ›Anerkennung«« an der Unterscheidung von Erkennen und Anerkennen:

> »Während wir mit dem Erkennen einer Person deren graduell steigerbare Identifikation als Individuum meinen, können wir mit ›Anerkennung‹ den expressiven Akt bezeichnen, durch den jener Erkenntnis die positive Bedeutung einer Befürwortung verliehen wird. Die Anerkennung ist im Unterschied zum Erkennen, das ein nicht-öffentlicher, kognitiver Akt ist, auf Medien angewiesen, in denen zum Ausdruck kommt, daß die andere Person ›Geltung‹ besitzen soll [...].« (2003c, S. 15)

Gegenüber der philosophischen Konzeptualisierung des kognitiven Akts des Erkennens als nicht-öffentlich ist der Begriff der Öffentlichkeit in der Konzeptualisierung des Aktes der Anerkennung angelegt. Die öffentliche Dimension der geteilten beziehungsweise umkämpften Wertvorstellungen, vor deren Folie der kommunikative Akt der Anerkennung zwischen Subjekten überhaupt nur zu denken ist, wird von der Anerkennungspraxis sowohl vorausgesetzt als auch geschaffen. Darin liegt die Performativität der Anerkennung: sie ist nur innerhalb eines – mit Taylor gesprochen– evaluativen Bedeutungshorizontes möglich, den sie selbst im Vollzug von Anerkennung setzt wie verschiebt. Formen von symbolischer Gewalt durch Missachtung und Demütigung setzen ein faktisch vorhandenes oder gedanklich ergänztes Publikum voraus, das eben dieser öffentlichen evaluativen Bedeutungen kundig ist.

In seinen weiteren Überlegungen zu dem Verhältnis von Erkennen und Anerkennen scheint Honneth allerdings eben diese öffentliche Dimension der Anerkennung in Frage zu stellen, wenn er nun auch den Akt des Anerkennens »als eine besondere Art von Erkenntnis« (ebd., S. 25), die er zuvor als nicht-öffentlichen, kognitiven Akt bestimmt hat, begreifen möchte. Honneth geht sogar noch über diese Bestimmung der Anerkennung als Form des Erkennens hinaus, wenn er sogar einen wenigstens genetischen Vorrang des Anerkennens vor dem Erkennen für plausibel hält. Dieser Schritt zur Annahme des Vorrangs der Anerkennung vor dem Erkennen wird ihm zum einen dadurch möglich, dass er den expressiven Akt der Anerkennung in seiner »Elementarform« (ebd., S. 19) über körpersprachliche Gesten expliziert, wie zum anderen dadurch, dass er auf ein psychologisches Erklärungsmuster aus der Säuglingsforschung zurückgreift. Gemäß den Forschungsergebnissen von Donald Winnicott, auf die sich Honneth bezieht, sind diejenigen »Eigenschaften, die im Zusammenhang der gestischen Kommunikation zwischen Bezugsperson und Kind wahrgenommen werden, [...] nicht kognitive Wegweiser einer Identifizierung, sondern symbolische Repräsentation von Werten« (ebd., S. 26). Die Anerkennung gehe »zumindest genetisch [...] dem Erkennen insofern voraus, als der Säugling im Gesichtsausdruck zunächst die werthaften Eigenschaften von Personen« erschließe, bevor er »zu einem desinteressierten Erfassen seiner Umwelt in der Lage« sei (ebd., S. 27). Anerkennung werde damit zu einem »Ausdruck einer evaluativen Wahrnehmung, in der der Wert von Personen »direkt« gegeben ist« (ebd., S. 26). Honneth findet nach seiner eigenen Aussage »keinen Grund, den Sonderfall der frühkindlichen Sozialisation nicht auf die soziale Welt im ganzen zu übertragen und damit eine solche Form der evaluativen Wahrnehmung auch für die Interaktion unter Erwachsenen zu behaupten« (ebd., S. 26).

Mit dieser These vom Vorrang des Anerkennens vor dem Erkennen scheint Honneth die These über die öffentliche Dimension der Anerkennung zumindest auf den ersten Blick selbst zu unterhöhlen. Wie kann eine evaluative Wahrnehmung im nicht-öffentlichen, kognitiven Akt des Erkennens direkt, also unmittelbar und spontan gegeben sein, wenn eben eine solche evaluative Wahrnehmung, in der historische Wertorientierungen zum Ausdruck kommen sollen, immer schon mit einem öffentlichen Bedeutungshorizont vermittelt gedacht werden muss? Um an diesem Punkt der Explizierung des Verhältnisses von Anerkennen und Erkennen weiterhin die konzeptuelle Rolle der Öffentlichkeit für Anerkennung aufrechterhalten zu können, muss geklärt werden, wie die symbolische *Vermittlung* von Wahrnehmung mit nicht nur öffentlich zugänglicher, sondern öffentlich konstituierter evaluativer Bedeutung zu verstehen ist, wenn gleichzeitig die Wertdimension in der Wahrnehmung *direkt* gegeben sein soll.

Diese Vermittlung des privaten Aktes des Erkennens durch öffentliche, symbolisch-semantische Bedeutungen könnte im Rekurs auf eine Hermeneutik der Erfahrung geleistet werden. Hier könnte beispielsweise auf Charles Taylors Reflexionen zur Erfahrung verwiesen werden, denen zufolge unsere subjektiven emotional-sinnlichen Erfahrungen immer schon symbolisch und damit intersubjektiv vermittelt sind (siehe hierzu oben Abschnitt 2.5). Unsere Gefühle und Expressionen sind keine »unmittelbare[n] Empfindungen«, sondern müssen als »bedeutungszuschreibend (*import- attributing*)«, gedeutet werden (Taylor [3]1999b, S. 137). Sozialisationstheoretisch gesprochen, sind eben solche scheinbar unmittelbaren evaluativen Wahrnehmungen immer schon vorstrukturiert durch kulturelle und milieubedingte Einflüsse. In der emotionalen Erfahrung wäre damit ein kognitiver und gleichwohl expressiver wie evaluativer Gehalt impliziert, der sprachlich explizit gemacht werden und in Urteilen problematisiert werden könnte. In der subjektiven Erfahrung käme damit eine evaluative Dimension *direkt* und *spontan* zum Ausdruck, die gleichwohl *vermittelt* ist.

Mit der fortschreitenden Entwicklung des Kindes, dessen Interaktion mit der Bezugsperson bereits auf eine Vermittlung der affektiv befürwortenden Wahrnehmung im vorsprachlichen Entwicklungsstadium deutet, soll, Honneth zufolge, auch nach der Ausbildung des Sprachvermögens eine basale Form des anerkennenden Erkennens gegeben sein. Diese direkte evaluative Wahrnehmung kann dann vermutlich nicht mehr sinnvoll als sprachlos, wohl aber als vordiskursiv verstanden werden. Im Sinne einer Hermeneutik der Erfahrung muss das spontane anerkennende Erkennen sprachfähiger Individuen immer schon als intersubjektiv vermittelt angesehen werden. Und wie Honneth anführt, mag man in der Körpersprache einen Hinweis auf dieses anerkennende Erkennen auch bei Erwachsenen sehen.

Für die Diagnose sozialer Pathologien und die an diese Diagnose anschließende Kritik von Anerkennungspraktiken ist in Bezug auf diese evaluative Dimension des Erkennens nun entscheidend, auf welche Phase der Erfahrung, die Akteure in sozialen Interaktionen machen, sich der Diagnostiker mit welchem Diagnosekriterium bezieht. Honneth will das Habermassche sprachpragmatische Kriterium der Verständigung durch das evaluative der Anerkennung ersetzen. Sein theoretisches Bestreben, dem bloßen Erkennen des Gegenüber eine evaluative Dimension abzugewinnen, erklärt sich aus seiner Vermutung, dass der diskursiven Verständigung immer schon eine expressive, affektive Anerkennung vorausgehen muss, womit soziale Verletzungen und Beschädigungen der Selbstverwirklichung in den Blick geraten, die die Habermassche Sozialdiagnose – aus anerkennungstheoretischer Perspektive betrachtet – notwendig verfehlen muss. Wenn der Sozialdiagnostiker auf der theoretischen Folie einer Taylorschen Hermeneutik der Erfahrung nun bei den explizierten evaluativen Gehalten der emotional-sinnlichen Erfahrung, und das heißt bei den sprachlich explizit gemachten Wertvorstellungen, ansetzen würde, würden sich der Diagnose und Kritik zwei Wege eröffnen: Der eine Weg ist der einer materialen Werte- oder Güterethik, der die Beschädigung der Selbstverwirklichung anthropologisch wie sozialphilosophisch vor dem Hintergrund substantieller Werte, deren Geltung philosophisch eingelöst werden muss, diagnostiziert und kritisiert. Der andere ist der formale Habermassche Weg, auf dem die vordiskursive Verletzung von Anerkennungserwartungen nur *indirekt* über eine Kritik derjenigen kommunikativen Praktiken möglich ist, in denen sich Subjekte sprachlich über ihre Anerkennungserwartungen äußern und über alternative soziale Anerkennungspraktiken debattieren. Honneth will nun den ersten, direkteren Weg der Kritik gehen, ohne sich zugleich dem mit diesem verbundenen philosophischen Anspruch einer Begründung substantieller Werte stellen zu müssen. Er weist in seiner formalen Ethik des Guten die Geltung historischer Werte nur indirekt aus, indem er zeigt, wie der normative Überschuss von Wertkonsensen beziehungsweise deren kontrafaktische Verwiesenheit auf ein idealisiertes gutes Gemeinwesen in der Struktur von Anerkennung selbst angelegt ist. Genau diese Begründungsstrategie bringt ihn nun aber in die Situation, dass er in der Struktur von Anerkennung eine vordiskursive (nicht vorlinguistische) Quelle der Normativität ansetzen muss.

Sowohl für die Habermassche als auch für die Honnethsche kritische Gesellschaftstheorie gilt, dass das kritische Bewusstsein und die Maßstäbe der Kritik nicht extern gewonnen beziehungsweise begründet sein können. Vielmehr müssen sie in den wie auch immer problematischen gesellschaftlichen Praktiken selbst angelegt sein. Wie die Erörterung der Habermasschen Sozialdiagnose im Rahmen seiner Gesellschaftstheorie im ersten Abschnitt dieses Kapitels 4.1 nachvollzogen hat, sieht Habermas die Rationalisierungsprozesse der lebensweltlichen Kommunikation insofern ambivalent, als sie einerseits zur Gefahr der Kolonialisierung der Lebenswelt durch die sich aus ihr herausgebildeten Systeme führen. Andererseits sind aber in der verständigungsorientierten Kommunikation der Lebenswelt die Rationalitätspotentiale enthalten, die die Kritik von Kolonialisierungseffekten ermöglichen. In der Honnethschen Gesellschaftstheorie sind es die Anerkennungspraktiken, die zwar einerseits zu sozialen Pathologien führen können, in der aber andererseits eben jenes Kritikpotential an verfehlten Anerkennungspraktiken bereits angelegt sein muss. In diesem Sinne stellt Honneth auch erste Überlegungen in Richtung einer anerkennungstheoretischen Reformulierung des kommunikationstheoretischen Begriffs der Lebenswelt an:

»[B]evor Prozesse der kommunikativen Verständigung überhaupt begonnen werden können, müssen sich die beteiligten Subjekte bereits in einer bestimmten Weise anerkannt haben, da sie ohne das Eingeständnis ihrer Abhängigkeit vom Anderen an dessen Urteil gar nicht interessiert sein könnten. Das Verständigungsmodell begründet nicht etwa Formen der reziproken Anerkennung, sondern setzt diese umgekehrt immer schon voraus; denn in der Bereitschaft, das eigene Handeln einer intersubjektiven Begründung zu unterwerfen, kommt nur die Tatsache zum Ausdruck, dass dem Interaktionspartner vorweg bereits ein bestimmter Wert beigemessen worden ist, an dem sich der Egozentrismus der individuellen Perspektive bricht. Mit einer solchen Umkehrung des Verhältnisses von Verständigung und Anerkennung verliert die Begründungspraxis zunächst einmal die normative Sonderrolle, die ihr immer dann zugesprochen wird, wenn sie als das eigentliche Medium eines begründenden Vollzugs der wechselseitigen Anerkennung hingestellt wird; umgekehrt darf aber diese Vorverlegung nicht soweit vorangetrieben werden, dass die Anerkennung als ein prinzipiell sprachloses, gewissermaßen anonymes Geschehen erscheint, dem die Subjekte nur passiv unterworfen sind. Angemessen scheint es mir vielmehr, die Vorreiterrolle der Anerkennung darin zu sehen, dass sich in der sozialen Lebenswelt das Verständnis und die Wahrnehmung von anderen Subjekten in einer Richtung verändern kann, die ihnen einen (neuen) Wert zukommen lässt, in dessen Abhängigkeit sich die Begründungspflichten des eigenen Handelns wandeln. Um diesen Gedanken genauer zu erläutern, bedürfte es einer anerkennungstheoretischen Rekonstruktion des Begriffs der »sozialen Lebenswelt«, in der deren präreflexiver Horizontcharakter im Sinne einer Schichtung von unterschiedlichen Ebenen intuitiv beherrschter Anerkennungsregeln ausbustabiert würde; einer jeden solchen Schicht entspräche eine andere evaluative Hinsicht, in der wir uns anderen Subjekten gegenüber in bestimmter Weise begründungspflichtig wissen oder fühlen.« (2004, S. 104–105)

Wie in diesem Zitat deutlich wird, sucht Honneth in der Praxis der Anerkennung nach einer Quelle der Normativität, die oberhalb der Schwelle eines sprachlosen Geschehens, aber unterhalb der Schwelle zur sprachlich-diskursiven Verständigung verortet werden kann. Diese Quelle soll – wie ich vermute – die dem Erkennen genetisch vorausgehende affektiv bejahende Anerkennung der evaluativen Eigenschaften des Gegenübers bilden. Und diese Form des anerkennenden Erkennens muss, wie ich meine, vor dem Hintergrund einer Hermeneutik der Erfahrung als mit dem öffentlichen symbolisch-semantischen, evaluativen Bedeutungskontext vermittelt angesehen werden.

Ob nun diese evaluative Dimension der elementaren Erfahrung der Anerkennung, die immer schon als Produkt von Sozialisationserfahrungen in konkreten Interaktionszusammenhängen verstanden werden muss, begrifflich zu einem Diagnose- und Kritikkonzept ausgebaut werden kann, ob also diese elementare und ethisch dünne evaluative Dimension den Ursprung derjenigen ethisch gehaltvollen historischen Werte bilden kann, auf die sich der Diagnostiker und Kritiker normativ bezieht, hängt wesentlich von der Plausibilität einer weiteren Honnetschen Vermutung ab. Aus diesem ethisch dünnen Ursprung der Anerkennung in der dem Erkennen vorausgehenden, elementaren Erfahrung der affektiven Befürwortung soll sich nämlich in Analogie zum Habermasschen Theorem der »Rationalisierung der Lebenswelt« die historische Anerkennungsordnung moderner Gesellschaften mit ihren drei Anerkennungsformen Liebe, Recht und Wertschätzung ausdifferenzieren können. Honneth führt dazu Folgendes aus:

»Meine Vermutung ist [...], dass es sich bei der gesellschaftlichen Rationalisierung zunächst um einen Prozess handelt, in dem gerichtete Veränderungen in der Wahrnehmung evaluativer Eigenschaften des Menschen es erlauben, neue Wertsphären entstehen zu lassen, die dann als gesonderte Geltungshinsichten der sprachlichen Verständigung auch zur Ausbildung von Institutionskomplexen führen können [...]« (ebd., S. 108)

Anerkennung geht demnach der sprachlichen Verständigung im Sinne von Habermas voraus. Sie bildet die Erfahrung, aus der heraus überhaupt die sprachliche Verständigung verstehbar wird, die zur Entstehung von gesellschaftlichen Institutionen und zur diskursiv-argumentativen Begründungspraxis in Anerkennungskämpfen notwendig ist. In diesem Sinne geht Honneth davon aus, dass es eine wechselseitige Anerkennung geben muss, die »aller diskursiven Begründungspraxis nicht nur zeitlich, sondern auch »logisch« vorausgeh[t]« (ebd., S. 104). Wenn sich die Vermutung einer anerkennungstheoretisch verstandenen Rationalisierung der Lebenswelt halten ließe, müsse von dem Diagnose- und Kritikkriterium der Verständigung zu dem der Anerkennung übergegangen werden.

Die Frage, wie nun legitime von illegitimen Anerkennungserwartungen unterschieden werden können, verweist auf den Begriff der Öffentlichkeit. Habermas gewinnt seinen normativen Begriff der Öffentlichkeit aus dem Rationalitätspotential der (sprachpragmatisch analysierten) Alltagssprache. Gesellschaftstheoretisch werden gelingende, nichtvermachtete, autonome Öffentlichkeiten in der verständigungsorientierten, alltagssprachlichen Kommunikation der Lebenswelt verankert. Soziologisch identifizierbare Öffentlichkeiten können mit diskurstheoretischen Mitteln aufgrund eben dieses in der Alltagssprache angelegten Rationalitätspotentials kritisiert werden. Auch Honneth kann einen normativen Begriff der Öffentlichkeit gewinnen. Der Begriff der Öffentlichkeit ist in dem Begriff der Anerkennung konzeptuell angelegt, worauf die These der Rationalisierung einer anerkennungstheoretisch gedeuteten sozialen Lebenswelt verweist. In einer historisch-hermeneutischen Rekonstruktion bestimmt Honneth den Rationalisierungsprozess der Lebenswelt, den er aus der inneren Dynamik vordiskursiver Anerkennung heraus entstehen sieht, als Fortschrittsgeschichte. Das heißt: In Honneths Deutung der Rationalisierung führte die historische Ausdifferenzierung der drei Anerkennungssphären sowohl zur Steigerung der Individualisierung als auch der sozialen Inklusion. Damit stehen dem Sozialdiagnostiker und Kritiker zwei im Diagnose- und Kritikkriterium der Anerkennung implizit enthaltene Kriterien zur Verfügung, wobei das Kriterium der Individualisierung auf die »Steigerung von Chancen der legitimen Artikulation von Persönlichkeitsanteilen« zielt und das Kriterium der Inklusion aus »der wachsenden Einbeziehung von Subjekten in den Kreis der vollwertigen Gesellschaftsmitglieder« abgeleitet werden kann (Honneth/Fraser 2003b, S. 218). Beide Kriterien können als Spielarten der Inklusivität sozialer Anerkennungsräume angesehen werden, weshalb aus der Analyse der sozialen Anerkennungspraxis und der historischen Rekonstruktion der Rationalisierungsprozesse ein anerkennungstheoretisch gedeuteter normativer Begriff der (inklusiven) Öffentlichkeit extrahiert werden kann. Prima facie gilt, dass das Leiden unter der Erfahrung öffentlicher Missachtung oder der Vorenthaltung sozialer Wertschätzung auf eine Sozialpathologie deutet, die unter der Maßgabe des normativen Begriffs der Öffentlichkeit Anlass zur Kritik gibt. Welche Formen der Missachtung oder vorenthaltener Anerkennung im Einzelnen beziehungsweise konkret einer gerechtfertigten Kritik zu unterziehen sind, hängt dann allerdings wiederum von den historischen Wertkonsensen der Gesellschaft ab. Diese

Wertkonsense müssen aber ihrerseits den beiden Kriterien der Inklusivität genügen.

Damit gibt auch Honneth Antworten auf die beiden von mir gestellten Leitfragen: Öffentliche Räume werden als Anerkennungsräume thematisierbar und unter der Maßgabe eines normativen anerkennungstheoretischen Begriffs der Öffentlichkeit kritisierbar. Es besteht ein interner Zusammenhang zwischen Selbstverwirklichung und Öffentlichkeit in dem Sinne, dass gemäß der Honnethschen formalen und hypothetischen Anthropologie Individuen für ihre Selbstverwirklichung auf Anerkennung angewiesen sind. Hinsichtlich der öffentlichen Anerkennung stehen dabei die beiden Anerkennungsformen des Rechts und der sozialen Wertschätzung im Fokus.

Die Honnethsche These der anerkennungstheoretisch verstandenen Rationalisierung der sozialen Lebenswelt hat auch Honneths eigener Einschätzung nach eine »Voraussetzung […], die auf den ersten Blick ganz unwahrscheinlich klingt« und deren theoretische Einlösung er derzeit noch nicht für vollständig gelungen hält: Die Voraussetzung, wie er genauer erläutert,

»dass […] die kulturelle Wandlung solcher [lebensweltlicher] Seh- und Praxisgewohnheiten selber eine Richtung genommen hat, die wir deswegen als ›Rationalisierung‹ bezeichnen können, weil sie zu einem höheren Grad der Individualisierung und sozialen Inklusion der wechselnden Anerkennung geführt hat […]. Um eine derartig gewagte Annahme stützen zu können, die ja im Gegensatz zu Habermas den sozialkulturellen Lernprozess unterhalb der Schwelle sprachlicher Verständigung ansiedelt, bedarf es Überlegungen im Hinblick auf Herausforderungen oder Krisen, die eine solche gerichtete Veränderung erzwungen haben können. Vermutlich dürfte die Lösung dieses Problems in der Unterstellung einer Sequenz von kulturellen Neuerungen liegen, die sich auf die soziale Integration so förderlich auswirkten, dass sie zu einer allmählichen Konversion der Praxis- und Wahrnehmungsgewohnheiten führten; aber ich räume gerne ein, dass ich mich hier noch auf einem Feld weitgehend ungedeckter Spekulationen bewege, die nur den Sinn haben sollen, eine andere Sicht auf den Prozess der gesellschaftlichen Rationalisierung zu eröffnen.« (2004, S. 109)

Inwieweit Honneth diese Vermutungen über den Rationalisierungsprozess einer anerkennungstheoretisch gedeuteten sozialen Lebenswelt weiter ausarbeitet, bleibt derzeit noch abzuwarten. In seiner anerkennungstheoretischen Studie über den Begriff der Verdinglichung findet Honneth allerdings ebenfalls zu einer Deutung einer elementaren Form der Anerkennung, die gegenüber der Elementarform, die er in seinem Aufsatz über

Unsichtbarkeit erläutert, ethisch noch weiter ausgedünnt wird. Hatte Honneth schon die Anerkennung im Sinne des affirmativen, anerkennenden Erkennens, in Bezug auf die die Pathologie der Unsichtbarkeit verstehbar wurde, als elementare, vordiskursive Form der Anerkennung erörtert, so zielt er in seiner Verdinglichungsstudie auf eine noch »elementarere Form« (2005b, S. 60, Fußn. 19) des Anerkennens ab. Bei dem ersten Begriff einer basalen Form von Anerkennung – man mag hier von einen *sozialisationstheoretischen Anerkennungsbegriff* sprechen – geht es Honneth um eine direkt in der Wahrnehmung gegebene konkrete oder reflexiv konkretisierbare Wertschätzung. Bei dem zweiten Begriff einer basalen Form von Anerkennung aus der Verdinglichungsstudie geht es um eine dem Erkennen vorausgehende Anerkennung noch »unterhalb der Schwelle, auf der die wechselseitige Anerkennung bereits die Bejahung spezifischer Eigenschaften des jeweiligen Gegenübers impliziert« (ebd., S. 60). Diesen Begriff der Anerkennung mag man insofern *ontologisch* nennen, als Honneth selbst eine sozialontologische Perspektive auf eine primäre Form der sozialen Interaktion anstrebt (ebd., S. 17 und 107).

Obwohl diese Erfahrung, auf die Honneth hier zielt, durchaus Affinitäten zu dem ästhetischen Erfahrungsbegriff aufweist, auf den ich in meinem Ergänzungsvorschlag der Honnethschen Sozialdiagnose rekurriere (siehe die Abschnitte 3.3 und 3.4), sehe ich im Kontext der Honnethschen Anerkennungstheorie eine doppelte Problematik im Hinblick auf diese Elementarform der Anerkennung: Zum einen bleibt diese ethisch nicht nur dünne, sondern nahezu leere Form der Anerkennung zu unspezifisch, um allein mit Bezug auf diese Anerkennungsform als Kriterium soziale Pathologien diagnostizieren zu können.[65] Zum anderen ist sie durch die ethische Zurückschneidung so dünn, dass nur schwer vorstellbar ist, wie sich aus ihr als elementarer Anerkennungsform ethisch reiche Anerkennungsformen im historischen Prozess der Rationalisierung der Lebenswelt ausdifferenzieren können sollten. Wenn Honneth aber denkt, »daß dieser ›existentielle‹ Modus der Anerkennung allen anderen, gehaltvolleren Formen der Anerkennung zugrunde liegt, in denen es um die Bejahung von bestimmten Eigenschaften oder Fähigkeiten anderer Personen geht« (ebd., S. 60, Fuß. 19), dann müsste genau dies gezeigt werden können. Dies scheint mir eine noch größere philosophische Herausforderung zu sein als

---

65 Siehe hierzu auch meine Ausführungen in Abschnitt 3.4. Sehr lehrreich war die Diskussion der Honnethschen Verdinglichungsstudie mit Beate Rössler, Ruth Sonderegger, Josef Früchtl und Johan Hartle.

die Deutung der Rationalisierung der Lebenswelt aus der elementaren Anerkennungsform eines affirmativen Erkennens. In dem ontologischen Anerkennungsbegriff der Verdinglichungsstudie scheint mir im Gegensatz zu
dem sozialisationstheoretischen Anerkennungsbegriff der Begriff der Öffentlichkeit nicht konzeptuell verankert zu sein, da nicht deutlich wird, wie
die beiden Kriterien der Individualisierung und der sozialen Inklusion in
diesem ethisch ausgedünnten Begriff der Anerkennung angelegt sein sollten.

4.3 Öffentlichkeiten als Erfahrungsräume

In diesem Abschnitt möchte ich mich, wiederum vermittelt über die Öf-
fentlichkeitsbegriffe aus dem Habermasschen Kommunikations- und dem
Honnethschen Anerkennungsparadigma, meinem Ergänzungsvorschlag
zur Entfaltung des Öffentlichkeitsbegriffs als Diagnose- und Kritikkonzept
einen weiteren Schritt nähern. Nachdem ich in den beiden vorangegangenen Abschnitten über den Habermasschen Begriff des Diskurses und den
Honnethschen Begriff der Anerkennung zwei Dimensionen des öffentlichen Raumes, wenn auch nicht vollständig ausgeleuchtet, so aber doch in
wichtigen Hinsichten beleuchtet habe, möchte ich im Folgenden auf dem
Weg zu meinem Ergänzungsvorschlag Öffentlichkeiten in einer dritten
Dimension, nämlich als »Erfahrungsräume« thematisieren. Diese dritte
Dimension des öffentlichen Raumes wird freilich auch von Habermas
nicht übersehen und von Honneth sogar in den Fokus gerückt. Auf Basis
meiner anthropologischen Überlegungen in Kapitel 3. dieser Arbeit, in
denen ich die Bedeutung alltagspraktischer Erfahrungen mit ästhetischer
Qualität für die authentische Selbstbestimmung von Individuen erörtere,
möchte ich über Habermas und Honneth hinausgehend fragen, inwiefern
ethische Autonomie Öffentlichkeiten voraussetzt, in denen Individuen
eben solche auch ästhetischen alltagspraktischen Erfahrungen machen
können. Hierfür orientiere ich mich wiederum an den beiden von mir
gestellten Leitfragen. Diese Leitfragen, die schon in den beiden vorangegangenen Abschnitten den Argumentationsweg gebahnt hatten, sind
zum einen die nach der Beschaffenheit soziologisch identifizierbarer
Räume (wie sollen öffentliche Räume beschaffen sein, damit sie die
Authentizität von Individuen nicht beschädigen?) und zum anderen die

theoretisch grundlegendere nach dem begrifflichen Zusammenhang von »Authentizität« beziehungsweise »Selbstverwirklichung« und »Öffentlichkeit«. Vor dem Hintergrund meiner im zweiten Kapitel entfalteten anthropologischen Hypothese, dass Selbstverwirklichung und ethische Autonomie Erfahrungen mit ästhetischer Qualität voraussetzen, kann die zweite der beiden leitenden Fragen auch folgendermaßen reformuliert werden: Ist der Begriff der Öffentlichkeit in dem Diagnosekriterium »Erfahrung« konzeptuell angelegt?

Diese begriffliche Verbindung zwischen »Öffentlichkeit« und dem Diagnosekriterium »Erfahrung« wird mich auch noch im nachfolgenden Abschnitt 4.4 beschäftigen. Ein zentraler Aspekt der Auseinandersetzung wird dabei die Begründung des normativen Gehaltes des Öffentlichkeitsbegriffs sein. Bis zum Ende dieses Abschnittes möchte ich zunächst klären, ob und inwiefern in subjektiven Erfahrungen überhaupt eine Sozialität angelegt ist, die die Aussicht auf einen möglichen normativen Öffentlichkeitsbegriff denkbar werden lässt. Wie mit Habermas' Theorie der Öffentlichkeit gezeigt werden kann, lässt sich ein normativer Begriff über die Fokussierung auf die sprachliche Dimension von Erfahrungen gewinnen: Erfahrungen sind – auch mit Dewey – nicht ohne Sprache denkbar; mit Habermas wird in der Pragmatik der Sprache ein Rationalitätspotential erkennbar, über das Öffentlichkeit normativ als rationaler Diskurs gefasst werden kann.

Öffentlichkeiten gehen nicht allein in dieser sprachlichen Dimension der rationalen Diskursivität auf. Mich wird im Folgenden die Frage beschäftigen, inwieweit auch in den eher *leiblichen* und in einem sehr weiten Sinne als *expressiv* (als Gegensatz zu rational-diskursiv) zu bezeichnenden Dimensionen von Erfahrungen (angefangen von den körpersprachlichen Gesten über die körpernahen Emotionen bis hin zur Phantasie) ein Moment von Sozialität bereits angelegt ist. Eben diese zum Teil mehr, zum Teil weniger körpernahe, ihrerseits aber nicht dualistisch von der sprachlichen Dimension von Erfahrungen trennbaren Dimensionen werden aus meiner Sicht in der Habermasschen Sozialdiagnose mit ihrem Diagnosekriterium »Verständigung« untergewichtet, erhalten aber, vielleicht mit Ausnahme der Phantasie, mit dem Kriterium »Anerkennung« bei Honneth eine deutliche Aufwertung. Wenn im Folgenden zunächst noch unterhalb des theoretischen Bemühens um einen normativen Öffentlichkeitsbegriff von einer Sozialität die Rede sein soll, so muss dabei mehr gemeint sein als die schlichte Einsicht, dass auch der Erwerb der Erfahrungsfähigkeit im

Sinne dieser jedenfalls nicht primär und erst recht nicht ausschließlich linguistisch zu erfassenden Dimensionen von Erfahrung zumindest genetisch Interaktivität voraussetzt. Von Sozialität möchte ich dann sprechen, wenn bei den Akteuren beziehungsweise Erfahrungssubjekten eine grundlegende Bereitschaft zur *Kooperation* mit anderen Akteuren beziehungsweise Erfahrungssubjekten vorhanden ist.

Dieses argumentative Unternehmen bekommt es mit einer ernst zu nehmenden Schwierigkeit zu tun: Erfahrungen enthalten ein subjektivistisches, vielleicht auch als idiosynkratisch zu bezeichnendes Element, in Bezug auf das sich fragen lässt, ob es einer solchen Sozialität entgegenstehe. Dem in dieser kritischen Frage enthaltenen Einwand steht zunächst gegenüber, dass Ausdrücke wie »kulturelle Erfahrung« und »historische Erfahrung« selbstverständlich Teil unseres Sprachschatzes sind. So halte ich es für überzeugend, dass Menschen einander nahe kommende oder gleichende und gleichwohl individuelle Erfahrungen machen können. Im kommunikativen Austausch über unsere Erfahrungen können wir diese Übereinstimmungen feststellen und unsere Erfahrungen miteinander teilen beziehungsweise einander mitteilen. In diesem Sinne nutzen wir den Erfahrungsbegriff, wenn wir von historischen Erfahrungen sprechen. Wie Siep in seiner *Konkreten Ethik* ausführt, sind historische kollektive »Werterfahrungen« essentiell für die rationale Begründung unserer Urteile in ethischen Fragen und Problemen.[66] Solche Erfahrungen einer rationalen Begründung standhaltender Werte sind eingebunden in einen hermeneutischen Prozess, weshalb eben diese Erfahrungen realer Werte als historische Erfahrungen zu begreifen sind.[67]

---

66 »Werten« muss Siep zufolge »zumindest teilweise als Prozess der Entdeckung und Erfahrung von Werten zu verstehen« sein. Und wenn diese erfahrbaren Werte »ein Fundament in menschlichen Fähigkeiten und in adäquaten Beschreibungen der Gegenstände unserer Werterfahrungen haben«, dann müssen Historizität und Realität von Werten einander nicht ausschließen (2004, S. 163). Man beachte, dass der Siepsche Begriff der Ethik ein umfassendes moralphilosophisches Konzept – eine holistische Ethik des guten Ganzen – ist. Die Habermassche Moral-Ethik-Unterscheidung wie die Diskursethik mit ihrem Kantischen Begründungsansatz werden von Siep kritisiert (ebd., S. 173–185). Siehe auch unten Abschnitt 4.4.

67 Siehe hierzu Siep: »Eine holistische Ethik, die sich auf wandelbare Wertschätzung teils stützt, teils sie selber beurteilt, kann keinen Standpunkt außerhalb des historischen Prozesses einnehmen, der einen sicheren Maßstab der Beurteilung abgeben würde. Wir sehen hinsichtlich der Vergangenheit, aber *nicht* der Gegenwart, welche Wertewandlungen wirklich als solche zu bezeichnen sind, welche dauerhaft bestehen, wie sie zu verstehen und ethisch zu beurteilen sind.« (2004, S. 170–171)

Über subjektive Erfahrungen können wir miteinander kommunizieren. Wir können die subjektiven Evidenzen unserer Wahrnehmung und unseres Erlebens mit denen anderer Erfahrungssubjekte vergleichen. Dies setzt einen intersubjektiven Symbolzusammenhang voraus, wobei Sprache eine herausgehobene Stellung einnimmt. In öffentlichen Auseinandersetzungen können Erfahrungen einen den diskursiven Argumenten analogen Status einnehmen, was besonders in den Beiträgen der Kunst in gesellschaftspolitischen öffentlichen Debatten deutlich wird. Die Künste argumentieren nicht diskursiv, sondern sie zeigen auf etwas. Besonders plausibel wird dieser mögliche argumentanaloge Status in solchen Künsten, in denen die Sprache eine tragende Komponente bildet, also vor allem in der Literatur, im Theater und im Film.

Obwohl die These geteilter Erfahrungen, über die sich ein Kollektiv verständigen kann, überzeugt, begreife ich Erfahrungen als solche nicht ohne Rest als kommunizierbar.[68] Auch wenn Erfahrungen einer Hermeneutik zugänglich sind, und auch wenn von geteilten, kollektiven Erfahrungen, wie soeben umrissen, sinnvoll die Rede sein kann, wird dem Subjekt die eigene Erfahrung niemals ohne Rest transparent. Hier stößt es an Grenzen, die mit Rekurs auf den Deweyschen Erfahrungsbegriff, der in der vorliegenden Arbeit von zentraler Bedeutung ist, gedeutet werden können: In dem nicht-dominierten Zusammenspiel des emotionalen, intellektuellen und praktischen Momentes der Erfahrung, also in der zwanglosen intrasubjektiven Interaktion zwischen den emotional-sinnlichen Komponenten, dem praktisch-volitionalen Involviertsein in Handlungskontexte sowie dem theoretisch-kognitiven Zugang zur Welt, liegt das holistische Element der Erfahrung begründet. Und eben dieser Ganzheitlichkeit beziehungsweise Integriertheit sowohl der subjektiven Erfahrungsweise als auch des Erfahrungsgegenstandes (Erfahrungsobjektes) kann sich das Subjekt reflexiv immer nur annähern.[69] Dies hat *zum einen* mit dem je nach Erfahrung mehr oder weniger zwang- oder sanktionslosen Zusammenspiel der emotionalen, volitionalen und kognitiven Momente

---

68 Habermas spricht von einem nicht artikulierbaren »opaken Kern der religiösen Erfahrung«, in dem diese »der ästhetischen Anschauung« gleiche (2005c, S. 150). Anstatt der Rede von einem Kern, scheint mir allerdings die Rede von immer neuen Versuchen der annähernden Artikulation und Interpretation eines letztlich nicht Definierbaren der Sache angemessener.

69 Beachte hierzu auch die Ausführungen zu Charles Taylors Vorstellung einer sich den Sprachen der Künste nähernden »Sprache der persönlichen Resonanz« in den Abschnitten 2.1 und 2.5 der vorliegenden Arbeit.

der Erfahrung zu tun: In manchen Erfahrungen, die Dewey vorwiegend intellektuell oder vorwiegend praktisch nennt, geht es dabei um den Überschuss, der die Erfahrung vor dem kognitiven Erfassen eines Erfahrungsgehaltes mit allgemeinen Begriffen auszeichnet – eine Erfahrung geht eben nicht in einer begrifflichen Definition auf, sondern ist immer schon mehr. In anderen, nämlich vollendet ästhetischen Erfahrungen macht dieses vollkommen zwanglose Zusammenspiel jede eindeutige begriffliche Erfassung der Erfahrung unmöglich.[70] So zeichnet sich jede subjektive Erfahrung immer auch – in Reinform die spezifisch ästhetische Erfahrung im engen Sinne – durch eine mehr oder weniger ausgeprägte Unentschiedenheit aus: Im Deweyschen Sinne vollendet ästhetische Erfahrungen entziehen sich dem Versuch der Festlegung auf eine intellektuelle Einsicht, einen Wunsch oder ein Gefühl immer wieder; aber auch vorwiegend intellektuelle oder praktische Erfahrungen weisen noch dieses Mehr, diesen Überschuss auf, der nicht vollständig durchdring- oder bestimmbar ist. Gerade in diesem Überschuss und in dieser Uneindeutigkeit scheint das kreative und innovative Potential von Erfahrungen, das wir auch »Phantasie« nennen, angelegt zu sein.

Zum anderen ist dem Subjekt die immer schon mit dem kulturellen Erfahrungsschatz vermittelte Erschließungsweise seiner Erfahrung nicht vollständig aus der Perspektive einer kognitiven Distanz heraus erfassbar. So kann es sich zwar zahlreicher einzelner Aspekte des Erfahrungsgehaltes bewusst werden, aber es kann die aus dem kollektiven Erfahrungsschatz schöpfende Erschließungsweise, durch die das kognitive Bewusstsein eines jeden solchen Aspektes zu einer ganzheitlichen Erfahrung erweitert wird, nicht vollständig begreifen.[71] Diesen hermeneutischen Auslegungsprozess

---

70 Mit Rekurs auf diesen Begriff der vollendet ästhetischen Erfahrung kann etwa auch die Rede von der Mehrdeutigkeit der Kunst erläutert werden.

71 Siehe hierzu auch Martin Seel, der sich in seinen Reflexionen zum Erfahrungsbegriff ebenfalls von Dewey inspirieren lässt: »Situationen, seien sie kommunikativ oder nicht, sind nicht allein dreifach (kognitiv, volitiv, emotiv) eruiert, sie sind auch für die, die sich *in* ihnen befinden, zugleich doppelt artikuliert: die jeweils zentralen Gegenstände einer Situation sind als zentrale gewußt und wißbar im Rahmen eines Kontexts bedeutsamer Annahmen und Optionen, der in seiner subsidiären Perforierung aspekthaft mit vergegenwärtigt werden muß. Allerdings kann der Erfahrungs- oder Sinngehalt einer gegenwärtigen Situation, kann der Gesamtzutrag des in ihr Thematischen und Bedeutsamen den in ihr befangenen Subjekten nicht zu Bewußtsein kommen. Die Erschlossenheitsweise einer gegenwärtigen Situation können wir auch vergegenwärtigend nicht vollständig charakterisieren. Jedes Einverständnis in ihr ist aus verborgenen Quellen gemeinsamer Erfahrung gespeist.« (1997, S. 154–155)

der Erschließungsweise müssen wir uns als eine beständige Annäherung vorstellen.

Diese Grenzen der Transparenz der eigenen Erfahrung, in denen der häufig produktive Überschuss von Erfahrungen gegenüber Begriffen begründet ist, stellen meines Erachtens kein ernsthaftes Problem für die von Siep vorgebrachte These dar, dass sich der Gehalt unserer Erfahrungen wahrhafter Werte mit allgemeinen Begriffen rechtfertigen lasse. So sind für die Vergegenwärtigung unserer Erfahrungsgehalte etwa auch Vorstellungskraft und eine gewisse Phantasie gefordert, da Erinnerung immer auch ein Moment von Konstruktion beinhaltet. Und der Problematik, dass das Erfahrungssubjekt die aus wiederum kollektiven Erfahrungsquellen hervorgehende Erschließungsweise seiner aktuellen Erfahrung nicht erfassen und durchdringen kann, wird insofern über die historische Dimension Rechnung getragen, als wir immer erst im Rückblick sagen können, welche Wandlungen der Werte Bestand haben und wie über sie zu urteilen ist (siehe zu Sieps Ausführungen über wahrhafte Werte das Unterkapitel zur Realität und Objektivität von Werten 2004, S. 135 ff.).

Das innovative, kreative Moment der Erfahrung ist ohne die immer schon gegebene Vermittlung subjektiver Bewusstseinszustände mit einem intersubjektiven Kommunikations-, Handlungs- und Erfahrungskontext nicht möglich, geht aber gleichzeitig nicht vollständig in den gegebenen Deutungs-, Handlungs- und Erfahrungsmustern auf. Von Mead haben wir gelernt, dass sich personale Identität nur aus dem Blick eines Gegenübers und damit nur in Kommunikationszusammenhängen bilden kann: Dem »me« als dem normativ-praktischen Selbstverhältnis aus dem Blick des kommunikativen Gegenüber wird aber das vorpersonale, innovative »I« gegenübergestellt (siehe hierzu auch Abschnitt 2.2). Mit Rekurs auf den Begriff der Erfahrung sieht auch Dewey das innovative Potential in der vorpersonalen, der Person nicht transparenten Schicht des Menschen angelegt. Dieses innovative Potential entsteht in der unbewussten Reibung des Erfahrungssubjektes an den historischen Wahrnehmungs-, Deutungs- und Handlungsmustern wie an seiner Umwelt in der Erfahrung:

»Im Ich geraten aus früheren Erfahrungen stammende Elemente in neuen Sehnsüchten, Antrieben und Vorstellungen neu in Aktion. Letztere steigen aus dem Unterbewußtsein auf – nicht gefühllos oder als Formen, die als aus der Vergangenheit stammende Einzelheiten wiedererkannt werden, nicht als Bruchstücke oder Brocken, sondern als im Feuer einer inneren Bewegung miteinander verschmolzen. […] sie entstehen aus einem Selbst, das sich seiner nicht bewußt ist.« (Dewey 1988, S. 80; siehe zur Kreativität bei Mead und Dewey auch Joas 1996, S. 201–212)

Erfahrungen sind zwar immer schon intersubjektiv vermittelt, enthalten aber ein subjektivistisches, vielleicht als idiosynkratisch zu bezeichnendes Moment. Sofern diese Sichtweise überzeugt, fragt sich, ob es ein aussichtsreiches philosophisches Unternehmen darstellt, ein in der Erfahrung angelegtes Moment von Sozialität zu suchen, das, wie erwähnt, im Sinne einer wie auch immer auszubuchstabierenden sozialen *Kooperation* vorgestellt werden soll. Und erst recht scheint in Zweifel zu stehen, ob ein höherstufigerer normativer Begriff der Sozialität, wie ihn der Öffentlichkeitsbegriff darstellt, ausgehend vom Begriff der Erfahrung begründet werden könnte. Dass zumindest Ersteres möglich ist, dass also in der Erfahrung als solcher eine solches Moment der Sozialität als Kooperation angelegt gedacht werden kann, möchte ich wiederum im Anschluss an den Deweyschen Erfahrungsbegriff plausibilisieren. Vorerst werde ich erörtern, inwiefern mit Habermas und Honneth von einer Sozialität der Erfahrung ausgegangen werden kann.

Wie in der vorliegenden Arbeit mehrfach aufgegriffen, kritisiert Honneth an der Habermasschen Sozialdiagnose die Erfahrungsferne, die er in dem sprachpragmatischen Ansatz zur Identifizierung sozialer Pathologien begründet sieht. In seinem Aufsatz »Unsichtbarkeit« betont er die gestisch-expressive, körpersprachliche Dimension der wechselseitigen Anerkennung, die der wechselseitigen Anerkennung als Diskurspartner vorausgeht, ebenso wie die expressiv-körpersprachliche Dimension von Missachtung und Vorenthaltung von Anerkennung (2003c; siehe auch oben Abschnitt 4.2). Wie im letzten Abschnitt bereits erwähnt, findet auch die Habermassche Gesellschaftstheorie einen systematischen Ort für diese Dimension der Erfahrungen von Anerkennung und Missachtung. In der Gesellschaftstheorie, die Habermas in der *Theorie des kommunikativen Handelns* ausarbeitet, wird der soziale Raum beziehungsweise der kommunikative Zusammenhang, in dem Individuen solche, dem Diskurs vorausgehende Erfahrungen machen, unter dem Theorem der »sozialen Lebenswelt« berücksichtigt. Das Konzept der sozialen Lebenswelt erfasst dabei nicht allein diese spezielle Form von Erfahrungen – also die moralischen Erfahrungen von gewährter oder verweigerter Anerkennung –, sondern kann auch das erschließende und das – im Anschluss an Dewey – erfahrungsöffnende Moment von Erfahrungen als solches einbegreifen. Habermas selbst hat die Erfahrungsdimension der Lebenswelt in insgesamt eher wenigen Passagen seiner Arbeiten ausgeleuchtet, was in seinem sprachpragmatischen Zugriff auf die Lebenswelt begründet liegt: Erfahrungen interessieren ihn als sprachlich artikulierte. Die zwanglose Verständigung als Diagnosekriterium der Habermasschen Sozialdiagnose kann wohl im Sinne eines nichtdominierten Zugangs zur eigenen Erfahrung gelesen werden, richtet sich aber wesentlich auf die Kommunikation zwischen Subjekten, die sich sprachlich über ihre subjektiven Erfahrungen verständigen. In seiner Demokratietheorie wie in seiner Gerechtigkeitstheorie (im Rahmen seiner Theorie des demokratischen Rechtsstaates) lotet Habermas die Bedingungen aus, unter denen moralisch und ethisch relevante subjektive Erfahrungen vermittelt über eine autonome allgemeine Öffentlichkeit in die rechtlich-politische Beratungspraxis Eingang finden können.

Das welterschließende und das erfahrungsöffnende Moment der Erfahrung können in dem lebensweltlichen Begriff der Erfahrung als immer schon mitgemeint angesehen werden. Dies wird in jüngeren Arbeiten Habermas' deutlich, in denen er sich mit dem Zusammenhang von Lernprozessen (in Erfahrungen mit und in der Welt wie im Lernen in Diskursen) und der sprachlichen Welterschließung auseinandersetzt – seien es Lernprozesse in Fragen der theoretischen Wahrheit, der moralisch-praktischen Richtigkeit oder der (gemäß der Habermasschen Moral-Ethik-Unterscheidung) ethischen Frage der Rationalität von Weltbildern. Habermas spricht hier von einem »Kreisprozeß« zwischen dem lebensweltlichen »Interpretationswissen«, in dem die Welt erschlossen wird, und den aus diesem Wissen heraus überhaupt möglichen und »innerweltlichen Lernprozessen«, in denen dieses Wissen »erweitert« und revidiert wird.[72] Dieser produktive Zusammenhang von Welterschließung und Lernprozessen durch Problemlösungsversuche – Habermas spricht auch von einer »Dialektik zwischen Welterschließung und innerweltlichen Lernprozeßen« (1999d, S. 101) – ist ein wesentlich *sprachliches* Geschehen. Von Heidegger greift Habermas den Gedanken einer Augen öffnenden, völlig neuen Sichtweise einer Welt als Ganze, als Totalität auf. Bei diesem Heideggerschen Begriff der Welterschließung wandelt sich die Weltsicht nicht allmählich über eine andersartige Wahrnehmung oder einen veränderten Blick auf einzelne As-

---

72 »Die Frage, in welchem Sinne Lebensformen ›rational‹ sein können, lenkt die Aufmerksamkeit auf jenen Kreisprozeß, der sich abspielt zwischen dem sprachlich vorgeschossenen Interpretationswissen, das für eine Sprachgemeinschaft die Welt mehr oder weniger produktiv erschließt, einerseits und den dadurch ermöglichten, mehr oder weniger innovativen innerweltlichen Lernprozessen andererseits, über die Weltwissen erweitert und wiederum die Revision des vorgängigen Sprachwissens angestoßen wird.« (Habermas 1999f, S. 132)

pekte, Ausschnitte und Hinsichten dieser Totalität, sondern hat Ereignischarakter. Gegen Heidegger gerichtet ist Habermas' These, dass die welterschließende Kraft der Sprache auch in der schrittweisen Modifizierung und Korrigierung der Weltsicht zum Tragen kommt, weil sie an die innerweltliche Problemlösung gekoppelt bleibt. Doch auch wenn Habermas den Heideggerschen Ereignischarakter der Welterschließung kritisiert, so anerkennt er gleichwohl das innovative Moment von Augen öffnenden Erfahrungen, das nicht in der diskursiven Rationalität sprachlicher Interaktion begründet sein kann:

»Selbst eine sprachschöpferische Erneuerung unserer Ansicht von der Welt im ganzen, die uns alte Probleme in einem völlig neuen Licht sehen läßt, fällt nicht vom Himmel, ist kein ›Seinsgeschick‹. Denn das welterschließende Sprachwissen muß sich kontinuierlich bewähren; es muß die handelnden Subjekte instand setzen, mit dem, was ihnen in der Welt zustößt, zurechtzukommen und aus Irrtümern zu lernen. Andererseits sind die rückwirkend ausgelösten Revisionen dieses weltauslegenden Sprachwissens ebensowenig ein automatisches Ergebnis von gelungenen Problemlösungen. Eher wird die sprachliche Einbildungskraft – Peirce sprach von abduktiver Phantasie – durch scheiternde Problemlösungsversuche und stockende Lernprozesse *angeregt*.

Die welterschließende Kraft der Sprache ist weder rational noch irrational; als eine Ermöglichungsbedingung für rationales Verhalten ist sie selbst a-rational.« (1999f, S. 133; siehe zu Habermas' Kritik am Ereignischarakter der Heideggerschen Welterschließung 1999d, S. 82–86)

Die rationalen, diskursiven Lernprozesse bleiben an die Innovationskraft und Phantasie der Erfahrung gebunden, auf die Habermas hier mit dem Peirceschen Begriff der Abduktion abhebt. Vor der Folie eines diskursiven Rationalitätsbegriffs begreift Habermas dieses expressive (im Sinne von: nicht rational-diskursive) Moment der Erfahrung nicht als irrational, wohl aber als a-rational.

Die innerweltlichen Lernprozesse vollziehen sich also in sprachlicher Verständigung in Diskursen und gehen aus *Erfahrungen*, die *handelnde* Akteure in und mit der Welt machen, hervor. Zwar versteht Habermas Erfahrungen zu Recht als immer auch sprachliche, aber er berücksichtigt gleichwohl, dass der Erfahrungsbegriff nicht vollständig linguistisch gefasst werden kann, und das auch dann nicht, wenn der linguistische Zugriff wie in seiner Theorie auf die Pragmatik der Sprache zielt. Er stellt sich in die pragmatistische Tradition – namentlich bezieht er sich u.a. auf John Dewey –, wenn er den Fortschritt im Wissen und die zunehmende Ausweisung des normativen Potentials der leitenden Normen und Werte immer auch im Handeln von Akteuren in der Welt, im Lösen von theoretischen und praktischen Problemen, die sich den Akteuren in der Welt stellen, sieht. Dabei bildet die Lebenswelt den sprachlich strukturierten Kontext, aus dem heraus Kommunikation über die Welt möglich ist. »Die sprachlich strukturierte *Lebenswelt* […] ist von der *formalen Unterstellung* einer objektiven und einer sozialen *Welt* zu unterscheiden«, also von einer Unterstellung, welche die »Kommunikationsteilnehmer und Aktoren« in ihrem kommunikativen oder praktischen Umgang mit der Welt »vornehmen« müssen (Habermas 1999d, S. 97). Lernprozesse im *problemlösungsorientierten Handeln* in der Welt vollziehen sich wesentlich über die »Enttäuschungen« von sicher gewähntem Wissen:

»In solchen Enttäuschungen manifestiert sich ein schwer zu verleugnendes *performatives* Scheitern an der Welt – sei es am Widerstand der objektiven Welt, die nicht länger mitspielt, oder am Widerspruch des objektiven Geistes einer fremden, normativ dissonanten Lebensform [sozialen Welt]. In dieser Hinsicht kommt die Unterscheidung zwischen Diskurs und Handeln auf andere Weise ins Spiel, nicht als eine *innersprachliche* Differenz zwischen Stufen der Kommunikation, sondern als eine Differenz *zwischen* Sprache und (zwar propositional strukturiertem, aber) nicht-sprachlichem Handeln.« (ebd., S. 98)

Ohne an dieser Stelle tiefer in die handlungstheoretische Debatte und speziell in die über den Zusammenhang von Handlungen und Sprache einsteigen zu können, sei zumindest darauf hingewiesen, dass natürlich auch mit Habermas der Erfahrungsbegriff umfassender gedacht werden muss, als dies mit den spezifischen Mitteln der linguistischen Pragmatik möglich ist. Die lebensweltliche Erfahrung ist immer schon sprachlich strukturiert, aber sprachlich artikulierte Erfahrungen im nicht-sprachlichen pragmatischen Umgang mit der objektiven Welt können das Sprachwissen in Frage stellen: Die sprachliche Artikulation der selbst nicht vollständig linguistisch zu begreifenden Erfahrung – Habermas spricht auch von der »diskursiven Verarbeitung von handlungsbezogenen Erfahrungen« (1999d, S. 98) – trägt zur Modifizierung und Korrigierung der Sicht auf die Welt im Ganzen, die als Lebenswelt den erweiterbaren Horizont möglicher Erfahrungen bildet, bei.

Wollen wir im Habermasschen Denken von der Sozialität der »subjektiven Erfahrung« sprechen, so können wir diese über die sprachliche Dimension der Erfahrung ausweisen. Wenn er über die Rolle von Erfahrungen in Lernprozessen spricht, besteht er auf der Subjektivität erfahrener Evidenz, die kritisch und argumentativ, also diskursiv befragt werden muss: Das subjektivistische Moment, das Erfahrungen anhängt, muss in Diskursen über die Wahrheit von Deskriptionen und Erklärungen, über die Richtigkeit von moralischen Normen wie auch über die Authentizität von Expressionen und Evaluationen – wenngleich hier in einem epistemisch abgeschwächten Sinne[73] – intersubjektiv überprüft werden. Von einer Sozialität von Erfahrungen, die über ihre sprachliche Dimension immer schon lebensweltlich vermittelt und vorstrukturiert sind, lässt sich bei Habermas nur über die theoretischen Mittel der sprachphilosophischen Pragmatik sprechen. An dieser Stelle kommen die Habermasschen Konzepte »Verständigungsorientierung« und »Teilnehmerperspektive« ins Spiel. Verständigungsorientiert handelnde Akteure machen demnach kommunikative Erfahrungen mit anderen Akteuren, für die eine basale Sozialität konstitutiv ist.

»Die kommunikative Verwendung sprachlicher Ausdrücke dient nicht nur dazu, Intentionen eines Sprechers zum Ausdruck zu bringen, sondern auch dazu, Sachverhalte darzustellen (beziehungsweise deren Existenz zu unterstellen) und interpersonale Beziehungen mit einer zweiten Person herzustellen. Darin spiegeln sich die drei Aspekte des/sich/über etwas/mit jemandem Verständigens. Was der Sprecher mit einem Ausdruck sagen will, verbindet sich sowohl mit dem, was darin wörtlich gesagt wird, wie auch mit der Handlung, als die das Gesagte verstanden werden soll. Es besteht somit eine dreifache Beziehung zwischen der Bedeutung eines sprachlichen Ausdrucks und (a) dem mit ihm *Gemeinten*, (b) dem darin *Gesagten* und (c) *der Art seiner Verwendung* in der Sprechhandlung. Der Sprecher verfolgt mit seinem Sprechakt das Ziel, sich mit einem Hörer über etwas zu verständigen. Dieses – wie wir sagen wollen – illokutionäre Ziel ist zweistufig: der Sprechakt soll vom Hörer zunächst verstanden und dann – nach Möglichkeit – akzeptiert werden. Die Rationalität des verständigungsorientierten Sprachgebrauchs hängt dann davon ab, ob die Sprechhandlungen so verständlich und akzeptabel sind, daß der Sprecher damit illokutionäre Erfolge erzielt (oder unter normalen Umständen erzielen könnte).« (Habermas 1999f, S. 110–111).

Dass Verständigung als Sprachhandeln analysiert werden muss, hängt mit der internen Verwiesenheit von illokutionären Zielen – also denjenigen Zielen, die beinhalten, worüber sich ein Sprecher mit einem Hörer verständigen will – und den »linguistischen Mitteln der Verständigung« zusammen: Verständigung ist ein konstitutives Element von Sprache: »das Telos der Verständigung wohnt […] dem sprachlichen Medium selbst

---

73 Die Rationalität von Evaluationen erörtere ich im Anschluss insbesondere an Anderson und in Auseinandersetzung mit Frankfurt, Christman und Taylor in den Abschnitten 2.3, 2.4, 2.5 und 2.6.

inne« (ebd., S. 111–112). In der Pragmatik der Sprache ist die Rationalität der Verständigung, die normative Praxis des Gebens und Forderns von Gründen, angelegt: Geltungsansprüche, seien es Ansprüche auf Wahrheit, Wahrhaftigkeit oder Richtigkeit, können zwischen einem Sprecher und einem Hörer überhaupt nur kommuniziert werden, wenn der Sprecher sich gegebenenfalls auf kritische Rückfragen einlässt. Sofern diese basale Einstellung zur Verständigung in der Sprachpragmatik angelegt ist, lässt sich auch das Konzept der Teilnehmerperspektive (siehe etwa Habermas 1984) aus eben dieser Pragmatik gewinnen. Von der Perspektive eines Beobachters unterscheidet sich die des Teilnehmers durch die verständigungsorientierte Einstellung. In der Verständigungsorientierung versetzt sich ein Akteur in die Perspektive seines Gegenübers, um so dessen (Sprach)Handeln zu verstehen. Erst in dieser Perspektive werden das Verstehen von Gründen und also die verständigungsorientierte Praxis des Forderns und Gebens von Gründen überhaupt begreifbar. In der pragmatisch konzeptualisierten Sprache selbst ist demnach das Sozialität ermöglichende Moment, das Habermas in seinem kommunikationstheoretischen Lebensweltkonzept theoretisch expliziert, bereits angelegt.

Dass sich »Teilnehmerperspektive« und »Verständigungsorientierung« aus der Pragmatik der Sprache heraus konzeptionalisieren lassen, ist nicht bloß für die Habermassche Diskurstheorie, sondern auch für seine Sozialphilosophie und Gesellschaftstheorie bedeutsam. In dem verständigungsorientierten Sprachhandeln innerhalb der Lebenswelt liegt das Rationalitätspotential, das von der Diskurstheorie für die Idealisierungen der formalen Diskursbedingungen ausgeschöpft wird. Sozialphilosophisch wird die Teilnehmerperspektive insofern relevant, als sie Indifferenz gegenüber Kommunikationspartnern ausschließt. Nehme ich eine verständigungsorientierte Perspektive ein, so sind mir die theoretischen und eben auch praktischen Orientierungen meines Gegenübers nicht gleichgültig. Ich verhalte mich nicht indifferent gegenüber dieser Person, sondern gebe ihr in meiner Bereitschaft, mit ihr zu kommunizieren, zu verstehen, dass ich gewillt bin, ihre Gründe und ihr Handeln aus ihrer Perspektive heraus zu verstehen. Dies meint nicht Zustimmung zu diesen Gründen und diesem Handeln und es meint auch noch kein kooperatives Handeln vor dem Hintergrund gemeinsamer Sichtweisen, Gewissheiten und Überzeugungen. Es beinhaltet aber sehr wohl die grundsätzliche Bereitschaft zur Kooperation im Sprechen und Handeln auf der Basis eines diskursiv zu erlangenden Konsenses oder auszuhandelnden Kompromisses. Mit Habermas kann die

Sozialität von Erfahrungen über die sprachliche Dimension ausgewiesen werden: Sozialität meint hier die grundsätzliche Bereitschaft zur Kooperation auf der Basis guter Gründe.

Honneth analysiert und konzeptionalisiert die Praxis der wechselseitigen Anerkennung als dem Diskurs beziehungsweise der diskursiven Kommunikation zeitlich wie logisch vorausgehend. Im Gegensatz zu Habermas setzt Honneth eine vordiskursive Quelle der Normativität an: eine Anerkennungspraxis, die zwar kein »sprachloses Geschehen« darstellt, wohl aber der Begründungspraxis, also dem Fordern und Geben von Gründen, vorausgeht. Ein normativer Öffentlichkeitsbegriff, der die Inklusivität von Anerkennungsräumen prima facie fordert, kann aus der historischen Rekonstruktion der gesellschaftlichen Ausdifferenzierung dieser vordiskursiven sozialen Praxis gewonnen werden (siehe hierzu oben den Abschnitt 4.2).

Ergänzend zu Honneth, der sich auf die moralisch-ethischen Erfahrungen von gewährter und verweigerter Anerkennung bezieht, rekurriere ich in meinen Überlegungen im Anschluss an den Deweyschen Erfahrungsbegriff auf die *formale*, nämlich *ästhetische Qualität von Erfahrungen*. Im Folgenden möchte ich, diesen Honnethschen Ansatz ergänzend, fragen, ob sich zunächst wiederum *unterhalb des Anspruchs* der philosophischen Begründung des normativen Gehalts des Öffentlichkeitsbegriffs eine basale Sozialität über die formale, ästhetische Qualität von alltagspraktischen Erfahrungen plausibilisieren lässt. Zu dieser Frage möchte ich mit Ausführungen von Hans Joas überleiten, der im Anschluss an Dewey und aus dem theoretischen Kontext des Pragmatismus heraus eine basale Sozialität der Handlungs- und Erfahrungsfähigkeit von Subjekten in der Interaktion von Körpern erkennt.

Die Überwindung des bewusstseinsphilosophischen Paradigmas, der zufolge subjektive Intentionen immer schon in einem symbolischen beziehungsweise sprachlichen Bedeutungskontext intersubjektiv vermittelt sind, darf auch vor dem Selbstverhältnis eines Individuums zu seinem Körper nicht halt machen. Diese Einsicht in den Vorrang der Intersubjektivität vor der Subjektivität scheint in einigen Handlungstheorien an eine Grenze zu stoßen, wenn der Körper als ein dem Handelnden unmittelbar gegebenes Objekt vorgestellt wird, auf das das Subjekt seine Intentionen instrumentalistisch richten könne, als wenn der unmittelbar gegebene und kontrollierbare Körper schlicht das ausführe, was ein sprachphilosophisch zwar intersubjektiv vermittelt konzeptualisierter, aber – vom Objekt aus gedacht – einsamer Geist ihm vorschreibt. Eben genau dieses instrumentalistische Denken ist nicht mehr möglich, wenn der Körper nicht mehr als unmittelbar gegeben und wenn schon unterhalb einer intentional gerichteten, kontrollierten Inanspruchnahme des Körpers dieser selbst in einem Interaktionsprozess mit anderen Körpern stehend vorgestellt wird.

Zu dieser These einer vorintentionalen, vorbewussten Interaktion von Körpern gelangt Joas über die psychologische wie sozialwissenschaftliche Forschung zum Körperschema. In dieser geht es um die Frage, wie es zu verstehen sei, dass beziehungsweise wie sich menschliche Individuen überhaupt auf ihren Körper als Leib beziehen und diesen als eine Einheit wahrnehmen können. Joas argumentiert mit Arbeiten des deutsch-österreichischen Psychiaters Paul Schilder, der sich im expliziten Rekurs auf den amerikanischen Pragmatismus für den Zusammenhang von Körperschema und Handlungsfähigkeit interessiert. Aus dessen Forschung ließe sich, so Joas, entnehmen, »daß die Entstehung der Ganzheitlichkeit des Körperschemas ebenso wie der Ganzheitlichkeit eines Weltbilds [als] Teil der Entwicklung der Ganzheitlichkeit einer handlungsfähigen Person« (Joas 1996, S. 261) erklärt werden müsse. An Schilder knüpft wiederum der philosophische Phänomenologe Maurice Merleau-Ponty an, von dem Joas den Begriff der »intercorporéité« (ebd., S. 264) aufgreift. Merleau-Ponty denke, wie Joas referiert, unter diesem Begriff an eine vorsprachliche Beziehung zu einem anderen, womit er ausdrücklich auch die Beziehung von Müttern mit ihren der Sprache noch nicht mächtigen Kindern meine. Solche vorsprachlichen Beziehungen begreife er als konstitutiv für die Erfahrungsfähigkeit menschlicher Individuen: »Nicht nur die Körperlichkeit, sondern die Verschränkung meiner Körpererfahrung mit meiner Erfahrung des anderen Körpers wird als Fundament aller Erfahrung freigelegt.« (ebd., S. 264) Ähnlich wie Winnicott, auf den sich auch Honneth in seiner Anerkennungstheorie bezieht, richte Merleau-Ponty sein Augenmerk auf die Mutter-Kind-Beziehung und analysiere »das über Haltung, Gebärde und Stimme geführte mütterliche Betreuungsverhalten« als Voraussetzung, die »dem Kind den Weg aus der ursprünglichen Undifferenziertheit in eine ich-hafte Weltbeziehung« ermögliche (ebd., S. 264). Diese vorsprachliche Beziehung zwischen Mutter und Kind als eine vorsprachliche Form der Kommunikation deuten zu können, wird, Joas zufolge, durch Mead möglich. Mit Mead kann der menschliche »Organismus« bereits dann als »in die Struktur sozialer Interaktion eingebunden« erkannt werden, wenn »er noch kein Bewußtsein von den Grenzen zwischen sich und der sozialen oder physischen Welt hat« (ebd., S. 268). Auch schon in der Entwicklungsphase des Kindes, in der es sich nur mit seiner Umwelt symbiotisch vereint wahrnimmt und sich mit dieser vollständig identifiziert, »hat [das Kind] bereits begonnen, auf die Gebärden von Interaktionspartnern zu reagieren und sich selbst gestisch oder durch Expressionen, die gestisch verstanden werden, zu artikulieren« (ebd., S. 268). Erst über diese Interaktionsprozesse könne das Kind überhaupt lernen, den eigenen Körper als Objekt wahrzunehmen und sich mit diesem als eigenem Leib zu identifizieren. Das kognitive Schema des eigenen Körpers, das die Trennung von Geist und Körper impliziere, könne also nur über eine bereits vorsprachlich stattfindende Interaktion zwischen Körpern überhaupt ausgebildet werden. Damit müsse aber von einer vorsprachlichen, von der einfachen körperlichen Expression (wie zum Beispiel in körperlichen Signalen) bis hin zu körpersprachlichen, expressiven Geste reichenden Sozialität ausgegangen werden:

>»Wenn der eigene Körper dem Handelnden nicht unmittelbar gegeben ist, sondern nur über ein Körperschema, und wenn dieses Körperschema selbst Resultat eines intersubjektiven Konstitutionsprozesses ist, dann enthält alle Handlungsfähigkeit eine weitere stillschweigende Voraussetzung: nämlich die einer nicht erst durch bewußte Intentionalität zustandekommenden, sondern dieser gegenüber vorgängigen, *primären Sozialität*, einer Struktur gemeinsamen Handelns also, welche zunächst in nichts anderem besteht als in der Interaktion unserer Körper.«[74] (Joas 1996, S. 269)

Wenn wir Joas in seinen Überlegungen folgen, dann muss das leiblich-geistige Selbstverhältnis eines Individuums in einem zweifachen Sinne intersubjektiv vermittelt angesehen werden. Für eine basale Sozialität nicht nur in der sprachlichen und bewussten Dimension, sondern auch in der leiblichen Dimension des menschlichen Selbstverhältnisses lassen sich Gründe finden. Die Handlungsfähigkeit wie die Erfahrungsfähigkeit des Subjektes setzen zumindest genetisch eine vorsprachliche Interaktion zwischen Körpern und damit eine vorsprachliche Sozialität voraus.

---

74 Dies hat auch zur Konsequenz, dass ein Handelnder in ein kommunikatives, das heißt nicht-beherrschendes Verhältnis zu seinem Körper treten kann. Der eigene Körper, der bereits als Quasi-Akteur einer Interaktion zwischen Körpern verstehbar wurde, erhält gleichsam eine Stimme und wird im inneren Zwiegespräch zu einem dem sprachfähigen Dialogpartner analogen Gegenüber des bewussten Subjekts. Ein instrumentelles Verhältnis zum eigenen Körper bedeutet von dieser philosophischen Konzeptionalisierung des Körpers aus betrachtet, dass wir unsere körperlichen »Signale […] ignorieren oder unseren bewußten Zwecken unterordnen« (Joas 1996, S. 269).

Honneth macht sich, wie der vorangegangene Abschnitt über öffentliche Anerkennungsräume nachvollzogen hat, ebenfalls auf die Suche nach einer basalen Sozialität der Erfahrung (siehe oben Abschnitt 4.2). Mit Honneth kann in der nicht dualistisch trennbaren, also immer *zugleich* sprachlichen und körperlichen (körpersprachlichen) Interaktion zwischen Akteuren eine basale, der Teilnehmerperspektive analoge und jedenfalls affektiv nicht neutrale Zuwendung gesehen werden. Auf diese Form der basalen affektiven Beziehung zum anderen, die Honneth auch mit der Heideggerschen Sorge oder der Lukácsschen anteilnehmenden Praxis in Verbindung bringt, zielt der zweite, im vorangegangenen Abschnitt aufgeführte basale Anerkennungsbegriff bei Honneth, nämlich der *ontologische* (Honneth 2005b, S. 36–37).

Wie ich in Abschnitt 4.2 dargelegt habe, bin ich skeptisch, ob sich, um hier einmal auf das Problem der Normativität des Öffentlichkeitsbegriffs vorauszugreifen, aus diesem *ontologischen Anerkennungsbegriff* ein normativer Begriff der Öffentlichkeit gewinnen lässt. Aussichtsreicher erachte ich hierfür den älteren Anerkennungsbegriff aus dem Aufsatz über Unsichtbarkeit (Honneth 2003c), den ich als *sozialisationstheoretischen Begriff* einer basalen Form der Anerkennung bezeichnet habe. Diesen älteren Begriff führt Honneth ebenso mit dem theoretischen Ziel der Erfassung einer basalen, vordiskursiven Anerkennungspraxis ein, wobei dieser im Gegensatz zum jüngeren, ontologischen Anerkennungsbegriff auf die affektive Befürwortung bestimmter Eigenschaften des Gegenübers zielt.

Wie Joas bezieht sich bekanntlich auch Honneth in seiner Anerkennungstheorie auf Erkenntnisse der Entwicklungspsychologie. Mit Rekurs auf insbesondere Winnicott, aber auch Spitz und Stern geht Honneth von einer basalen und primären Form der Sozialität im Sinne einer wechselseitigen affektiven Befürwortung aus. Von Winnicott greift Honneth die Erkenntnis auf, dass die körperliche Zuwendung der Mutter zu ihrem Kind, die Honneth unter der Anerkennungsform der Liebe thematisiert, eine Voraussetzung für die Entwicklung der subjektiven Erfahrungsfähigkeit ist: »Nur im physischen Schutzraum des ›Gehaltenwerdens‹ kann der Säugling seine motorischen und sensorischen Erfahrungen auf ein einziges Erlebniszentrum hin zu koordinieren lernen und damit zur Entwicklung eines Körperschemas gelangen« (2003a, S. 160–161). Wie bereits mit Rekurs auf Joas deutlich wurde, kann das Kind paradoxerweise nur aus einer anfänglich symbiotischen Beziehung mit der Mutter (beziehungsweise der Bezugsperson) heraus allmählich und über zahlreicher und differenzierter werdende Interaktionsformen die kognitiven Kategorien von Ich und Welt, von Geist und Körper entwickeln. Dabei kommt der affektiven Befürwortung ein genetischer Vorrang vor der kognitiven Wahrnehmung zu: »[Z]umindest genetisch geht die Anerkennung dem Erkennen insofern voraus, als der Säugling im Gesichtsausdruck zunächst die werthaften Eigenschaften von Personen erschließt, bevor er zu einem desinteressierten Erfassen seiner Umwelt in der Lage ist.« (Honneth 2003c, S. 27) Mit Spitz und Wolf versteht Honneth »das erste Lächeln, mit der [sic] das Kleinkind nach wenigen Monaten auf den Gesichtsausdruck der Bezugsperson reagiert« als »den Augenblick, in dem sich ihm diese Welt werthafter Eigenschaften zum erstenmal erschlossen hat« (ebd., S. 25). Auf Seiten der Bezugsperson zeigt sich ebenfalls ein Vorrang der Anerkennung, wenngleich die Unmittelbarkeit der positiven gestischen Befürwortung, die in dem nahezu unweigerlichen Lächeln von Erwachsenen beim Anblick von Kindern zum Vorschein kommt, vermutlich nicht ausschließlich als kulturell beziehungsweise sozialisatorisch bedingt angesehen werden kann. Gleichwohl sieht Honneth diese »frühe Form von Anerkennung, die Bezugspersonen dem Kleinkind durch ihr expressives Verhalten entgegenbringen,« als »Ausdruck einer Wahrnehmung von Eigenschaften, die symbolisch auf die Zukunft einer intelligiblen Person verweisen« (ebd., S. 25).

Im Gegensatz zur Interaktion zwischen einem der Sprache noch nicht mächtigen Kind und der erwachsenen Bezugsperson kann in der Interaktion zwischen Erwachsenen eine vorsprachliche Interaktion vermutlich nur noch analytisch angenommen werden. Sprache und Körpersprache sind vermutlich zu sehr ineinander verschränkt, als dass eine Interaktion zwischen Körpern sauber von der sprachlichen Interaktion getrennt werden könnte. Mit Honneth kann aber von einer vordiskursiven Interaktion zwischen Erwachsenen die Rede sein, in der die wechselseitige affektive Befürwortung Vorrang vor dem affektiv indifferenten kognitiven Erkennen hat.[75] Und in dieser wohl nicht mehr vorsprachlichen, aber dennoch vordiskursiven Sozialität in der Erfahrung von Akteuren wird man wohl auch der Interaktion zwischen Körpern eine jedenfalls nicht unmaßgebliche Rolle zusprechen müssen. Mit Honneth kann von einer basalen

---

75 »Was aber für das Kleinkind gilt, hat bei Erwachsenen nicht etwa an grundlegender Bedeutung verloren: auch wir nehmen im Rahmen sozialer Interaktionen am Anderen gemeinhin zunächst die werthaften Eigenschaften der intelligiblen Person wahr, so daß die bloß kognitive Identifikation eines Menschen den Sonderfall der Neutralisierung einer ursprünglichen Anerkennung darstellt.« (Honneth 2003c, S. 27)

Sozialität der körpernahen, körpersprachlich-expressiven Dimensionen von Erfahrungen in der vordiskursiven Praxis wechselseitiger Anerkennung ausgegangen werden: Diese Sozialität ist verstehbar als Bereitschaft zur Kooperation aus der Erfahrung des Angewiesenseins auf reziproke Anerkennung.

Wie in dem Abschnitt über öffentliche Anerkennungsräume 4.2 nachvollzogen, vermutet Honneth, aus dieser basalen Sozialität in der Struktur wechselseitiger, nicht nur *genetisch*, sondern auch *logisch* dem Diskurs vorausgehender Anerkennung die beiden Inklusivitätskriterien – Inklusion von Persönlichkeitsanteilen wie von Personen – gewinnen zu können. Diese beiden Inklusivitätskriterien können, so die grundlegende Idee, aus der historisch-hermeneutischen Rekonstruktion der Ausdifferenzierung der anerkennungstheoretisch gedeuteten sozialen Lebenswelt in die drei (Wertbeziehungsweise) Anerkennungssphären Liebe, Recht und soziale Wertschätzung (Leistung) hervorgehen. Sofern man ihm in dieser Vermutung folgt, kann im Rahmen seiner Anerkennungstheorie ein normativer Öffentlichkeitsbegriff, der im Diagnosekriterium Anerkennung konzeptuell enthalten ist, formuliert und ausgewiesen werden. Für diese Inklusivitätskriterien bezieht sich Honneth also letztlich auf die in der Struktur von Anerkennung vorfindbare primäre oder basale Sozialität zurück, die in der Erfahrung eines basalen anerkennenden Erkennens im Sinne einer affektiven Befürwortung »werthafter Eigenschaften« des Gegenübers gegründet liegt.

An meine Überlegungen aus dem vorangegangenen Kapitel anschließend, ließe sich nun fragen, ob sich die Sozialität von Erfahrungen nicht nur anerkennungstheoretisch deuten lässt, sondern ob im Rahmen einer umfassenderen Erörterung von Erfahrungen auch im Rekurs auf die *formale*, nämlich mit Dewey als *ästhetisch* zu bestimmende *Qualität von Erfahrungen* von einer konstitutiven Bedeutung der Sozialität ausgegangen werden kann. Im vorangegangenen Kapitel habe ich Hypothesen für eine schwach teleologische Deutung der menschlichen Natur auf der Folie der expressivistischen Deutung der Subjektivität bei Charles Taylor und insbesondere im Rekurs auf den Erfahrungsbegriff von John Dewey aus *Kunst als Erfahrung* gebildet. Mit Dewey habe ich die formale Qualität von Erfahrungen als ästhetisch gefasst und durch die drei Elemente der *Integrativität*, *Intrinsität* und *Erfahrungsöffnung* bestimmt.

Ließe sich also nicht nur mit den Mitteln der Sprachpragmatik (Habermas) oder mit den in der Anerkennungstheorie verarbeiteten entwicklungspsychologischen Erkenntnissen (Honneth) von einer basalen Sozialität der Erfahrung reden, sondern auch mit der begrifflichen Fokussierung auf die *ästhetischen Elemente* der Erfahrung?

Enthalten ist in dieser Frage, welche Bedeutung die mehr oder weniger körpernahen, expressiven Dimensionen der Erfahrung in einer solchen Sozialität einnehmen würden. Gemäß der Honnethschen Anerkennungstheorie müsste eine solche Sozialität bereits im intuitiven körpersprachlich-expressiven Anerkennungsverhalten anderen gegenüber erkennbar sein und im Weiteren in der grundsätzlichen Bereitschaft des Individuums gesehen werden können, das eigene Verhalten anderen gegenüber nach Maßgabe legitimer Anerkennungserwartungen selbstkritisch zu befragen und gegebenenfalls zu ändern. Diese teils intuitive, teils reflexiv bearbeitete Motivation, den moralischen Standpunkt einzunehmen, führt Honneth auf die eigene Erfahrung, auf die Anerkennung durch andere angewiesen zu sein, zurück.[76]

Mit Bezug auf diese von Honneth herausgearbeitete basale Erfahrung des anerkennenden Erkennens lässt sich nun nicht die Annahme begründen, dass aus Erfahrungen die kooperative Verfolgung gemeinsamer Ziele und darüber hinaus das Streben nach einem gemeinsamen Guten quasi natürlich und unproblematisch oder selbstverständlich hervorgehen würde. Dies wäre eine zu starke, philosophisch nicht zu haltende teleologische Annahme, die der historischen Erfahrung nicht standhielte. Dass sich aus der Anerkennungsstruktur des anerkennenden Erkennens die drei Anerkennungsformen Liebe, Recht und Wertschätzung und mithin die beiden Inklusivitätskriterien ausdifferenziert haben, ist als das vorläufige Ergebnis eines langwierigen historischen Prozesses zu verstehen, in dem sich Individuen und Gruppen immer wieder in Kämpfe um Anerkennung ihrer

---

76 Hiermit vertritt Honneth eine These zur Sozialintegration. Die psychologische Analyse der Grundlagen der Motivation ist nicht mit der Begründung des normativen Gehalts der Rede von legitimen Anerkennungserwartungen gleichzusetzen. So stellt Honneth heraus, »daß die moralpsychologischen Überlegungen zur Funktion von Anerkennung nur insoweit in die Gerechtigkeitskonzeption hineinspielen, als sie die sozialtheoretische These der sozialen Integration durch Formen wechselseitiger Anerkennung stützen sollen: weil die Subjekte bei der Entwicklung ihrer persönlichen Identität auf geregelte Muster der Anerkennung angewiesen sind, ist die Vermutung nicht unplausibel, daß sich für sie die normative Legitimität und die Qualität der Gesellschaft an der sozialen Garantie solcher Anerkennungsverhältnisse bemessen.« (Honneth/Fraser 2003b, S. 297)

Rechte und ihrer kulturellen Identität verwickelt haben. Die normativen Sphären der Anerkennung und die wechselseitige Bereitschaft, einander in diesen Sphären anzuerkennen, gehen keineswegs unproblematisch aus der menschlichen Natur hervor. Wohl aber kann die grundlegende Bereitschaft beziehungsweise die motivationale Basis dafür, auch den anderen auf der Grundlage legitimer Anerkennungserwartungen anzuerkennen, aus der Erfahrung der Bedeutung von Anerkennung für ein positives praktisches Selbstverhältnis hervorgehend angesehen werden. Und diese grundlegende Motivation ist eine notwendige Bedingung der Möglichkeit einer posttraditionalen Sittlichkeit beziehungsweise Solidarität.

Lässt sich nun im Hinblick auf die ästhetische Dimension von Erfahrungen plausibilisieren, dass Menschen Erfahrungen mit *ästhetischer Qualität* machen müssen, damit sie die grundlegende Bereitschaft aufbringen würden, sich, sagen wir, zumindest kooperativ gegenüber den anderen Gesellschaftsmitgliedern zu verhalten, oder sich darüber hinaus für die Realisierung eines gemeinsamen Guten zu engagieren? Überlegungen aus *Kunst als Erfahrung*, in denen Dewey durchaus plausibel die kommunikative und verbindende Dimension ästhetischer Erfahrungen im engeren Sinne herausstellt,[77] lässt sich nur allzu leicht entgegensetzen, dass die Steigerung der individuellen Erfahrungsfähigkeit und die Verfeinerung von Geschmack, Stil und Vorlieben, die wir von der ästhetischen Bildung der Erfahrungsfähigkeit erwarten, zu sozialer Ausdifferenzierung und Individualisierung führen können, die häufig gemeinschaftliche Formen des Zusammenlebens erschweren.

---

77 Siehe hierzu etwa: »Künstlerische Kommunikation setzt sich über Schranken hinweg, die den Menschen vom Mitmenschen trennen. Da Kunst die universalste Form der Sprache ist, und da sie, von der Literatur sogar einmal abgesehen, dadurch konstituiert ist, daß sie mit der Öffentlichkeit Gemeinsamkeiten aufweist, ist sie auch die universalste und freieste Form der Kommunikation. Jede intensive Erfahrung der Freundschaft und Zuneigung vervollkommnet sich selbst im Künstlerischen. Der Sinn von Gemeinschaft, erzeugt durch ein Kunstwerk, vermag eine ausgesprochen religiöse Qualität zu gewinnen. Die Vereinigung der Menschen untereinander ist der Ursprung der feierlichen Riten, die von Urzeiten an bis in die Gegenwart hinein die Krisen der Geburt, des Todes und der Hochzeit in Erinnerung gehalten haben. Kunst ist die Ausweitung der Macht von Riten und Zeremonien, um Menschen durch eine Kunstfeier, an der alle teilhaben, im Hinblick auf alle Ereignisse und Situationen des Lebens zu verbinden. Diese Aufgabe ist der Lohn und das Siegel der Kunst. Daß die Kunst Mensch und Natur vereint, ist eine vertraute Tatsache. Die Kunst macht den Menschen auch bewußt, daß sie untereinander eine Einheit bilden, eine Einheit im Hinblick auf ihren Ursprung und ihre Bestimmung.« (Dewey 1988, S. 318)

Interessanterweise hat aber Honneth, der den Begriff der Öffentlichkeit im Rahmen seiner systematischen Entfaltung seiner Anerkennungstheorie insgesamt eher streift als systematisch erarbeitet, in einem Aufsatz über die Demokratietheorie bei John Dewey – »Demokratie als reflexive Kooperation« (1999) – eine Öffentlichkeitskonzeption herausgestellt, die sich dem Erfahrungsbegriff auf eine für meine Überlegungen zu den ästhetischen Elementen der Erfahrung fruchtbare Weise nähert.[78] Honneth arbeitet aus Deweys *Die Öffentlichkeit und ihre Probleme* aus dem Jahr 1927 (1996) die Vorstellung einer vorpolitischen gesellschaftlichen Sphäre des gemeinsamen, kooperativen und problemlösungsorientierten Handelns heraus. Da Deweys Überlegungen zum Öffentlichkeitskonzept hinsichtlich der Verhältnisbestimmung der drei von mir reflektierten Dimensionen des öffentlichen Raumes – der Dimensionen des Diskurses, der Anerkennung und der (auch ästhetischen) Erfahrung – konstruktiv sind, möchte ich noch einmal kurz beim Habermasschen Öffentlichkeitskonzept ansetzen.

Die diskursive Verständigungsorientierung, die Habermas im theoretisch anspruchsvollen Sinne unter dem Begriff der Öffentlichkeit erörtert, ist in dem verständigungsorientierten Handeln der Lebenswelt bereits angelegt. Lebensweltliche Kommunikation vollzieht sich, Habermas zufolge, wert- und verständigungsorientiert. In diesem gemeinsamen Handeln aktualisieren sich das sicher geglaubte Wissen wie auch die Hintergrundkonsense in moralischen, ethischen und politischen Fragen. Sobald aber das sicher gewähnte Wissen durch den Widerstand der objektiven Welt irritiert wird und sobald es zu moralischen, ethischen und politischen Konflikten kommt, müssen neue Konsense (beziehungsweise in politischen Konflikten neue Kompromisse) auf rationalem, also argumentativem beziehungsweise diskursivem Wege gefunden werden. Mit diesem Prozess befasst sich die Diskurstheorie. Öffentlichkeiten wurden in Abschnitt 4.1 mit Habermas als Diskursräume thematisiert.

Diskurse sind für Habermas auf einen jeweiligen thematischen Kontext eingegrenzte Prozesse, in denen Akteure in der Praxis des Gebens und Forderns von Gründen voneinander lernen (1999d, S. 98). Voneinander lernen können Akteure aber nicht nur in diskursiven Sprachhandlungen,

---

78 Joas führt seine Überlegungen zur primären Sozialität von Körpern im Rahmen der Handlungstheorie mit dem Ziel ein, zu zeigen, inwiefern die Quelle der Kreativität im Handeln eines Akteurs auf einer basalen Ebene intersubjektive Voraussetzungen hat, um schließlich zu einem Konzept der kreativen Kooperation im kollektiven Handeln von Akteuren zu gelangen (1996, insbesondere S. 286ff.).

sondern im Vollzug von gemeinsamen beziehungsweise kooperativen Handlungen. Natürlich können – und vermutlich wird dies der Regelfall sein – praktische Erfahrungen mit der Welt kooperatives problemlösungsorientiertes Handeln wie auch problemlösungsorientiertes, diskursives Sprachhandeln umfassen. Dem Deweyschen Erfahrungsbegriff liegt sowohl in der Öffentlichkeitsstudie von 1927 als auch in der Arbeit über *Kunst als Erfahrung* von 1934 die pragmatistische Annahme zu Grunde, Handeln sei *problemlösungsorientiert*, das heißt, dem Handelnden beziehungsweise dem Erfahrenden würden sich Widerstände in den Weg stellen, die er auf mal mehr, mal weniger innovative Weise überwinden müsse. Verbunden ist mit dieser Annahme, auf die nicht unwesentlich meine anthropologischen Hypothesen im zweiten Kapitel gestützt sind, dass diese alltagspraktischen Erfahrungen zur Selbstverwirklichung des Individuums beitragen, sofern sie nur echte Erfahrungen, nämlich solche mit ästhetischer Qualität sind. In der Öffentlichkeitsstudie versteht Dewey die Bereitschaft zum kooperativen Handeln nun nicht quasi-natürlich als aus der individuellen Selbstverwirklichung hervorgehend. Individuelle Selbstverwirklichung und kooperatives Streben nach einem gemeinsamen Guten werden hier nicht als versöhnt gedacht (siehe Honneth 1999, S. 51–52). Dennoch kann die Bereitschaft des Individuums zum kooperativen Handeln als in der Erfahrung angelegt gesehen werden. Mit der Position, die Dewey in *Die Öffentlichkeit und ihre Probleme* vertritt, lässt sich die Spannung zwischen individueller Selbstverwirklichung und sozialer Kooperation mindestens mildern. Mit Rekurs auf die *Öffentlichkeitsstudie* Deweys lässt sich die These vertreten, dass die Bereitschaft zum kooperativen problemlösungsorientierten Handeln aus der erfahrbaren wechselseitigen Beförderung der Intelligenz, mit der ein Problem gelöst werden kann, resultiert. Enthalten in dieser These ist die Annahme, dass Individuen durch die Erfahrung sozialer Kooperation Widerstände beziehungsweise Probleme ihrer individuellen Selbstverwirklichung als geteilte Probleme erkennen können, deren Lösung wiederum am besten durch gemeinsame, kooperative und damit die Problemlösungskapazität steigernde Anstrengungen bewältigt werden können (ebd., S. 64). Sofern dies überzeugt, kann zumindest eine Milderung der Spannung zwischen Individualität und Solidarität als in der Erfahrung angelegt gesehen werden.

Dewey zufolge wird das Niveau, auf dem Probleme gelöst werden – seien es solche der Wissenschaft, seien es moralische oder soziale Probleme –, in der Realisierung und in gewissem Sinne sogar Materialisierung der Intelligenz in den Produkten kooperativen Handelns ersichtlich, zum Beispiel in den von den Wissenschaften hervorgebrachten Technologien wie im Handeln selbst. Es erinnert an Hegels Begriff des objektiven Geistes, wenn er von »verkörperter Intelligenz« spricht:

»Gleich, worin die Unterschiede in der angeborenen Intelligenz bestehen (wenn wir für einen Augenblick gelten lassen, daß Intelligenz angeboren sein kann), die Wirklichkeit des Geistes ist von der Erziehung abhängig, welche die sozialen Bedingungen hervorbringen. Genau wie das spezialisierte Denken und Wissen der Vergangenheit verkörpert ist in den Werkzeugen, Gerätschaften, Apparaten und Technologien, welche jene heute intelligent nutzen können, die sie nicht hätten hervorbringen können, so wird es sein, wenn die Winde des öffentlichen Wissens durch die sozialen Angelegenheiten wehen.

Es kommt immer auf das in der *verkörperten* Intelligenz fixierte Tätigkeitsniveau an.« (Dewey 1996, S. 174)

Diese Metapher der Verkörperung deutet an – und im folgenden Abschnitt 4.4 werde ich mich genauer damit befassen –, dass für Dewey soziale Kooperation mehr meint als rationale problemlösungsorientierte *Diskurse*. Obwohl auch Dewey, wie nachfolgend deutlich werden wird, für die These der kooperativen Steigerung der Problemlösungskapazität der Diskursivität eine immense Bedeutung zuspricht, setzt er weiter an und richtet den Fokus auf das *Handeln* in der Welt, auf den pragmatischen Umgang mit den Dingen, zu denen auch »verkörperte« Produkte des menschlichen Geistes beziehungsweise der menschlichen Intelligenz zählen.[79] Oder um diesen Gedanken im Rekurs auf den Erfahrungsbegriff zu reformulieren: Dewey geht es hier um die Erfahrungen des Probleme lösenden, Widerstände überwindenden Subjekts, um Erfahrungen, die es als Akteur in der Welt macht. Kooperatives Handeln mit dem Ziel der (immer auch) diskursiven Lösung von gemeinsam anerkannten Problemen »würde das Niveau erhöhen, auf dem die Intelligenz aller operierte« (Dewey 1996, S. 175). Sofern nun diese These der Steigerung der intelligenten Problemlösungskapazität im kooperativen Handeln überzeugt, kann Dewey soziale Kooperation als förderlich auch für die individuelle Selbstverwirklichung begreifen. Im *Erfahrungsbegriff*, der im Anschluss an Dewey über die ästhetischen Elemente als Konzeptionalisierung einer schwach normativen, formalen und hypothetischen Teleologie der Selbstverwirklichung im Sinne einer Steige-

---

79 Darauf, dass Deweys Öffentlichkeitskonzeption eine *handlungstheoretische* sei, hat, wie auch im folgenden Abschnitt 4.4 deutlich werden wird, Honneth hingewiesen (1999, S. 55–56).

rung der Erfahrungsfähigkeit (siehe Abschnitt 3.4) gedacht werden kann, ist ein Moment der Sozialität insofern erfasst, als das kooperative Handeln zur wechselseitigen Steigerung der Problemlösungskapazität und mithin der Erfahrungsfähigkeit führt. Im Anschluss an Dewey ließe sich damit auch in Bezug auf die ästhetische Qualität von Erfahrungen von einer in der Erfahrung angelegten Sozialität sprechen: Wenn die Problemlösungskapazität von (auch ästhetischen) Erfahrungen durch kooperatives Handeln gesteigert wird, so kann die Bereitschaft zur sozialen Kooperation aus der Erfahrung der interaktiven Steigerung subjektiver Erfahrungsfähigkeit hervorgehend verstanden werden. Die Einsicht in die mögliche, wenn auch nicht in jedem Fall gegebene wechselseitige Beförderung der individuellen Selbstverwirklichung kann überhaupt nur in der Erfahrung sozialer Kooperation gewonnen werden.

Gerade Deweys Wahl des Begriffs der Intelligenz in *Die Öffentlichkeit und ihre Probleme* legt den Bezug auf den Erfahrungsbegriff aus *Kunst als Erfahrung* nahe. Mit dem Begriff der Intelligenz legt Dewey entgegen einem strikten Rationalismus Gewicht auf die körpernahen und expressiven Dimensionen der Erfahrung. Dewey will darin, dass er dem Begriff der Intelligenz Vorzug vor dem der Vernunft beziehungsweise Rationalität gibt, die emotionale und expressive Dimension der Erfahrung intelligenten Handelns einbeziehen (Jörke 2003, S. 189). Wie oben bereits herausgestellt wurde, ist das emotionale Moment der Erfahrung wesentlich für die Integration der Erfahrung wie des Erfahrungsgegenstandes zu einem Ganzen. Dieses integrative, holistische Moment der Erfahrung wird für die Lösung sozialer Probleme beziehungsweise Konflikte relevant. Wie Dirk Jörke herausstellt, kann dieses »Gespür für die Situation als ganze« als wichtiges Bedeutungselement des Deweyschen Intelligenzbegriffs gesehen werden, womit »in sozialen Problemsituationen, in denen es um das ›gemeinsame Wohl‹ geht, wesentlich die Fähigkeit« angesprochen wird, »sich emotional in den anderen hineinzuversetzen« (ebd., S. 189).

In dem *holistischen, integrativen* Element der (auch ästhetischen) Erfahrung können wir darüber hinaus insofern einen internen Verweis auf eine über den Begriff der Kooperation gedeutete Sozialität sehen, als die Einbeziehung möglichst vieler Perspektiven auf ein Problem die Ganzheitlichkeit in der Wahrnehmung einer Problemsituation befördert. Auch kann eben dieses wechselseitige Einlassen auf die Erfahrungen beziehungsweise Erfahrungsweisen anderer Akteure beziehungsweise Erfahrungssubjekte das *erfahrungsöffnende* Element der Erfahrung und mithin die Intelligenz der Problemlösung steigern.

Und auch in dem hedonistischen *intrinsischen* Element der (auch ästhetischen) Erfahrung mag man insofern einen Verweis auf die Sozialität der Erfahrung erkennen, als eben die Erfahrung kooperativen Handelns nicht bloß um des Ergebnisses willen, sondern um ihrer selbst willen genossen werden kann. Ausgehend von der Logik der Steigerung der Erfahrungsfähigkeit und Problemlösungskapazität ist dieser Verweis des hedonistischen Elementes auf eine basale Sozialität aber sicherlich am wenigsten überzeugend, da nicht ausgemacht ist, dass dieses hedonistische Element durch Kooperation eine Steigerung erfährt. Allerdings ist es durchaus plausibel, dass die Intelligenz der Problemlösung befördert wird, wenn die Akteure die gemeinsamen Problemlösungsversuche auch um ihrer selbst willen schätzen.

Sofern aber diese über die Begriffe »Intelligenz« und »(ästhetische) Erfahrung« begründete Thesen einer Steigerung der Selbstverwirklichungschancen durch soziale Kooperation sowie einer Milderung der Spannung von Individualität und Solidarität überzeugen, eröffnet sich die Aussicht auf öffentliche, das heißt inklusive Räume, in denen kooperativ handelnde Akteure für die individuelle Selbstverwirklichung förderliche Erfahrungen machen können. Mit diesen Deweyschen Überlegungen wurde bislang allerdings noch kein normativer Begriff der Öffentlichkeit ausgewiesen, sondern lediglich eine über den Begriff der (auch ästhetischen) Erfahrung vermittelte deskriptive These über die Sozialintegration begründet. Über die normativen Implikationen des sich hier andeutenden Konzepts des öffentlichen Erfahrungsraumes soll der folgende Abschnitt handeln.

4.4 »Öffentlicher Erfahrungsraum« als Diagnose- und Kritikkonzept

Der Begriff der Öffentlichkeit enthält normative Implikationen, die mit der Plausibilisierung einer in der (immer auch ästhetischen) Erfahrung angelegten Sozialität allein nicht begründet werden können. Der Öffentlichkeitsbegriff wird wesentlich über die Bedeutungskomponente »Inklusivität« definiert. Inwiefern und aus welchen Gründen öffentliche Räume inklusiv sein sollen, gilt es zu begründen. In der Tradition der Kritischen Theorie muss, wie bereits deutlich wurde, die Ausweisung der Normativität mit der sozialen Praxis intern verbunden bleiben: Sowohl für die Habmermassche als auch für die Honnethsche Theorie gilt, dass das kritische Bewusstsein und die Maßstäbe der Kritik in den wie auch immer problematischen gesellschaftlichen Praktiken selbst angelegt sein müssen (siehe die einleitenden Bemerkungen in Abschnitt 4.1). Die jeweiligen Formen der Sozialität, die bei Habermas in der Pragmatik der Sprache und bei Honneth in der Erfahrung von Anerkennung als konstitutiv verankert angenommen werden können, sind mit den jeweiligen Verortungen der Quelle der Normativität und Explizierung des Maßstabes von Diagnose und Kritik verkoppelt. Im Rahmen des sprachpragmatischen Ansatzes bei Habermas kann ein normativer Begriff der Öffentlichkeit in dem Diagnosekriterium der Verständigung angelegt gesehen werden und auch in der Honnethschen Anerkennungstheorie kann ein normativer Öffentlichkeitsbegriff aus dem Kriterium der Anerkennung gewonnen werden.

Nachdem im zweiten Kapitel der Begriff »Authentizität« in Abschnitt 3.4 als Diagnose- und Kritikkonzept entfaltet wurde, sollen hier im Folgenden einige Überlegungen angestellt werden, die eine Ausarbeitung des Begriffs »Öffentlichkeit« zu einem solchen Konzept zumindest im Ansatz leisten. Teil dieses argumentativen Unternehmens ist die Erörterung der Frage, inwiefern die (normative) Forderung nach inklusiven, für die Selbstverwirklichung und ethische Autonomie von Individuen förderlichen Erfahrungsräumen gerechtfertigt ist. Dass das – ganz allgemein gesprochen – Gelingen von Diskursen mindestens im Sinne der ethischen Autonomie ist und teilweise für sie gefordert und angestrebt werden muss, wurde in dieser Arbeit an mehreren Stellen mit guten Gründen vertreten (siehe Abschnitt 2.6). Insofern die Freiheit zu einem authentischen Leben innerhalb einer Gesellschaft rechtliche, moralische und soziale Bedingungen hat, bedarf es, wie hier im Anschluss an Habermas diskutiert wurde, öffentlicher Diskurse, in denen diese Bedingungen wie deren Realisierung kritisch und argumentativ thematisiert werden. Für die subjektive Dimension der ethischen Autonomie beziehungsweise für die Fähigkeit zur authentischen Selbstbestimmung konnten die ethischen Diskurse eines Kollektivs, das sich über sich selbst verständigt, als bedeutsam herausgestellt werden; insbesondere aber die ethisch-existentiellen Diskurse, die wir in der Regel im Kreise von Vertrauten führen oder eben auch im Zwiegespräch mit uns selbst, sind hier notwendig. Obwohl die Privatheit solcher Selbstverständigungen (rechtlich) geschützt werden muss, bleibt auch hier die Rede von

Diskursen gerechtfertigt, da im Sinne der Rationalität dieser Auseinandersetzungen die Öffentlichkeit der Gründe gewahrt bleiben muss.

Mit Honneth stimme ich überein, dass für die Autonomie und Selbstverwirklichung von Individuen über gelingende diskursive Praktiken hinaus zuallererst gelingende Anerkennungspraktiken erforderlich sind. Nicht zu rechtfertigende öffentliche Missachtung, Demütigung und Stigmatisierung mögen die Fähigkeit zur authentischen Selbstbestimmung nicht notwendig zerstören, können aber nur schwer zu überwindende Hürden für ein authentisches Leben aufstellen. Diese Honnethsche Kritik wie Erweiterung in Bezug auf Habermas will ich um einen weiteren Aspekt ergänzen. Ich denke, dass das Gelingen von Selbstverwirklichung, ethischer Autonomie und also von Authentizität über gelingende öffentliche Diskurse und über gelingende öffentliche Anerkennungspraktiken hinaus einer weiteren Dimension von Öffentlichkeit bedarf: Ausgehend von meinen Ausführungen in Kapitel 3. und vermittelt über die kritische Auseinandersetzung mit den normativen Öffentlichkeitskonzeptionen bei Habermas und Honneth gelange ich zu der These, dass Selbstverwirklichung und ethische Autonomie öffentliche, und das heißt inklusive Erfahrungsräume voraussetzen, in denen Individuen Erfahrungen mit auch ästhetischer Qualität machen können. »Öffentlicher Erfahrungsraum« kann in diesem Sinne sowohl als Diagnose- als auch als Kritikkonzept gelesen werden, da soziale Pathologien, wie ich als Leiden an innerer Unfreiheit thematisiert habe, mit Rekurs auf dieses Konzept diagnostiziert werden können. Das Fehlen solcher für die Selbstverwirklichung und ethische Autonomie förderlichen Räume oder aber der soziale Ausschluss aus ihnen kann in der Diagnose aufgegriffen und in der Kritik an gesellschaftlichen Entwicklungen herausgestellt werden. Bevor ich mich in weiteren Abschnitten dieses Kapitels der Erörterung solcher Pathologien beispielhaft und exemplarisch nähere (siehe 4.5 und 4.6), muss es in diesem Abschnitt zunächst um die philosophische Begründung des normativen Anspruchs, den dieses Konzept erhebt, gehen.

Habermas findet die Quelle der Normativität in der potentiell kritischen Rationalität, die in der alltagssprachlichen, lebensweltlichen Kommunikation enthalten ist. Öffentliche Diskurse sind inklusiv für alle, die sich auf die gewaltfreie Praxis des Forderns und Gebens von Gründen einlassen. Honneth setzt die Quelle der Normativität in der anthropologisch wie sozialphilosophisch konzeptionalisierbaren Praxis reziproker Anerkennung an. Diese Praxis ist bereits auf der vordiskursiven Ebene auffindbar und setzt sich in die mehr oder weniger diskursiv geführten Kämpfe um Anerkennung fort. Die Kritik rekurriert auf historische Wertkonsense, die den beiden Inklusivitätskriterien der Honnethschen Gerechtigkeitskonzeption genügen können müssen. Diese Konsense sind insofern durch einen bloß faktische Geltung transzendierenden normativen Überschuss gekennzeichnet, als sich die in Anerkennungskämpfen Involvierten notwendig auf ein idealisiertes gutes Gemeinwesen beziehen müssen. In ihrem Bezug auf diesen idealisierten normativen Maßstab einer gerechten Anerkennungsordnung akzeptieren die um Anerkennung Kämpfenden, dass sich nicht einfach der Stärkere beziehungsweise Mächtigere gewaltsam durchsetzen darf. Öffentliche Anerkennungsräume müssen prima facie den Inklusivitätskriterien genügen.

Wie in dem letzten Abschnitt 4.3 diskutiert wurde, ist auch in dem Erfahrungsbegriff, sofern wir ihn über seine auch ästhetische formale Qualität fassen, die Bedeutungskomponente der Sozialität im Sinne sozialer Kooperation angelegt. Gleichwohl kann für das Diagnosekriterium der (auch ästhetischen) Erfahrung ein normativer Begriff der Öffentlichkeit nicht in vergleichbarer Weise mit den Kriterien »Verständigung« und »Anerkennung« konzeptuell angelegt behauptet werden. Im Gegensatz zu »Verständigung« und »Anerkennung« ist das Kriterium »(auch ästhetische) Erfahrung« keine – wenn man so will – Fundamentalkategorie: Mein kulturrelativer Deutungsvorschlag einer schwach normativen, hypothetischen und formalen Teleologie der Selbstverwirklichung über Taylors Ideal der ästhetischen Selbstverwirklichung und Deweys Begriff der (ästhetischen) Erfahrung kann die normative Forderung inklusiver Erfahrungsräume nicht mit den Mitteln einer (sprachpragmatisch hergeleiteten) universalistischen Rationalität (Habermas) und auch nicht mit denen einer (anthropologisch wie gesellschaftstheoretisch hergeleiteten) universalistischen, formalen Ethik des Guten (Honneth) begründen.

Doch auch wenn der Geltungsanspruch meines Vorschlages bescheidener als bei Habermas und Honneth ansetzt, können Gründe für die normative Forderung der Inklusivität öffentlicher Erfahrungsräume, wie ich sie konzeptionalisieren möchte, gegeben werden. Einer dieser Gründe wird deutlich, wenn wir die Inklusivität öffentlicher Erfahrungsräume als eine Frage der sozialen Gerechtigkeit ansprechen. Dass ethische Autonomie, also die Fähigkeit zur authentischen Selbstbestimmung, des Zugangs zu solchen Räumen bedarf und dass die Teilhabe an für die Autonomie und Selbstverwirklichung förderlichen Erfahrungen daher als eine Forderung der Gerechtigkeit angesehen werden muss, kann mit Blick auf die in der Erfahrung angelegten Sozialität deutlich werden. Die Begriffe »ethischen Autonomie«, »Authentizität« beziehungsweise »Selbstverwirklichung« können und wurden in der vorliegenden Arbeit als Freiheitskonzepte vorgestellt. Sozialdiagnostisch habe ich mich vor der Folie von Taylors Reflexionen auf die Frage nach der inneren Freiheit konzentriert. Mit Taylor kann dieser Fokus auf den Freiheitsbegriff als Beleuchten der positiven Dimension der Freiheit verstanden werden. Auch Dewey erörtert, wie im Folgenden weiter ausgeführt werden soll, eine positive Dimension der Freiheit, wenn er in der gesellschaftlichen Kooperation soziale Voraussetzungen der individuellen Selbstverwirklichung aufspürt. Die soziale Kooperation, die Einbindung in die solidarische Lösung gemeinsamer Probleme, enthält – wie oben im Anschluss an Dewey ausgeführt wurde – trotz der bleibenden Spannung zwischen individueller Selbstverwirklichung und gesellschaftlicher Solidarität auch das Potential zur Förderung der Selbstentfaltung und Selbstverwirklichung des Individuums.

Wenn, wofür ich in Kapitel 3. argumentiert habe, die Fähigkeit zur authentischen Selbstbestimmung hinreichend Erfahrungen mit ästhetischer Qualität voraussetzt und wenn kooperatives Handeln die subjektive Erfahrungsfähigkeit fördert, dann ist mit Rekurs auf das Konzept »individuelle« beziehungsweise »ethische Autonomie« wie auf die schwache Teleologie der Selbstverwirklichung die Inklusivität von öffentlichen Räumen, in denen kooperativ handelnde Akteure für die Selbstverwirklichung und Autonomie förderliche Erfahrungen machen können, gefordert. Diese Inklusivität lässt sich als eine Forderung der Teilhabegerechtigkeit einklagen, wenn wir, und darin unterschreibe ich Honneths Gerechtigkeitskonzeption, das »Worumwillen« der Gerechtigkeit in der Selbstverwirklichung des Individuums sehen (siehe Honneth/Fraser 2003b, S. 209–210).

Honneth führt die beiden Inklusivitätskriterien – Inklusion von Persönlichkeitsanteilen wie von Personen – im Rahmen der Gerechtigkeitsproblematik in seine Anerkennungstheorie ein. Die historisch zu rekonstruierende Steigerung der Inklusivität öffentlicher Anerkennungsräume wird von Honneth als moralischer Fortschritt, als allmähliches Ausschöpfen des normativen Potentials der Gerechtigkeit einer gesellschaftlichen Anerkennungsordnung gedeutet. Wie Honneth in seinem Artikel über die Öffentlichkeitskonzeption Deweys in *Die Öffentlichkeit und ihre Probleme* herausarbeitet, kann mit Dewey gezeigt werden, inwiefern (politische) Freiheit, Gerechtigkeit und Solidarität in einem internen Zusam-

menhang stehen. Dieser Zusammenhang wird in der wechselseitigen Verwiesenheit von öffentlichen Diskursen und den ebenfalls im Rahmen der
Öffentlichkeitskonzeption thematisierbaren gesellschaftlichen Sphären kooperativen Handelns deutlich (Honneth 1999, S. 58–60).

Honneths Dewey-Lektüre legt nahe, dass in dieser Verwiesenheit von
öffentlichem Diskurs und kooperativem Handeln erkennbar ist, inwiefern
das Gelingen von politischer, deliberativer Öffentlichkeit eine gesellschaftliche Sphäre voraussetzt, die vor dem Hintergrund seiner Anerkennungstheorie durchaus als Anerkennungssphäre gedeutet werden kann. Ergänzend zu Honneth möchte ich die These vertreten, dass diese gesellschaftliche Sphäre kooperativen Handelns nicht nur insofern als »Erfahrungsraum« gedeutet werden kann, als die Gesellschaftsmitglieder in dieser
Sphäre die Erfahrung der Wertschätzung ihrer spezifischen Beiträge zum
Gemeinwohl machen können. Eben diese von Dewey fokussierte Sphäre
kann vielmehr auch in dem Sinne als »Erfahrungsraum« konzeptionalisiert
werden, als sie als Raum vorgestellt wird, in dem die Gesellschaftsmitglieder für ihre ethische Autonomie und Selbstverwirklichung förderliche
Erfahrungen mit ästhetischer Qualität machen können. Und auch mit
dieser, Honneths Überlegungen erweiternden Ergänzung lässt sich *ein*
interner (und also nicht *der* einzig denkbare interne) Zusammenhang von
Freiheit, Gerechtigkeit und auch von Solidarität denken – wenngleich, wie
konstatiert, dieser Zusammenhang in Bezug auf den Begriff der Solidarität
weniger eng gedacht werden muss; die Spannung zwischen Selbstverwirklichung und Solidarität kann im Konzept der (auch ästhetischen) Erfahrung
wohl gemildert, aber nicht aufgelöst werden kann.

Dewey entfaltet seine Öffentlichkeitskonzeption im Rahmen seiner
Demokratietheorie. Wie Honneth herausstellt, setzt Deweys Demokratietheorie, anders als etwa der Republikanismus Hannah Arendts oder der
demokratische Prozeduralismus von Habermas, »nicht am Modell der
kommunikativen Beratung, sondern am Modell der gesellschaftlichen
Kooperation« (ebd., S. 41) an. Seine Öffentlichkeitskonzeption gewinnt
Dewey so auch nicht wie Habermas mit den Mitteln der philosophischen
Sprachpragmatik, sondern mit weiter gefassten *handlungstheoretischen* Überlegungen, was Konsequenzen für die philosophische Ausweisung des normativen Gehalts hat, den der Öffentlichkeitsbegriff impliziert.[80]

---

80 Siehe hierzu auch Honneths kritische Überlegungen zur Ausweisung der die Faktizität
   transzendierenden Normativität in Habermas' kritischer Gesellschaftstheorie. Honneth
   zufolge wird nicht hinreichend deutlich, »ob das transzendierende Potential in den

Mit dem Begriff »öffentlich« werden von Dewey die Sphären sozialen Handelns belegt, für die eine gesellschaftliche Gruppe zeigen kann, dass die Folgen des Handelns so gewichtig und von so maßgeblicher sozialer beziehungsweise gesellschaftlicher Reichweite sind, dass eine allgemeine Regelung dieser Handlungssphäre vonnöten ist (Honneth 1999, S. 56). An der so begründeten Notwendigkeit der institutionell-administrativen Regelung bemisst sich bei Dewey der Unterschied von »öffentlich« und »privat«, und zwar insofern, als »die Grenze zwischen Privatem und Öffentlichem auf der Grundlage der Reichweite und des Umfanges derjenigen Handlungsfolgen gezogen werden muß, die so wichtig sind, daß sie der Kontrolle bedürfen, entweder durch Unterbindung oder durch Förderung« (Dewey 1996, S. 29). Eine Öffentlichkeit bilden nun die »Bürgerinnen und Bürger, die aufgrund einer gemeinsam erlebten Betroffenheit« von Handlungsfolgen, an deren Hervorbringung sie selbst nicht beteiligt waren, »die Überzeugung teilen, daß sie sich mit dem Ziel der administrativen Kontrolle der entsprechenden Interaktion an den Rest der Gesellschaft zu wenden haben« (Honneth 1999, S. 56). Der Staat hat, Dewey zufolge, die Funktion, die von Öffentlichkeiten in den Fokus gerückten indirekten Handlungsfolgen zu regeln, entweder indem er positiv sanktionierend und also fördernd oder negativ sanktionierend eingreift.[81]

Mit diesem sprachlichen Wechsel von der Qualifizierung einer Handlungssphäre mit dem Adjektiv »öffentlich« zur substantivierten »Öffentlichkeit« ist eine Unterscheidung zweier aufeinander verwiesener gesellschaftlicher Sphären verbunden. Dewey setzt beim kooperativen gesell-

---

normativen Voraussetzungen der menschlichen Sprache oder der sozialen Interaktion beheimatet sein soll«. Zwar möge man »diese Entgegensetzung« als künstlich betrachten, »da alle komplexen Handlungen zwischen Menschen sprachlich vermittelt« seien. Gleichwohl mache es »am Ende doch wohl einen großen Unterschied, ob die sozialen Interaktionen selber von normativen Erwartungen getragen werden oder ob erst dank der Sprache in die Kommunikation ein normatives Element einwandert.« So spricht Honneth von einer »Ambivalenz«, wenn Habermas den »Begriff der »Anerkennung« sowohl für die Einräumung eines sozialen Status als auch für die Befürwortung von sprachlich erhobenen Geltungsansprüchen verwendet [...], ohne daß zwischen beiden positiven Akten immer hinreichend unterschieden wird« (Honneth/Fraser 2003b, S. 284).

81 Siehe hierzu Dewey: »Die Öffentlichkeit besteht aus all denen, die von den indirekten Transaktionsfolgen in solch einem Ausmaß beeinflußt werden, daß es für notwendig gehalten wird, sich um diese Folgen systematisch zu kümmern. Die Amtspersonen [officials] sind diejenigen, die auf die Interessen der so Beeinflußten acht geben und sich um diese kümmern.« (1996, S. 29)

schaftlichen Handeln an, in dem Bürger geteilte Probleme gemeinsam lösen. Solche Sphären können unter der Maßgabe der Reichweite und des Umfangs ihrer Handlungsfolgen bereits als »öffentlich« bezeichnet werden. Neben dieser Sphäre kooperativen Handelns gibt es die eigentliche »politische Sphäre« und diese sei nicht, »wie bei Hannah Arendt oder in abgeschwächter Form bei Habermas, der Ort einer kommunikativen Ausübung von Freiheit, sondern das kognitive Medium, mit dessen Hilfe die Gesellschaft ihre eigenen Probleme bei der Koordinierung sozialen Handelns experimentell zu erkunden, zu bearbeiten und zu lösen« versuche (Honneth 1999, S. 57). Da Dewey nun von der Steigerung der Problemlösungskapazität durch die Einbeziehung möglichst vieler Perspektiven und also durch die kooperative Bearbeitung eben des jeweiligen Problems ausgeht, müssen Staat und Gesellschaft an möglichst inklusiv gehaltenen öffentlichen Auseinandersetzungen mit einem möglichst hohen diskursiven Niveau interessiert sein. Es müssen die »Methoden und Bedingungen des Debattierens, Diskutierens und Überzeugens« (Dewey 1996, S. 173) optimiert werden, womit sich Dewey dem prozeduralen, formalen Öffentlichkeitsbegriff des Habermasschen Konzepts einer »deliberativen Demokratie« nähert. In dieser Hinsicht wird, wie Honneth herausarbeitet, die demokratische Staatsform über ein »epistemologisches Argument« (Honneth 1999, S. 54) begründet: Die Ausschöpfung des Intelligenzpotentials der Bürger ist Bedingung für die effektive Lösung das Gemeinwesen betreffender Probleme.

In diesem Sinne bleibt die Sphäre kooperativen Handelns auf die politische Sphäre, auf das, wie Honneth formuliert, »kognitive Medium« zur Steigerung intelligenter Vorschläge sozialer beziehungsweise gesellschaftlicher Probleme, angewiesen. Aber auch umgekehrt lässt sich solch ein Bedingungsverhältnis feststellen. Dewey spricht in seiner späten Öffentlichkeitsstudie die Entpolitisierungs- und Desintegrationstendenzen in der Gesellschaft an, die das politische Engagement des Individuums in den Fragen des Gemeinwesens unterwandern. Erst durch die Erfahrung des kooperativen Handelns und des gemeinschaftlichen Lösens von Problemen, so lautet Deweys plausible These, können einige Probleme als gemeinsame, den Einzelnen wie das Kollektiv betreffende, überhaupt wahrgenommen werden, und zwar in der Weise, dass bei den Gesellschaftsmitgliedern die Motivation zur aktiven politischen Partizipation geweckt wird (siehe insbesondere das dritte Kapitel »Das Erlöschen der Öffentlichkeit« aus Dewey 1996, S. 100–124; siehe auch Honneth 1999, S. 58).

In seiner Öffentlichkeitskonzeption führt Dewey demnach zum einen die vorpolitische Sphäre gemeinsamen, kooperativen Handelns an, zum anderen die politische Sphäre öffentlicher Deliberation. Beide Sphären sind wechselseitig aufeinander angewiesen: Die Steigerung der Lösungskapazität das Gemeinwesen betreffender, innerhalb der Sphäre kooperativen Handelns entstehender Probleme bedarf eines möglichst hohen diskursiven Niveaus innerhalb der inklusiven politischen Sphäre. Umgekehrt bleibt das Gelingen einer lebendigen politischen Öffentlichkeit, an der zunehmend individualisierte, desintegrierte und sich in ihren Lebenswelten voneinander entfernende Bürger partizipieren, auf die solidarischen, identifikatorischen Einstellungen angewiesen, die allein in einer inklusiven vorpolitischen Sphäre kooperativen Handelns entstehen können.

Mit diesen beiden Stufen innerhalb der späten Deweyschen Öffentlichkeitskonzeption ist ein wichtiger Punkt angesprochen, der in der gegenwärtigen politischen Philosophie, politischen Ethik wie auch in der Sozialphilosophie diskutiert wird. Hier geht es unter anderem um die Frage, welche Rolle der Sittlichkeit oder gesellschaftlichen Solidarität in der Begründung des Demokratieprinzips eingeräumt werden muss (siehe etwa Habermas 2005e). Diese Frage, die auch unter den Begriffen »Gesellschaft« und »Gemeinschaft« diskutiert wird, gehört zu den zentralen Auseinandersetzungen innerhalb der Debatte zwischen dem philosophischen Liberalismus und dem Kommunitarismus, wobei von beiden Seiten gesehen wird, dass die Identifikation mit dem politischen Gemeinwesen und politische Partizipation für das Gelingen von Demokratie notwendig sind.

Für Dewey muss sich die »*Große Gesellschaft*« in eine »*Große Gemeinschaft*« integrieren (Dewey 1996, S.124). Wie Honneth aufzeigt, lässt sich dieser von Dewey in *Die Öffentlichkeit und ihre Probleme* verwendete Gemeinschaftsbegriff aber nicht auf die Fragen kultureller Identität beziehungsweise auf die im Habermasschen Sinne verstandenen Fragen des guten Lebens (über deren Position in der Theoriearchitektur kommunitaristische und liberale Positionen streiten) eng führen. Vielmehr lässt sich Dewey mit Honneth so lesen, dass die Frage der Gemeinschaft wesentlich eine von Gleichheit und Gerechtigkeit sei. Über die epistemologische Begründung hinaus wird die demokratische Staatsform auch in dem Prinzip der Gerechtigkeit verankert.

Honneths Dewey-Lektüre folgend, kann die sittliche und also motivationale, identifikatorische Basis der demokratischen Staatsform nur in den individuellen wie geteilten Erfahrungen gesellschaftlicher Kooperation entstehen: Innerhalb der vorpolitischen gesellschaftlichen Sphäre müssen die Mitglieder einer Gesellschaft »wechselseitig eingesehen haben können, daß sie durch ihre kooperativen Leistungen ein gemeinsames Ziel verfolgen, um die Einrichtung von demokratischen Selbstverwaltungsorganen dann als Mittel einer *politischen* Lösung ihrer sozialen Koordinierungsprobleme nachvollziehen zu können« (Honneth 1999, S. 58). Schon in *Kunst als Erfahrung* hatte sich Dewey mit der gesellschaftlichen Organisation der Arbeit befasst und so wird auch in der Öffentlichkeitsstudie die vorpolitische Sphäre kooperativen Handelns über die gesellschaftliche Arbeitsteilung thematisierbar. Diese muss inklusiv und gerecht gestaltet sein, damit der Einzelne die Erfahrung einer gemeinsamen Anstrengung machen kann, in der *sein* Beitrag zum Gemeinwohl zählt. Und so kann in Bezug auf Deweys Demokratietheorie in *Die Öffentlichkeit und ihre Probleme* auch von einer »sozialen Demokratie« die Rede sein, in der das Demokratieprinzip und das Gerechtigkeitsprinzip, das über die Teilhabe an der gesellschaftlich organisierten Arbeit bestimmt wird, in einem internen Zusammenhang stehen (Honneth 1999, S. 58–60, 65).

Wenn Dewey in diesen Überlegungen gefolgt werden kann, dann setzt das Gelingen öffentlicher politischer Diskurse eine vorpolitische Sphäre gesellschaftlichen Handelns voraus, in der Bürger unter den Bedingungen von Gleichheit und Gerechtigkeit die – mit Rekurs auf Honneths Anerkennungstheorie – Erfahrung der Anerkennung beziehungsweise der Wertschätzung ihrer Beiträge zum Gemeinwohl beziehungsweise ihrer Leistung machen können. In seiner Kontroverse mit Nancy Fraser plädiert Honneth dementsprechend auch dafür, das Konzept der Verteilungsgerechtigkeit in das umfassendere anerkennungstheoretische Gerechtigkeitskonzept zu integrieren; so bezieht er sich auch auf die gesellschaftliche Sphäre des Marktes, die normativ durch das Anerkennungsprinzip der Leistung reguliert wird (Honneth/Fraser 2003b, S. 159–189, 201–224).

In der Habermasschen Diskurstheorie des demokratischen Rechtsstaates werden die sittlich-motivationalen Voraussetzungen und die Teilhabegerechtigkeit am gesellschaftlichen Wohlstand auf folgende Weise reflektiert: Die mit Letzterem angesprochenen sozialen Rechte sieht Habermas in den im engeren Sinne politischen Teilhaberechten impliziert, die er wiederum aus der »Anwendung des Diskursprinzips« auf das Recht ableitet (Habermas 1998b, S. 156; siehe auch Wellmer 1993, S. 61, Fußn. 10). Für die sittlich-motivationalen Voraussetzungen der Demokratie verweist Habermas auf die rationalisierte soziale Lebenswelt: Demokratie könne nur gelingen, wenn die Bürger aus ihren alltäglichen, lebensweltlichen Kontexten heraus die Motivation zur politischen Partizipation aufbrächten (1998b, S. 366). Wie Honneth herausstellt, kann Habermas allerdings diese Einsicht in die motivationalen Voraussetzungen gelingender Demokratie nicht normativ thematisieren, denn »eine solche Idee der demokratischen Sittlichkeit« könnte leicht »in das Fahrwasser eines ethischen Politikverständnisses« führen, von dem Habermas sich mit seinem Konzept der deliberativen Demokratie ausdrücklich abgrenzt (Honneth 1999, S. 64). Eben diese diskurstheoretische Demokratiekonzeption versteht Habermas – so ist deutlich herauszustellen – als die realistischere Variante zum ethisch-politischen Republikanismus. Solche »habitualisierten Einstellungen des demokratischen Staatsbürgers in dem Sinne als politische Tugenden zu begreifen, daß sie den normativen Inbegriff einer wünschenswerten Kultur der Demokratie ausmachen«, sei Habermas zufolge daher nicht möglich (Honneth 1999, S. 64–65).[82] Mit Dewey eröffnet sich, so Honneth, neben diesem tugendethischen Ansatz aber eine weitere Möglichkeit, die motivationalen und identifikatorischen Quellen zu verorten: »Die Orientierung am demokratischen Verfahren setzt eine Form der demokratischen Sittlichkeit voraus, die nicht in politischen Tugenden, sondern im Bewußtsein gesellschaftlicher Kooperation verankert ist.« (Honneth 1999, S. 59–60)

---

82 Jörke sieht in Habermas' Formulierungen zum »Entgegenkommen der Lebenswelt« eine Unklarheit hinsichtlich Deskriptivität beziehungsweise Normativität: »Bei ihm findet sich einzig der Hinweis, daß die politische Kultur einer liberalen Gesellschaft seinem Modell deliberativer Demokratie entgegenkommen müsse. Allerdings wird nicht ersichtlich, ob es sich hierbei um eine deskriptive oder um eine präskriptive Aussage handeln soll. Dies legt zumindest den Verdacht nahe, wir könnten es mit einem grundlegenden Problem zu tun haben. Auf der einen Seite ist sich Habermas bewußt, daß sein deliberatives Politikmodell – zumindest der offizielle Kreislauf der Macht – auf entgegenkommende Sozialisationsverhältnisse angewiesen ist. Auf der anderen Seite werden diese in modernen, pluralistischen Gesellschaften zunehmend erodiert, was Habermas auch insofern einräumt, als er sich von einer allzu optimistischen Demokratietheorie verabschiedet hat. Jedoch ist es ihm nicht möglich, eine mehr als rein defensive Haltung gegenüber den Prozessen der zunehmenden Zersetzung bürgerschaftlichen Engagements einzunehmen und etwa die staatliche Unterstützung gemeinwohlorientierter Einstellungen zu propagieren. Da eine derartige Politik unvermeidlich perfektionistisch ist, verstößt sie Habermas zufolge gegen das Postulat der weltanschaulichen Neutralität staatlicher Regulierungen. Vor diesem dilemmatischen Hintergrund ist dann der Rückzug auf liberaldemokratische Institutionen als den ›verflüssigten Ort der Volkssouveränität‹ zwar zunächst verständlich, doch damit geht eine wenig überzeugende, resignative Vernachlässigung der sittlichen Voraussetzungen einher.« (Jörke 2003, S. 235–236)

Unter den Bedingungen (bestmöglich) verwirklichter Gerechtigkeit in der gesellschaftlichen Organisation der Arbeit können Identifikation mit dem und politisches Engagement für das Gemeinwesen auch ohne einen starken Tugendbegriff gedacht werden. Folgendes Problem lässt als eine Form der Kritik am leeren Formalismus des Habermasschen Prozeduralismus begreifen: In der Habermasschen prozeduralen Demokratietheorie mit ihrem formalen Konzept des öffentlichen Diskurses stellt sich in Bezug auf diese Frage nach dem Zusammenhang zwischen der positiven Freiheit zur demokratischen Selbstregierung und der »sozialen Frage« nach Gerechtigkeit das Problem, dass erst im öffentlichen Diskurs die moralischen und rechtlichen Normen begründet werden können, die erstens schon bis zu einem gewissen Maße realisiert und mit legitimer Staatsgewalt sanktioniert[83] und zweitens mehr oder weniger selbstverständliche sittliche Praxis sein müssen, damit Bürger zum einen ihre öffentliche Autonomie überhaupt wahrnehmen können und zum anderen dazu auch motiviert sind. Vor dieser Folie artikuliert Honneth die normative Leerstelle, durch die er die Habermassche Demokratietheorie gekennzeichnet sieht:

»Aber gleichwohl ist die Perspektive, unter der in der Habermasschen Demokratietheorie die ›soziale Frage‹ normativ zum Bezugsproblem wird, von ganz anderer Art als diejenige der Konzeption Deweys: während dieser die Einrichtung von gerechten, kooperationsgemäßen Formen der Arbeitsteilung für ein normatives Erfordernis halten muß, das aufgrund der Funktionsbedingungen demokratischer Öffentlichkeiten ganz unabhängig vom Stand der Anerkennungskämpfe prinzipiell Gültigkeit besitzt und daher interner Bestandteil jeder wahrhaften Idee von Demokratie ist, kann jener die Forderung nach sozialer Gleichheit konzeptuell gewissermaßen gar nicht vor das Prinzip der demokratischen Willensbildung bringen, sondern muß sie abhängig machen vom kontingenten Stand politisch artikulierter Ziele. Durch diese Vereinseitigung der Demokratie auf die politische Sphäre gerät aber aus dem Blick, daß eine demokratische Öffentlichkeit nur unter der stillschweigenden Prämisse einer Einbeziehung aller Gesellschaftsmitglieder in den gesellschaftlichen Reproduktionsprozeß funktionieren kann.« (Honneth 1999, S. 63–64)

Dewey kann mit seiner nicht *sprachpragmatisch* basierten *diskurstheoretischen*, sondern weiter ansetzenden *handlungstheoretischen* Öffentlichkeitskonzeption, in der die vorpolitische Sphäre gesellschaftlicher Kooperation konzeptuell einbegriffen wird, die gesellschaftliche Sphäre der Arbeit unter den norma-

---

83 Siehe hierzu auch Wellmer, der diesbezüglich von einem »unvermeidlichen *praktischen*« Zirkel, nicht aber von einem »*theoretischen* Zirkel« spricht (1993, S. 61).

tiven Maßstab der Inklusivität und mithin der Gerechtigkeit stellen, die der gesellschaftstheoretische beziehungsweise kommunikationstheoretische Habermassche Begriff der Öffentlichkeit übergehen muss. In Bezug auf die Habermassche Gesellschaftstheorie ist hiermit ein Problem angesprochen, das letztlich aus der Integration der Systemtheorie in die Kommunikationstheorie der Gesellschaft resultiert: Die Unterscheidung der beiden funktionalistisch regulierten Systeme Wirtschaft und Administration von den wert- und verständigungsorientierten Kommunikationsformen der sozialen Lebenswelt einschließlich der in ihr verankerten allgemeinen politischen Öffentlichkeit birgt die Gefahr, dass eine normative, also kritische Thematisierung der Demokratie- und Gerechtigkeitsdefizite in der Organisation von Arbeit versperrt bleibt. Mit seiner Theorie des demokratischen Rechtsstaats in *Faktizität und Geltung* wollte Habermas zwar auf diese normative Leerstelle, die ihm die Ablösung vom Marxschen Materialismus einbrachte, in der Weise reagieren, dass er ausführte, wie eine legitime Selbsteinwirkung der Gesellschaft über autonome Öffentlichkeiten und demokratische, rechtsstaatliche Institutionen in einer weitestgehend repräsentativen Demokratie gedacht werden müsse. Gleichwohl kann Dirk Jörke mit Recht lakonisch feststellen, dass »die Demokratisierung der Wirtschaft« (2003, S. 231) als explizites Thema bei Habermas überhaupt nicht mehr vorkomme.

Unter den Stichwörtern »Teilhabe«, »Inklusivität« und »soziale Integration« wird seit geraumer Zeit in der (nicht nur) bundesdeutschen Öffentlichkeit das Thema des Zugangs zu Arbeit verhandelt, sei hiermit Arbeit im Sinne der Erwerbsarbeit oder, weiter gefasst, der für Individuum und/oder Gesellschaft sinnvollen, sinnstiftenden Tätigkeit gemeint. Das Ende der (Erwerbs-)Arbeitsgesellschaft wird sehr kontrovers, aber hartnäckig diskutiert. In seinem Aufsatz zu Deweys Demokratiekonzeption vertritt Honneth die Ansicht, dass »eine solche Idee [der gerechten Organisation der Arbeitsteilung] in der gegenwärtigen Situation, in der wir in den hoch entwickelten Ländern das allmähliche Ende der Erwerbsarbeitsgesellschaft absehen können, nicht mehr einfach die Form einer normativ inspirierten Restrukturierung des kapitalistischen Arbeitsmarktes annehmen« (Honneth 1999, S. 65) könne. Hier ist eher die grundsätzliche Frage zu stellen, in Bezug auf welche Formen sinnvoller und sinnstiftender Arbeit, die über die Erwerbsarbeit im engen Sinne hinausgehen, Bürger legitimerweise Teilhabe einklagen können und welche Formen politisch-rechtlicher Regelungen vorstellbar sind (siehe zu solchen Reflexionen zum Arbeitsbegriff beispielsweise auch Hengsbach 2004, S. 100–104). Diese Frage werde ich im folgenden Abschnitt 4.5 wieder aufgreifen.

Honneth sieht in dem Begriff der Anerkennung die zentrale Kategorie, mit der die Sozialintegration von modernen Gesellschaften im Hinblick auf deren normative Grundlagen beschrieben und im Rahmen einer formalen Anthropologie und im Rekurs auf einen hypothetischen Entwurf des Guten kritisiert werden kann. Die egalitäre Gerechtigkeitskonzeption inhäriert daher bei Honneth eine schwache Konzeption des Guten, nämlich des positiven praktischen Selbstverhältnisses von Individuen. Diese Konzeption des Guten, der Selbstverwirklichung und individualisierten, ethischen Autonomie, wird gesellschaftstheoretisch durch die historisch rekonstruierbaren Anerkennungs- beziehungsweise Wertsphären mit ihren zugehörigen Prinzipien Liebe, Recht und Wertschätzung beziehungsweise Leistung expliziert. Moralpsychologisch knüpft Honneth an die Stimmen der Gesellschaft an, die dieses formale Gerüst des Guten in ihren Kämpfen um Anerkennung materiell füllen.[84] In seiner Kontroverse mit Nancy Fraser spricht Honneth dementsprechend »von der normativen Gleichrangigkeit der drei Prinzipien der Liebe, der Rechtsgleichheit und der Leistungsgerechtigkeit« (Honneth/Fraser 2003b, S. 299), die zusammen seine Gerechtigkeitskonzeption bilden. Wenngleich das Prinzip der demokratischen Willensbildung das Moment der positiven Freiheit zur politischen Partizipation und Selbstbestimmung zentral heraushebt – wobei diese je nach Theorietradition (Liberalismus und Republikanismus) unterschiedlich schwer gewichtet wird –, konvergieren gemäß dem Ideal einer sozialen Demokratie das Demokratieprinzip und das Gerechtigkeitsprinzip (beziehungsweise nach Honneth die drei Gerechtigkeitsprinzipen) in diesem »Worumwillen«: in dem Ideal der Freiheit des Individuums zu einem selbstbestimmten Leben.

Gegenüber der Honnethschen Gerechtigkeitskonzeption, die die Begründungsstrategie einer formalen Theorie wählt und gleichwohl eine Theorie des Guten zu sein anstrebt, erweist sich der Habermassche diskurstheoretische Ansatz als in einem radikaleren Sinne formal. Wenn ich

---

84 Siehe hierzu auch Honneth: »Die dreifache »Pointe« der Kategorie der »Anerkennung« soll [...] genau in der Herstellung einer solchen internen Verknüpfung bestehen: die gesellschaftliche Realität wird grundbegrifflich mit Hilfe desselben Begriffs erschlossen (Gesellschaftstheorie), mit dem aufgrund seines normativen Gehalts am Ende auch die Bewertung von sozialen Veränderungsprozessen in der Weise vorgenommen werden kann (Gerechtigkeitskonzeption), daß dabei die Sichtweise der Betroffenen produktiv zur Artikulation gelangt (Moralpsychologie).« (Honneth/Fraser 2003b, S. 304)

mich nun noch einmal mit dem moralischen Diskurs, in dem unser Zu-
sammenlegen regelende Normen unter der Maßgabe der Gerechtigkeit
kritisch hinsichtlich ihrer Richtigkeit befragt werden, widme, möchte ich
darauf hinweisen, dass Habermas mit *Faktizität und Geltung* die Bedeutung
der Legitimierung rechtlicher Normen gegenüber der der Begründung
moralischer Normen aufwertet.[85] Gleichwohl muss für Habermas der
Bürger – darin folgt er Kant – das positive Recht aus moralischen Gründen befolgen können und darüber hinaus muss er sich, wie vermittelt auch
immer, im Rahmen seiner öffentlichen Autonomie als Autor des Rechts
begreifen können. Die Legitimität politisch-rechtlicher Regelungen bleibt
auf die moralischen, ethischen und pragmatischen Diskurse innerhalb der
allgemeinen politischen Öffentlichen verwiesen. Moralische Diskurse bilden also, auch wenn Habermas die Mitglieder einer Gesellschaft in seiner
Gerechtigkeitskonzeption von den motivationalen und reflexiv-diskursiven
Herausforderungen der Moralität entlastet, einen wesentlichen Bestandteil
öffentlicher Debatten. Dies wird auch deutlich, wenn man sich vergegenwärtigt, dass, Habermas zufolge, von ethisch-politischen Diskursen in
sozialen Konfliktsituationen, in denen unter den Beteiligten ethischer
Dissens herrscht, zu moralischen Diskursen übergegangen werden muss.
Vermutlich werden hauptsächlich solche Fragen und Probleme über die
Schwelle der allgemeinen Öffentlichkeit gehoben, die in irgendeiner ethischen Hinsicht konfliktbehaftet sind.

Moralische Diskurse erfordern von den Diskursteilnehmern die diskursiv erzielte autonome Willensbestimmung. Der Begriff Autonomie wird
von Habermas diesbezüglich in dem engen Kantischen Sinne gebraucht:
Die Frage, ob Maximen des Handelns im Sinne legitimer moralischer Normen begründbar sind, kann gemäß dem Universalisierungsprinzip nicht aus
partikularen ethischen Orientierungen heraus einer argumentativen Klärung zugeführt werden. Das Gelingen moralischer Diskurse setzt bei den
Diskursteilnehmer aber nicht bloß diese Fähigkeit zur moralischen Willensbestimmung voraus, sondern darüber hinaus auch die Fähigkeit zur authentischen Selbstbestimmung, also zur ethischen Autonomie, die in Habermasscher Terminologie nicht mit dem Autonomiebegriff, sondern mit
den Begriffen der Selbstverwirklichung und Authentizität thematisiert wird.

---

85 Habermas sieht die Motivationskraft der rein rationalen Beweggründe beim Handeln
aus Pflicht als relativ gering an, was aber durch die Institution des Rechts kompensiert
werde (Habermas 1998b, S. 202).

Ethische Autonomie muss gemäß der Habermasschen Moralkonzeption vorausgesetzt werden. Dies allerdings nicht, weil die moralischen Normen aus ethischen Wertorientierungen zu begründen wären. Eine solche Begründungsstrategie würde, Habermas zufolge, bloß zu partikularer und nicht zu universalistischer und damit – Kantisch gesprochen – kategorischer, unbedingter Geltung führen können. Dennoch müssen die ethischen Orientierungen »als epistemische Beiträge zu einem normenprüfenden Diskurs« (Habermas 1999b, S. 46) Berücksichtigung finden können. Wie im Abschnitt 4.1 über Öffentlichkeiten als Diskursräume bereits aufgeführt wurde, »verlangt« die Verständigungsorientierung im moralischen Diskurs von jedem Diskursteilnehmer »die verallgemeinerte gegenseitige Perspektivenübernahme« und also die »interpretatorische Intervention in das Selbst- und Weltverständnis von Teilnehmern, die sich für Revisionen der (Sprache ihrer) Selbst- und Fremdbeschreibungen offenhalten müssen« (ebd., S. 60). Diese Habermassche Formulierung lässt sich nun auch so lesen, dass Teil eines jeden moralischen Diskurses immer auch ethische Diskurse sind, in denen sich Individuen rational über ihre eigene authentische praktische Identität verständigen. Nicht zuletzt ist es ja Habermas selbst, der die Authentizität, oder sagen wir in diesem Zusammenhang besser: die Wahrhaftigkeit der kommunikativen Beiträge der Diskursteilnehmer, zu einer der formalen Bedingungen des idealen Diskurses macht. Wie sollen sich aber die Teilnehmer anders über die Authentizität ihrer Beiträge versichern als in ethischen Diskursen?[86]

---

86 Dass Habermas ethische Orientierungen zumindest als »epistemische Beiträge« für die diskursive Normbegründung zulassen muss, und dass, wie ich argumentiert habe, moralische Diskurse ethische Autonomie immer schon bei den Diskursteilnehmern voraussetzen müssen, kann auch in Richtung einer fundamentaleren Kritik an Habermas' Moral-Ethik-Unterscheidung weitergedacht werden. Für Ludwig Siep lässt sich die Habermassche These, moralische Normen ließen sich nicht aus ethischen Werten rechtfertigen und mithin die systematische Trennung moralischer und ethischer Diskurse, nicht halten: »Wenn der normenbegründende Diskurs von Individuen geführt werden soll, die gleich sind, autonom über ihre Bedürfnisse entscheiden, zur Einnahme fremder Perspektiven bereit sind etc., dann gehen in diese Bedingungen bereits historisch ›errungene‹ bzw. entdeckte Werte ein. Nur Geltungsansprüche, die mit diesen Wertungen übereinstimmen, können gerechtfertigt werden.« (Siep 2004, S. 179) Wie Siep kritisiert, ist der über partikulare und also über »kulturell beschränkte gemeinsame Vorstellungen vom Wohl der Gruppe« hinausgehende »Perspektivenwechsel« des moralischen Diskurses »kein bloßes Verfahren«. Vielmehr realisiere er »den Wert von Unparteilichkeit, Anerkennung des Anderen, Selbstdistanz, Verzicht auf Gewalt und andere (kulturell ›überwundene‹) Durchsetzungsstrategien. Der Diskurs kann nur erfolgreich sein, wenn zumindest einige gemeinsame Wertungen und Werterfahrungen akzeptiert werden. Da-

Wie Honneth sieht Habermas das »Worumwillen« der Gerechtigkeit in der Autonomie der Individuen. Da terminologisch der Honnethsche Autonomiebegriff weiter als der Habermassche angelegt ist, Honneth also nicht nur die Kantische moralische Autonomie, sondern darüber hinaus die Probleme der Identität, der psychischen Integrität und der Selbstverwirklichung meint, kann Honneth das »Worumwillen« der Gerechtigkeit im Rahmen seiner pluralen, alle drei Anerkennungsformen (Liebe, Recht, Wertschätzung/Leistung) umfassenden Gerechtigkeitskonzeption in der individuellen Selbstverwirklichung sehen. Eben so gelangt er zu einer Konzeption, die im Vergleich mit der Habermasschen substantieller ist und sich am Guten orientiert. Der wechselseitigen Anerkennung als Gesprächspartner in öffentlichen Diskursen, in denen über die sozialen, politischen und moralisch-rechtlichen Bedingungen diskutiert wird, deren Erfüllung ein ethisch autonomes und authentisches Leben in der Gesellschaft bedarf, müssen immer schon gelingende Anerkennungspraktiken vorausgehen. Eine Gesellschaft muss bereits gerechte Anerkennungspraktiken aufweisen, damit solche Diskurse überhaupt gelingen können.

Habermas kann die am Guten orientierte Selbstverwirklichung nur indirekt im Worumwillen der Gerechtigkeit verorten: Gerechtigkeit bezieht sich bei Habermas auf die Würde von Menschen, die im Kantischen Sinne über deren Fähigkeit zur autonomen, rationalen Willensbestimmung und mithin als moralische Autonomie definiert wird. Gleichwohl muss eben diese Selbstbestimmung, um derentwillen wir einander in den gleichen Freiheiten respektieren sollen, immer schon die weitere, nämlich authentische Selbstbestimmung im Sinne der ethischen Autonomie beziehungsweise Selbstverwirklichung voraussetzen, da der Freiheits- und Gleichheitsgrundsatz auch Habermas zufolge in moralischen Diskursen immer aus ethischen, sittlichen Kontexten heraus interpretiert wird. Vermittelt über die moralische Autonomie sollte also auch die ethische Autonomie unter dem Vorbehalt eines Vorrangs des universellen Rechten vor dem partikularen Guten in das »Worumwillen« der Habermasschen Gerechtigkeitskonzeption aufgenommen werden.[87] Wenn es sich aber so verhält,

---

mit unterscheidet er sich aber nur graduell und nicht prinzipiell von kulturgebundenen Wertediskursen.« (ebd., S. 180) An dieser Stelle sei auch zumindest darauf hingewiesen, dass Habermas selbst die Notwendigkeit sieht, den moralischen Diskurs in Fragen der modernen Biotechnologien in eine Gattungsethik und damit in eine wertende Ethik einzubetten (Habermas 2005b).

87 Zumindest für die ethische Selbstverständigung von Kollektiven bezieht Habermas die ethische Dimension in das »Worumwillen« der Gerechtigkeit mit ein: »Die deon-

dass es in moralischen Diskursen auch um den Schutz beziehungsweise die Ermöglichungsbedingungen individueller und in meinem Sinne ethischer Autonomie und Authentizität geht, diese ethische Autonomie für das Gelingen der Diskurse aber immer schon vorausgesetzt werden muss, setzt die Diskurstheorie etwas voraus, um dessentwillen Diskurse überhaupt stattfinden sollen.

Diese Problematik, dass der Diskurs die Fähigkeit zur authentischen Selbstbestimmung wie die Fähigkeit, auch gemäß dieser Willensbestimmung zu leben, voraussetzen muss, die der Diskurs schützen oder befördern will, lässt sich zwar theoretisch nicht auflösen, wohl aber deutlich entschärfen. Im Rahmen der Diskurstheorie kann nämlich konstruktiv mit dieser Problematik umgegangen werden, was dann deutlich wird, wenn wir uns an die produktive Rolle des Diskurses erinnern, die Christman ihm für die individualisierte Autonomie zuspricht. Wie bereits herausgearbeitet, argumentiert Christman dafür, dass Diskurse von ihren Teilnehmern keine epistemische Autorität über ihre Selbstexpression verlangen, sondern nur eine repräsentationale. Um den anderen als autonomen Gesprächspartner anerkennen zu können, müssten wir nicht von der Wahrheit seiner Expressionen ausgehen können: Auch, wenn es sein könne, dass der andere sich über seine wahren Beweggründe selbst täusche, würden wir ihn immer noch als jemanden anerkennen, der autonom für sich selbst mit seiner eigenen Stimme spreche. Und gerade dieses wechselseitige Anerkennungsverhältnis werde produktiv für die Autonomie der Diskursteilnehmer, weil sie sich in der argumentativen Auseinandersetzung mit bestimmten Überzeugungen identifizieren könnten, indem sie sie öffentlich als die eigenen zum Ausdruck brächten (siehe hierzu den Abschnitt 2.4). Christman for-

---

tologisch begriffene Gerechtigkeit fordert als ihr Anderes Solidarität. Dabei handelt es sich nicht so sehr um zwei Momente, die sich ergänzen, als vielmehr um zwei Aspekte derselben Sache. Jede autonome Moral muß zwei Aufgaben in einem lösen: sie bringt die Unantastbarkeit der vergesellschafteten Individuen zur Geltung, indem sie Gleichbehandlung und damit gleichmäßigen Respekt vor der Würde eines jeden fordert; und sie schützt die intersubjektiven Beziehungen reziproker Anerkennung, indem sie von den Individuen als Angehörigen einer Gemeinschaft, in der sie sozialisiert worden sind, Solidarität fordert. *Gerechtigkeit* bezieht sich auf die gleichen Freiheiten unvertretbarer und sich selbst bestimmender Individuen, während sich *Solidarität* auf das Wohl der in einer intersubjektiv geteilten Lebensform verschwisterten Genossen bezieht – und damit auch auf die Erhaltung der Integrität dieser Lebensform selbst. Moralische Normen können nicht eins ohne das Andere schützen: die gleichen Rechte und Freiheiten des Individuums nicht ohne das Wohl des Nächsten und der Gemeinschaft, der sie angehören.« (1991a, S. 70) muliert damit einen plausiblen Gedanken, demzufolge Diskurse das Potential haben, eben das im Vollzug der diskursiven Wechselrede zu schaffen, was eine Bedingung der Möglichkeit eben dieser Rede ist.

Ich möchte von einem zweistrangigen Gedankengang sprechen, der sich durch meine Reflexionen zu den (auch ästhetischen) Erfahrungen ergänzen lässt:

(a) Moralische Diskurse setzen nicht bloß moralische Autonomie, sondern ebenso ethische Autonomie (um deren Schutz es moralischen Normen über den Schutz der moralischen Autonomie hinaus gehen muss) immer schon voraus.

(b) Öffentliche moralische Diskurse setzen bis zu einem gewissen Grade immer schon rechtlich realisierte Gerechtigkeit wie sittliche Solidarität voraus.

Zu (a): Eines der zentralen argumentativen Ziele der vorliegenden Arbeit war die These, dass die Fähigkeit zur authentischen Selbstbestimmung hinreichend Erfahrungen mit ästhetischer Qualität voraussetzt. Sofern meine Überlegungen nachvollzogen werden können, lassen sich gelingende öffentliche Erfahrungsräume, in denen Individuen solche für die ethische Autonomie und Selbstverwirklichung förderliche Erfahrungen machen können, neben den gelingen Anerkennungsräumen als eine weitere Gelingensbedingung für öffentliche Diskurse begreifen.

Zu (b): Wenn wir mit Honneth das »Worumwillen« der Gerechtigkeit in der Selbstverwirklichung des Individuums sehen, dann ist seine Kritik an Habermas, der zufolge Gerechtigkeit immer schon bis zu einem gewissen Grade realisiert und solidarisch-motivationale Bindungen an das Gemeinwohl bei den Gesellschaftsmitgliedern gegeben sein müssten, damit öffentliche Diskurse über Gerechtigkeit gelingen könnten, im Sinne meiner Ergänzungen unbedingt zu erweitern. Auch mit Rücksicht auf diesen Strang des Gedankengangs müssen sich gelingende Erfahrungsräume neben den Anerkennungsräumen als eine weitere Bedingung für das Gelingen öffentlicher Diskurse ansetzen lassen. Und just so lässt es sich als eine *Forderung der Gerechtigkeit* thematisieren, dass die Mitglieder einer Gesellschaft die Möglichkeit zur *Teilhabe an inklusiven Erfahrungsräumen* haben.

Im vorangegangenen Kapitel habe ich im Abschnitt 3.2 erörtert, inwiefern die Selbstverwirklichung als Teilhabe an Welt in drei Dimensionen verstanden werden kann. Auf diese drei Dimensionen zurückkommend, möchte ich diese inklusiven, für die Selbstverwirklichung förderlichen

Erfahrungsräume nun zumindest andeutungsweise so umreißen, dass in ihnen erstens Erfahrungen möglich sein müssen, in denen sich das Erfahrungssubjekt die Welt und über die Welt sich selbst als *bedeutsam* erschließen können muss. Diesbezüglich war meine These, dass der eklatante Mangel an solchen Erfahrungen die Gefahr der Indifferenz und der Entfremdung und damit die einer Beschädigung der Erfahrungsfähigkeit birgt. Mit Rekurs auf Überlegungen zum Entfremdungsbegriff von Rahel Jaeggi konnte im zweiten Kapitel in diesem Zusammenhang das Problem der fehlenden Präsenz in der eigenen Erfahrung erörtert werden (siehe Abschnitt 3.2). Zweitens sollen die öffentlichen Erfahrungsräume solche Erfahrungen möglich und wahrscheinlich machen, in denen sich das Erfahrungssubjekt für neue Sichtweisen, für neue Lebensweisen und Lebensformen *öffnet*. In dem eklatanten Mangel an solchen Erfahrungen kann das (wenn sicherlich auch nicht zwangsläufig eintretende) Problem vermutet werden, dass sich die Erfahrungswelt des Subjekts auf eine Weise zusammenzieht, die zu ängstlichem oder zwanghaftem Konservatismus führt, zu geistiger Enge oder auch zu Resignation. Und drittens sollen Erfahrungen möglich und wahrscheinlich werden, die *bereichernd* auf das Erfahrungssubjekt wirken. Damit ist gemeint, dass aus den Erfahrungen neue Fähigkeiten, Sichtweisen, Ziele, Ideen und Träume entstehen können. Fehlen dem Subjekt solche Erfahrungen, so ist es den Gefahren von Verkümmerung und Erfahrungsarmut ausgesetzt.

Wie diese abstrakt gehaltenen Überlegungen zur Teilhabe an für die Selbstverwirklichung förderlichen, öffentlichen Erfahrungsräumen etwas konkreter und näher an der gesellschaftlichen Wirklichkeit ausgeführt werden könnten, wird mich exemplarisch in den beiden nachfolgenden Abschnitten über den Zusammenhang von öffentlicher demütigender Stigmatisierung und Erfahrungsfähigkeit 4.5 wie über den Phänomenkomplex von Vernachlässigung, Verkümmerung und Erfahrungsarmut 4.6 beschäftigen. In diesen Abschnitten werde ich mich beispielsnah der Frage nach sozialen Pathologien – wie sie Entfremdung, Resignation oder Erfahrungsarmut sein können – nähern.

4.5 Öffentliche Stigmatisierung, Demütigung und Erfahrungsfähigkeit

In diesem Abschnitt möchte ich vertiefend und am paradigmatischen Beispiel diskutieren, inwiefern mein Vorschlag der Sozialdiagnose an den Honnethschen anschließen und ihn ergänzen kann. Wie in dem vorangegangenen Abschnitt deutlich geworden ist, setzt das Gelingen öffentlicher Diskurse das Gelingen von Erfahrungsräumen voraus, die in zweifacher Hinsicht gedeutet werden können. Die Erfahrungen von Anerkennung und von sozialer Wertschätzung werden immer schon unter realisierten Bedingungen von Gerechtigkeit vorausgesetzt, wie auch die erfahrungsöffnenden Erfahrungen mit intrinsischer Qualität. Im Folgenden möchte ich erörtern, inwiefern von einem engen Zusammenhang zwischen diesen beiden Hinsichten von Erfahrungen ausgegangen werden kann, indem ich an Überlegungen Deweys und Honneths anschließend über solche Erfahrungen nachdenke, die Menschen im Zusammenhang von Arbeit, der gesellschaftlichen Organisation von Arbeit und mit dem öffentlichen Umgang mit Arbeitslosigkeit machen. So möchte ich danach fragen, inwiefern die Erfahrung der Demütigung und der öffentlichen Missachtung im Zusammenhang von Arbeitslosigkeit ebenso wie der Ausschluss aus dem Erfahrungsraum Arbeit zu einer Beschädigung der Erfahrungsfähigkeit des Subjekts führen können. Beginnen werde ich mit einigen Reflexionen zum Leistungsprinzip als Anerkennungsprinzip, wie Honneth es für die dritte Anerkennungsform der sozialen Wertschätzung ansetzt. Eine Kritik an eben dieser theoretischen Zuspitzung auf das Leistungsprinzip wird mich letztlich auf das ursprünglich von Honneth für die dritte Anerkennungssphäre herausgestellte Prinzip der Solidarität zurückführen. Dieses Anerkennungsprinzip der Solidarität scheint mir, auch mit Blick auf Honneths Dewey-Lektüre bezüglich der gesellschaftlichen Sphären kooperativen Handelns, anschlussfähig für meine Thesen über die Förderlichkeit von öffentlichen Erfahrungsräumen für die Selbstverwirklichung und ethische Autonomie von Individuen zu sein. Wie ich verdeutlichen möchte, lässt sich die Honnethsche Sozialdiagnose des Leidens unter öffentlicher Stigmatisierung um die Diagnose eines Leidens an innerer Unfreiheit ergänzen, eines Leidens, das über den Ausschluss aus dem Erfahrungsraum Arbeit wie über die psychosozialen Folgen der inneren und äußeren *Engung des Erfahrungshorizontes* des Individuums und damit über die *Beschädigung der Erfahrungsfähigkeit* des Subjekts verstehbar wird.

In seiner vor wenigen Jahren in Buchform erschienenen Kontroverse mit Nancy Fraser über das Konzept der distributiven Gerechtigkeit, *Umverteilung oder Anerkennung?*, erhält das Leistungsprinzip eine explizite Bedeutung in seinen Ausführungen zur dritten Anerkennungsform der Wertschätzung. Das Prinzip der Solidarität, über das in der älteren Publikation *Kampf um Anerkennung* diese dritte Anerkennungsform wesentlich bestimmt worden war, bleibt hier eher im Unklaren. In der Kontroverse mit Fraser erörtert er, inwiefern das Leistungsprinzip »als selektive Verkörperung der sozialen Wertschätzung« (Honneth/Fraser 2003b, S. 173) betrachtet und damit Leistungsgerechtigkeit als normatives, die dritte Anerkennungssphäre regulierendes Anerkennungsprinzip rekonstruiert werden kann. Damit rückt der Markt und mithin der Arbeitsmarkt in den Blickpunkt und unter der normativen Maßgabe der Leistungsgerechtigkeit soll, Honneth zufolge, gefragt werden, ob und inwiefern Individuen unter der Erfahrung der Missachtung ihrer persönlichen Fähigkeiten und ihres individuellen Beitrages für das Gemeinwesen leiden.

Wie Honneth selbst herausstellt, ist Leistungsgerechtigkeit als Anerkennungsprinzip insofern zu problematisieren, als Leistungen nicht neutral gegeneinander gewichtet werden können und für Leistungsbemessungen immer auf einen Wertmaßstab rekurriert werden muss. Mit dem Entstehen der bürgerlich-kapitalistischen Gesellschaft bildet sich mit der am Leistungsprinzip orientierten wechselseitigen Wertschätzung eine »Sozialbeziehung« heraus, die »von Anfang an in einer Weise hierarchisch organisiert« ist, die als ideologisch angesehen werden muss,

»[…] denn was in welchem Maße als ›Leistung‹, als Kooperationsbeitrag zählt, wird vor dem Hintergrund eines Wertmaßstabes definiert, dessen normativer Bezugspunkt die wirtschaftliche Tätigkeit des ökonomisch unabhängigen, männlichen Bürgertums bildet: Das, was von nun an als »Arbeit« mit einem bestimmten quantifizierbaren Nutzen für die Gesellschaft ausgezeichnet wird, ist mithin das Resultat einer bloß gruppenspezifischen Wertsetzung, der dementsprechend ganze Sektoren von anderen, ebenso reproduktionsnotwendigen Tätigkeiten (wie etwa die Hausarbeit) zum Opfer fallen.« (ebd., S. 166.)

Honneth begreift dieses »von Anfang an« ideologische Prinzip der Leistung und also dessen normativen Kern nicht im Marxschen Sinne als Überbau zur an sich normfreien Basis, zur Realität ökonomischer Prozesse und Interessen. Er distanziert sich von systemtheoretischen Ansätzen, wie dem Luhmannschen und auch dem Habermasschen, in denen »von einem ›normfreien‹ System ökonomischer Abläufe« (ebd., S. 167) ausgegangen werde. Vielmehr betrachtet er den Markt als immer auch normative Sphäre, deren normative Regulierungen zwar potentiell Ausdruck partikularer Gruppeninteressen und damit ideologischer Verzerrungen sind, die aber dem mehr oder weniger direkten Einfluss der gesellschaftlichen Kämpfe um Anerkennung gleichwohl unterliegen. Die Resultate wie die umkämpften Positionen der deskriptiv unter das Prinzip der Leistungsgerechtigkeit subsumierbaren gesellschaftlichen Kämpfe um die soziale Wertschätzung von Arbeit können, Honneth zufolge, vom kritischen Gesellschaftstheoretiker normativ daraufhin befragt werden, ob sie den in der Ausdifferenzierung der drei Anerkennungssphären begründeten moralischen Fortschritt auf eine insgesamt gerechtere Gesellschaft hin befördern oder ob sie diesbezüglich einen Rückschritt darstellen. Hierzu stehen dem Theoretiker die zwei Kriterien zur Verfügung, die aus dieser Fortschrittsgeschichte rekonstruiert werden können. Wie oben ausgeführt, handelt es sich um die Kriterien der Individualisierung und der sozialen Inklusion (siehe Abschnitt 4.2).

Honneth sieht die normative Quelle der Sozialdiagnose und Gesellschaftskritik in den Idealisierungen eines kontrafaktisch unterstellten gemeinsamen Guten, eines sittlichen Gemeinwesens. Aus den faktisch differierenden Anerkennungserwartungen der Gesellschaftsmitglieder lassen sich diese Idealisierungen rekonstruieren: Auch die Leistungsgerechtigkeit als Prinzip der dritten Anerkennungssphäre enthält einen normativen Überschuss, der in den differierenden Ausdeutungen dieser Gerechtigkeit durch die sich in einem Kampf um Anerkennung befindlichen Parteien zum Ausdruck kommt. Auf die kontrafaktische Idee eines guten Gemeinwesens müssen sich letztlich alle beziehen, wenn sie nicht nur deskriptiv ihre konkrete Ausdeutung der Leistungsgerechtigkeit durch faktische Zustimmung (oder durch Fehlen von Widerstand) legitimiert sehen wollen, sondern normativ Legitimität für eben diese Deutung in Anspruch nehmen wollen.

Da sich nun aber aus den historischen Auseinandersetzungen über die Einrichtung des guten Gemeinwesens die zwei Kriterien – Individualisierung und Inklusion – rekonstruieren lassen und diese aufgrund des in den Idealisierungen der Gesellschaftsmitglieder basierten normativen Überschusses als normativ gültig angesehen werden dürfen, kann der Sozialdiagnostiker und Gesellschaftskritiker herrschende Anerkennungsverhältnisse und die in den Anerkennungskämpfen vertretenen Positionen und Forderungen mit Bezug auf diese Kriterien auf ihre Legitimität hin über-

prüfen und bewerten. Anerkennungsverhältnisse in der gesellschaftlichen
Organisation von Arbeit und also die Bewertung beziehungsweise Wertschätzung von Arbeitsleistung können kritisch daraufhin befragt werden,
ob durch sie eine Beförderung der Individualisierung und der sozialen
Inklusion zu erwarten steht. Die Diagnose sozialer Pathologien im Hinblick auf die gesellschaftliche Organisation von Arbeit sowie deren Bewertung kann mit Bezug auf die zwei genannten Kriterien folglich als
Sichtbarmachen von individuellem Leiden verstanden werden, das auf die
systematische Missachtung der individuellen Persönlichkeit von Arbeit-
nehmern beziehungsweise Arbeitern oder durch Missachtung in Form von
Ausschluss zurückgeführt werden kann.

Wie aber im Einzelfall auf diese Weise eine Kritik der Missachtung oder
Geringschätzung einer individuellen Leistung möglich ist, scheint mir bei
Honneth nicht recht klar zu werden. Für diese konkrete Kritik einer systematischen Missachtung oder Geringschätzung reicht die Rekonstruktion,
der zufolge sich Gesellschaftsmitglieder in der dritten Anerkennungssphäre
unter der Maßgabe des Leistungsprinzips »im Prinzip als Subjekte begreifen lernen, die Fähigkeiten und Talente besitzen, die von Wert für die Gesellschaft sind« (Honneth/Fraser 2003b, S. 168), nicht aus. In der kapitalistischen Marktwirtschaft bemisst sich das relative Maß der über das Leistungsprinzip organisierten Wertschätzung nicht nur, aber wesentlich über
die Höhe des Einkommens. Zugespitzt auf die Problematik der Wertschätzung in Form von Einkommen stellt Hans-Christoph Schmidt am Busch
mit Recht folgende Fragen:

»Wäre demnach nicht die Bestimmung des Selbstverhältnisses des ›Arbeitsbürgers‹
um das *Mehr oder Weniger* an sozialer Wertschätzung, das ihm auf der Basis seiner
individuellen Leistungen zuteil wird, zu ergänzen? Und wie wäre das Selbstverhältnis der Geringverdienenden in diesem Fall zu bestimmen? Wie plausibel ist die
Annahme, dass sie in ihrer Eigenschaft als ›Arbeitsbürger‹ ein *positives* individuelles
Selbstverhältnis ausbilden? Und nicht vielmehr sich selbst als Personen begreifen,
die aufgrund ihrer beruflichen Qualifikation *weniger* wertvoll als die anderen sind?«
(2004, S. 94-95)

Diesen kritischen Nachfragen zufolge steht es ganz grundsätzlich in Frage,
ob über das marktwirtschaftliche Leistungsprinzip als Anerkennungsprinzip, also mit den durch das Leistungsprinzip spezifizierten Mitteln der
Anerkennungstheorie, überhaupt sinnvoll die Kritik an Ungerechtigkeit in
der Wertschätzung von Arbeit möglich ist. Möglicherweise müssen nämlich mit diesen theoretischen Mitteln die Arbeitnehmer beziehungsweise

Arbeiter am unteren Ende der Wertschätzungsskala per se als Opfer von Missachtung thematisiert werden. Denn zugespitzt auf die Frage der Wertschätzung in Form von Einkommen lässt sich sagen:»Welche soziale Wertschätzung mir zuteil wird, bemisst sich *nicht* an der Menge der Güter, über die ich (absolut) verfüge, sondern an der *Differenz* zwischen meinem Realeinkommen und dem der anderen Bürger.« (ebd., S. 94) Wenn die Regulierung des (Arbeits)Marktes durch das Leistungsprinzip aber prinzipiell soziale Missachtung produziert, nämlich derjenigen am unteren Ende der Skala, dann scheint»Leistung« doch auch nicht als normatives Prinzip einer Anerkennungstheorie zu taugen. So scheint es im Rekurs auf die von Honneth genannten zwei Kriterien eine nicht abwegige Vermutung zu sein, dass diese Individuen am unteren Ende der Wertschätzungsskala kein positives Selbstverhältnis ausbilden können. Ihr individueller, persönlicher Beitrag wird vergleichsweise gering geschätzt und darüber hinaus sind sie insofern von sozialem Ausschluss betroffen, als ihre Fähigkeiten und der Beitrag, den sie leisten können, nachfragebedingt in der Regel keine Möglichkeit zu sozialem Aufstieg bieten.

Aussichtsreich scheint mir eine Diagnose und Kritik sozialer Missachtung zu sein, wie Honneth sie in seinen Überlegungen zur Beschädigung der Fähigkeit zur Autonomie unternimmt. Als kritische Analyse des semantisch-symbolischen Feldes beziehungsweise als Sichtbarmachen der ideologischen Voraussetzungen von Wertschätzung lässt sich eine solche Analyse gerade auch mit Bezug auf die Gewährung und Verweigerung von Wertschätzung im Kontext von Arbeit fruchtbar machen. Damit kommen die von Honneth selbst konstatierten ideologischen Voraussetzungen des Leistungsprinzips wieder in den Blick, welche sich in Bezug auf den staatlich-institutionellen und allgemein-öffentlichen Umgang mit dem Phänomen der (Langzeit-)Arbeitslosigkeit aufzeigen lassen. Honneth zufolge »wird die Anerkennungssphäre des Leistungsprinzips [...] sozialstaatlich eingehegt, indem [...] ein Minimum an sozialer Wertschätzung und ökonomischer Versorgung von der faktischen Leistung unabhängig gemacht wird und in einen individuellen Rechtsanspruch transformiert wird« (Honneth/Fraser 2003b, S. 176). In der Anerkennung des einzelnen Individuums als gleichberechtigtes, autonomes Subjekt ist die Anerkennung als Träger sozialer Rechte enthalten, die dem Bürger unabhängig von seiner individuellen Leistung zustehen. Honneths Formulierung der staatlichen Sicherstellung eines Minimums an sozialer Wertschätzung ist nun im Rahmen seiner eigenen Theorie gewissermaßen schief geraten, weil der Staat eben nicht die individuellen Fähigkeiten und den individuellen Kooperationsbeitrag, den Bürger also nicht in seiner Individualität wertschätzt, sondern als Träger von Rechten achtet. Damit haben wir es aber mit der zweiten Anerkennungsform, der wechselseitigen Anerkennung als Rechtssubjekte, und nicht mit der dritten Form, der Wertschätzung individueller Beiträge, zu tun.[88] Gleichwohl kann die Art und Weise, in der diese Rechte angewendet und institutionell durchführt werden, von den Empfängern sozialstaatlicher Leistungen als demütigend und als Missachtung ihrer individuellen Persönlichkeit wahrgenommen werden. Der Empfänger mag sich in seiner Persönlichkeit vom Staat geradezu missachtet empfinden, was durch die Rhetorik von einigen Politikern in und außerhalb der gewählten Regierungen sowie auch durch einflussreiche Stimmen der allgemeinen Öffentlichkeit befördert wird. In der Bundesrepublik müssen Empfänger von Arbeitslosengeld bei der Ablehnung von so genannter zumutbarer Arbeit oder von (mitunter absurden) Schulungsmaßnahmen[89] Sanktionen in Form von Leistungskürzungen hinnehmen, in vielen Fällen muss der Empfänger sein Bemühen, Arbeit zu finden, monatlich nachweisen. Insgesamt wurde durch die Verkürzung von Bezugsdauern mit den Hartz-Reformen der Druck deutlich erhöht. Es müssen nicht nur die persönlichen ökonomischen Verhältnisse offen gelegt werden, sondern der Einzelne muss damit rechnen, dass kontrolliert wird, mit wem er die Wohnung und im Zweifelsfall sein Bett teilt.[90] In diesen Praktiken und in einem Teil der öffentlichen Rhetorik über die vermeintlich große Anzahl der

---

88 Siehe hierzu auch Schmidt am Busch: »Würde nämlich durch sozialstaatliche Maßnahmen *soziale Wertschätzung* verteilt, so handelte es sich bei dieser um ein Gut, das Personen *sowohl* bei Vorliegen *als auch* bei Nichtvorliegen gesellschaftlich nachgefragter bzw. wertgeschätzter Kompetenzen zuteil würde, mithin von individuellen Leistungen gerade entkoppelt wäre.« (2004, S. 95)

89 Völlig absurd wird es, wenn, wie Nadja Klinger und Jens König schildern, ein fließend Deutsch sprechender Iraner vom Amt mit der Drohung der Leistungskürzung zur Teilnahme an einem Kurs aufgefordert wird, der sich an solche Ausländer richtet, die die Deutsche Sprache nicht beherrschen und in dem nun er lernen soll, seine Unterlagen am Computer zu erstellen, und zwar kurz nachdem dieses Amt ihn zum Informatiker ausbilden ließ (2006, S. 116–126, besonders S. 121).

90 Siehe hierzu zum Beispiel den Bericht über eine arbeitslose, alleinerziehende Mutter dreier Kinder, die Arbeitslosengeld II bezieht: Aufgrund eines anonymen Hinweises, demzufolge diese Frau einen Geliebten habe, der regelmäßig von Freitagnachmittag bis Montagmorgen in der Wohnung der Familie verbleibe, kontrolliert ein Mitarbeiter der ARGE, ob sich die Lebensverhältnisse und damit auch mögliche Leistungsansprüche geändert haben. Er zählt die Zahnbürsten und überprüft, ob sich »Männersachen« in der Wohnung befinden (Klinger/König 2006, S. 164–177).

Arbeitsunwilligen und der Sozialbetrüger[91] drückt sich eine in zweifacher Hinsicht abwertende Haltung aus: Dies ist zum einen das Absprechen der persönlichen Fähigkeit, sein Leben (überhaupt) selbständig organisieren zu können, und zum anderen das Absprechen der persönlichen Bereitschaft, (überhaupt) ein kooperatives Mitglied der Gesellschaft sein zu wollen.

In *Respekt im Zeitalter der Ungleichheit* analysiert Richard Sennett den ideengeschichtlichen Hintergrund, vor dem eine solche zweifach abwertende Haltung als Entwürdigung und Demütigung verstanden werden könne. Er spricht diesbezüglich von einer »Schande der Abhängigkeit«, die im Rückgriff auf die »Infantilisierungsthese« verstehbar werde, die sich prägnant bei Kant und in der Tradition des liberalen politischen Denkens finde (2002, S. 127 und 129). Mit Kants Bestimmung der Unmündigkeit als Unfähigkeit, seinen Verstand eigenständig zu gebrauchen, würden »Kindheit und Erwachsensein, Unreife und Reife zu politischen Kategorien, und der Unterschied zwischen beiden lieg[e]«, so stellt Sennett heraus, »jeweils in der Abhängigkeit« (ebd., S. 130). Schon bei John Locke rekonstruiert Sennett diese Vorstellung, nach der Rationalität und Autonomie den Menschen zum Eintritt in das öffentliche Leben und damit in die Sphäre der Erwachsenen befähigen würden. Damit bilde sich eine Art liberaler Ehrenkodex, dem zufolge Autonomie und eben auch die Fähigkeit, für sich selbst zu sorgen, also Unabhängigkeit, als ehrenwert gelten würden; Abhängigkeit werde zur Schande. Locke zufolge dürfe ein legitimer Staat die Menschen nicht infantilisieren, indem er ihre »Fähigkeit zu unabhängigem rationalem Handeln blockier[e]« (ebd., S. 131) und ihnen »verwehr[e], sich wie Erwachsene zu verhalten« (ebd., S. 132).

Mit Beginn des 19. Jahrhunderts werde die Abhängigkeit des Bürgers auf eine andere Weise zur Schande, jetzt werde sie verknüpft mit einer Arbeitsethik, so dass Almosenempfänger und Abhängige von Mildtätigkeit als charakterlich verkommen gelten würden. »Hier wurde Kants Auffassung auf das Wohlfahrtssystem übertragen: Zu einem ›selbstverschuldeten‹ Verlust an Integrität kam es, wenn jemand sich weigerte zu arbeiten […]« (ebd., S. 136). »Wenn der Almosenempfänger sagt: ›Ich kann nicht‹, denkt der Geber möglicherweise: ›Du willst nicht‹«; in dieser »Moralisierung der Arbeit« sieht Sennett den »Strafcharakter der Arbeitshäuser«

---

91 Die Talkshow im ersten deutschen Fernsehen »Sabine Christiansen« betitelt die Sendung vom 28. Mai 2006 mit »»Arm durch Arbeit, reich durch Hartz IV?«« Zur gleichen Zeit veröffentlicht der *Stern* die »These […], Hartz VI mache in Wahrheit reich und bequem« (Klinger/König 2006, S. 81).

begründet, die in Großbritannien und in Amerika im 19. Jahrhundert eingerichtet wurden (ebd., S. 137).

Vor diesem Hintergrund wird deutlich, inwiefern mit der beschriebenen zweifach abwertenden Haltung, die in bestimmten institutionellen Praktiken und in einem Teil der öffentlichen Rhetorik zu Ausdruck kommt, kulturspezifische Verletzlichkeiten des praktischen Selbstverständnisses von Individuen bewirkt werden, was zu einer Beschädigung der – mit Honneth – Selbstschätzung führen kann. Sofern die von Arbeitslosigkeit Betroffenen ihre Situation selbst als »Schande der Abhängigkeit« empfinden, führt dies zu Gefühlen der Scham und Schuld.

Das Gefühl der Scham lässt sich dadurch kennzeichnen, dass es sich aufgrund eines Verstoßes gegen eine anerkannte Norm oder eine Abweichung von einem geteilten Ideal einstellt. Eine Person beschämen oder sie mit dem Zweck demütigen, Scham- oder Schuldgefühle bei ihr hervorzurufen, kann nur gelingen, wenn man sich dabei auf eine Norm beruft, die diese Person auch selbst anerkennt. Das Gefühl der Scham wie auch das verwandte Gefühl der Schuld können daher auch »als ›innere‹ Sanktionen« (Demmerling/Landweer 2007, S. 237) verstanden werden. Das Scham oder Schuld empfindende Individuum sanktioniert sich in diesen Gefühlen selbst negativ für den Normverstoß oder für die Abweichung vom Ideal. Sofern eine von der beschriebenen abwertenden Haltung betroffene Person also auf die oben erwähnten Praktiken und die öffentliche Rhetorik mit dem Gefühl reagiert, entwürdigt und gedemütigt zu sein, wird sie vermutlich selbst darunter leiden, nicht »wie jeder andere erwachsene Mensch auch« für sich sorgen zu können. Und sofern sie ihre Scham- und Schuldgefühle nicht in Empörung umwandeln kann, wird sie auf die öffentliche Rhetorik mit dem mehr oder weniger diffusen Gefühl reagieren, dass irgendetwas mit ihrem Charakter »ja wohl nicht stimmen könne«, auch wenn sie »aufrichtig und ehrlich« arbeiten gehen will.

Diesen Zusammenhang der negativen Selbstsanktionierung will ich im Folgenden mit Bezug auf das Leistungsprinzip durch ein längeres Zitat aus einem Artikel von Olaf Groh und Carsten Keller erläutern. Dieser Artikel zum Thema »Armut und symbolische Gewalt« erörtert die Wirkungsweise von symbolischer Gewalt: Damit symbolische Gewalt wirken kann, muss das Opfer dieser Gewalt die Norm, über die die Gewalt ausgeübt wird, – in diesem Falle das Leistungsprinzip – selbst anerkennen.

»Es sind allgemeine gesellschaftliche Prinzipien und die ›Macht des Faktischen‹, denen symbolische Gewalt ihre Wirkungskraft verdankt. Ohne sich auf diese, sei es explizit oder implizit, zu berufen, ohne diese gewissermaßen durch sie hindurch sprechen zu lassen, kann niemand symbolische Gewalt ausüben. Vergegenwärtigt man sich die Funktionsweise dominanter Stigmata gegenüber benachteiligten Gruppen, wird dieser Sachverhalt deutlich. Meist zielen Stigmata auf angebliche Sekundärtugenden von armen Bevölkerungsgruppen ab, bezeichnen sie als faul, unordentlich und unorganisiert. Das ubiquitäre Etikett des Asozialen beschwört eine Person, die nicht nur faul ist und auf Kosten anderer lebt, sondern sich am Ende auch nicht wäscht, sich schmuddelig kleidet und entsprechend riecht. Was all diesen, in der Regel zu einem Syndrom verdichteten Prädikaten eignet, ist, sich implizit auf ein gesellschaftliches Prinzip zu berufen, das sie sowohl untermauert, als auch ihren abwertenden Impetus erst eigentlich begründet. Dieses Prinzip ist das *Leistungsprinzip*, das positiv formuliert besagt, daß der, der eigene Initiative ergreift und sich diszipliniert, der eben etwas leistet, es auch zu etwas bringt.

Ihren tatsächlichen Stachel gewinnen die Stigmata nun zum einen dadurch, daß das Leistungsprinzip einen realen und legitimatorischen Grundpfeiler der Gesellschaftsordnung bildet, daß es einen nahezu *hegemonialen* Stellenwert in der Gesellschaft innehat. Zum anderen, und das ist selber Ausdruck dieses Stellenwerts, wird das Leistungsprinzip eben auch von benachteiligten Bevölkerungsgruppen anerkannt. Zu erinnern ist in diesem Zusammenhang nicht nur an den bereits erwähnten Befund von Wilson, daß nur eine verschwindende Minderheit der in extremen Armutsgebieten befragten Personen eigener Initiative und Arbeit keine Bedeutung dabei zumessen, um im Leben auszukommen. Verweisen läßt sich auch auf das in Interviews immer wieder auftauchende Phänomen, daß sich arme und arbeitslose Personen bestimmte Gründe für ihre Lage selber zuschreiben und diese etwa auf ein zu geringes Engagement in der Schule oder der Ausbildung zurückführen. Dieses Phänomen [...] bringt zum Ausdruck, daß die benachteiligten Personen das Leistungsprinzip samt seinen diversen Versprechungen anerkennen, ja internalisiert haben. Deshalb eben *verletzt* sie die Zuschreibung, faul und passiv zu sein, können sie die in mannigfaltigen Gestalten begegnende Kategorisierung, wegen fehlender Initiative und Disziplinierung für ihren inferioren Status selber schuld zu sein, gerade nicht auf die leichte Schulter nehmen.«[92] (Groh/Keller 2001, S. 189–190)

Die Gefühle der Scham und der Schuld werden vom Individuum besonders deutlich leiblich erlebt. Der sich Schämende kann den Blicken der anderen nicht standhalten und senkt seinen Blick. Scham kann in diesem Sinne auch durch eine leibliche Richtung charakterisiert werden: So richtet sich das Gefühl des Stolzes nach oben und in die Weite, Zorn geht zentri-

---

92 Die Autoren beziehen sich in dem obigen Zitat auf William Julius Wilsons *When work disappears* (Wilson 1997.) Sie erörtern in diesem Artikel auch die von ihnen so bezeichnete »verschämte Armut« (Groh/ Keller 2001, S. 190–191.), also die besonders massive Armut derjenigen, die eigentlich Anspruch auf staatliche Leistungen hätten, sie aber aus Scham nicht in Anspruch nehmen.

fugal in alle Richtungen: wir »platzen vor Zorn«. Bei der Scham handelt es sich im Gegensatz dazu um eine zentripetale und nach unten gerichtete Wirkung (Demmerling/Landweer 2007, S. 221). Wir schämen uns »tief im Inneren«« und wollen »im Boden versinken«. Die Autoren bringen dies auf die prägnante Formel: »Scham führt zu massiver Engung.« (ebd., S. 221) Das Gefühl der Scham ist nicht von Dauer, worin sie sich vom Schuldgefühl unterscheidet, aber sie kann in Folge wiederholter Schamsituationen in das Gefühl der Angst (vor Beschämung) übergehen oder zu Minderwertigkeitsgefühlen, zu Scheu und zu Schüchternheit führen (ebd., S. 220). Schuld wird leiblich als »bohrend«, also ähnlich wie das Gefühl der Scham »als eine Form von Engung erlebt« (ebd., S. 222).

Diese »Engung«, die in den Gefühlen der Scham und der Schuld leiblich erlebt wird, kann als paradigmatische Beschreibung der Lebenssituation der (Langzeit-)Arbeitslosigkeit angesehen werden. Arbeitslose sehen sich in »typischen Kreisläufe[n]« aus »ABM, Umschulungsmaßnahmen, Teilnahmen an Profilern (vom Arbeitsamt angeordnete Maßnahmen zur Ermittlung des individuellen Kompetenzprofils)« gefangen, die ihnen häufig in »ihrer Sinn- und Ergebnislosigkeit [...] nur den Verlust ihrer Würde demonstrieren« (Steinrücke 2005, S. 198). Der sozialwissenschaftlichen Arbeitslosenforschung sind die psychosozialen Folgen des Arbeitsplatzverlustes seit langem bekannt. Bleibt der Erfolg individueller Anstrengungen zum Wiedereintritt in die Erwerbsarbeit aus, führt dies zu »einer wachsenden Interesselosigkeit, Mattheit, Hoffnungslosigkeit«, wie Christine Morgenroth herausstellt:

»Die Anstrengungen lassen nach, weil die immer neuen Ablehnungen so frustrierend sind, der Rückzug in immer enger werdende soziale Verhältnisse, letztlich die eigenen vier Wände als Bollwerk gegen die bedrohliche Welt, beschleunigt sich. Auch aus materiellen Gründen werden die Lebensmöglichkeiten enger und farbloser. Die Angst vor Ablehnung und Abwertung verstärkt den Rückzug ins isolierte Privatleben. Am Ende stehen apathische Resignation und Fatalismus, d.h. ein völliges Aufgeben der Hoffnung auf positive Veränderung und ein Verschwinden der vitalen Lebenskräfte.« (Morgenroth 25.11.2003, Download 10.09.2007)

Durch den Verlust des Arbeitsplatzes und also durch den Ausschluss von der Teilhabe an dem über Erwerbsarbeit gesellschaftlich organisierten Erfahrungsraum wird die Erfahrungswelt des Subjekts enger. In den in Form von symbolischer Gewalt intersubjektiv verstärkten subjektiven Gefühlen der Schuld und der Scham bewirkt das Subjekt darüber hinaus noch eine zusätzliche Engung seiner Erfahrungswelt, da der Rückzug aus der Welt und in die private Isolation immer auch als ein Akt der Selbstbestrafung verstanden werden kann. Anstatt sich konstruktiv mit der Realität seiner Lebenssituation auseinanderzusetzen, reagiert das Individuum mit Abwehr, eine Reaktion mit»häufig selbstverletzenden, destruktiven Auswirkungen«. Bei Morgenroth heißt es wörtlich: »Die Subjekte wenden den gesamten Regelkanon der Arbeitsgesellschaft auf sich selbst an, müssen feststellen, ihm nicht mehr zu genügen und greifen zu Selbstbestrafung, zu Selbstausgrenzung, manchmal sogar zu Selbstvernichtung.« (1990, S. 247)

Dieser Rückzug und die Engung der eigenen Erfahrungswelt beschleunigen eine »depressive Dynamik« (Morgenroth 25.11.2003, Download« 10.09.2007), die die Erfahrungsfähigkeit des Subjekts beschädigt. Mattigkeit und Apathie sind verbunden mit der Unfähigkeit, eine zeitlich begrenzte und damit zu einer Einheit werden könnende Erfahrung zu machen. Geraten die maßgeblich durch Arbeit bestimmten Lebensrhythmen durch den Verlust des Arbeitsplatzes aus dem Takt, ist es für das Subjekt eine schwierige Aufgabe, seine Lebenszeit nun autonom zu strukturieren. »Folgeerscheinungen sind Verlangsamung aller Abläufe, das Erleben einer ausgedehnten, zerdehnten Zeit ohne Anfang und Ende, die vermeintliche Endlosigkeit eines Tages.« (ebd.) Lebensenergie, die in die Erwerbsarbeit investiert wurde, kann oftmals nicht in kreatives Schaffen und Erfahrungen außerhalb der Erwerbsarbeitssphäre umgelenkt werden und wendet sich destruktiv gegen das eigene Selbst:

»Erosion von Zeitstruktur und Selbstwertgefühl, Rückzug aus sozialen Bindungen und Beeinträchtigung aufgrund vielfältiger Stigmatisierungen lassen sich als depressive Dynamik verstehen, die Beeinträchtigungen der Ich-Stärke mit sich bringt. Diejenige vitale Energie, die täglich in die Erwerbsarbeit eingeflossen ist, die als kreatives Potential die Gestaltung der Arbeitsvollzüge bewirkt und Ideen produziert hat, die damit in sachbezogenes, sozial erwünschtes und individuell befriedigendes Tun kanalisiert wurde, liegt im Fall der Arbeitslosigkeit brach und sucht sich neue Gestaltungsfelder. Die Zunahme autoaggressiver Phänomene (Depression, psychosomatische Erkrankungen, Suizidversuche) im Kontext langanhaltender Erwerbslosigkeit ist für Frauen und Männer gut dokumentiert.« (ebd.)

Ist das Subjekt in einer solchen durch Engung und Rückzug einerseits und Autoaggression andererseits gekennzeichneten depressiven Dynamik gefangen, ist nicht nur seine äußere Erfahrungswelt klein und eng geworden. Es ist auch massiv in seiner Fähigkeit, Erfahrungen, die intrinsisch oder *auch* intrinsisch sind, machen zu können, und mithin in seiner Handlungsfähigkeit, beschädigt. Sofern wir in intrinsischen Erfahrungen die Welt und über die Welt uns selbst als bedeutsam, als uns etwas angehend, als nicht fremd erfahren können, werden Depression und Autoaggression eben auch in diesem Sinne über die Beschädigung der Fähigkeit, sich selbst als bedeutsam erfahren zu können, verstehbar. Apathie und Mattigkeit verhindern, dass das Subjekt bereichernde Erfahrungen machen kann. Die Offenheit für Bereicherndes und Neues wird durch den inneren und äußeren Rückzug in die Isolation unterwandert. Die Sozialpathologie, die hier im Zusammenhang mit dem Erleben von Arbeitslosigkeit diagnostiziert wird, lässt sich insofern auch in dem hier von mir vorgeschlagenen Sinne eines Leidens an innerer Unfreiheit verstehen, als ein Leiden, das seine Ursache in dem Ausschluss aus dem Erfahrungsraum Arbeit und in der Beschädigung der subjektiven Erfahrungsfähigkeit findet. Das Individuum leidet nicht nur unter dem Ausschluss aus diesem Erfahrungsraum durch den Verlust seines Arbeitsplatzes, sondern darüber hinaus über die *Beschädigung seiner Erfahrungsfähigkeit* mittelbar an der *inneren Unfreiheit*, nicht oder kaum über Erfahrungen in den drei Dimensionen der *Bedeutsamkeit*, der *Offenheit* und der *Bereicherung* an Welt teilhaben zu können.

Warum sich dieses Leiden nicht in effektiven und konstruktiven Umgang mit der Realität der eigenen Lebenssituation und so auch nicht in Gegenwehr durch politisches Handeln umsetzt, hat Morgenroth in ihrer psychoanalytischen Studie der *Sozialpathologie der Lebenswelt von Arbeitslosen* (1990) untersucht. Ihr zufolge wird durch Abwehr und Regression das innere aggressive Bedürfnis nach Vergeltung für das zugefügte Leid in eine Selbststilisierung als hilfloses Opfer und in die Identifikation mit den eigentlich als Aggressoren empfundenen und gegen das eigene Selbst gerichteten Akteuren gewendet. So werde der Begriff des Staates gewissermaßen religiös mit einem Heilsversprechen verbunden und an den Solidaritätsbegriff wird »unbewußt ein Apell an die Nachsicht der Starken und Mächtigen geknüpft« (Morgenroth 1990, S. 242).

»Es kommt zu einem Prozeß kollektiver Ich-Einschränkung. Die Subjekte verzichten auf kompetente und ihnen durchaus mögliche Aktivitäten, um bestimmte Konfrontationen mit und in der Realität zu vermeiden. Sie ziehen sich in die Opferrolle zurück und vermeiden so den Kontakt mit den eigenen Aggressionen und ebenso zu Erfordernissen, die sich aus der Wahrnehmung aggressiver Impulse ergäben. Anstatt sich mit der Realität auseinanderzusetzen, verzehren sich die Subjekte im inneren Abwehrkampf, benötigen so viel Energie, ihre Aggressionen niederzuhalten und zu kontrollieren, daß ihnen

wenig davon für den Kampf um Grenzsetzungen, tatsächliche Ansprüche und ihre Durchsetzung verbleibt.« (ebd., S. 243)

Morgenroth zufolge »*lässt* [sich] *erkennen, daß die Dominanz der Abwehrstrukturen in der Krisenverarbeitung ebenso wie in der Verarbeitung der Krisenfolgen zu einer generellen Fragmentierung der Wahrnehmung führt*« (ebd., S. 244). Der Blick ist nahezu zwanghaft auf die Mikrostruktur der eigenen Situation gerichtet. Größere, makostrukturelle Zusammenhänge können nicht gesehen werden, der Blick wird geschichtslos. Das Subjekt fühlt sich inneren und äußeren Bedrohungen ausgesetzt, auf die mit Angst und schließlich mit Abwehr reagiert wird (ebd., S. 244). In diesem Sinne spricht Morgenroth auch von einer »Reduktion von Erfahrungsfähigkeit« (ebd., S. 248). Das Subjekt verliert den Sinn für die Realität und den effektiven und konstruktiven Umgang mit seiner Situation. Und eben so befördert das Subjekt selbst den Prozess des sozialen Ausschlusses und der Verdrängung an den Rand der Gesellschaft, in dem sein Leiden begründet liegt.

Morgenroth analysiert den Entzug von Arbeit auch als einen *Entzug von Öffentlichkeit* (ebd., S. 190–193). Dies ist durchaus in doppelter Hinsicht zu verstehen, nämlich in der einen, dass die beschriebene Sozialpathologie offensichtlich die Fähigkeit zur adäquaten Krisenbewältigung und damit zu öffentlichem und politischem Handeln untergräbt, und in der anderen, dass der beschämte und ängstliche Rückzug in die private Isolation die Teilhabe an Öffentlichkeiten zunehmend unmöglich macht. Beides hängt miteinander zusammen: Um ohne Scham in die Öffentlichkeit treten und so Öffentlichkeit für politische Themen überhaupt herstellen zu können, müssen Personen ein Bewusstsein ihres eigenen Wertes erlangen; sie benötigen – mit Honneth – Selbstbeschätzung und diese setzt wiederum die soziale Wertschätzung in Öffentlichkeiten voraus. Wie Morgenroth herausstellt, darf die Diagnose der Sozialpathologie normativ auf keinen Fall in die *Individualisierung des Problems* münden: Für die Bewältigung der individuellen Krisen- und Leidenssituation darf nicht allein das Individuum in die Verantwortung gezogen werden, sondern dies ist auch die Aufgabe der Gesellschaft. Morgenroth sieht hier Gewerkschaften, Parteien, Bürgerinitiativen und Selbsthilfe-Einrichtungen, die Selbstverwaltungsgremien öffentlich-rechtlicher Institutionen wie die gesetzlichen Krankenkassen, aber auch die Vereine und Verbände im Freizeitgestaltungsbereich in der Pflicht, Öffentlichkeiten herzustellen, in denen Individuen »über lebendige Erfahrungstätigkeit« (ebd., S. 193) das Bewusstsein ihres eigenen Wertes und ihrer Kraft wiedererlangen können. Dabei dürfen diese Öffentlichkeiten aber nicht in der Weise eine kompensatorische Rolle spielen, dass sie mit der Funktion, von den Problemen abzulenken, bloße »Felder für Ersatzhandlungen« (ebd., S. 193) bilden.

Das Phänomen der Langzeitarbeitslosigkeit stellt sich dem Individuum als ein massives individuelles Problem und muss zugleich als Herausforderung an die Zivilgesellschaft, den Staat und auch die Privatwirtschaft gesehen werden. In den Wirtschafts- und Sozialwissenschaften wie auch in der Philosophie wird seit geraumer Zeit verstärkt problematisiert, ob die kapitalistische Marktwirtschaft aufgrund der rapiden Steigerung der Produktivität noch ausreichend Beschäftigung bereitstellen kann. Es wird in Frage gestellt, ob sich das Problem der Massenarbeitslosigkeit einschließlich der sozialen Folgeprobleme (nicht nur für das Individuum, sondern auch für die Gesellschaft im Ganzen und für die Wirtschaft, was deutlich wird, wenn man allein das Problem des sozialen Friedens in einer Gesellschaft berücksichtigt) durch wirtschaftliches Wachstum allein lösen lässt. In den Wissenschaften wie auch in der allgemeinen Öffentlichkeit wird demnach über das anscheinende oder vermeintliche Ende der Arbeitsgesellschaft debattiert. Nicht nur in den öffentlichen Stellungnahmen von Wissenschaftlern, Intellektuellen und auch Unternehmern, sondern auch in der Politik werden verschiedene sozialstaatliche Modelle der Existenzsicherung – der Grundsicherung, des Bürgergeldes, der negativen Einkommensteuer, der Sozialdividende – diskutiert und es wird über einen so genannten dritten Arbeitsmarkt nachgedacht. Gestritten wird darüber, ob die staatliche Sicherung der materiellen Existenz etwa an gemeinnützige Tätigkeiten gebunden werden soll oder ob jeder Staatsbürger unabhängig von einem Beitrag für das Gemeinwesen staatliche Leistungen erhalten soll. In der Politikwissenschaft wird der Begriff des Dritten Sektors geschaffen, der einen Bereich neben Staat und Marktwirtschaft bezeichnet und wesentlich auf die organisierte Freiwilligenarbeit und auf Non-Profit-Organisationen abzielt. Der Begriff der Zivilgesellschaft gewinnt an Bedeutung.

In dieser Diskussion geht es darum, welche Lösungen moderne Gesellschaften in Zukunft für das Problem des Ende der Massenbeschäftigung (jedenfalls im Sinne einer die Existenz unabhängig von öffentlicher Unterstützung sichernden und vor Armut schützenden Beschäftigung) finden können. Ein wichtiges Argument etwa für die negative Einkommensteuer beziehungsweise das so genannte Bürgergeld ist dabei eben die in der liberalen Tradition politischen Denkens enthaltene und von Sennett in Bezug auf John Locke verdeutlichte Überzeugung, dass der Staat die

Menschen nicht infantilisieren dürfe. Vielmehr ist in der liberalen Tradition ein Menschenbild verankert, bei dem die subjektive und individuelle Freiheit in einem internen Zusammenhang mit Selbstverantwortung und der Fähigkeit, für sich selbst zu sorgen, gesehen wird. Eben diese Freiheit, die in psychologischer Hinsicht auch durch eine gewisse innere Freiheit gekennzeichnet ist, gerät aber in Gefahr, wenn die öffentlichen Institutionen, die für die Realisierung sozialer Rechte von Staatsbürgern verantwortlich sind, diese demütigen, indem sie durch repressive Maßnahmen, Sanktionen und Eingriffe in die Intimsphäre dem Individuum seine »Schande der Abhängigkeit« vermitteln.

Die öffentliche Dimension der inneren Freiheit des Individuums kann aber auch dahingehend diskutiert werden, ob die Gesellschaft, gefördert und unterstützt durch den Staat und in Kooperation mit der Wirtschaft, einen öffentlichen Bereich, also einen »Dritten Sektor« ausbauen könne, in dem Individuen ihre Fähigkeiten, die in der Wirtschaft nicht mehr gebraucht werden, einbringen könnten. Besonders prominent wurde diese Zukunftsvision, aber eben auch politische Forderung von Jeremy Rifkin in seinem Buch über *Das Ende der Arbeit und ihre Zukunft* (2005) vertreten. In dieser Richtung ließe sich darüber nachdenken, ob Gesellschaften Öffentlichkeiten schaffen können, die von einer kritischen Gesellschaftstheorie als »Erfahrungsräume« beschrieben und normativ in Hinblick daraufhin überprüft werden können, ob sie inklusiv sind, ob sie positive Erfahrungen der sozialen Wertschätzung bieten und ob sie Erfahrungen ermöglichen, die die Erfahrungsfähigkeit des Subjekts nicht beschädigen, sondern vielmehr befördern. Hier scheint mir der Begriff der Erfahrung von Dewey auch insofern nahe zu liegen, als Dewey ihn selbst herangezogen hat, um die gesellschaftliche Organisation von Arbeit sowie deren jeweilige Qualität zu kritisieren.

Ein solcher dritter Bereich wäre ein gesellschaftlicher Raum, in dem die soziale Wertschätzung nicht normativ an dem Prinzip der Leistungsgerechtigkeit, sondern an dem von Honneth in *Kampf um Anerkennung* angesetzten Anerkennungsprinzip der Solidarität orientiert sein würde. Gerade in der Überlegung, dass – jedenfalls kontrafaktisch und dem eigenen normativen Anspruch nach – dieser Sektor der Freiwilligenarbeit und der gemeinnützigen Arbeit im sozialen, politischen und eben auch im kulturellen Bereich nicht wie die Privatwirtschaft über das Leistungsprinzip reguliert würde, liegt die Vermutung begründet, dass die Chance, in diesem Sektor intrinsische Erfahrungen machen zu können, als hoch angesehen werden könnte. Diese Chance auf (auch) ästhetische, also ganzheitliche, erfahrungsöffnende Erfahrungen intrinsischer Qualität und die mit dieser Chance verbundene Beförderung der inneren Freiheit würde dann in Gefahr geraten, wenn der Sozialstaat diesen dritten Bereich wiederum als Tätigkeitsfeld in Form eines Zwangsdienstes von Leistungsempfängern betrachten würde.

4.6 Vernachlässigung, Verkümmerung und Erfahrungsarmut

»[D]as in düsteren Farben schillernde Phänomen [der Unterschicht] will sich nicht wegreden lassen, es bleibt einfach da und schreit Politik und Gesellschaft stumm ins Gewissen. Dabei geht es nicht vorderhand um misshandelte Kinder, das sind schreckliche Einzelfälle, und sie fallen in die Aufsichtspflicht örtlicher Behörden. Es geht auch nicht um Kartoffelchips mümmelnde Dickerchen, das sind Zerrbilder, die die gesellschaftliche und politische Problematik dahinter verharmlosen.

Aber worum geht es dann? Was an der Sache neu zu entdecken ist, das ist die ratlos verwaltete Normalität der Resignation. Etwa fünf bis sechs Millionen Deutsche verharren im Stand sozialer Hilflosigkeit. Sie haben sich als Mitglieder einer dynamischen Arbeitsgesellschaft aufgegeben. Es sind keine subkulturellen Freaks, sondern von Langzeitarbeitslosigkeit oder grundgesichertem Arbeitslosengeld-II-Alltag als Alleinerziehende zermürbte Normalos. Ihre wirtschaftlichen Aussichten sind gleich null, das will niemand so sagen, aber es ist so.« (Schmidt 2006, S. 4)

Nach der Veröffentlichung der Studie *Gesellschaft im Reformprozess* (Neugebauer 2007) der Friedrich-Ebert-Stiftung dominiert im Herbst 2006 ein Thema die bundesdeutsche Medienöffentlichkeit: die Unterschicht. Die Studie bezeichnet den unteren Rand des unteren Drittels der Gesellschaft als »Abgehängtes Prekariat«. Mit dieser Bezeichnung referieren die Autoren auf 8 Prozent der Bevölkerung – 4 Prozent der Bevölkerung im Westen und 25 Prozent im Osten Deutschlands –, auf Menschen, die im gesellschaftlichen Vergleich der größten finanziellen und beruflichen Unsicherheit (höchster Anteil an Arbeitslosen und Arbeitern) ausgesetzt sind. Charakterisiert werden sie unter anderem durch eine geringe Aufstiegsorientierung sowie durch ausgeprägte gesellschaftliche Desorientierung. Die Menschen würden sich allein gelassen, als Verlierer fühlen und die Gesellschaft als extrem undurchlässig wahrnehmen. Die Autoren beschreiben diese Menschen am untersten Rand der Gesellschaft als in ethischer Hinsicht besonders orientierungslos. Der Anteil an Konfessionsloser sei hier am Größten. Der Rückzug ins Private wird als Lebensbewältigungsstrategie herausgehoben, die sich aber als trügerisch erweise, da auch in dieser privaten Sphäre ein Mangel an Selbstbestimmungsmöglichkeiten empfunden werde. Mit Ausnahme des gewerkschaftlichen Organisationsgrades sei sowohl das Politikinteresse als auch das politische Kommunikations- und Teilhabeverhalten unterdurchschnittlich (Neugebauer 2007, besonders S. 82–84).

Der Rückzug ins Private und die zunehmende Engung der Erfahrungswelt konnten bereits im vorangegangenen Abschnitt als Momente der Pathologie der Lebenswelt von Arbeitslosen beschrieben werden. Vom untersten Rand aus betrachtet, erscheint die beschleunigte, mobilisierte und flexibilisierte Gesellschaft als eine in sich abgeschlossene, andere Welt: Dort wird ein Leben gelebt, mit dem man nicht mehr mithalten kann oder kaum jemals Schritt halten konnte. Was die deutsche Öffentlichkeit mit der Debatte um den Begriff der Unterschicht beschäftigt, ist die aus der Studie resultierende Feststellung, dass ein signifikanter Teil der Bevölkerung resigniert habe, sich nicht mehr um Integration bemühe und nicht nur gesellschaftlich, sondern ganz elementar ethisch desorientiert, ja orientierungslos sei. In den Medien wird die »Unterschichtsfamilie« zum Thema; das verwahrloste und misshandelte Kind rückt in den medialen Fokus; die Vorstadt-Plattenbautristesse wird geschildert und die Frage, ob es in Deutschland den französischen Banlieus vergleichbare Ghettos gebe, wird diskutiert. Zahlreiche Fernsehformate wie die »Supernanny« und der »Finanzcheck« entstehen. Ein nicht geringer Anteil der medienöffentlichen Thematisierung ist dabei durch die ideologische und symbolisch gewaltsame Zeichnung eines Bildes der psychologisch depravierten, latent infantilen und moralisch degenerierten »Unterschichtsmenschen« geprägt. Thomas E. Schmidts Rede, dass es nicht um »Kartoffelchips mümmelnde Dickerchen« gehe, lässt deutlich werden, wie sehr solche stigmatisierende Rhetorik dem Interesse der Verharmlosung massiver gesellschaftlicher Problemlagen dient.

Wie aber auch Schmidt herausstellt, nützt es auf der anderen Seite nichts, wenn Politik und Gesellschaft unter Umgehung des von Politikern als problematisch empfundenen Begriffs der Unterschicht die gesamte Problematik von Resignation und Desorientierung nicht in voller Konsequenz zur Kenntnis nehmen – dieses Phänomen will sich eben nicht wegreden lassen. Tatsächlich gibt es Menschen, die nicht zuletzt aufgrund des »seelischen« Leidens an ihrer zermürbenden Lebenslage in ihrer Fähigkeit, ihr Leben selbstbestimmt zu führen, so beeinträchtigt sind, dass sie der solidarischen Unterstützung in zum Teil den alltäglichsten Dingen des Lebens bedürfen. Und auch, wenn das Unvermögen zu einer liebevollen Erziehung der Kinder nicht als eine spezifische Unterschichten-Problematik betrachtet werden kann, so darf nicht übersehen werden, dass das Leiden der Eltern häufig auch zu einem Leiden der Kinder wird. Darüber hinaus führen verschiedene Faktoren wie Bildungsferne und ökonomische Armut zu Benachteiligung und schlechten Startchancen für Kinder aus der Unterschicht. Als problematisch erweist sich in diesem Zusammenhang, dass die resignative Einstellung zwischen den Generationen tradiert wird. Mitarbeiter der Agenturen für Arbeit berichten, sie hätten Klienten aus ein und derselben Familie in der dritten Generation. Auf ihre beruflichen Zukunftserwartungen befragte Hauptschüler antworten mit »Hartz IV«.

Im Folgenden möchte ich nach sozialen Pathologien fragen, die im Zusammenhang mit dieser resignativen Verstetigung von Armutslagen stehen. Aus diesem Interesse erklären sich die drei im Titel aufgegriffenen Begriffe: Mich wird beschäftigen, inwiefern sozial benachteiligte Kinder über das Leiden an Vernachlässigung, Verkümmerung und Erfahrungsarmut so sehr in ihrer Selbstverwirklichung und in der Ausbildung von ethischer Autonomie beeinträchtigt werden, dass die bereits schlechten objektiven Aufstiegschancen (durch ökonomische Ressourcen, durch kulturelles Kapital) durch subjektive Faktoren zusätzlich minimiert werden. Der Erfahrungsbegriff wird auch hier wieder leitend für die Argumentation sein, wenn ich im Weiteren kurz darauf eingehe, inwiefern sozial benachteiligte Kinder häufig unter einem Mangel an gelingenden Erfahrungen von Anerkennung leiden, um im nächsten Schritt im Sinne meiner die anerkennungstheoretische Diagnose ergänzenden Überlegungen von einem Mangel an Erfahrungen mit ästhetischer Qualität zu sprechen. Inwiefern dieser Mangel an positiven Erfahrungen in diesen beiden Hinsichten zu einer intergenerationellen Verstetigung von Armutslagen beitragen kann, soll mit einem kurzen Rekurs auf die Bourdieusschen Begriffe des Habitus' und der Primärerfahrung erhellt werden.

Das Problem der Tradierung der resignativen Einstellung durch die Generationen beziehungsweise der Reproduktion der sozialen Milieus lässt sich soziologisch gut beschreiben. Oben (Abschnitt 3.2) habe ich bereits den Begriff der doxischen Erfahrung von Pierre Bourdieu eingeführt. Dieser ist im Zusammenhang mit dem des Habitus zu verstehen. Mit dem Begriff des Habitus erfasst Bourdieu den in dieser Arbeit immer wieder aufgegriffenen und auch in der Anthropologie und Sozialphilosophie Taylors nachgezeichneten Zusammenhang von Selbst und Welt, Subjektivität und Sprache, Identität und Kultur: Dass der Mensch immer nur über die Welt zu sich kommt, bedeutet, dass seine Erschließung und Deutung von Welt immer schon intersubjektiv durch Sprache und Kultur vermittelt ist: »Der Habitus ist die sozialisierte Subjektivität.« (Bourdieu/Wacquant 1996, S. 159) Bourdieu legt bei der Rekonstruktion dieses Zusammenhangs besonderes Gewicht auf die leibliche Dimension; die soziale Welt schreibt sich gleichsam in die Körper der Individuen ein. Gestik, Mimik, Haltung: Die Körpersprache ist Produkt der Erfahrungen des Individuums. Mit dem Begriff des Habitus zielt Bourdieu auf diesen geistig-leiblichen, zugleich produktiven und reproduktiven Zugang zur Welt. Wie wir die Welt beurteilen, nach welchen Normen und Werten wir leben, welchen Geschmack wir haben, wie wir stehen, sitzen, gehen ist zunächst das Produkt unserer Primärerfahrung, die Bourdieu auch als »Doxa« bezeichnet. Wie ich oben bereits erläutert habe, spricht er den Begriff der Doxa erläuternd auch von »der fraglosen Unterwerfung unter die Alltagswelt« (ebd., S. 104) und kennzeichnet sie als affirmativ und konformistisch. Er geht davon aus, dass wir in unserer Primärerfahrung zunächst gar nicht anders können: Wir unterliegen den jeweiligen Habitus, »den dauerhaften und übertragbaren Systemen der Wahrnehmungs-, Bewertungs- und Handlungsschemata« (ebd., S. 160), unserer jeweiligen sozialen Kontexte. In seinen empirischen Arbeiten erforscht er eben diese Primärerfahrung und zeigt auf, inwiefern der Habitus durch die jeweilige soziale Stellung in der Gesellschaft, also durch Klassenzugehörigkeit bestimmt ist. Ausgehend davon wird deutlich, dass in zahlreichen sozialen Situationen, in denen sich gesellschaftlicher Erfolg oder gesellschaftliches Scheitern entscheidet – wie beispielsweise in den Bildungsinstitutionen generell, in Bewerbungsgesprächen, in geschäftlichen Verhandlungen und um sie herum oder auch in der Heiratswahl –, der Habitus eine zentrale Rolle spielt. So kann es in zahlreichen Situation ein Mangel sein, nicht über vornehme Tischmanieren oder über die Fähigkeit zum informierten und gepflegten »Small-Talk« zu verfügen; und es kann ein Defizit sein, sich nicht über die letzte Operninszenierung oder die neueste Ausstellung des bekannten Künstlers X in liebhaberischer »Fachsimpelei« unterhalten zu können. Sozialer Ausschluss vollzieht sich nicht nur, aber auch über mehr oder weniger bewusste Distinktionen: Nicht nur an ökonomischen Ressourcen und an den Zertifikaten der Bildungsinstitutionen, sondern auch am Habitus bemessen sich Teilhabechancen, weshalb die oberen Schichten der Gesellschaft in der Erziehung ihrer Kinder viel Wert auf deren Ausstattung mit solchem kulturellen Kapital legen.[93]

Als problematisch erweist sich in diesem Zusammenhang nicht nur der Ausschluss von der Teilhabe durch andere Gesellschaftsmitglieder, sondern auch die von Bourdieu gesehene Verfestigung der Chancenlosigkeit durch die Mitglieder unterer Gesellschaftsschichten selbst. So kann festgestellt werden, dass der Habitus von Individuen der unteren Mittelschicht und der Unterschicht durch zahlreiche Selbstbeschränkungen hinsichtlich der Frage, welchen Platz man in der Gesellschaft beanspruchen dürfe – welche berufliche Stellung einem zustehe, welche Kleidung schicklich, welche Art der Freizeitgestaltung, welches Konsumverhalten angemessen sei –, gekennzeichnet ist.[94] Sicherlich muss unterschieden werden zwischen solchen Formen der Selbstbeschränkung einerseits und der mehr oder weniger verfestigten Resignation andererseits. Eine ausgeprägte Resignation würde nämlich schon die Mobilisierung von Energie für das Erstreben eher bescheidener Lebenslagen oder für bescheidenen sozialen Aufstieg zum Problem werden lassen. Gleichwohl scheint mir der Bourdieusche Analyseansatz auch im Falle der Resignation hilfreich zu sein: Die Grenzen zwischen Selbstbeschränkung und Resignation sind am untersten Rand der Gesellschaft vermutlich fließend; darüber hinaus werden natürlich auch in einem von Resignation geprägten sozialen Kontext Wahrnehmungs-, Bewertungs- und Handlungsschemata über die Primärerfahrung tradiert.

---

93 Wie sehr die soziale Stellung an milieuspezifischen Habitus hängt, lässt sich sehr anschaulich und prägnant in dem mit mehreren fotografischen Portraits wohlhabender europäischer Familien exzellent bebilderten *Zeit*-Dossier von Kerstin Kohlenberg und Wolfgang Uchatius nachlesen: »Von oben geht's nach oben. Man zieht in gute Viertel, schickt die Kinder auf Privatschulen, achtet auf Stil und Manieren: Das Bürgertum grenzt sich ab – und erschwert den Menschen aus den unteren Schichten den Aufstieg.« (2007, S. 15–19)

94 Keller und Groh kritisieren Bourdieu diesbezüglich darin, dass hier nicht von selbstbeschränkenden evaluativen Orientierungsmustern, sondern nur von Verhaltensformen die Rede sein könne: »Wie plausibel nun diese Argumentation gerade gegenüber langfristig und stark depravierten Gruppen auch zu sein scheint, sie geht unseres Erachtens in einer Hinsicht doch ziemlich an den Realitäten vorbei. Bestimmte eingeübte *Verhaltensformen* spielen in der Tat bei der Verfestigung von Armutslagen eine gewisse Rolle. Daß dafür jedoch eigene *soziokulturelle Orientierungsmuster* verantwortlich sein sollen, läßt sich nicht halten.« (2001, S. 184) Hier ließe sich darüber nachdenken, ob solche eigenen evaluativen Orientierungsmuster nicht gerade insofern bestehen können, als sie ihre selbstbeschränkende, marginalisierende Wirkung über die ressentimentgeladene Abgrenzung von Orientierungsmustern sozial höherer Schichten entfalten.

Bourdieu sieht, und dies ist von Wichtigkeit, keinen ursächlichen Zusammenhang zwischen Habitus und Armut, so, dass der Habitus die Ursache und Armut die Wirkung wäre. Diese Erklärung der Armut (»Warum trifft einer Kleinbürger-Entscheidungen? Weil er einen Kleinbürger-Habitus hat!«) sei verfehlt, da der Habitus nicht Ursache der Armut sei, sondern sich vielmehr unbewusst und gleichwohl perfekt an die sozialen Verhältnisse anpasse, »die den Verhältnissen, deren Produkt er ist, objektiv gleich oder ähnlich sind« (Bourdieu/Wacquant 1996, S. 163). Anstatt von einem ursächlichen Zusammenhang spricht Bourdieu von einer »Dialektik von subjektiven Erwartungen und objektiven Chancen«, die eine »Anpassung der Erwartungen an die Chancen« mit sich bringe (ebd., S. 164). Wichtig scheint mir dieser Unterschied zwischen der Ursache-Wirkungs-Erklärung und der Analyse einer Dialektik deshalb zu sein, weil mit dieser Unterscheidung die Psychologisierung des Problems der Armut (»Wenn du nur wirklich wolltest, dann …«) keine Deutungsoption darstellt: Die Kritik der Armut sowie auch die Analyse von Armut verstetigenden Faktoren müssen immer auch bei den wissenschaftlich beschreibbaren objektiven Chancen ansetzen.

Im Hinblick auf den in der vorliegenden Arbeit zentralen Begriff der Erfahrung ist nun interessant, dass Bourdieu mit seinem Konzept des Habitus' nicht allein auf den affirmativen Charakter der Primärerfahrung, auf die Reproduktion sozialer Milieus und Klassen sowie auf die Undurchlässigkeit der Gesellschaft abzielt. Der Habitus ist nicht nur passiv und reproduktiv, sondern auch aktiv und produktiv. Er ist schöpferisch. Der Habitus ist Bourdieu zufolge auch »die generative, um nicht zu sagen kreative Kapazität, die im System der Dispositionen als *ars* – als Kunst in ihrem eigentlichen Sinne der praktischen Meisterschaft – und insbesondere als *ars inveniendi* angelegt ist« (ebd., S. 154). Diese Erläuterung rückt, wie Bourdieu selbst herausstellt, den Begriff des Habitus' sowohl in die Nähe des Deweyschen Begriffes des schöpferischen, immer schon von der Leiblichkeit und Sinnlichkeit her gedachten Geistes als auch in die des Deweyschen Begriffs der Gewohnheit (ebd., S. 155). In Kunst als Erfahrung schreibt Dewey (1988, S. 123): »Durch Gewohnheiten, die sich im Umgang mit der Welt heranbilden, bewohnen wir die Welt. Sie wird zum Zuhause, und das Zuhause ist Teil unserer Gesamterfahrung.« Die Gewohnheiten – oder mit Bourdieu: die zur Disposition gewordenen Wahrnehmungs-, Bewertungs- und Handlungsschemata –, die sich in der Erfahrung von Welt bilden, sind identitätsstiftend. Die praktische Identität von

Menschen ist in ihrer jeweiligen Gesamterfahrung enthalten und aus den Gewohnheiten heraus wird immer auch bestimmt, wie sie die Welt und sich selbst über die Welt erfahren. Gemäß Deweys These der Kontinuität von gewöhnlichen Erfahrungen und vollendet ästhetischen Erfahrungen hat jede Erfahrung, so sie denn überhaupt als eine solche bezeichnet werden kann, ästhetische Qualität.

Die in Kapitel 2. ausgeführten Überlegungen zum Zusammenhang von »Selbstverwirklichung«, »ethischer Autonomie« und »Erfahrungen« haben ausgehend vom Deweyschen Begriff der Erfahrung drei als ästhetisch zu bezeichnende Elemente der alltagspraktischen Erfahrung herausgearbeitet. Über diese drei Elemente – das ganzheitliche beziehungsweise holistische, das intrinsische und das erfahrungsöffnende Element – bin ich zu der These gelangt, man könne Selbstverwirklichung als Teilhabe an Welt in den drei Dimensionen der *Bedeutsamkeit*, der *Offenheit für Neues* sowie der *Bereicherung* vorstellen. In diesen anthropologischen Überlegungen habe ich auf ein ästhetisches Element des Deweyschen Erfahrungsbegriffs, das Moment der Imagination (ebd., S. 319ff.), verzichtet, da es mich zu tief in die philosophischen Ästhetik-Debatten geführt hätte. Eine weiterführende Reflexion der Verbindungsmöglichkeiten von Deweys Imaginationsbegriff aus *Kunst als Erfahrung* mit dem Bourdieuschen Begriff des Habitus' hinsichtlich der schöpferisch-innovativen Seite von ästhetischen Erfahrungen könnte ich mir auch für meine sozialphilosophischen Erkenntnisinteressen als fruchtbar vorstellen; eine solche Weiterführung und Vertiefung kann hier nicht mehr geleistet werden. Ich sehe aber durchaus in meinen bisherigen Ausführungen Anknüpfungspunkte hinsichtlich der schöpferisch-innovativen Seite des Habitus. Einen solchen Anknüpfungspunkt bildet die Teilhabedimension der Offenheit für Neues: Alltagspraktische Erfahrungen haben, so sie eben dieses ästhetische Element der Erfahrungsöffnung enthalten, das Potential, für neue und andere Erfahrungen zu öffnen. Sie können unsere Wahrnehmungs- und Bewertungsschemata und möglicherweise auch unsere Handlungsschemata für neue Sichtweisen, Lebensweisen und Lebensformen öffnen. Von einer Teilhabedimension und darüber hinaus von einer Forderung der Teilhabegerechtigkeit kann die Rede sein, weil das Erfahrungssubjekt die Möglichkeit zu solchen förderlichen Erfahrungen und den Zugang zu förderlichen Erfahrungsräumen erhalten muss.

Auch in dieser Weise ließe sich die Bourdieusche Rede von einer Dialektik von subjektiven Erwartungen und objektiven Chancen ausführen.

Gemäß dieser Dialektik ist das Subjekt nicht zur Anpassung an die objektive Welt determiniert. Zwar kann es immer nur ausgehend von seiner Gesamterfahrung eine Sicht auf seine Situation in der Welt entwickeln – kein Mensch kann »aus seiner Haut schlüpfen« –, aber es kann diese Situation »mit anderen Augen sehen« und seine Wahrnehmungs-, Bewertungs- und Handlungsschemata innovieren. Zu einer legitimierten Forderung nach Teilhabe an für die Selbstverwirklichung förderlichen Erfahrungsräumen kann die Analyse dieser Dialektik beitragen, da diese Innovationsfähigkeit des Erfahrungssubjekts in die Dialektik von Erwartungen und Chancen eingebunden bleibt. Bourdieu zufolge ist es eine Frage der Statistik, der entsprechend die Menschen eben doch in der Regel zur Anpassung neigen:

»Der Habitus ist nicht das Schicksal, als das er manchmal hingestellt wurde. Als ein Produkt der Geschichte ist er ein offenes Dispositionssystem, das ständig mit neuen Erfahrungen konfrontiert und damit unentwegt von ihnen beeinflußt wird. Er ist dauerhaft, aber nicht unveränderlich. Dem ist allerdings sofort hinzuzufügen, daß es schon rein statistisch den meisten Menschen bestimmt ist, auf Umstände zu treffen, die in Einklang mit denjenigen Umständen stehen, die ihren Habitus ursprünglich geformt haben, also Erfahrungen zu machen, die dann wieder ihre Dispositionen verstärken.«[95] (Bourdieu/Wacquant 1996, S. 167–168)

In Abschnitt 4.4 habe ich dafür argumentiert, dass der Zugang zu Erfahrungsräumen, die für die Selbstverwirklichung und ethische Autonomie förderlich sind, als eine Forderung der Teilhabegerechtigkeit angesehen werden muss. Im Anschluss an Bourdieus Untersuchungen kann diese Forderung auch in der Weise gedeutet werden, dass Menschen die Teilhabemöglichkeit erhalten sollen, Erfahrungen machen zu können, die ungünstige, Armutsrisiken verstärkende und verstetigende Wahrnehmungs-, Bewertungs, und Handlungsschemata durchbrechen. So sehe ich

---

95 Bourdieu selbst ist, das soll hier nicht verschwiegen werden, relativ skeptisch bezüglich der Innovierbarkeit des Habitus: »In Wahrheit ist das Problem der Genese des sozialisierten biologischen Individuums, also das Problem der sozialen Bedingungen der Entstehung und des Erwerbs der generativen Präferenzstrukturen, aus denen der Habitus als das inkorporierte Soziale besteht, äußerst komplex. Meiner Meinung nach ist dieser Prozeß schon aus logischen Gründen relativ irreversibel: Alle Stimuli und alle konditionierenden Erfahrungen werden in jedem Augenblick über Kategorien wahrgenommen, die bereits von früheren Erfahrungen konstruiert wurden. Daraus ergibt sich ganz unvermeidlich eine Bevorzugung dieser ursprünglichen Erfahrungen und, als Folge davon, eine *relative* Geschlossenheit des für den Habitus konstitutiven Dispositionensystems [...].« (Bourdieu/Wacquant 1996, S. 168)

es als einen Aspekt der Teilhabegerechtigkeit an, dass Menschen, die unter Resignation im Zusammenhang mit Armut leiden, Zutritt zu Erfahrungsräumen haben müssen, in denen sie positive Erfahrungen machen können, die ihnen helfen, aus der resignativen und depressiven Dynamik herauszukommen. Anstatt solches Leiden von einem gesellschaftlichen zu einem individuell-psychologischen Problem umzudefinieren und öffentlichen Druck in Form von Stigmatisierungen auszuüben, anstatt mit moralischen Appellen Integrationsfähigkeit und Autonomiefähigkeit bloß einzufordern, muss es darum gehen, die Integrationschancen objektiv zu verbessern und die Erfüllung der sozialen Gelingensbedingungen von Autonomie umfassender zu realisieren. Dies lässt sich aus Bourdieus Einsicht in die Dialektik von subjektiven Erwartungen und objektiven Chancen lernen.

Der Begriff der Armut wird verschiedentlich definiert. Im Allgemeinen unterscheidet man zwischen absoluter und relativer Armut. Absolut arm ist ein Mensch, wenn er der lebensnotwendigen, bereits seine bloß physische Existenz betreffenden Grundlagen entbehrt. Zur Bestimmung relativer Armut gibt es verschiedene Ansätze, auf die ich hier nicht weiter eingehen kann. Für die relative monetäre Armut hat sich die EU auf die Armutsgrenze von 60 Prozent des Nettoäquivalenzeinkommens geeinigt. Diese Begriffsdefinition der relativen Armut über ein monetäres Kriterium muss durch im weitesten Sinne sozio-kulturelle Kriterien ergänzt werden. Hierzu gehört auch die Teilhabe an Bildung. In Wissenschaft und Politik wird der Bildung für die Integrations- und Aufstiegschancen des Individuums eine eminente Bedeutung zugewiesen. So lässt sich unter Berücksichtigung der erreichten Zertifikate in den Bildungsinstitutionen auch von absoluter und relativer Bildungsarmut sprechen (Allmendinger 1999). Ohne, wie es die Sozialwissenschaften fordern würden, eine exakte Armutsschwelle bestimmen zu können, möchte ich im Zusammenhang der sozialphilosophischen Erörterung von Armut nun ein Armutsphänomen verdeutlichen, das ich als »Erfahrungsarmut« bezeichnen werde. Erfahrungsarmut sehe ich als ein Phänomen, das häufig im Zusammenhang mit Armut gemäß einer der aufgeführten sozialwissenschaftlichen Definitionen und im Zusammenhang von Armutsverstetigung anzutreffen ist. Dem Sozialdiagnostiker gerät im Rückgriff auf diesen Begriff der Erfahrungsarmut ein Leiden an innerer Unfreiheit in den Blick, das in dem Mangel an für die Selbstverwirklichung förderlichen Erfahrungen von Anerkennung begründet liegt, oder in dem Mangel an Erfahrungen mit ästhetischer Qualität. Wie ich im Folgenden wenigstens im Ansatz plausibilisieren möchte, scheint mir die Diagnose berechtigt, dass Kinder aus sozial benachteiligten Verhältnissen häufig unter einem Defizit an Erfahrungen in beiden Hinsichten leiden: sowohl an Erfahrungen gelingender Sozial- und Nahbeziehungen als auch an *erfahrungsöffnenden, intrinsischen, integrativen* Erfahrungen.

In einem von Arbeitslosigkeit und Perspektivlosigkeit geprägten Alltag wird das Leiden der Eltern häufig zu einem Leiden der Kinder. Die Autoren der *1. World Vision Kinderstudie* (World Vision Deutschland e.V. 2007) stellen im Rahmen der Zusammenfassung ihrer Forschungsergebnisse in dem Bereich »Familie als Zentrum: nicht für alle gleich verlässlich« fest:

»Für einen kleineren Teil der Kinder sind allerdings auch Armut und Vernachlässigung ein Thema. Es ist nicht der Mainstream, sondern es sind die Kinder in prekären Verhältnissen, die Anlass zur Sorge haben müssen. Die Befunde lassen klar zutage treten, dass auch in Deutschland Kinder aus so genannten Risikogruppen von fehlender Perspektive und von Ausgrenzung betroffen sind. Armut folgt auf Arbeitslosigkeit und unzureichende Bildung. Ein Migrationshintergrund wirkt dort als zusätzliches Risiko, wo er sich mit fehlender Bildung, Perspektivlosigkeit und erlebter Ausgrenzung paart. Vernachlässigung und Schläge als zwei Seiten der gleichen Medaille finden sich dort, wo Eltern überfordert sind, weil sie keinen Job haben, und wo Hilfsangebote fehlen oder wo diese keinen Weg zu den Familien finden.

9% der Kinder gehören zur untersten Herkunftsschicht. Bei 8% sind entweder beide Elternteile oder aber eines arbeitslos und das andere nicht regelmäßig erwerbstätig. 13% der Kinder leben in Familien, die nach eigenem Bekunden von Armut betroffen sind. Ebenfalls 13% der Kinder verweisen auf nicht hinreichende elterliche Zuwendung, 6% auf regelmäßigen Streit zu Hause, und 14% berichten, zu Hause von den Eltern zumindest manchmal geschlagen zu werden. Je nach Definitionskriterium dürften sich von daher um die 10% der Kinder in einer akuten Risikolage befinden.« (ebd., S. 107–108; siehe für den gesamten Bereich »Familie« die S. 65ff.)

Die Studie konnte feststellen, dass nicht primär die Kinder, deren Eltern erwerbstätig sind, unter einem elterlichen Zuwendungsdefizit leiden, sondern vielmehr die, deren Eltern arbeitslos sind oder nur eine unregelmäßige und geringfügige Beschäftigung haben (ebd., S. 92–95). In Bezug auf die Häufigkeit von Streit im Alltag bringen die Autoren ihre Ergebnisse in die prägnante Formel: »Je höher die Schicht, desto entspannter die häusliche Situation.« (ebd., S. 97, Fußn. 9) Elterliche Gewalt erleben Kinder aus der Unterschicht im Vergleich mit Kindern aus der Mittel- und Oberschicht am häufigsten (ebd., S. 102–106).

Im Rahmen der Honnethschen Anerkennungstheorie lassen sich Defizite in der Erfahrung gelingender Sozialbeziehungen im Nahbereich der Familie als Defizite in der Erfahrung von Liebe beschreiben. In der Liebe sieht Honneth (2003a, S. 174) die basale Anerkennungsform, die über die Ausbildung von individuellem Selbstvertrauen überhaupt erst die Fähigkeiten zur Teilhabe an intersubjektiver wechselseitiger Wertschätzung und zur selbstbestimmten Partizipation am öffentlichen Leben ermöglicht. Die Armut an Erfahrungen gelingender Sozial- und Nahbeziehungen bei Kindern birgt die Gefahr der lebenslangen Verstetigung von solcher Erfahrungsarmut sowohl im privaten Nahbereich als auch in öffentlichen Zusammenhängen: Der eklatante Mangel solcher gelingender Erfahrungen in der Kindheit lässt eine Verkümmerung der Fähigkeit, gelingende und vertrauensvolle Nahbeziehungen zu erfahren, wie auch der Fähigkeit, in neue und fremde soziale Erfahrungsräume einzutreten, befürchten. Dass die Erfahrungswelt und also die erfahrbare Welt für ein Individuum »eng« und »klein« ist sowie bleibt, kann seinen Grund in dem Mangel an Selbstvertrauen und mithin in dem Mangel an innerer Freiheit haben. Wenngleich für die hier vorgelegte Arbeit keine psychologische Expertise behauptet werden kann, liegt vor dem Hintergrund der bisherigen Erläuterungen gleichwohl die Vermutung nahe, dass die Ausbildung von individuellem Selbstvertrauen, von Elan und von Offenheit für die Welt für Kinder und Jugendliche erschwert ist, sofern die übertragbaren Wahrnehmungs-, Bewertungs- und Handlungsschemata der Eltern durch die negativen Erfahrungen des Scheiterns und der Perspektivlosigkeit, durch Resignation und den Mangel an Selbstschätzung geprägt sind. Und mit Blick auf die Dialektik von subjektiven Erwartungen für das eigene Leben und objektiven Chancen werden Kinder und Jugendliche, sofern sich ihre Erfahrungsräume nicht wandeln und sie keinen Zutritt zu anderen, förderlicheren Erfahrungsräumen haben, immer wieder solche Erfahrungen machen, die die vorhandenen Dispositionen der Wahrnehmung, der Bewertung und des Handelns bestätigen und verfestigen.

Ein Armutsrisiko kann für Kinder in prekären Verhältnissen allerdings auch in der zweiten Hinsicht im Sinne eines Defizits an Erfahrungen mit ästhetischer Qualität festgestellt werden. In meiner Deutung von Taylors Begriff der Authentizität als innerer Freiheit mit Hilfe des Deweyschen Erfahrungsbegriffs habe ich erörtert, inwiefern Erfahrungen mit ganzheitlichem, intrinsischem und erfahrungsöffnendem Charakter förderlich für die »Entfaltung«, das »Gedeihen« und »Erblühen« von Individuen sind.

Was Selbstverwirklichung und was innere Freiheit bedeuten können, habe ich im Rekurs auf diesen Erfahrungsbegriff in den drei Dimensionen *Bedeutsamkeit, Offenheit für Neues* und *Bereicherung* zu verstehen versucht.

Erfahrungsarmut kann vor diesem Hintergrund eine Ursache für ein Leiden an innerer Unfreiheit sein: an der Unfreiheit der Selbstentfremdung, an der Unfreiheit, seinen Gefühlen keinen Ausdruck geben zu können, an der Unfreiheit, kein Gespür für die eigenen Entfaltungsmöglichkeiten zu bekommen, keine Wünsche, Ziele und Träume zu entwickeln, und nicht zuletzt auch an der Unfreiheit, keine Neugier und keine Offenheit für die Welt zu entwickeln. Diese Aufreihung von zugespitzten Formen innerer Unfreiheit geben Anlass zur Rede von einer Beschädigung oder gar Verkümmerung der Erfahrungsfähigkeit. Und sofern eine solche Verkümmerung Hand in Hand mit Bildungsdefiziten geht, die nicht allein über das Scheitern in den Bildungsinstitutionen bestimmt werden müssen, kommt zu den genannten inneren Unfreiheiten auch noch die innere Unfreiheit hinzu, die in der relativen Unfähigkeit begründet liegt, die komplexe soziale Realität einer hochentwickelten Gesellschaft, in die Kinder allmählich hineinwachsen, begreifen und sich angstfrei in ihr bewegen zu lernen.

Auf der Folie der von Bourdieu untersuchten Dialektik von subjektiven Erwartungen und objektiven Chancen ist nun, wie gesagt, sicherlich zwischen solchen Armut verstetigenden Risikofaktoren zu unterscheiden, die eher mit den normativen Selbstbeschränkungen der Lebenswelt des Arbeiter- und Kleinbürgermilieus zusammenhängen, und solchen, die über die Phänomene der Resignation und Depression verstehbar werden. Wenngleich am unteren Rand des Arbeitermilieus die Übergänge von den Orientierung stiftenden und Halt gebenden normativen Selbstbeschränkungen zur völligen Resignation und Orientierungslosigkeit vermutlich fließend sein werden, so geht es im ersten Fall eher um das Risiko, dass Kinder mit unterer Herkunftsschicht solche Erfahrungen machen, die hinderlich für sozialen Aufstieg sind – etwa die Erfahrung, dass höhere Bildung nicht »Sache des ehrlichen Arbeiters« sei oder »der Schuster bei seinen Leisten bleiben« solle. Im zweiten Fall geht es dagegen um solche zur Disposition gewordenen Wahrnehmungs-, Bewertungs- und Handlungsschemata, in denen eine Beschädigung oder gar Verkümmerung der Erfahrungsfähigkeit mit ihren Folgen für die Urteilskraft und die Handlungskompetenz zu erkennen ist, sei es eine Beschädigung oder Verkümmerung der Fähigkeit zu (auch) ästhetischen Erfahrungen oder eine der Fähigkeit zu gelingenden Sozialbeziehungen im nahen und weiten Umfeld.

In dem Fall, in dem es mit den milieubedingten normativen Selbstbeschränkungen gewissermaßen um den Inhalt der Erfahrungen geht, ist die Diagnose von Sozialpathologien im Sinne eines Leidens an innerer Unfreiheit gut mit den Mitteln der Anerkennungstheorie möglich. So machen etwa Kinder, Jugendliche und junge Erwachsene aus so genannten bildungsfernen Haushalten in den Bildungsinstitutionen wie Schule und Hochschule häufig die Erfahrung, dass schon ihre Sprache und ihre Ausdrucksweisen auf Unverständnis stoßen und zu Misserfolgen führen. Bildungsinstitutionen leisten so häufig nicht die Kompensation der möglicherweise fehlenden Wertschätzung des Herkunftsmilieus, sondern verstärken vielmehr den Mangel an Selbstschätzung und so das Leiden an innerer Unfreiheit (siehe hierzu Lange-Vester 2005, S. 334–335).

Doch auch mit Rückgriff auf die formale Qualität von Erfahrungen lässt sich in einem gewissen Sinn ein Leiden an innerer Unfreiheit diagnostizieren, das auf die herkunftsbedingten normativen Selbstbeschränkungen zurückzuführen ist: So könnte es durchaus als ein Leiden an innerer Unfreiheit beschrieben werden, wenn einem jungen Menschen nicht nur der Mut und das Selbstvertrauen, sondern auch die Vorstellungskraft und die soziale Phantasie fehlen, seine eng gezogenen Lebenskreise und seine als selbstverständlich wahrgenommene Erfahrungswelt zu verlassen, um etwa milieuuntypische Berufswünsche zu verfolgen. Möglicherweise ließe sich von einem Mangel oder einer Armut an erfahrungsöffnenden Erfahrungen sprechen, von solchen, in denen ich erfahren kann, dass die Welt *für mich* anders sein kann, als sie jetzt ist. Dass solche erfahrungsöffnenden Erfahrungen die schöpferische, innovative Seite des Habitus' gegenüber dessen affirmativer, doxischer Seite stärken können, halte ich für eine durchaus plausible Vermutung.

Allerdings sehe ich es als einen naiven Ästhetizismus an, wenn man meinte, sozial benachteiligte Kinder müssten nur häufig genug ästhetische Erfahrungen machen, dann würden sie alle Barrieren, die der soziale Aufstieg mit sich bringt, mühelos überspringen. In bildungsbürgerlicher Variante würde sich ein solcher naiver Ästhetizismus in der Vorstellung finden, Kinder aus bildungsfernen Schichten müsse man nur häufig genug in Museen und ins Theater führen sowie die richtige Literatur zu lesen geben (wenngleich hierdurch unter Umständen dem von Bourdieu erforschten sozialen Ausschluss über Distinktionen und den Einsatz von kulturellem

Kapital entgegengewirkt würde). Diese soziologisch als bildungsbürgerlich zu bezeichnende Vorstellung der Konkretisierung von förderlichen (ästhetischen beziehungsweise intrinsischen) Erfahrungen folgt nicht aus dem formalen Deweyschen Erfahrungsbegriff. Gleichwohl steckt ein wahrer Kern in dieser Vorstellung, da etwa die Lektüre guter Literatur natürlich ein hohes Potential für *bedeutsame*, für neue Erfahrungen *eröffnende, bereichernde* Erfahrungen enthält. Darüber hinaus ist bekannt, dass solche Tätigkeiten wie Lesen und Musizieren förderlich für die Entwicklung der kognitiven Fähigkeiten von Kindern sind und so mittelbar auch den schulischen Erfolg befördern können. Die Förderung der Erfahrungsfähigkeit und der inneren Freiheit von Kindern über (auch) intrinsische Erfahrungen ist aber nicht prinzipiell an einen bildungsbürgerlichen Kanon gebunden.

Dass Kinder aus sozial unterprivilegierten und prekären Verhältnissen häufig mit einem Mangel an Erfahrungen, die ihre Erfahrungsfähigkeit fördern, leben müssen, zeigt auch die *World Vision Kinderstudie*. So konnten die Autoren der Kinderstudie feststellen, dass Kinder aus der Unterschicht weniger häufig in Vereinen und Gruppen aktiv sind (47 Prozent im Vergleich zu 89 Prozent aus der Oberschicht). Ähnliches gilt auch für das Lesen von Büchern und Zeitschriften außerhalb von Schule und Hausaufgaben: »Während nur ein gutes Viertel der Kinder aus der Unterschicht (28%) angibt, regelmäßig pro Woche zu lesen, gehört es für fast drei Viertel der Kinder aus der Oberschicht zum Alltag dazu (74%). Im Gegenzug dazu gibt mit 46% fast jedes zweite Kind aus der Unterschicht an, seltener oder nie zu lesen.« Ein vergleichbares Bild zeigt sich auch im kulturell-musischen Bereich. So ist jedes zweite Kind aus der Oberschicht in diesem Bereich aktiv, aus der Unterschicht nur jedes achte Kind; jedes fünfte Kind aus der Oberschicht ist sogar in mehreren kulturell-musischen Bereichen aktiv, wohingegen »eine Mehrfachgebundenheit bei Kindern aus der Unterschicht faktisch nicht anzutreffen« ist. Kinder aus der Unterschicht schauen vergleichsweise mehr Fernsehen und dabei im Schnitt weniger für Kinder produzierte Wissenssendungen als die Kinder aller anderen Schichten. Dagegen sehen sie am häufigsten Shows, Serien und Actionfilme für Erwachsene (siehe für die Zahlen und Zitate World Vision Deutschland e.V. 2007, S. 165–200). Zusammenfassend stellen die Autoren die Situation der Kinder folgendermaßen dar:

»Die soziale Herkunftsschicht zieht sich wie ein roter Faden durch den Freizeitbereich und hilft zu verstehen, welche Kinder eher nicht schwimmen können, häufiger lange TV schauen und weniger oft kulturellen oder musischen Aktivitäten nachgehen. Die bereits 2001 konstatierte ›Kulturalisierung sozialer Ungleichheit im Kindesalter‹ [...] wird so besonders deutlich. Durch die Verknüpfung mit den Lebenswelten Familie und Schule werden die langfristigen Folgen in der weiteren Biografie, vor allem hinsichtlich der schulischen Chancen, sichtbar. [...] Es deutet sich an, dass durch unterschiedliche Freizeitwelten in der Kindheit langfristig auch unterschiedliche Verläufe in den Bildungskarrieren erklärbar werden.« (ebd., S. 200)

Solche Tätigkeiten und Erfahrungsmöglichkeiten, deren Mangel hier für Kinder aus sozial prekären Verhältnissen beschrieben wird, lassen sich in den Bereich der *integrativen, intrinsischen* und *erfahrungsöffnenden* Erfahrungen einordnen. Der Schutz und die Förderung von Kindern in einer der hier umrissenen Risikolagen erfordert sicherlich verschiedene Maßnahmen, so auch solche, die Familien innerhalb ihrer privaten Sphäre unterstützen. An Staat und Gesellschaft stellt sich aber auch die Frage nach der Gestaltung und für alle Kinder zu gewährleistenden Öffnung von förderlichen Erfahrungsräumen, solchen öffentlichen Räumen, in denen Kinder sowohl Erfahrungen gelingender Sozialbeziehungen und Anerkennung machen können als auch Erfahrungen im Deweyschen Sinne, also *integrative, intrinsische, erfahrungsöffnende* Erfahrungen. Gemeint sind mit solchen Räumen die klassischen Bildungsinstitutionen, Kindergärten und Horte, öffentlich getragene, sozialpädagogische Stadtteilmaßnahmen und auch solche zivilgesellschaftlichen Einrichtungen wie beispielsweise die »Arche« in Berlin-Hellersdorf. Gemäß der Dialektik von subjektiven Erwartungen und objektiven Chancen werden sich die Probleme der Armut und der intergenerationellen Verstetigung der Armut dauerhaft nur lösen lassen, wenn die Teilhabechancen von Menschen am unteren Rand der Gesellschaft objektiv verbessert werden.

4.7 (Selbst-)Ausbeutung der Erfahrungsfähigkeit

In den beiden letzten Abschnitten ging es um die von Armut Betroffenen oder Bedrohten, um die, die in der allgemeinen Öffentlichkeit auch häufig als die Verlierer der »Wende« oder der politischen, insbesondere sozial- und arbeitsmarktpolitischen Reformen der letzten Jahre bezeichnet werden. Sozialpathologien konnten im Zusammenhang mit den Phänomenen »Depression« und »Resignation« angesichts von Perspektivlosigkeit und alltäglicher Zermürbung sowie mit »Vernachlässigung« und »Verkümmerung« diagnostiziert werden.

Weitet man den Blick, so treten Pathologien derer in das Gesichtsfeld, die in der beschleunigten, mobilisierten und flexibilisierten Gesellschaft (noch) mithalten, sich gut in ihr behaupten oder gar zu ihren Gewinnern zählen. Nach den Jahren der Frühverrentung und der Reduzierung der Arbeitswochenstundenzahl wird jetzt einen gegenläufigen Trend hin zur Mehrarbeit festgestellt. In dieser Entwicklung lässt sich nicht nur quantitativ von einer Erhöhung des Arbeitsvolumens, sondern auch qualitativ von einer Verdichtung der Arbeit und mithin von einer für das Individuum spürbaren Erhöhung des Produktivitäts- und Leistungsdrucks sprechen.

Dem Betrachter gerät angesichts dieser Entwicklung überindividuell erkennbares Leiden in den Blick: Leiden unter der zunehmenden Stressbelastung und an verschiedenen Formen von Erschöpfung. Die Rede von der »Volkskrankheit Depression« und der inflationäre Gebrauch des Begriffs »Burnout-Syndrom« in der Alltagskommunikation sind Indizien für die Annahme, inmitten der Arbeitsgesellschaft werde sowohl ein Leiden unter der gesellschaftlichen Organisation von Arbeit als auch unter unserem normativen Verständnis von Arbeit und Leistung manifest. In der Gesamtsicht mag der Eindruck entstehen, die einen leiden, weil sie keine Chance erhalten, Leistung zu bringen, und die anderen, weil ihnen immer mehr Leistung abverlangt wird.

Die Arbeitssoziologie hat die Entwicklungen der Organisation von Arbeit gut erforscht, wobei für den hier zu beleuchtenden Problemkontext besonders der Wandel des normativen Leitbilds des leistungsstarken Arbeiters beziehungsweise Arbeitnehmers interessant ist. Die Rationalisierung und Verwissenschaftlichung des Produktionsprozesses im Taylorismus und Fordismus entwarfen das Idealbild eines Arbeiters, der angesichts der unendlichen Wiederholung immergleicher Tätigkeiten an Fließbändern diszipliniert, gehorsam und kontrollierbar war, der selbst, wie von Charly Chaplin in *Modern Times* filmisch dargestellt, zum Teil der Produktionsmaschine wird. Das Leitbild der Gegenwart fordert für die Unternehmen im Produktions- und Dienstleistungsbereich, die auf Teamarbeit und flache Hierarchien setzen, Initiative, Flexibilität, Kreativität, Problemlösungskapazität und Kommunikationsfähigkeit. Das neue Leitbild eines leistungsstarken Arbeitnehmers ist das eines Unternehmers: Der Unternehmer ist nicht nur jemand, der mitdenkt, er ist idealerweise dem

Markt oder den zu bewältigenden Problemen immer schon einen Schritt voraus. Er betrachtet es nicht bloß als willkommene Herausforderung, in kurzen Abständen neue Tätigkeiten aufnehmen, neue Wissensbestände aufbauen und mit beidem selbstverständlich den Ort wechseln zu müssen, sondern thematisiert diese Flexibilität und Mobilität als Ausdruck seiner autonomen Lebensführung. Er ist risikobereit, ausgesprochen freiheitsorientiert und schätzt den Wert der Selbstverantwortung. Dieses neue Leitbild begreift den Arbeitnehmer als Arbeitskraftunternehmer. Ulrich Bröckling zitiert in der Einleitung seiner Monographie *Das unternehmerische Selbst* (2007) aus dem Abschlussbericht der »Kommission für Zukunftsfragen Bayern – Sachsen« von 1997: »Das Leitbild der Zukunft ist das Individuum als Unternehmer seiner Arbeitskraft und Daseinsvorsorge«. »Diese Einsicht muß geweckt, Eigeninitiative und Selbstverantwortung, also das Unternehmerische in der Gesellschaft, müssen stärker entfaltet werden.« (*Erwerbstätigkeit und Arbeitslosigkeit in Deutschland. Entwicklung, Ursachen und Maßnahmen, Teil III: Maßnahmen zur Verbesserung der Beschäftigungslage*, zitiert nach Bröckling 2007, S. 7–8)

Die Anziehungskraft und Attraktivität dieses Leitbildes, das nicht bloß für die gesellschaftliche Sphäre der Ökonomie und mithin der Erwerbsarbeit gelten soll, sondern zu dem umfassenderen Ideal des unternehmerischen Individuums, also Menschen, erklärt wird, zehrt von normativen Voraussetzungen, die die Idee des »homo oeconomicus« allein aus sich heraus nicht bereitstellen kann. Attraktiv ist der soziale Typus des Unternehmers, weil sich in ihm das Selbstbestimmungs- und das Selbstverwirklichungsideal in gesteigerter Form materialisiert. Mitte der 70er Jahre hatte Charles Taylor (siehe [3]1997b, S. 710) die romantischen, expressivistischen Ideale der Selbstverwirklichung, der individualisierten Autonomie und der Selbsterfüllung noch als bestimmend für das private Leben angesehen. Die öffentlichen Bürokratien, die politischen Einrichtungen und die wirtschaftlichen Institutionen seien dagegen instrumentalistisch und utilitaristisch auf Effektivität ausgerichtet. Eine solche Zuordnung der normativen Quellen überzeugt heute nicht mehr. Das romantische, ästhetische Ideal des sich ständig neu erfindenden Originalgenies hat das normative Leitbild des (Arbeitskraft-)Unternehmers durchdrungen. Die romantische Instrumentalisierungskritik wird dabei freilich über Bord geworfen: Kreativität und intrinsische Motivation gelten als unabdingbare Mittel zum Zweck des Erfolgs am Markt.

Bröckling spricht in diesem Zusammenhang von einem »kreative[n] Imperativ«, den er mit Rekurs auf eine von Robert J. Sternberg und Todd L. Lubart vorgelegte »Investmenttheorie der Kreativität« verdeutlicht (Bröckling 2007, S. 170 u. 168; siehe zu Bröcklings Darstellung und Diskussion dieser Investmenttheorie S. 168–171). In dieser gehe es um »schöpferische Leistungen« (ebd., S. 168) und deren Parallelisierung mit wirtschaftlichem Erfolg. Um billig kaufen und teuer verkaufen zu können, müssten Investoren das Risiko eingehen, unorthodoxe, wagemutige Investitionen zu tätigen. Wie in der Wissenschaft oder der Kunst würde schließlich auch auf dem Markt erst im Nachhinein durch die Wertschätzung von anderen darüber entschieden, welchen Wert die zunächst für abwegig gehaltene wissenschaftliche Innovation, künstlerische Idee oder Anlage habe: »Kreativ ist das Neue, das sich durchsetzt.« (ebd., S. 169) Um Einfluss auf sein Investitionsglück nehmen zu können, seien bestimmte Ressourcen des »Kreativunternehmers« (ebd., S. 171) gefragt. Bröckling fasst die Eigenschaften zusammen, die der Unternehmer benötige:

»Im Einzelnen nennen Sternberg und Lubart erstens die Fähigkeit, konventionelle Denkschranken zu überwinden und Probleme in neuer Weise zu sehen, ein Gespür dafür, welche Ideen sich weiter zu verfolgen lohnt und welche nicht, und das Talent, andere für aussichtsreiche Ideen zu gewinnen. Kreative müssen zweitens mit dem Feld vertraut sein, in dem sie ihre Investitionen tätigen. Förderlich ist drittens ein spezifischer Modus der geistigen Selbstführung, den die beiden als ›legislativen Denkstil‹ bezeichnen. Viertens führen sie persönliche Eigenschaften wie Ambiguitätstoleranz, Selbstvertrauen, Risikobereitschaft und Durchsetzungsvermögen an, gefolgt von fünftens der […] intrinsischen, aufgabenzentrierten Motivation und schließlich sechstens einem Umfeld, das für kreative Ideen empfänglich ist und sie belohnt.« (ebd., S. 171)

Der kreative Imperativ, dem das unternehmerische Selbst gehorche, laute: Sei anders! Er verspreche Erfolg im ganzen Leben. Bröckling zitiert Sternberg und Lubart aus der 1995 erschienenen Publikation *Defying the Crowd. Cultivating Creativity in a Culture of Conformity*: »Billig zu kaufen und teuer zu verkaufen ist eine Art zu leben – eine Haltung dem Leben gegenüber. Einige Menschen entscheiden sich, kreativ zu leben, andere nicht.« (*Defying the Crowd*, zitiert nach Bröckling 2007, S. 170)

Natürlich ist das Gros der Arbeitnehmer nicht in der Situation, dass ihre beruflichen Anforderungen vorausschauende, kreative Investitionen und Geldanlagen umfassen. Gleichwohl lässt sich soziologisch und zeitdiagnostisch von einem Wandel des normativen Klimas sprechen, der auch die Arbeiter und Angestellten in den unteren und mittleren Ebenen der

Unternehmen betrifft. Die Existenz des Ausdrucks »Unternehmer seiner Arbeitskraft und Daseinsvorsorge« ist hierfür ein Indiz. So wurde in der Forschungsliteratur beispielsweise ein Wandel in der Auswahl von Bewerbern herausgestellt, dem zufolge diese in Bewerbungs- und Auswahlgesprächen oder in Assessment-Centern ihren Selbstverwirklichungswillen unter Beweis stellen müssten. Arbeit sei, Honneth zufolge, »zunehmend als eine ›Berufung‹ thematisierbar zu machen«: die »Motivation« der Abeitnehmer »muss intrinsisch allein auf das beanspruchte Tätigkeitsprofil zugeschnitten sein, sie müssen unterschwellig die Bereitschaft besitzen, jeden Arbeitsplatzwechsel als Ausfluss einer eigenen Entscheidung zu präsentieren« (2002, S. 153).

In der vorliegenden Arbeit habe ich es mir zum Ziel gesetzt, einen Beitrag zur Diagnose sozialer Pathologien zu machen, also zur Diagnose überindividuell feststellbaren und gleichwohl individuellen, persönlichen Leidens an gesellschaftlichen Fehlentwicklungen. Mit der Intention, insbesondere den Honnethschen Diagnoseansatz zu ergänzen, habe ich hierfür wesentlich auf zwei Ideen rekurriert: auf die Idee der Selbstverwirklichung im Sinne eines »Wachsens in die Welt«, die ich für eine schwach normative und hypothetische Teleologie der Selbstverwirklichung aufgegriffen habe, und auf die Idee der Authentizität, die ich in die beiden, freilich miteinander verbundenen begrifflichen Stränge eines Essentialismuskonzepts (Authentizität als Selbstübereinstimmung) und eines Kreativitätskonzepts (Authentizität als Selbsterweiterung) differenziert habe. »Selbstverwirklichung« und »Authentizität« können als Freiheitskonzepte thematisiert werden, was ich mit Taylors Verständnis der Authentizität als innerer Freiheit reflektiert habe. Dieser letzte Abschnitt meiner Arbeit soll nun die Kehrseite dieser Freiheitskonzepte wenigstens im Ansatz zur Sprache bringen.

Das Freiheitsversprechen der Ideen der Selbstverwirklichung und Authentizität kann in Zwang umschlagen und zu einer subtilen, weil selbstgesteuerten Ausbeutung des Selbst führen. Dieses Freiheitsideal – sich zu verwirklichen, sich in seinen Möglichkeiten, neue und andere Erfahrungen zu machen, zu erweitern, seine eigene Erfahrungsfähigkeit zu individualisieren oder zu verfeinern –, das auch als ästhetisches Ideal bezeichnet werden kann, kann zum internalisierten Zwang werden, wenn es zu einem »Muss«, zu einer für die Selbstlegitimierung erforderlichen Pflicht wird. Dies zeigt die soziologische Analyse der normativen Leitbilder der Arbeitswelt, wobei dieses Phänomen der (Selbst-)Ausbeutung der eigenen

Erfahrungsfähigkeit sicherlich auf weite Bereiche des gesellschaftlichen Lebens ausgedehnt werden kann. Man denke etwa nur an die landläufigen Begriffe des »Freizeitstresses« oder der »Eventkultur«.

Das Leiden, das in dieser selbstgesteuerten Ausbeutung erkennbar wird, hat Alain Ehrenberg in einer umfassenden Studie über *Das erschöpfte Selbst* (2004) reflektiert: Litten die Menschen zu Ende des 19. und noch in weiten Teilen des 20. Jahrhunderts an den repressiven gesellschaftlichen Normen und Regeln, denen kaum zu genügen war, so leiden die hochgradig individualisierten Subjekte der Gegenwart an dem Ungenügen gegenüber den selbst gestellten Ansprüchen, sich neu und anders, sich *selbst* erfinden zu müssen. Die Krankheit dieses Leidens ist nicht mehr die von Sigmund Freud diagnostizierte Neurose, sondern die Depression. Ehrenbergs plausible These ist, dass die Depression »eine *Krankheit der Verantwortlichkeit*« sei, deren Krankheitsbild von einem »Gefühl der Minderwertigkeit« bestimmt werde: »Der Depressive ist nicht voll auf der Höhe, er ist erschöpft von der Anstrengung, er selbst werden zu müssen.« (ebd., S. 4)

Ein Moment der Paradoxie der organisierten Selbstverwirklichung ist – wie ich angelehnt an Honneths Artikel über die »Organisierte Selbstverwirklichung. Paradoxien der Individualisierung« (2002) formulieren möchte –, dass das Leiden unter der (Selbst-)Ausbeutung der Erfahrungsfähigkeit wiederum mit Rekurs auf den Begriff der Erfahrung und mithin auf den schwach teleologischen Gedanken der Selbstverwirklichung über Erfahrungen philosophisch diagnostizierbar wird.

»Die These, die ich [Honneth] vertreten möchte, lautet: dass die Ansprüche auf individuelle Selbstverwirklichung, die durch das historisch einmalige Zusammentreffen von ganz unterschiedlichen Individualisierungsprozessen in den westlichen Gesellschaften vor dreißig, vierzig Jahren rapide angewachsen sind, inzwischen so stark zu einem institutionalisierten Erwartungsmuster der sozialen Reproduktion geworden sind, dass sie ihre innere Zweckbestimmung verloren haben und vielmehr zur Legitimationsgrundlage des Systems geworden sind. Das Resultat dieses paradoxalen Umschlags, in dem jene Prozesse, die einmal eine Steigerung qualitativer Freiheit versprachen, nunmehr zur Ideologie der Deinstitutionalisierung geworden sind, ist die Entstehung einer Vielzahl von individuellen Symptomen innerer Leere, Sich-Überflüssig-Fühlens und Bestimmungslosigkeit.« (ebd., S. 146)

Innere Leere, Bestimmungslosigkeit, Sich-Überflüssig-Fühlen: dies scheinen Formen von Selbstentfremdung zu sein, die paradoxerweise mit Blick auf die gesellschaftlichen Entwicklungen unter den Ideen der Selbstverwirklichung und der Authentizität begreifbar werden. Aber auch diese

Selbstentfremdungsformen werden über den Begriff der Erfahrung – im Anschluss an Rahel Jaeggi: über die mangelnde Präsenz in der eigenen Erfahrung – verstehbar. Das moderne Freiheitsversprechen der »Selbstverwirklichung« und der »Authentizität« behält auch in diesen Fällen seine Bedeutung und Relevanz für die philosophische Sozialdiagnose und Gesellschaftskritik. Allerdings wird deutlich, dass dieses Freiheitsversprechen nur eine Facette der Freiheit des Individuums beziehungsweise des Gesellschafts- und Arbeitsbürgers ausmachen kann und durch weitere Kritikbegriffe wie insbesondere »Gerechtigkeit« und »politische Freiheit« ergänzt werden muss. Daher teile ich die Intention der Autoren der französischen Studie *Der neue Geist des Kapitalismus*, den im weiten Sinne ästhetischen, von diesen Autoren als »Künstlerkritik« bezeichneten Kritikansatz mit seinen Kritikbegriffen »Autonomie«, »Kreativität«, »Authentizität« und »Emanzipation« mit der am Gerechtigkeitsbegriff orientierten »Sozialkritik« zu verknüpfen (Boltanski/Chiapello 2006, S. 375–376). Boltanski und Chiapello können anhand einer Analyse von Managementliteratur zeigen, inwiefern diese Begriffe, über die sich die Künstlerkritik mit der kapitalistischen Gesellschaft auseinandersetzt, vom neoliberalen Kapitalismus erfolgreich zur Selbstlegitimation aufgegriffen werden. Gleichwohl sehen die Autoren die Relevanz dieser Begriffe nicht als überkommen an, sofern sie mit den kritischen Fragen nach sozialer Gerechtigkeit zusammengedacht werden (siehe ebd., insbesondere S. 373–376 und S. 506–513). Mein philosophisches Unternehmen, nach intersubjektiven, sozialen und von Öffentlichkeiten zu erfüllenden Bedingungen von Selbstverwirklichung und Authentizität zu fragen und diese Gelingensbedingungen als Probleme der Teilhabegerechtigkeit zu thematisieren, teilt diese Sichtweise.

5. Schluss

»Authentisch leben, innerlich frei sein: Sind das nicht völlig übertriebene Ansprüche ans Leben? Wer kann denn schon so leben, wie er wirklich will? Und wer ist schon innerlich frei?«

Authentisch zu leben ist ein Ideal, das, wie Taylor herausgestellt hat, historisch in zugespitzter Form durch die romantische Idee des Originalgenies und die in dieser enthaltenen Vorstellungen eines expressiven, nicht-instrumentalisierten Welt- und Selbstverhältnisses artikuliert wurde. Ein Ideal ist es insofern, als es vermutlich niemals vollständig und bruchlos gelingen kann, authentisch zu leben. Dies würde das Individuum überfordern und ein solches Bestreben mag leicht zur »fixen« und damit der Authentizität geradezu zuwiderlaufenden »Idee« werden: sei es, dass Menschen meinen, sich immer und immer wieder neu erfinden zu müssen, sei es, dass sie zwanghaft nach ihrem wahrhaftigen Selbst suchen. Authentisch zu leben ist meines Erachtens aber kein »weltfremdes«, kein bloßes Ideal. Welche Bedeutung es im alltäglichen Leben hat, mag besonders dann deutlich werden, wenn Authentizität misslingt, wenn »etwas fehlt«.

Wenn Menschen das Gefühl haben, ihr Alltagsleben »hat nichts« oder »kaum mehr etwas mit ihnen zu tun«, dann fehlen ihnen bedeutsame Erfahrungen. Wenn der Alltag abstumpfen oder resignieren lässt, dann fehlen erfahrungsöffnende Erfahrungen – solche, die neugierig machen und bewirken, dass Menschen »ihre Energie mobilisieren«. Und wenn Menschen so verletzt werden, dass sie sich äußerlich und innerlich zurückziehen, sich isolieren, dann fehlen bereichernde Erfahrungen, aus denen neue Fähigkeiten und Sichtweisen, neue Ziele, Ideen und Träume erwachsen. Fehlt es an diesen Erfahrungen, dann sind Menschen in ihrer Selbstverwirklichung oder Selbstentfaltung und mithin in ihrer ethischen Autonomie und Authentizität beeinträchtigt. Ich habe diesbezüglich für eine schwache Teleologie der Selbstverwirklichung argumentiert.

Entfremdung vom sozialen Umfeld, in dem man lebt, Selbstentfremdung oder das Gefühl, die »eigene Welt« ziehe sich immer enger um einen zusammen, wird von Menschen als leidvoll empfunden – wenn sicherlich auch nicht von jedem und auch nicht in gleicher Intensität. Solche Leidensphänomene lassen sich, wiederum im Anschluss an Taylor, zutreffend als Leiden an innerer Unfreiheit beschreiben.

Mich haben in dieser Arbeit besonders die intersubjektiven und sozialen Bedingungen von Authentizität und Selbstverwirklichung interessiert. Ich habe mir die Frage gestellt, ob und inwiefern einige Formen solchen Leidens an innerer Unfreiheit als gesellschaftlich bedingt verstehbar und so als »soziale Pathologien« diagnostizierbar werden. Der Schritt von der Sozialdiagnose zur Kritik gesellschaftlicher Entwicklungen, die Sozialpathologien verursachen, ging über die These, dass ethische Autonomie, Authentizität und Selbstverwirklichung öffentliche Räume voraussetzen, die bedeutsame, bereichernde und öffnende Erfahrungen ermöglichen. Ich habe argumentiert, dass über die in Habermas' und Honneths jeweiligen Diagnoseansätzen herausgestellten Gelingensbedingungen individualisierter Autonomie hinaus, also über »herrschaftsfreie Verständigung« und »Anerkennung« hinaus, solche Erfahrungen erforderlich sind. Diese können im Anschluss an Dewey durch eine ästhetische Qualität ausgezeichnet werden.

Der Begriff »Öffentlichkeit« wird wesentlich durch die Bedeutungskomponente »Inklusivität« definiert. Dem kritischen Blick auf Gesellschaften westlich-kapitalistischen Typs wird gewahr, dass nicht alle Gesellschaftsmitglieder in hinreichendem Maße Zugang zu Erfahrungsräumen haben, die für die Authentizität und Selbstverwirklichung förderlich sind. Es gibt gesellschaftlich bedingte Leidensphänomene, die nicht allein über die Erfahrung von Missachtung, sondern auch über die Beschädigung der Erfahrungsfähigkeit des Subjekts und den Mangel an Erfahrungen mit ästhetischer Qualität verstehbar werden. Um diesen Aspekt möchte ich die Sozialdiagnose Honneths ergänzen.

Eine Gesellschaft, die Authentizität und Selbstverwirklichung im hier entwickelten Sinne ermöglicht oder zumindest nicht beschädigt, ist ein Ideal, das niemals vollständig realisiert werden wird. Gleichwohl kann und soll im Namen von ethischer Autonomie, Authentizität und Selbstverwirklichung kritisiert werden, wenn einigen Mitgliedern der Gesellschaft die Gerechtigkeit zur Teilhabe an förderlichen Erfahrungsräumen vorenthalten wird.

6. Literatur

Allmendinger, Jutta (1999), »Bildungsarmut: Zur Verschränkung von Bildungs- und Sozialpolitik«, in: *Soziale Welt*, Jg. 50, S. 35–50.

Anderson, Joel (1994), »Starke Wertungen, Wünsche zweiter Ordnung und inter-subjektive Kritik: Überlegungen zum Begriff ethischer Autonomie«, in: *Deutsche Zeitschrift für Philosophie*, Jg. 42, S. 97–119.

– /Axel Honneth (2005a), »Autonomy, Vulnerability, Recognition, and Justice«, in: John Christman/Joel Anderson (Hg.), *Autonomy and the Challenges to Liberalism. New Essays*, Cambridge, S. 127–149.

– /John Christman (2005b), »Introduction«, in: John Christman/Joel Anderson (Hg.), *Autonomy and the Challenges to Liberalism. New Essays*, Cambridge, S. 1–23.

Benner, Dietrich/Friedhelm Brüggen (1996), »Das Konzept der Perfectibilité bei Jean Jacques Rousseau. Ein Versuch, Rousseaus Programm theoretischer und praktischer Urteilsbildung problemgeschichtlich und systematisch zu lesen«, in: Otto Hansmann (Hg.), *Der pädagogische Rousseau. Bd. 2: Kommentare, Interpretationen, Wirkungsgeschichte*, Weinheim, S. 12-48.

Benson, Paul (2005), »Taking Ownership: Authority and Voice in Autonomous Agency«, in: John Christman/Joel Anderson (Hg.), *Autonomy and the Challenges to Liberalism. New Essays*, Cambridge, S. 101–126.

Berlin, Isaiah (2006), »Zwei Freiheitsbegriffe«, in: ders., *Freiheit. Vier Versuche*, Frankfurt/M., S. 197–256 (engl. Originalausg. »Two Concepts of Liberty«, in: *Four Essays on Liberty*, Oxford 1969).

Betzler, Monika (2001), »Bedingungen personaler Autonomie«, in: dies./Barbara Guckes (Hg.), *Harry G. Frankfurt. Freiheit und Selbstbestimmung. Ausgewählte Texte*, Berlin, S. 17–49.

Boltanski, Luc/Eve Chiapello (2006), *Der neue Geist des Kapitalismus*, Konstanz (frz. Originalausg. *Le nouvel Esprit du Capitalisme*, Paris 1999).

Bourdieu, Pierre/Loïc J. D. Wacquant (1996), *Reflexive Anthropologie*, Frankfurt/M. (frz. Originalausg. *Réponses pour une anthropologie réflexive*, Paris 1992).

Bratman, Michael E. (2006), »A Thoughtful and Reasonable Stability. A Comment on Harry Frankfurt's 2004 Tanner Lectures«, in: Harry Frankfurt, *Taking Ourselves Seriously & Getting It Right*, hg. von Debra Satz, mit Kommentaren von Christine M. Korsgaard, Michael E. Bratman und Meir Dan-Cohen, Stanford, S. 77–90.

Bröckling, Ulrich (2007), *Das unternehmerische Selbst. Soziologie einer Subjektivierungsform*, Frankfurt/M.

Christman, John, 1987, »Autonomy: A Defense of the Split-Level Self«, in: *The Southern Journal of Philosophy*, Vol. 25, S. 281–293.

– (1991), »Autonomy and Personal History«, in: *Canadian Journal of Philosophy*, Vol. 21, S. 1–24.

– (1993), »Defending Historical Autonomy: A Reply to Professor Mele«, in: *Canadian Journal of* Philosophy, Vol. 23, S. 281–290.

– (2005a), »Autonomy, Self-Knowledge, and Liberal Legitimacy«, in: ders./Joel Anderson (Hg.), *Autonomy and the Challenges to Liberalism. New Essays*, Cambridge, S. 330–357.

– /Joel Anderson (2005b), »Introduction«, in: John Christman/Joel Anderson (Hg.), *Autonomy and the Challenges to Liberalism. New Essays*, Cambridge, S. 1–23.

Demmerling, Christoph/Hilge Landweer (2007), *Philosophie der Gefühle. Von Achtung bis Zorn*, Stuttgart/Weimar.

Dewey, John (1988), *Kunst als Erfahrung*, Frankfurt/M. (engl. Originalausg. *Art as Experience*, New York 1958).

– (1996), *Die Öffentlichkeit und ihre Probleme*, hg. und mit einem Nachwort versehen von Hans-Peter Krüger, Bodenheim (engl. Originalausg. *The Public and Its Problems*, o.O. 1927).

Dworkin, Gerald (1989), »The Concept of Autonomy«, in: John Christman (Hg.), *The Inner Citadel. Essays on Individual Autonomy*, New York/Oxford, S. 54–62.

Ehrenberg, Alain (2004), *Das erschöpfte Selbst. Depression und Gesellschaft in der Gegenwart*, Frankfurt/M. (frz. Originalausg. *La Fatigue d'être soi*, o.O. 1998).

Forst, Rainer (2001), »Ethik und Moral«, in: Lutz Wingert/Klaus Günther (Hg.), *Die Öffentlichkeit der Vernunft und die Vernunft der Öffentlichkeit. Festschrift für Jürgen Habermas*, Frankfurt/M., S. 344–471.

– (2005), »Political Liberty: Integrating Five Conceptions of Autonomy«, in: John Christman/Joel Anderson (Hg.), *Autonomy and the Challenges to Liberalism. New Essays*, Cambridge, S. 226–242.

Frankfurt, Harry G. (1999), »The Faintest Passion«, in: ders., *Necessity, Volition, and Love*, Cambridge, S. 95–107.

– (2001a), »Autonomie, Nötigung und Liebe«, in: Monika Betzler/Barbara Guckes (Hg.), *Harry G. Frankfurt. Freiheit und Selbstbestimmung. Ausgewählte Texte*, Berlin, S. 166–183 (engl. Originalausg. »Autonomy, Necessity, and Love«, in: *Vernunftbegriffe in der Moderne. Stuttgarter Hegel-Kongreß 1993*, Stuttgart 1993).

– (2001b), »Die Notwendigkeit von Idealen«, in: Monika Betzler/Barbara Guckes (Hg.), *Harry G. Frankfurt. Freiheit und Selbstbestimmung. Ausgewählte Texte*, Berlin, S. 156–165 (engl. Originalausg. »On the Necessity of Ideals«, in: *The Moral Self*, hg. von G.C. Noam/T. Wren, Cambridges/Mass. 1993).

– (2001c), »Identifikation und ungeteilter Wille«, in: Monika Betzler/Barbara Guckes (Hg.), *Harry G. Frankfurt. Freiheit und Selbstbestimmung. Ausgewählte Texte*, Berlin, S. 116–137 (engl. Originalausg. »Identification and Wholeheartedness«, in: *Responsibility, Character, and the Emotions: New essays in Moral Psychology*, hg. von F. D. Schoeman, New York 1987).

– (2001d), »Über die Bedeutsamkeit des Sich-Sorgens«, in: Monika Betzler/ Barbara Guckes (Hg.), *Harry G. Frankfurt. Freiheit und Selbstbestimmung. Ausgewählte Texte*, Berlin, S. 98–115 (engl. Originalausg. »The Importance of What We Care About«, in: *Synthese*, Vol. 53, 1982).

– (2001e), »Über die Nützlichkeit letzter Zwecke«, in: Monika Betzler/Barbara Guckes (Hg.), *Harry G. Frankfurt. Freiheit und Selbstbestimmung. Ausgewählte Texte*, Berlin, S. 138–155 (engl. Originalausg. »On the Usefulness of Final Ends«, in: *Iyyun. The Jerusalem Philosophical Quarterly*, Vol. 41, 1992).

– (2001f), »Vom Sorgen oder: Woran uns liegt«, in: Monika Betzler/Barbara Guckes (Hg.), *Harry G. Frankfurt. Freiheit und Selbstbestimmung. Ausgewählte Texte*, Berlin, S. 201–231 (engl. Originalausg. »On Caring«, in: *Necessity, Volition, and Love*, New York 1999).

– (2001g), »Willensfreiheit und der Begriff der Person«, in: Monika Betzler/ Barbara Guckes (Hg.), *Harry G. Frankfurt. Freiheit und Selbstbestimmung. Ausgewählte Texte*, Berlin, S. 65–83 (engl. Original »Freedom of the Will and the Concept of a Person«, in: *The Journal of Philosophy*, Vol. 68, 1971).

– (2005), *Gründe der Liebe*, Frankfurt/M. (engl. Originalausg. *The Reasons of Love*, Princeton 2004).

– (2006), *Taking Ourselves Seriously & Getting It Right*, hg. von Debra Satz, mit Kommentaren von Christine M. Korsgaard, Michael E. Bratman und Meir Dan-Cohen, Stanford.

Fraser, Nancy/Axel Honneth (2003), *Umverteilung oder Anerkennung? Eine politisch-philosophische Kontroverse*, Frankfurt/M.

Früchtl, Josef (1996), *Ästhetische Erfahrung und moralisches Urteil. Eine Rehabilitierung*, Frankfurt/M.

– (2001a), »Demokratische und ästhetische Kultur. Folgen der Postmoderne«, in: Thomas Schäfer/Udo Tietz/Rüdiger Zill (Hg.), *Hinter den Spiegeln. Beiträge zur Philosophie Richard Rortys*, Frankfurt/M., S. 264–286.

– (2001b), »Der romantische Diskurs der Moderne. Überlegungen zu einem unendlichen Projekt«, in: Rüdiger Bubner/Walter Mesch (Hg.), *Die Weltgeschichte – das Weltgericht?*, Stuttgart, S. 56–74.

– (2004), *Das unverschämte Ich. Eine Heldengeschichte der Moderne*, Frankfurt/M.

Groh, Olaf/Carsten Keller (2001), »Armut und symbolische Gewalt«, in: Claudia Rademacher und Peter Wiechens (Hg.), *Geschlecht – Ethnizität – Klasse. Zur sozialen Rekonstruktion von Hierarchie und Differenz*, Opladen.

Habermas, Jürgen (1984), »Was heißt Universalpragmatik?«, in: ders., *Vorstudien und Ergänzungen zur Theorie des kommunikativen Handelns*, Frankfurt/M., S. 353–440.

– (²1988), »Individuierung durch Vergesellschaftung. Zu G. H. Meads Theorie der Subjektivität«, in: ders., *Nachmetaphysisches Denken. Philosophische Aufsätze*, Frankfurt/M., S. 187–241.

- (1991a), »Gerechtigkeit und Solidarität. Zur Diskussion über ›Stufe 6‹«, in: ders., *Erläuterungen zur Diskursethik*, Frankfurt/M., S. 49–76.
- (1991b), »Vom pragmatischen, ethischen und moralischen Gebrauch der praktischen Vernunft«, in: ders., *Erläuterungen zur Diskursethik*, Frankfurt/M., S. 100–118.
- (1991c), »Was macht eine Lebensform rational?«, in: ders., *Erläuterungen zur Diskursethik*, Frankfurt/M., S. 31–48.
- (1995), *Theorie des kommunikativen Handelns*, 2 Bde., Frankfurt/M. (vierte, durchgesehene Aufl. 1987).
- (⁶1998a), *Der philosophische Diskurs der Moderne. Zwölf Vorlesungen*, Frankfurt/M.
- (1998b), *Faktizität und Geltung. Beiträge zur Diskurstheorie des Rechts und des demokratischen Rechtsstaats*, Frankfurt/M. (vierte, durchgesehene, um ein Nachwort und Literaturverzeichnis erweiterte Aufl. 1994).
- (1999a), »Drei normative Modelle der Demokratie«, in: ders., *Die Einbeziehung des Anderen. Studien zur politischen Theorie*, Frankfurt M., S. 277–292.
- (1999b), »Eine genealogische Betrachtung zum kognitiven Gehalt der Moral«, in: ders., *Die Einbeziehung des Anderen. Studien zur politischen Theorie*, Frankfurt/M., S. 11–64.
- (1999c), »Einleitung: Realismus nach der sprachpragmatischen Wende«, in: ders., *Wahrheit und Rechtfertigung. Philosophische Aufsätze*, Frankfurt/M., S. 7–64.
- (1999d), »Hermeneutische und analytische Philosophie. Zwei komplementäre Spielarten der linguistischen Wende«, in: ders., *Wahrheit und Rechtfertigung. Philosophische Aufsätze*, Frankfurt/M., S. 65–101.
- (1999e), »Kampf um Anerkennung im demokratischen Rechtsstaat«, in: ders., *Die Einbeziehung des Anderen. Studien zur politischen Theorie*, Frankfurt/M., S. 237–276.
- (1999f), »Rationalität der Verständigung. Sprechakttheoretische Erläuterungen zum Begriff der kommunikativen Rationalität«, in: ders., *Wahrheit und Rechtfertigung. Philosophische Aufsätze*, Frankfurt/M., S. 102–137.
- (⁶1999g), *Strukturwandel der Öffentlichkeit. Untersuchungen zu einer Kategorie der bürgerlichen Öffentlichkeit*, mit einem Vorwort zur Neuauflage 1990, Frankfurt/M.
- (2005a), »Die Grenzen zwischen Glauben und Wissen. Zur Wirkungsgeschichte und aktuellen Bedeutung von Kants Religionsphilosophie«, in: ders., *Zwischen Naturalismus und Religion. Philosophische Aufsätze*, Frankfurt/M., S. 216–257.
- (2005b), *Die Zukunft der menschlichen Natur. Auf dem Weg zu einer liberalen Eugenik?*, erweiterte Ausgabe, Frankfurt/M.
- (2005c), »Freiheit und Determinismus«, in: ders., *Zwischen Naturalismus und Religion. Philosophische Aufsätze*, Frankfurt/M., S. 155–186.
- (2005d), »Religion in der Öffentlichkeit. Kognitive Voraussetzungen für den »öffentlichen Vernunftgebrauch« religiöser und säkularer Bürger«, in: ders.,

Zwischen Naturalismus und Religion. Philosophische Aufsätze, Frankfurt/M., S. 119–154.

– (2005e), »Vorpolitische Grundlagen des demokratischen Rechtsstaates?«, in: ders., *Zwischen Naturalismus und Religion. Philosophische Aufsätze*, Frankfurt/M., S. 106–118.

– (2005f), »Zur Architektonik der Diskursdifferenzierung. Kleine Replik auf eine große Auseinandersetzung«, in: ders., *Zwischen Naturalismus und Religion. Philosophische Aufsätze*, Frankfurt/M., S. 84–105.

– (2006), »Ein avantgardistischer Spürsinn für Relevanzen. Was den Intellektuellen auszeichnet«, in: *Blätter für deutsche und internationale Politik*, Jg. 51, S. 551–557.

Hegel, Georg Wilhelm Friedrich (⁵1996), *Grundlinien der Philosophie des Rechts oder Naturrecht und Staatswissenschaft im Grundrisse*, in: *Werke*, hg. von Eva Moldenhauer und Karl Markus Michel, Bd. 7, Frankfurt/M.

Heming, Ralf (1997), *Öffentlichkeit, Diskurs und Gesellschaft. Zum analytischen Potential und zur Kritik des Begriffs der Öffentlichkeit bei Habermas*, Wiesbaden.

Hengsbach, Friedhelm (2004), *Das Reformspektakel. Warum der menschliche Faktor mehr Respekt verdient*, Freiburg/Basel/Wien.

Honneth, Axel (1989), *Kritik der Macht. Reflexionsstufen einer kritischen Gesellschaftstheorie*, mit einem Nachwort zur Taschenbuchausgabe, Frankfurt/M.

– (1994a), »Die soziale Dynamik von Missachtung. Zur Ortsbestimmung einer kritischen Gesellschaftstheorie«, in: *Leviathan*, Jg. 22, S. 78–93.

– (1994b), »Schwerpunkt: Autonomie und Authentizität«, in: *Deutsche Zeitschrift für Philosophie*, Jg. 42, S. 59–60.

– (1999), »Demokratie als reflexive Kooperation. John Dewey und die Demokratietheorie der Gegenwart«, in: Hauke Brunkhorst/Peter Niesen (Hg.), *Das Recht der Republik*, Frankfurt/M., S. 37–65.

– (2000a), »Dezentrierte Autonomie. Moralphilosophische Konsequenzen aus der Subjektkritik«, in: ders., *Das Andere der Gerechtigkeit. Aufsätze zur praktischen Philosophie*, Frankfurt/M., S. 237–251.

– (2000b), »Pathologien des Sozialen. Tradition und Aktualität der Sozialphilosophie«, in: ders., *Das Andere der Gerechtigkeit. Aufsätze zur praktischen Philosophie*, Frankfurt/M., S. 11–69.

– (2001), *Leiden an Unbestimmtheit. Eine Reaktualisierung der Hegelschen Rechtsphilosophie*, Stuttgart.

– (2002), »Organisierte Selbstverwirklichung. Paradoxien der Individualisierung«, in: ders. (Hg.), *Befreiung aus der Mündigkeit. Paradoxien des gegenwärtigen Kapitalismus*, Frankfurt/M./New York, S. 141–158.

– (2003a), *Kampf um Anerkennung. Zur moralischen Grammatik sozialer Konflikte*, mit einem neuen Nachwort, Frankfurt/M. (Sonderausgabe).

– /Nancy Fraser (2003b), *Umverteilung oder Anerkennung? Eine politisch-philosophische Kontroverse*, Frankfurt/M.

- (2003c), »Unsichtbarkeit. Über die moralische Epistemologie von ›Anerkennung‹«, in: ders., *Unsichtbarkeit. Stationen einer Theorie der Intersubjektivität*, Frankfurt/M.
- (2004), »Antworten auf die Beiträge der Kolloquiumsteilnehmer«, in: Christoph Halbig/Michael Quante (Hg.), *Axel Honneth: Sozialphilosophie zwischen Kritik und Anerkennung*, Münster.
- /Joel Anderson, 2005a, »Autonomy, Vulnerability, Recognition, and Justice«, in: John Christman und Joel Anderson (Hg.), *Autonomy and the Challenges to Liberalism. New Essays*, Cambridge, S. 127–149.
- (2005b), *Verdinglichung. Eine anerkennungstheoretische Studie*, Frankfurt/M.

Jaeggi, Rahel (2005), *Entfremdung. Zur Aktualität eines sozialphilosophischen Problems*, Frankfurt/M./New York.

Jäger, Wieland/Marion Baltes-Schmitt (2003), *Jürgen Habermas. Einführung in die Theorie der Gesellschaft*, Wiesbaden.

Joas, Hans (1996), *Die Kreativität des Handelns*, Frankfurt/M.

Jörke, Dirk (2003), *Demokratie als Erfahrung. John Dewey und die politische Philosophie der Gegenwart*, Wiesbaden.

Kant, Immanuel (1969), »Beantwortung der Frage: Was ist Aufklärung? (1784)«, in: ders., *Ausgewählte kleine Schriften*, Hamburg: Meiner (= Taschenbuchausgaben der Philosophischen Bibliothek, H. 24).

Klinger, Nadja/Jens König (2006), *Einfach abgehängt. Ein wahrer Bericht über die neue Armut in Deutschland*, Berlin.

Kohlenberg, Kerstin/Wolfgang Uchatius (2007), »Von oben geht's nach oben«, in: *Die Zeit* Nr. 35, 23. August 2007, S. 15–19.

Konersmann, Ralf (2006), »Anerkennungsvergessenheit. Für Sozialromantiker: Axel Honneth über Verdinglichung«, in: *Süddeutsche Zeitung* Nr. 17, 21.–22. Januar 2006, S. 14.

Lange-Vester, Andrea (2005), »Einem wird ne Wirklichkeit vorgelebt«, in: Franz Schultheis und Kristina Schulz (Hg.), *Gesellschaft mit begrenzter Haftung. Zumutungen und Leiden im deutschen Alltag*, Konstanz, S. 332–337.

Löw-Beer, Martin (1990), *Selbsttäuschung. Philosophische Analyse eines psychischen Phänomens*, Freiburg/München.

- (1994), »Sind wir einzigartig? Zum Verhältnis von Autonomie und Individualität«, in: *Deutsche Zeitschrift für Philosophie*, Jg. 42, S. 121–139.

Mead, George Herbert (1973), *Geist, Identität und Gesellschaft aus der Sicht des Sozialbehaviorismus*, Frankfurt/M. (engl. Originalausg. *Mind, Self and Society. From the standpoint of a social behaviorist*, o.O. 1934).

Meyers, Diana Tietjens (2005), »Decentralizing Autonomy: Five Faces of Selfhood«, in: John Christman/Joel Anderson (Hg.), *Autonomy and the Challenges to Liberalism. New Essays*, Cambridge, S. 27–55.

Morgenroth, Christine (1990), *Sprachloser Widerstand. Zur Sozialpathologie der Lebenswelt von Arbeitslosen*, Frankfurt/M.

– (25.11.2003), *Selbstverlust und Ich-AG. Massenarbeitslosigkeit als gesellschaftlicher Gewaltakt*, in: Linksnet Forum Wissenschaft, 10.09.2007, http://www. linksnet.de/artikel.php?id=1071.

Neugebauer, Gero, 2007, *Politische Milieus in Deutschland. Die Studie der Friedrich-Ebert-Stiftung*, Bonn.

Noggle, Robert (2005), »Autonomy and the Paradox of Self-Creation. Infinite Regresses, Finite Selves, and the Limits of Authenticity«, in: James Stacey Taylor (Hg.), *Personal Autonomy. New Essays on Personal Autonomy and Its Role in Contemporary Moral Philosophy*, Cambridge, S. 87–108.

Prechtl, Peter (²1995), »Dewey, John«, in: *Metzler Philosophen Lexikon*, hg. von Bernd Lutz, Stuttgart/Weimar, S. 217–219.

Quante, Michael (2000), »The Things We Do for Love. Zur Weiterentwicklung von Frankfurts Analyse personaler Autonomie«, in: Monika Betzler/Barbara Guckes (Hg.), *Autonomes Handeln. Beiträge zur Philosophie von Harry G. Frankfurt*, Deutsche Zeitschrift für Philosophie, Sonderband 2, Berlin, S. 117–135.

Raters-Mohr, Marie-Luise (1994), *Intensität und Widerstand. Metaphysik, Gesellschaftstheorie und Ästhetik in John Deweys »Art as Experience«*, Bonn.

Rifkin, Jeremy (2005), *Das Ende der Arbeit und ihre Zukunft. Neue Konzepte für das 21. Jahrhundert*, Frankfurt/M. (engl. Originalausg. *The End of Work*, New York 1995).

Rorty, Richard (1992), *Kontingenz, Ironie und Solidarität*, Frankfurt/M. (engl. Originalausg. *Contingency, Irony, and Solidarity*, Cambridge 1989).

– (2005), »Comments and Responses«, in: Andreas Vieth (Hg.), *Richard Rorty. His Philosophy Under Discussion*, Frankfurt, S. 131–147.

Rössler, Beate (2001), *Der Wert des Privaten*, Frankfurt/M.

Rosa, Hartmut (1998), *Identität und kulturelle Praxis. Politische Philosophie nach Charles Taylor*, Frankfurt/M.

Rousseau, Jean-Jacques (1998), *Abhandlung über den Ursprung und die Grundlagen der Ungleichheit unter den Menschen*, hg. von Philipp Rippel, Stuttgart.

Schiller, Friedrich (2000), *Über die ästhetische Erziehung des Menschen in einer Reihe von Briefen*, hg. von Klaus L. Berghahn, Stuttgart.

Schmidt, Thomas E. (2006), »Reden über die Unbenennbaren«, in: *Die Zeit*, Nr. 43, 19. Oktober 2006, S. 4.

Schmidt am Busch, Hans Christoph (2004), »Marktwirtschaft und Anerkennung. Zu Axel Honneths Theorie sozialer Wertschätzung«, in: Christoph Halbig/Michael Quante (Hg.), *Axel Honneth: Sozialphilosophie zwischen Kritik und Anerkennung*, Münster.

Seel, Martin (1997) *Die Kunst der Entzweiung, Zum Begriff der ästhetischen Rationalität*, Frankfurt/M.

Sennett, Richard (2002), *Respekt im Zeitalter der Ungleichheit*, Berlin: Berlin (engl. Originalausg. *Respect in a World of Unequality*, New York 2002).

Shusterman, Richard (1994), *Kunst Leben. Die Ästhetik des Pragmatismus*, Frankfurt/M. (engl. Originalausg. *Pragmatist Aesthetics. Living Beauty, Rethinking Art* 1992).

Siep, Ludwig (1998), »Die Bewegung des Anerkennens in der *Phänomenologie des Geistes*«, in: Dietmar Köhler/Otto Pöggeler (Hg.), *G.W.F. Hegel: Phänomenologie des Geistes*, Berlin, S. 107–127.

– (2002), »Selbstverwirklichung, Anerkennung und politische Existenz. Zur Aktualität der politischen Philosophie Hegels«, in: Reinhold Schmücker/ Ulrich Steinvorth (Hg.), *Gerechtigkeit und Politik. Philosophische Perspektiven*, Berlin, S. 41–56.

– (2004), *Konkrete Ethik. Grundlagen der Natur- und Kulturethik*, Frankfurt/M.

Steinfath, Holmer (1993), »Authentizität und Anerkennung. Zu Charles Taylors neuen Büchern ›The Ethics of Authenticity‹ und ›The Politics of Recognition‹«, in: *Deutsche Zeitschrift für Philosophie*, Jg. 41, S. 575–584.

Steinrücke, Margarete (2005), »Soziales Elend als psychisches Elend«, in: Franz Schultheis/Kristina Schulz (Hg.), *Gesellschaft mit begrenzter Haftung. Zumutungen und Leiden im deutschen Alltag*, Konstanz, S. 198–208.

Taylor, Charles (1985), »Self-interpreting animals«, in: ders. *Philosophical Papers, Bd. 1: Human agency and language*, Cambridge, S. 45–76.

– (1994), »Reply and re-articulation«, in: James Tully (Hg.), *Philosophy in an age of pluralism. The philosophy of Charles Taylor in question*, Cambridge, S. 211–257.

– (1995a), »Heidegger, Language, and Ecology«, in: ders., *Philosophical Arguments*, Cambridge/Mass./London, S. 100–126.

– (1995b), »To Follow a Rule«, in: ders., *Philosophical Arguments*, Cambridge/ Mass./London, S. 165–180.

– ([3]1997a), *Das Unbehagen an der Moderne*, Frankfurt/M. (engl. Originalausg. *The Malaise of Modernity*, Concord, Ontario 1991).

– ([3]1997b), *Hegel*, Frankfurt/M. (engl. Originalausg. *Hegel*, Cambridge 1975).

– ([3]1999a), »Bedeutungstheorien«, in: ders., *Negative Freiheit? Zur Kritik des neuzeitlichen Individualismus*, Frankfurt/M., S. 52–117 (engl. Originalausg. *Philosophical Papers*, Cambridge/Mass. 1985).

– ([3]1999b), »Der Irrtum der negativen Freiheit«, in: ders., *Negative Freiheit? Zur Kritik des neuzeitlichen Individualismus*, Frankfurt/M., S. 118–144 (engl. Originalausg. *Philosophical Papers*, Cambridge/Mass. 1985).

– ([3]1999c), *Quellen des Selbst. Die Entstehung der neuzeitlichen Identität*, Frankfurt/M. (engl. Originalausg. *Sources of the Self. The Making of the Modern Identity*, Cambridge/Mass. 1989).

– ([3]1999d), »Was ist menschliches Handeln?«, in: ders., *Negative Freiheit? Zur Kritik des neuzeitlichen Individualismus*, Frankfurt/M., S. 9–51 (engl. Originalausg. *Philosophical Papers*, Cambridge/Mass. 1985).

– (2002), »Tocqueville statt Marx. Über Identität, Entfremdung und die Konsequenzen des 11. September«, Interview mit Charles Taylor von

Hartmut Rosa und Arto Laitinen, in: *Deutsche Zeitschrift für Philosophie*, Jg. 50, S. 127–148.

Thomä, Dieter (2001), »Zur Kritik der Selbsterfindung. Ein Beitrag zur Theorie der Individualität«, in: Thomas Schäfer/Udo Tietz/Rüdiger Zill (Hg.), *Hinter den Spiegeln. Beiträge zur Philosophie Richard Rortys*, Frankfurt/M., S. 292–318.

Velleman, J. David (1989), *Practical Reflection*, Princeton.

Waldron, Jeremy (2005), »Moral and Personal Autonomy«, in: John Christman/ Joel Anderson (Hg.), *Autonomy and the Challenges to Liberalism. New Essays*, Cambridge, S. 307–329.

Wellmer, Albrecht (1993), »Bedingungen einer demokratischen Kultur. Zur Debatte zwischen »Liberalen« und »Kommunitaristen««, in: ders., *Endspiele: Die unversöhnliche Moderne. Essays und Vorträge*, Frankfurt/M., S. 54–80.

Welsch, Wolfgang, 1996, *Vernunft. Die zeitgenössische Vernunftkritik und das Konzept der transversalen Vernunft*, Frankfurt/M.

Wenzel, Harald (1990), *George Herbert Mead zur Einführung*, Hamburg.

Wilson, William Julius (1997), *When work disappears: the world of the new urban poor*, New York/Toronto.

World Vision Deutschland e.V. (Hg.) (2007), *Kinder in Deutschland 2007. 1. World Vision Kinderstudie*, Frankfurt/M.

Frankfurter Beiträge zur Soziologie und Sozialphilosophie

Uwe Vormbusch
Die Herrschaft der Zahlen
Zur Kalkulation des Sozialen in der kapitalistischen Moderne
2011, ca. 280 Seiten, Band 15, ISBN 978-3-593-39312-4

Ferdinand Sutterlüty
In Sippenhaft
Negative Klassifikationen in ethnischen Konflikten
2010, 295 Seiten, Band 14, ISBN 978-3-593-39050-5

Robin Celikates
Kritik als soziale Praxis
Gesellschaftliche Selbstverständigung und kritische Theorie
Mit einem Vorwort von Axel Honneth
2009, 272 Seiten, Band 13, ISBN 978-3-593-38885-4

Joel Whitebook
Der gefesselte Odysseus
Studien zur Kritischen Theorie und Psychoanalyse
2009, 243 Seiten, Band 11, ISBN 978-3-593-38498-6

David Garland
Kultur der Kontrolle
Verbrechensbekämpfung und soziale Ordnung
in der Gegenwart
2008, 394 Seiten, Band 12, ISBN 978-3-593-38585-3

Mehr Informationen unter
www.campus.de/wissenschaft

campus

Frankfurt · New York